博古益学

——南京师范大学文博系纪念文集

南京师范大学文物与博物馆学系 编

江苏人民出版社

图书在版编目（CIP）数据

博古益学：南京师范大学文博系纪念文集／南京师
范大学文物与博物馆学系编. — 南京：江苏人民出版社，
2024.5

ISBN 978 - 7 - 214 - 28435 - 8

Ⅰ. ①博… Ⅱ. ①南… Ⅲ. ①南京师范大学文博系－
纪念文集 Ⅳ. ①G649.285.31 - 53

中国国家版本馆 CIP 数据核字（2023）第 190980 号

书　　　名	博古益学——南京师范大学文博系纪念文集	
编　　　者	南京师范大学文物与博物馆学系	
责 任 编 辑	张　欣	
装 帧 设 计	陈　婕	
责 任 监 制	王　娟	
出 版 发 行	江苏人民出版社	
地　　　址	南京市湖南路 1 号 A 楼，邮编：210009	
照　　　排	江苏凤凰制版有限公司	
印　　　刷	江苏凤凰数码印务有限公司	
开　　　本	787 毫米×1092 毫米　1/16	
印　　　张	30.25	
字　　　数	489 千字	
版　　　次	2024 年 5 月第 1 版	
印　　　次	2024 年 5 月第 1 次印刷	
标 准 书 号	ISBN 978 - 7 - 214 - 28435 - 8	
定　　　价	98.00 元	

（江苏人民出版社图书凡印装错误可向承印厂调换）

博古益学

——南京师范大学文博系纪念文集

编委会

目　录

上编　朝花夕拾

下编　芳林硕果

考古学的"南师梦"

王志高

2022年是南京师范大学建校120周年和社会发展学院建院40周年,为迎接校庆与院庆,学院组织了系列纪念活动。为展现文博系系友辛勤耕坛的成果与学术风采,沟通系友情谊,我们在任老师一致认为需要编辑出版一本纪念文集,以志庆贺,遂于当年5月初向全体系友发出了征稿函,并获众系友的积极响应。9月9日,根据学院安排,文博系于随园校区南山专家楼召开了主题为"考古学的'南师梦'"的系友座谈会,以纪念文博系成立二十二周年。会上师生代表和返校系友共济一堂,为南师文博未来发展建言献策,气氛十分热烈,而如何编好纪念文集就是其中重要议题之一。经过一年多的筹备,文集终于付梓在即。"考古学的'南师梦'"一名,是会前徐峰教授与我商量确定的会议主题,我认为与纪念文集的主题十分契合,遂借以题序。

南京师范大学文博系创立于2000年,2003年成功申报博物馆学本科专业,并获得考古学及博物馆学硕士学位授权点,2007年获得国家文物局批准的"中华人民共和国考古发掘资质证书",2010年获得文物与博物馆专业硕士学位授权点,2011年获得考古学一级学科学术硕士学位授权点、考古学一级学科博士学位授权点,2012年开始独立招收考古学博士生,2014年获批设立考古学博士后科研流动站。

　　文博系成立时间虽不长,但所培养的学生不少已成长为各地考古文博机构专业骨干,为所在地区考古文博事业的发展贡献了自己的力量。回望以上可圈可点的成绩,我们不能忘记在创系之初及早期发展时期付出艰辛努力和无私奉献的诸位先生,他们是张进老师、裴安平老师、汤惠生老师、王仁湘老师、周裕兴老师、陈声波老师,等等。那个时代的文博系团结合作、朝气蓬勃,令人难忘。

　　创系20多年来,我们一路风雨兼程,在快速发展的同时,也暴露出一些比较严重的问题,突出者如:由于老教师集中退休,考古项目负责人不足;学科建设重点方向不明晰,内部意见不一致;师资队伍建设长期得不到重视,新教师引进迟缓,专业老师仅剩8人,只能勉强承担教学任务。等等。乃至在2018年初发生要调整我们考古学博士学位授权点的校内风波,乃至在2019年5月国家文物局一度下发通知,决定暂停我校考古发掘团体资质一年,并要求整改提高。尤其是考古发掘团体资质的暂停,对学科发展更是雪上加霜,导致一些本已确定合作的科研项目被迫取消,学科面临生死存亡的重大危机。这是我们学科发展历史上最为困难的时期。为尽早解除危机状态,学校、学院、学科三个层面高度重视,先后开展一系列整改措施,很快取得了明显的成效。

　　我于2012年10月调入文博系任教,2018年6月起受命主持南师考古学科建设,担任文博系主任至今。其间恰逢以习近平总书记为核心的党中央高度重视考古事业的发展,遂有条件集中优势资源,凝聚力量,在学校、学院领导的关心支持下,与文博系师生同心协力、大胆创新,快速推动考古学科建设,取得了有目共睹的新进展,其代表者列举如下。

　　2018年以来,为尽力开拓同学们的知识视野,搭建前学与后学的学术交流平台,我们倾力组织考古学系列讲座,邀请海内外不同领域的考古文博学者来校开讲,至今已累计举办126场。同时,我们开通"南师文博"微信公众号,每次讲座结束,即组织学生撰写翔实的纪要在公众号上推送,较大地提高了南师文博系的影响力。其内容几乎涵盖考古文博工作的各个领域,具有较强的学术价值和前瞻性,其中一些精彩纪要为中国历史研究网、中国考古网、澎湃新闻、"方志南京""南京师范大学""亚洲考古"等知名公众号或网站全文转载,获得了不少学界人士的高度评价。去年11月,我将部分精彩纪要结集为《随园论道:考古学理论与实践讲演录》一书出版,以惠及更多学人。

教学之余,我们关心青年学子成长,重视培养他们的专业兴趣,鼓励支持学生研究成果发表。2019年起,为鼓励学生开展考古文博学术探索实践,我们倡议并资助学生自主创办学术集刊《文博之星》。该刊不仅深受我校考古文博专业同学欢迎,还得到了所交流的其他高校同学的好评,迄今已刊印5辑,展现了文博系在校学生的优秀成果。2019年12月,江苏人民出版社出版的《随园英华》一书则集中收录我所指导的学生撰写的学术论文26篇及相关学习感言,对提高课堂教学水平及人才培养质量,具有一定的启发与借鉴价值。

2019年,我们主动试行本科生导师制,从大二下后半段启动,由学生根据自己的专业志趣选定指导老师,导师主要从专业规划、学业解惑、专业实践实习推荐、学年及学位论文评阅、就业指导等方面给予具体帮助,以及早发现并培养学术型考古文博拔尖人才。通过这一改革,我们专业本科同学学习的方向感、积极性大大提高,考研录取率在全校名列前茅。

2019年5月,经过讨论,我们决定恢复中断十多年的学术集刊《东亚古物》,更名为《东亚文明》,以加强国内学界与东亚同仁的交流、促进东亚考古与文博事业不断发展作为办刊宗旨,为学界提供了多领域、国际化的交流平台。该集刊已在社会科学文献出版社连续出版4辑,已入选"知网"数据库,共发表96篇涉及考古学、文物学、博物馆与文化遗产等方向的论文,其中包括16篇来自日本、韩国、越南、美国、巴基斯坦学者的论文。此外,还刊布了18篇重要的考古发掘简报。目前《东亚文明》第5辑正在筹备中,预计将于12月底出版。

如所周知,学术交流是专业人才成长及扩大学科影响的重要途径之一。为充分发挥南京作为六朝都城的地域优势,以及我校多名老师擅长六朝考古研究的学科特色,2019年6月,我们在随园发起举办"六朝考古学术工作坊"第1期。而后的工作坊每年定期举办,邀约有相同志趣的考古及历史学人,交流探讨六朝考古及相关地方历史文化议题，以实现研修成员学术素养的共同提高。从第 3 期开始，我们的工作坊走出校园，先后落地马鞍山、溧阳、苏州等城市，形成了校地合作的办会模式，已成功举办 5 期，在锻炼专业队伍的同时推动了相关学术研究，已在汉唐考古学界形成一定的影响力。

我们还创造条件，为文博系师生的自我展示与国际交流搭建平台，先后主办了"中日青年学生的对话：文化交流视角下的古代文化遗产"研讨会、"区域文明探源的考古学解读"研究生学术创新论坛、"对话：中韩两国考古文博专业研究生教学与实践"座谈会、"认知考古学与古代文明研究"国际学术会议等学术活动，积极推荐在读学生赴境外参加国际学术会议及专业考察，为南师文博赢得了一定的国际声誉。

2021 年 7 月，在国家文物局、江苏省文物局、南京市文物局的关心支持下，在校领导、院领导的高度重视下，我们与南京市考古研究院、高淳区人民政府联合创建"薛城遗址考古教学实习基地"，基地建有办公室、资料整理室、文物修复室、文物库房、会议室、发掘成果展示厅、保卫室、师生宿舍、餐厅、盥洗室等不同功能用房，能满足 30 名左右师生考古实践实习的需求。受益于实习基地的建设，自 2021 年至今，我们已连续三年在薛城遗址开展本科田野考古实习工作，共计发掘 660 平方米，取得一系列重要成果，被列入江苏省地域文明探源项目。我们还与中国科学院古脊椎动物与古人类研究所、复旦大学文博系共建包括动物考古、植物考古、体质人类学、古 DNA、古环境、三维建模等在内的多学科合作团队。为丰富人才培养模式，提升学生的专业热情，薛城实习基地在发掘之余还会定期组织师生讨论、研读报告，邀请考古名家举办"薛城论坛"，在节假日举行"薛城之秋"等文娱活动，努力践行我们提出的"诗意考古，浪漫人生"的考古教育理念。王成斌书记等校领导及相关职能部门负责人多次到薛城遗址慰问实习师生，要求深入学习习近平总书记关于中华文明研究和文化传承的系列重要讲话精神，强化学科交叉融合，发挥我校综合性大学学科优势，进一步深化中华文明探源研究，坚定文化自信，为讲好中国故事、传播中华文化贡献南师智慧与力量。

2023年10月7日、8日，中央电视台科教频道《探索·发现》栏目播出《解密薛城》纪录片，不仅宣传了我校与南京市考古研究院联合开展薛城遗址考古发掘所取得的丰硕成果，还展示了我校田野考古教学基地建设对培养新时代考古人才做出的贡献，播出后影响广泛。此外，为满足普通民众对史前遗址的强烈求知欲，进一步发挥考古学服务社会职能，展现南师担当，我们积极组织公众考古活动，建立了薛城遗址公众考古综合实践基地。为进一步培养学生专业实践能力、强化劳动观念，我们还在薛城基地成立了南京师范大学劳动教育实践基地，以发挥劳动育人功能，培养新时代考古人才。

除薛城遗址考古教学实习基地外，我们还与中国社会科学院考古研究所共建华东基地（无锡），与陕西省考古研究院、无锡市文物考古研究所、苏州市考古研究所、六朝博物馆、德基美术馆共建考古文博实践教学基地，以供学生暑期实践和专业实习选择。与江苏省文旅厅合作建立了江苏省非物质文化遗产研究基地，以提升学生综合素养和服务社会的能力。目前正在扎实推动安徽芜湖市繁昌田野考古教学实习基地的建设，以全面提升我校田野考古实习教学水平，培养高质量的优秀本科考古专业人才。

考古学科的发展壮大离不开广大系友的鼎力支持。2020年6月，浙江省博物馆石超等毕业系友发起并推动成立资助文博系困难学生的"弘文助学金"，旨在鼓励和帮助品学兼优、家庭经济困难的文博系学子顺利完成学业，激励他们发奋图强、努力进取、立志成才的决心和信心。资金的筹集并非一两位"发达"系友的慷慨捐助，而是数十位普通系友爱心的聚沙成塔。为了助学金的永续保障，系友们组织了社交微信群，定期沟通交流，出谋划策，终于积小流而成江河。根据捐款系友的意愿，"弘文"助学金在取得南师学籍且参加正常学习的文博系学生中评选，每年评选6名品学兼优且家庭困难的学生给予生活补助，评选坚持公开、公平、公正原则。从2021年5月起，至2023年6月，已成功进行了3期助学金颁发（目前即将颁发第4期"弘文助学金"），将一份来自前辈学长的温情与关爱传递给在校的莘莘学子。我们还以"弘文"命名设立"弘文讲坛"，于每年度颁发"弘文助学金"期间邀请捐资系友代表回到母校开设讲座,已先后邀请闻磊、徐宁、卞坚3位系友回校开讲。这既是向心系母校的爱心系友致以敬谢之意,也是建立起系友与在校学生之间的联系,激励同学们学习系友勤奋工作、刻苦治学的精神品质。

此外,我们还聘请校外行业导师及兼职研究员30多人,均为来自考古文博科研院所一线的资深专家,除开设课程、讲座外,还提供实习与就业指导。他们的研究领域与我校考古学科专业特色十分契合,在提高人才培养质量方面发挥了显著成效。

师资队伍是我们学科建设的中心任务。在学校、学院领导的关心支持下,2018年以来,我们先后引进祁海宁教授、曲枫教授、彭辉副教授、桑栎副教授及陈曦老师、孟诚磊老师,白莉副教授则从社会学系转入文博系,我们自己培养的博士后韩茗老师及博士徐良老师也顺利留校任教,在职老师队伍不断扩大,目前达到14人,在站博士后3人,其中教授4人,副教授6人,具有博士学位者12人,博士生导师3人,硕士生导师10人,9位教师具有海外学习经历,4人拥有国家文物局颁发的田野考古发掘个人领队资质,已满足国家文物局对考古发掘资质单位的要求,我校考古发掘团体资质也因此得以恢复,并于2023年7月顺利换发了新证。

在文博系老师的共同努力下,2021年,我们文物与博物馆学专业成功入选省级本科一流专业建设点。2022年,根据习近平总书记"加强考古能力与学科建设"的指示精神,在前期充分调研的基础上,我们进一步明确了办学目标与学科定位,调整以往重点发展文物与博物馆学的思路,改以考古学作为学科建设的重点发展方向,开始积极推动在本科增设考古学专业。2023年4月,通过教育部审批,我校成功增设考古学本科专业,第一批考古学专业本科学生已于9月正式入学,从而形成了从本科到博士后的完整的考古学人才培养体系。2023年9月,我们还获批文物、博物馆两个专业硕士学位授权点,成为南师考古学科建设历史上新的里程碑。

未来,南师考古学科将充分利用江苏省特别是学校所在的南京地区丰富的考古文博资源,注重专业基础理论知识学习与田野考古实践工作能力培养,向基层考古文博机构输送更多的优秀从业者。将进一步发挥包括退休老教师在内的教师学术专长及"六朝考古学术工作坊"、六朝历史文化研究所、《东亚文明》集刊等学术平台优势,积极引进高层次考古专业人才,同时加强与日本、韩国、越南相关高校及考古文博机构的交流合作,将我校考古学科建设成为在六朝考古、古代东亚物质文化交流、中国古代文明起源、新石器时代聚落考古等研究领域,在国内领先、在东亚国家具有较大影响的科研基地,并打造特色学术品牌。将继续保持近年我校考古学科与一线基层考古文博机构良性互动合作的传统,强化对区域文化遗产高度关注这一办学特色,助力地方经济社会文化发展,强化为基层考古文博机构服务的能力建设,将我校考古学科建设成为地方高校考古专业为社会服务的模范,充分发挥高校在当前文化遗产保护利用与阐释工作中的应有作用,以教育、科研促进地方考古文博事业的发展。

概言之,我所理解的"考古学的'南师梦'"就是将我校文博系建设成为江苏省最具规模、最重要的考古文博人才培养基地。新时代赋予考古学最好的发展机遇,我们相信,在文博系全体师生的勤勉努力下,在广大系友的鼎力帮助下,在各级文物主管部门、兄弟院校及社会各界的关心支持下,南师考古学的这一梦想一定可以实现。

2024 年 4 月 29 日于随园迎薰楼上

上编　朝花夕拾

文博系的创办及其早期工作

张　进

　　南京师范大学文物与博物馆学系的创办是在 2000 年上半年社会发展学院建院之时。当时,为了拓展学院的本科专业,原历史社会学系主任于琨奇教授(社会发展学院首任院长)、副主任李天石教授(社会发展学院第二任院长)等决定,在建院的同时创办一个新的博物馆学本科专业。但本科专业的创办需要许多必备条件,当时的历史社会学系并不具备这些条件,因而大家的思路就是借鸡生蛋,先在历史学本科专业内设置一个博物馆学专业方向(二本),然后再创造条件申报单独的博物馆学本科专业。事后来看,这个思路是完全正确的。

　　考虑到我的专业是中国古代史,与考古学及博物馆学专业相近,于琨奇和李天石都希望我来担任新建文博系的系主任。我也感谢领导们的信任,欣然接受了系主任的工作。

　　文博系创立之初,专职教师只有我和陈声波二人。但我胸有成竹,并不担心文博系的教学工作问题。这倒不是我有多大本事,而是文博系有着多方面的条件和优势。一是大树下面好乘凉,我们的专业本来就是历史学专业下的博物馆学方向,大一、大二的课程,比如中国古代史、中国近现代史、古代汉语、历史文献学等都可以借用历史系的师资。个别课程,我和陈声波也可以顶上,还可以外请一些教师。这意味着我们的师资压力至少还有一到两年的缓冲期,只要能在这个期间引进足够的师资,文博系的教学工作就能够正常运转。二是学校对引进人才刚好出台了前所未有的优惠条件。其中一个条件,就是给所有引进人才都解决住房问题。这在今天已经完全不可能了,使我和学院领导对引进文博人才有了坚实的物质基础和底气。三是学院领导对我的信任和支持,完全对我放手文博系的教学工作和人才引进。我也深知时不再来,所以始终把人才引进作为文博系的头等大事来做。

现在看来,文博系的人才引进是卓有成效的。文博系成立不久,南京市博物馆的副馆长周裕兴研究员就主动找到院里,希望能调到文博系工作。这当然是我们求之不得的,学院立即启动了引进周裕兴的程序。大约同时或稍晚,在陈声波(当时在南大在职攻读考古学专业博士生)的引荐下,南京大学在读的考古专业博士生周玮提出毕业后到文博系任教的申请。这使我对文博系的发展更有信心了,因为在一两年内我们至少可以引进两位文博专业的专职教师。对引进人才产生更大影响的,还是一件后来被誉为"披沙拣金"的事情。那是在 2001 年 3 月或 4 月前后,学校人事处将一批申报南京师范大学特聘教授没有通过的材料发到学院,让我们挑选一下有没有适合作为普通教授引进的人才。这批材料有一二十人,我发现有一份汤惠生的材料非常适合文博系的人才引进。汤惠生研究员当时是青海文物考古研究所的副所长,学术成果丰硕,在《中国社会科学》《考古》《文物》都发表过文章,出版过专著,还主持了三峡考古工地。我立即向于琨奇院长和李天石副院长汇报,希望学院能把汤惠生引进到文博系来。他们都表示支持。于是于琨奇便以院长的身份直接给汤惠生打了电话,欢迎他到南师文博系任教,并邀请他到南师来实地考察一下。汤惠生的态度也比较积极。记得我和于琨奇在仙林校区教工之家请汤惠生吃饭时,他一再表态南师的新校区建设令人振奋,愿意到南师文博系任教。随后便启动了对汤惠生的引进程序,而且非常顺利,到 2001 年 9 月 11 日汤惠生正式到南师报到,前后不到半年的时间。与此同时,对周裕兴的引进也比较顺利。巧合的是,在汤惠生报到的第二天——2001 年 9 月 12 日,周裕兴研究员即到南师报到了。

汤惠生和周裕兴的调入在考古、文博学界引起了强烈振动(全国高校大规模引进考古、文博人才即始于南师),对文博系的人才引进更形成了滚雪球效应。到 2002 年上半年,湖南省文物考古研究所的副所长裴安平研究员通过汤惠生的引荐,申请调入南师文博系工作。在于琨奇院长和我一起接待裴安平时,我们都庆幸文博系的发展遇到了最好的时机。更高兴的是,我们也完全抓住了机遇,所以才做成了在今天看来几乎不可能的事情。到 2002 年秋季,随着裴安平的调入,周玮博士的引进,以及此前实验系列刘远修副教授的转岗,文博系的专职教师已经有七人之多了。可以毫不夸张说,文博系的人才引进大获成功。再加上学院和外单位的师资,文博系的师资力量已符合教育部相关要求。详见 2003 年秋我做的博物馆学专业教师基本情况表(表一)。

表一　博物馆学专业教师基本情况表

姓名	年龄	职称	学历	学位	承担课程
李天石	49	教授	研究生	博士	古文献学
汤惠生	48	教授	本科	学士	田野考古学、专业英语
裴安平	50	教授	研究生	硕士	考古学概论、中国青铜器
周裕兴	46	教授	本科	学士	博物馆学概论、中国陶器
张进	45	教授	研究生	博士	中国古代史、文化人类学
刘进宝	42	教授	研究生	博士	敦煌学概论
姜守明	44	教授	研究生	博士	世界文化史
李广廉	59	副教授	研究生	硕士	古文字学
王根富	42	副教授	本科	学士	博物馆陈列设计等
张菁	39	副教授	研究生	博士	中国古代工艺美术
张连红	37	教授	研究生	博士	中国近现代史
郑忠	34	副教授	研究生	博士	中国近代城市史
杜景珍	44	副教授	研究生	硕士	社会学概论
刘远修	54	副教授	本科		中国书画
周玮	34	讲师	研究生	博士	文化遗产保护概论
陈声波	32	讲师	研究生	博士	考古学通论、人类学调查方法
祝宏俊	36	讲师	研究生	博士	世界通史
兼职教授					
奚三彩	58	研究员	本科		文物保护技术
龚良	42	研究员	本科	学士	文化遗产保护规划
徐艺乙	46	研究员	研究生	硕士	民俗学

注:本表兼职教授仅列举了江苏省文物局、南京博物院的专家。

　　还在汤惠生和周裕兴调入文博系之时,我在院领导的支持下对今后文博系的发展作了调整,由原来主要维持文博系的教学运转,而转变为积极申报博物馆学本科专业,并争取获得考古学及博物馆学硕士学位授权点。为此,我与文博系所有老师协商,对文博系的各位老师做了分工。其中最重要的分工是,由周裕兴教授负责博物馆学本科专业的教学,由汤惠生教授负责田野考古学方面的教学,并由我来组织博物馆学本科专业的申报和考古学及博物馆学硕士学位点的申报(汤惠生为学位点负责人)。文博系的课程体系也做了不少调整,主要是删减了一些高年级的历史课程,增加了不少文博和考古课程,并多次聘请校外考古和文博专家来开设讲座。还有一个变化是,文博实验、实习课程的增多。在周裕兴和汤惠生的大力支持下,文博系的学生到南京的众多博物馆和考古工地考察,还到马鞍山、泗阳等地参观和考察。影响最大的是,2002年秋,文博2000级学生到三峡考古工地的实习。此次实习由我带队,汤惠生为考古领队,前后50天时间。在实习结束后,文博系在学校做了实习图片展,引起不错的反响。随着裴安平等人的加盟,我对文博系的课程体系又做了某些调整。到2003年春季成功申报博物馆学本科专业,文博系的课程设置已完全达到国家对设立博物馆学本科专业的要求,并具有南京师范大学的地域特征。兹将博物馆学本科专业申报表中专业必修课程列表如下,以作为历史的见证(表二)。

表二　专业必修课程安排

课程类别	课程编号	课程名称	开课学期和周学时								总学时理论课/实验(践)课	总学分	开课院系	备注
			一		二		三		四					
			1	2	3	4	5	6	7	8				
专业基础课	0230201	中国古代史	6	4							168	10	历史系	中国古代史第一学期讲到秦汉结束,第二学期重点讲魏晋南北朝
	0230202	世界上古史	3								54	3	历史系	
	0230203	中国艺术史				3					54	3	文博系	
	0230204	西方艺术史		3							54	3	历史系	
	0230205	博物馆学概论			3						54	3	文博系	

课程类别	课程编号	课程名称	开课学期和周学时								总学时理论课/实验(践)课	总学分	开课院系	备注
			一		二		三		四					
			1	2	3	4	5	6	7	8				
专业基础课	0230206	古代工艺美术			4						72	4	文博系	隋唐。学术论文写作由文博系教师合上。
	0230207	文物学概论				3					54	3	文博系	
	0230208	学术论文写作						3			54	3	文博系	
	小计		9	7	7	6	0	3			564	32		
	0230210	断代考古学				6	6				216	12	文博系	断代考古学主要分史前、夏商周、战国、秦汉、魏晋南北朝隋唐四段,由两位教师主讲。文物摄影(像)、田野考古学、博物馆陈列设计为实验课程。
	0230211	文博专业英语				3					54	3	文博系	
	0230212	历史地理				3					54	3	文博系	
	0230213	田野考古学						3			54	3	文博系	
	0230214	博物馆陈列设计						3			54	3	文博系	
	0230215	博物馆藏品管理					3				54	3	文博系	
	0230216	文物管理与法规					2				36	2	文博系	
	小计				2	6	11	6	6		558	31		
	0230217	专业见习	*	*	*	*	*		*			1	文博系	专业实践课程所标明的周学时数均指实践周数,如"2"即2周;*号表示见习一次。
	0230218	专业实习						8				8	文博系	
	0230219	毕业论文							6			6	文博系	
	0230220	专业考察					1					1	文博系	
	小计											16		
合 计			9	7	9	12	11	9	6		1 122	79		

　　从上表中可以看出,除了通史类课程,所有文博和考古类课程均由文博系教师来承担。其师资与合理的课程设置,是南京师范大学博物馆学本科专业能够

申报成功的一个根本原因。顺理成章,在拥有考古发掘三位个人领队和博物馆学本科专业的情况下,再加上南京博物院和本校相近专业的师资,南京师范大学考古学及博物馆学硕士学位点也获得了国务院学位办的批准。除了汤惠生、周裕兴和裴安平,以及南京博物院的徐湖平和张敏,我和李天石、刘进宝都成为学位点的第一批导师。说来惭愧,我指导的博士生和硕士生多达百余人,但作为考古学硕士生导师,却仅仅与汤惠生合作,指导了徐峰(现为南师文博系教授)一人。

在成功申报博物馆学本科专业和硕士点以后,我在院领导和全系教师的支持下,又引进了南京博物院王根富副研究员。尤其通过汤惠生的引荐,引进了中国社会科学院考古研究所的王仁湘研究员。这使得文博系有了五位考古发掘个人领队,为此后获得国家文物局团体考古发掘资质和考古学博士点等奠定了坚实基础。

从涓涓细流到江河大海,南京师范大学文物与博物馆学系的前程一片光明。令人感慨的是,我在 2005 年后又回到历史系工作,文博系内部发生了一些人事纠纷。尽管如此,我仍然怀念那个团结合作、奋发上进的文博系。记得 2001 年

图一　笔者在三峡考古工地给文博系 2000 级学生上《物质文明史》课程

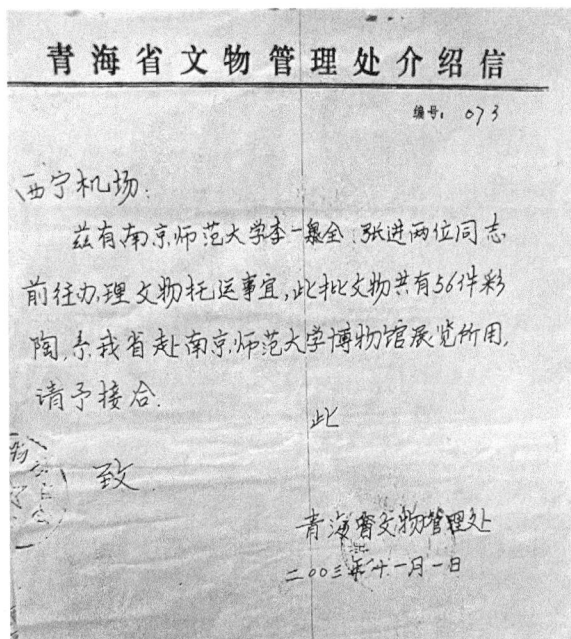

图二　青海省文物管理处开具的介绍信

9月之后，文博系的所有工作都是全系教师一起商定的。无论是指导学生考察，还是和南京大学、南京博物院、南京市博物馆建立合作关系，抑或学位点和实验室建设，文博系的所有教师都曾精诚合作，充分体现出了团队作用。为了调拨文物，我和汤惠生、裴安平曾专程到青海民和县去挑选文物。为了申报学位点，我和李天石、汤惠生、周裕兴、裴安平多次到南京博物院洽谈。为了引进王仁湘，我和汤惠生还专程到北京与他面谈。我们三天两头开会，文博系的许多会议记录都是陈声波做的。我衷心感谢与我曾经共事的各位老师，并祝愿南师文博系越办越好！

　　　　　　　　　本文作者系原南京师范大学文博系教师，现为历史系教师

河南博爱东齐村考古实习散记

陈声波

河南博爱东齐村考古实习是南京师范大学文博系建系以来非常有意义的一次考古实习。文博系创建伊始,可谓筚路蓝缕,首届系主任张进老师在较短时间内接连引进汤惠生、裴安平、周裕兴、王仁湘等多位考古名家,开山立派,厥功至伟。然而作为一个新成立的专业与系科,平心而论,学校对我们专业的重视不可能一步到位,我们也不可能创建自己的考古实习基地。文博系学生的实习除了常规的博物馆实习,能否有考古实习机会,主要看系内考古大咖的人脉与努力。文博系 2000 级首届学生能够有机会赴重庆万州武陵镇参加田野考古实习(详见本书徐峰文)是足够幸运的,后来能够集体参加考古实习的机会寥寥,且多在江苏省内。2006 年文博系为配合国家南水北调工程建设,远赴河南省博爱县东齐村,圆满完成考古实习工作,在文博系历史上也算留下了浓墨重彩的一笔。

东齐村墓群——位于河南省焦作市博爱县苏家作乡东齐村东北,西距博爱县城约 8 公里,北依詹泗公路(104 省道)。地理坐标:北纬 35°、东经 113°、海拔 108.5 米。墓群分布面积约 20 000 平方米,所在均为农田,地势平坦,为县级文物保护单位。

2006 年 8 月至 10 月,南京师范大学文博系考古队会同焦作市文物勘探队对其进行了勘探和发掘。勘探面积 11 200 平方米,发掘面积近 1 000 平方米,均处于南水北调中线总干渠范围内(设计桩号 Ⅳ 24＋588.700 南),共揭露各类遗迹 10 个,其中周代灰坑 1 个,汉墓 7 座,明清墓 1 座,现代砖井 1 个,出土文物近 50 件。发掘项目领队为王仁湘、周裕兴,顾问李天石,主要带队老师为周裕兴、王根富、陈声波，此外 05 级研究生齐月、卢佳，03 级本科生陈曦、吴振宇等 15 位同学及强化部朱雪菲等参加了考古发掘。作为本次考古实习自始至终的亲历者，每每回忆起这段峥嵘岁月，感慨良多。今选取几个片段，散忆如下。

一、打前站

打前站就是正式发掘前的准备工作。古语云，"三军未动，粮草先行"，打前站看似普通，实则干系重大。一是办理好发掘前的各项官方事务，二是为发掘队伍准备好衣食住行。严格说来，本次考古实习的打前站工作共进行了三次。第一次是 2006 年 5 月 31 日至 6 月 3 日，由李天石院长带队，我和周裕兴老师随行。第二次是 2006 年 7 月 23 日至 7 月 26 日，由周裕兴老师带队，我和王根富老师随行。这两次主要是和南水北调办公室及地方文博机构的工作人员取得联系，地点主要在郑州，并开车到考古发掘所在地了解一下地形地貌。前两次打前站都很轻松，真正艰苦的是第三次。

为了解决考古实习时学生们的衣食住行，并做好正式发掘前的准备工作，2006 年 8 月 9 日，第三次打前站工作正式拉开帷幕。此次队伍的带队老师为周裕兴、王根富和我，学生有 05 级研究生齐月与卢佳。一行五人于 9 日晚在南京乘火车，10 日晨抵达郑州，再转车至阳庙镇。阳庙镇是距离我们发掘地点东齐村最近的一个镇，镇子不大，对于我们却至关重要。后来我曾无数次蹬着三轮车到镇上采购各种物品。

到了阳庙镇后，我们先找旅馆住下。转了一圈，几乎别无选择，因为这里只有一家旅馆，叫正大街旅馆，条件极其简陋，唯一的优点就是便宜，每人每天才五块钱。房间里没有空调，好在有一个吊扇，一开起来嗡嗡响。虽说已过了立秋，但那几天的温度很高，如秋老虎一般。河南的夏天，竟和南京一样热。第二天夜里，突然停电了，我们都热醒了，汗流浃背。

为了尽快入住东齐村，8 月 11 日，我们兵分两路，加紧购买各类生活用品。周老师和卢佳留在阳庙镇购置小件，我和王老师、齐月到博爱县城购买大宗物品，主要是床和床上用品以及五金电器及灶具。在博爱县城我们还买了一辆三轮车,就是普通脚蹬的那种。事实证明,这是极其英明的一项举措。后来这辆三轮车成了我们使用频率最高的物件,几乎没有一天是闲置的,光是买菜,每天至少去阳庙镇一趟。当时由于三轮车没法带走,卖车的老大爷从博爱县城一路骑到阳庙镇,由卢佳接头在阳庙收货。博爱县城到阳庙镇有七八公里,天气又热,为了卖车,老大爷也够拼的,爱拼才会赢,我们又有什么理由不努力呢。

图一　东齐村村口的篮球架与土地庙

我们在东齐村先租了一个三开间房屋,带一个独立的院子。房主姓乔名六,我称小院为乔家大院。我们先住在乔家大院,此后又增加了一人,是学校强化部的朱雪菲,这样我们的队伍壮大到六人。后来我们又在附近租了一个更大的房子,为大部队的到来做好了准备。村口居然有一个篮球架,摆放在路边,虽然斑驳破旧,但篮板是铁的,十分坚固。这对酷爱篮球运动的我来说真是天大的幸事。后来我们屡屡来此打球,虽条件简陋,却乐此不疲。路边还有一座小庙,所谓庙,实则只有一间小屋,村民说是土地庙,我从门缝往里看,屋里供奉的好像是观音,可能是送子观音。

二、 发掘与整理

在大部队抵达之前,我们在靠近詹泗公路的地方先布了两个 10×10 米的探方,准备先发掘一座墓葬,了解一下基本情况,为以后的发掘提供参考。8 月 23

日发掘工作正式展开,先发掘西侧探方,民工六人。由于之前已做过考古勘探,知道这里有一座空心砖墓,这个探方就是以墓葬位置为中心布设的,墓葬的编号为 M2。发掘工作进展顺利,但探方就在詹泗公路的南边,来往的路人颇为好奇,一拨一拨地跑来看热闹。8 月 27 日下午找到墓口,当天收工时下挖接近墓室的上部,为了安全,我们没有露出墓顶的墓砖,并找人夜里定期巡查。大约次日凌晨两点左右,我们接到消息,说有人盗墓。我和周裕兴老师连忙赶往现场,守墓的吴师傅与东齐村邱书记带我们到现场察看,见墓顶有两个小孔,似乎是盗墓贼用洛阳铲往下探的,见有人来,便跑了。为了确保安全,我们四人决定守到天亮,反正离天亮也不远了。谁料天公不作美,突然下起了雨。起初淅淅沥沥,后来越下越大。邱书记领我们到附近一个工厂的厂房避雨,天很黑,路面坑坑洼洼,深一脚浅一脚,衣服早已湿了,狼狈不堪。雨停后我们再去墓地守护,一直到天亮才回去补觉。28 日发掘工作正常进行,主要将墓室顶部完全清理出来。这一天也是工地最热闹的一天,路上行人络绎不绝地跑来看墓,可谓人山人海。周老师想出一个稳妥的办法,白天只清理墓室顶部,做好绘图照像等资料,正式清理墓葬则在天黑后进行。在昏黄的灯光下,我和周老师及齐月、朱雪菲四人带领民工连夜清理。这是一座西汉时期的空心砖墓,保存完好,但墓葬规模不大,出土文物主要有一面铜镜及一把铁制书刀。后来我们发掘的墓葬也多为汉代的空心砖墓,形制结构与这座墓葬大同小异。有了这次发掘,我们对以后的工作也就心中有底了。

9 月 6 号中午,周老师与王根富老师带着 15 名本科生入住工地,经过简单的准备之后,8 号考古发掘工作全面展开。根据考古勘探揭示的墓葬与灰坑的位置,我们在上面布方。发掘之前,我们已经制订出了遗迹的整体编号,之前发掘的空心砖墓编号为 M2,此外还有 7 座墓葬与 1 个灰坑。按照遗迹的编号,学生们的具体分工如下:M1,吴振宇、关小佳、孙丙丽;M3,刘薇、陈曦、卢佳;M4,董强、陈琼、宾娟;M5 与 M6,姜莎莎、夏勇、郁晓刚;M7,齐月、邓志强、纪闻;H1,朱雪菲、王宁、周晶晶。詹泗公路北边还有一墓,编号为 M8,由于所涉树木的赔偿问题没有谈好,一开始没有发掘。发掘工作进展顺利,公路南边的 7 座墓葬都是西汉的空心砖墓,保存完好,形制相近,墓葬规格略有差异。其中姜莎莎等人负责发掘的 M6 规格最高,构筑墓室的空心砖较为厚重,砖上纹饰精美。随葬品较多,墓室北部有一个壁龛,龛内放置了一组精美的仿铜陶礼器。姜莎莎清理壁龛时,身体大部分都钻到了狭小的壁龛中,颇为辛苦。中原地区的黄土直立性好,墓葬坑边清晰,清理出来后感觉特别漂亮。发掘工地是在原先的玉米地中,每天见到最多的东西就是蟋蟀。蟋蟀的鸣叫虽然悦耳,但每天与大量的蟋蟀打交道,感觉还是有点恐怖。

图二　陈曦同学在绘图

图三　清理 M6 壁龛

图四　M6 壁龛中的随葬器物

图五　M8 发掘工作照

公路以北的 M8 不久之后也开始发掘,抽调卢佳与夏勇负责。M8 的形制与西汉空心砖墓完全不同,经过细心的发掘,我们最终知道这是一座明清时期的土坑墓,带斜坡形墓道,用砖墙封门、以砖刻字、两砖相合为墓志,身上置放陪葬的小石子。这些独特的葬俗,是了解本地区明清时期随葬制度和风俗习惯的有价值的资料。

野外工作结束之后,便进入后期紧张的资料整理阶段。为了加快进度,王根富老师督促得很紧。大家都很辛苦,经常晚上加班。到 10 月 3 号,终于胜利撤退。王老师带学生先去郑州,看河南博物院与郑州商城,第二天返校。我与周裕兴老师及齐月、卢佳留守,继续完成收尾工作。

三、 云台山之旅

文武之道,一张一弛。9 月 29 日,我们在王根富老师的带领下,去了当地最负盛名的世界地质公园云台山参观游览。当时大家手头的资料已整理得差不多了,外出放松一下,已无太大压力。云台山风景区,位于河南省焦作市修武县境内,距离焦作市区 30 公里,是一处以太行山岳水景为特色,以峡谷类地质地貌景观和历史文化为内涵,集科学价值和美学价值于一身的生态旅游景区。云台山风景区地质遗迹丰富,2004 年被联合国教科文组织评选为全球首批世界地质公园。有如此美妙的风景名胜,我们自然不会辜负。临行前一天晚上,吴振宇在网上搜集了不少与云台山相关的资料,今天便成了导游。

我们一行 15 人先坐车到焦作市奔马雕像旁的旅游车站,再坐旅游车进入云台山景区。进入园区,到处峰峦叠嶂,溪水潺潺,山光水色,景致尤佳。上午我们先游览潭瀑峡景区,从小寨沟溯溪而上,直到龙凤壁。潭瀑峡内有一条溪水叫小龙溪,一路上三步一泉、五步一瀑、十步一潭,故称潭瀑峡。再沿着泉瀑峡走到尽头,便看到了云台天瀑。云台天瀑单级落差 314 米,是我国乃至亚洲单级落差最大的瀑布,被誉为华夏第一高瀑,是云台山的标志性景观之一。唯一遗憾的是,我们去时水势不大,飞瀑虽高,但谈不上壮观。瀑布如白练悬空,水在空中时,便已散成云雾状,气势虽不雄伟,却颇有些朦胧的意境。下午我们主要游览了红石峡。红石峡位于子房湖南,全长 2 000 米,峡谷深藏于地下 68 米,由红色岩石构成,属中国丹霞地貌峡谷景观,崖壁呈赤红色,故称红石峡。我们沿着山崖间开凿的道路走了一圈,最后抵达子房湖大坝。子房湖,又叫平湖,因汉代张良曾在此隐居而得名。子房湖大坝气势恢宏,横亘在峡谷间,便有了高峡出平湖的胜境。我们在大坝旁合影时,参观已近尾声,大家脸上都洋溢着欢乐的神情,云台山之旅真是不虚此行。

图六　云台山前的合影

图七　子房湖边的合影

四、尾声

本科生返校后,周老师和我带着研究生齐月与卢佳继续整理资料,完成最后的收尾工作。10月7日卢佳先回南京,工地只剩下我们三人,一丝凄凉之感油然而生。然而收尾工作并不轻松,除了资料的整理,还有方方面面的接洽,与南水北调办公室,与焦作市博物馆与勘探队,与东齐村的村长和书记,与民工之间,等等,各方面关系都要协调好,才能圆满撤退。10月13日,终于到了最后的移交阶段,文物资料移交给焦作市博物馆,图文资料移交给郑州南水北调办公室,至此本次考古发掘工作终于胜利完工。返回南京前,我们还去参观了殷墟与邺城遗址,最后乘坐长途大巴返宁。

河南博爱东齐村考古实习是我们南京师范大学文博系首次在中原地区进行的考古实习工作。本次考古实习的圆满完成为文博系今后的发展奠定了坚实的基础,同时也培养了一批考古人才。参加实习的学生至今大部分仍工作在考古文博一线,成为各地考古文博机构的中坚力量,陈曦同学现在也成为我们文博系的教师,我觉得这是最令人欣慰的。

本文作者系南京师范大学文博系教师

田野有径，广衰天地

——记我经历的三次田野考古实习

徐　峰

一、巴山田野：在山城考古

时光荏苒，整整二十年前，南京师范大学文博专业第一届本科生（2000 级 4 班）赴三峡参加田野考古实习。毫无疑问，三峡考古是南师文博专业的田野起点，特别是对于迄今唯一参加过三峡考古的南师 2000 级而言，有着特殊的意义。今时今日我依然偶尔会想起曾经经历过的巴山夜雨、江边捡石等场景。特别是在川菜征服中国的当代，只要一吃到花椒，就会想起万州，花椒好比记忆的触碰器，一弹即开。

2002 年 9 月，时任文博系主任的秦汉史学者张进老师带领 29 名学生从南京下关码头乘船逆流而上，前往重庆万州武陵镇参加田野考古实习。那是大多数同学第一次乘船旅行，我们见识了过葛洲坝，夜过神女峰，接触了船上的各色人等，一路上都很兴奋。对船舱里简陋的环境，甚至有老鼠，也不在意。船在长江上漂了五六天时间，在万州码头靠了岸，我们拖着行李登上又斜又高的台阶。棒棒大军走上前来，询问要不要帮忙，为了体现自立的精神，男女同学都各自将行李拖到了街上。当晚在万州某宾馆住宿，次日一早即赴工地。

实习的工地在江边的武陵镇胡家坝。田野考古实习的领队是汤惠生老师，他刚从青海省文物考古研究所转调南京师范大学一年时间。我清晰地记得，在上一个学期的《世界岩画》这门课上，汤老师告诉我们，秋天要去三峡田野考古实

图一 2000级同学在驻地合影
（张进摄；一排中间为陈丽琼老师；三排左一为汤惠生老师）

习，全班都很兴奋。能够有这次田野实习，依托了汤老师自己的三峡考古项目，想想看，29名学生，加上老师、技工，每天几十张口，花费开销是相当大的，所以我们2000级对汤老师很有感情，正是有他的支持，方有这次实习。另外，学校教务处也提供了一万元经费支持。这些都是我们专业发展中应该感恩的。

实习期间的住、吃、洗、行和劳动令人难忘。说其难忘，不是因为环境的舒适，恰恰是环境的艰苦。这确实是人生经历中格外有趣的地方，每一次参加考古时的艰苦，多少也有些抱怨，却在时间的流逝中被过滤，留下来的反而是美好的回忆，和今天的年轻朋友聊天时，居然也是一种生活体验的谈笑资本。

我们住在相邻的两幢楼房里，老师、技工一幢，学生一幢。男生住楼下，女生住楼上。睡的床其实就是简易的木板床，板上铺些稻草，然后再垫一层被子。抵达工地的时候是9月，天气还是有些闷热，没有风扇，晚上大家一般用冷水冲凉后，才能在温热的被子上躺下入睡。

吃的方面，一般两菜一汤。由于是租住的民屋，桌子、凳子都有限，所以一到饭点，师生们都一字排开坐在院坝里的水泥台阶上开吃（图二）。实习期间也有几次聚餐，两张八仙桌一拼，四盆八碗。今天能记得的川菜有辣子鱼和粉蒸肉。师生们聊着天南海北、古今中外，好不热闹。

图二　工地日常吃饭

图三　清理汉墓

在驻地上厕所是件既头疼又新奇的事，因为厕所和猪圈连在一起，蹲坑和猪之间只隔了一排木栏。

　　至于洗澡,热水是奢侈的,即便是凉水,也是从山下挑上来的,所以要节省着用,在江边鱼塘里洗澡倒是可以,但还要注意不能将洗发水掉在鱼塘中,以免污染了静水生态,当时张进老师就是这么要求我们的,我印象很深。

　　因为是在巴山的田野中实习,对于来自江苏水乡平原的我们来说,每天上下工走在羊肠小道上也十分新鲜。如果要去镇上,则要乘船摆渡,这些都为田野发掘增添了种种趣味。

　　当年田野实习的主要内容是发掘汉墓(图三)。在汤老师和技工的指导下,我们懂得了辨别土色土质、划分地层、找边等田野技术。我记得当年我负责一座汉墓的发掘,一座竖穴土坑墓,挺深,挖了好几个星期。墓主是一名女性,仰身直肢,随葬陶罐数件。有意思的是,人的头骨稀烂。当时我只是好奇,没有深思。三年后,读到汤老师在《考古三峡》中的思考。[①] 他专辟一节“碎颅和开颅”,旁征博引,引臂连类,认为是一种人为的碎颅现象,并和世界范围内曾经存在的“trepanation(环锯术、头颅钻孔)”进行文化比较,讨论了早期文化现象中的“通天”思维。事实是否真是如此当然难以弄清,不过我由此见识了考古学研究是可以很有趣的,以及比较文化视野下考古学探索的重要性。

　　除了野外发掘,在工地读书和开展的学术交流活动,也有着和在学校不一样的感觉。在这方面,我记得汤老师在工地讲类型学,张老师给我们介绍了刚刚结束不久的“夏商周断代工程”。另外,汤老师还邀请了重庆博物馆的瓷器专家陈丽琼老师给我们上了一周瓷器课,大家坐在长凳、竹椅上,就在院子里听课,别有生趣。尽管我学的瓷器知识几乎全忘了,可是老师们尽力向学生传授知识的那份心意是忘怀不了的。

　　三峡库区考古是全世界有史以来最大的考古工地,当年全国有三分之一有文物保护资质的单位、大专院校参与了抢救三峡库区文物,我很有幸在 2002 和 2005 年两次参与三峡考古(图四),成为毕生难忘的记忆。

---

① 汤惠生:《考古三峡》,广西师范大学出版社,2005 年。

图四　2002 年三峡田野考古场景

二、松江广富林：在魔都考古

2014 年，我作为执行领队参与了松江广富林考古大会战。我带了南京师范大学八名本、硕、博学生在松江进行了五个月的田野发掘。这时我已经工作四年，第一次带学生参加田野考古发掘，地点由惯常的乡鄙之地转战到魔都大上海。很多朋友疑惑上海还有古可考？事实上，上海文物遗存丰富，新石器时代的马家浜—崧泽—良渚文化脉络清晰。令上海考古人得意、江苏考古人羡慕的是，有三个考古学文化以上海的三处地点命名。我曾作打油诗曰：

沪上考古颇得意，拉长古史五千年。构建文化三个名，崧泽马桥广富林。

松江广富林的发掘是一场大会战，2014 年有复旦大学、上海大学、南京大学、山东大学、中国人民大学、中山大学、南京师范大学、浙江大学等十家单位在广富林遗址协同发掘，当真是"十贤聚齐，广富林中探幽古"。每天早上有数辆大巴车载来几百名民工,工地上密密麻麻(图五),热火朝天。那气势可谓"举锸为云,挥汗成雨"。考古发掘从当年3月一直干到工地上四十多摄氏度的8月才收工。中国人民大学的魏坚先生为此说,考古学上这么多高校聚集在同一地点的发掘还是第一次,可以入考古学史。不同高校师生相聚于广富林,白天探讨田野发掘,傍晚在球场上切磋球技。不时还有来自邻近省市的考古学者前来交流。实习师生,收获皆丰。

图五　2014年松江广富林遗址考古场景

三、见"龙"在田:在慢城考古

时针走到2021年,南京师范大学文博系在经历了多年游击战式的田野考古实习后,终于在南京市高淳区薛城遗址建立了考古教学实习基地。建立一个固定的田野考古实习基地对于高校考古学的发展是非常重要的。

2021年是中国现代考古学建立一百周年,在两个一百年的交汇之年开启南师文博在薛城遗址的考古,别有意义。考古发掘是一项慢工细活,而高淳的桠溪被称为"慢城",薛城虽在淳溪街道,但到底是在高淳,也是一缘。

2021年9月，我和陈曦、孟诚磊带领文博系的11名本科生及4名研究生在薛城遗址展开了田野考古实习，领队是王志高教授。田野实习从9月至2022年1月，作为"薛城一期"，师生们均以认真的态度和饱满的热情投身田野（图六），力求在锻炼自我的同时，为更加全面地揭露薛城遗址的文化面貌作出贡献。薛城遗址距今约5 500年至6 300年，现存面积约60 000平方米，是南京地区已知面积最大的史前遗址，现为全国重点文物保护单位。

在2021年的发掘之前，薛城遗址分别于1997年和2010年两次被发掘。该遗址具有丰富的文化内涵，文化堆积主要分为上、下两层。上层为一氏族墓地，时代相当或略早于北阴阳营文化第二期，距今约5 500年至6 000年。遗址下层是一处居址，相当于马家浜文化中晚期，距今约6 000年至6 300年。薛城遗址出土的文物及下层发现的不同类型遗迹具有十分鲜明的地域特征，对构筑长江下游地区史前文化发展序列有着重要意义。

图六　2021年薛城遗址局部田野发掘场景

2021年，我们布方发掘加扩方面积计160平方米。发现新石器时代墓葬60余座、灰坑20余座、蚬壳堆塑遗迹1处、红烧土遗迹2处，出土陶器、玉石器和骨器近300件。本次考古发现对于探讨宁镇地区新石器时代生态环境、生业经济、墓葬习俗、社会复杂化等具有重要学术意义,尤其是最新发现的"龙形"蚬壳堆塑遗迹十分罕见,具有重大学术价值。"龙形"蚬壳堆塑遗迹出土后,引起了考古学界、社会媒体多方关注。江苏省考古研究所前所长张敏先生评价其为"江南第一龙",《中国文物报》《现代快报》《南京日报》等多家媒体进行了报道。可以说,2021年薛城田野考古实习为南京师范大学文博系的田野考古实习开了一个好头,提升了本学科在考古学界的知名度,也增强了我们办好考古学专业的信心。

与20年前相比,我们在薛城的基地,物质生活条件比从前好多了,学生们4人一间上下铺,有男女独立卫生间,每天有热水澡洗,有独立的饭厅,有文物修复室、学术交流场所。发掘期间,不断有考古同行过来交流,我们在发掘的同时,也举办了四次讲座和一次重要考古发现的学术会议。

发掘期间,我们也在周边的村落中穿街走巷,见家户尽枕河;槌衣淘米、梆梆声声。遗址旁的渔户正在织着捕鱼虾的地笼,那笼网上悬挂的网坠,其形态竟与遗址出土的红陶网坠惊人地相似。

这就是考古的乐趣所在,既作为考古学家和逝去的往昔对话,又一定程度上作为人类学家,和同一时空中不同的风土人情对话。

四、 心向田野,广袤天地

2022年是南京师范大学社会发展学院建院40周年,文博系创系22周年,是2000级参与三峡考古实习20周年。20年,从一个人的发展来看,正值青年,尚未"而立"。从一个学科来说,同样处在起步阶段。20年,我们的田野考古实习,去过很多不同的省市,包括重庆、江苏、河南、上海等。在祖国的田野中,见识过不同的山水;接触过不同的人情和风物;走过各式各样的田野小径,体会到天地的无限广阔。

对于考古学专业的发展而言,"下到田野中去"是考古学事业的根本。我们是在探方中执着手铲动手动脚找东西的一群人。我们既要摸陶片,也要读好书。

让我们以梦为马,继续努力!

本文作者系南京师范大学文博系2000级本科生,现为文博系教师

此情可待成追忆

——记我的大学

周保华

我是收到我们文博专业两份录取通知书的人。

十年寒窗，一朝沮丧。高考没有取得理想的成绩，所以一切似乎都成了泡影。"挣扎"之中报名了复读，期待着来年再战。没成想的是收到了我们专业的录取通知书，还前后接到了两份。想想不堪回首的高三生活，再看看"诚意满满"的专业，最终还是怀揣着遗憾离开了故土，踏上求学的道路。现在想来，无论什么时候，当我们面临抉择的时候，不光要怀揣理想，还需要面对现实，同时也要有下定决心的某个契机。

就这样走进了南师的校园，那远在城东仙林，听起来诗情画意的地方。初识于半夜，只见依稀的庭院灯；再观于黎明，白色的建筑，宽阔的道路，低矮无枝的行道树，还有正在修建的大楼。一切都是陌生而新奇的感觉。喧闹声渐起，四年的大学生活就这样开始了。

一、学习

我们这一届共有七个班，历史教育和社会工作各三个班，而文博专业就一个班。和每年的新生开学一样，分了宿舍，收拾了铺盖，见了同学、辅导员，经过军训，就真正开始了大学生活。当然，我们还有自己的不同。生活在这崭新的校园里，我们还是上的"崭新"的专业。当然，那时还不能叫专业，只是历史专业下的文物博物馆学方向。这个方向或专业不光其他学生不了解，我们自己不了解，似乎我们的老师也不甚了解。而且,在这新开设的方向下,是一班郁郁不得志的人。

之所以这么说,因为我们这第一届的录取是二本,而且是过线即可。录取了31名学生,实际报道就30名,而在一年后又有一位同学转了专业。新校区、新专业,没有专业的课程老师,失落、失望可想而知。面对前途未知时的不知所措,如我们的老师一样迷茫。虽然,新专业的未来未知倒是其次,毕竟开始时需要思考探索的是我们的老师,个人的问题才应是最大的问题,但刚脱离中学的高度紧张和父母家庭的约束而处于自律不严的青春阶段,那真是放松自我了。不管是我们的系主任、辅导员、本科导师还是其他的公共课老师,都多少感慨过、表述过对我们的不满。恨铁不成钢的老师、无所适从的学生、涣散的班级,现在说起来不好听,却是起初的真实写照。当然,大学只是一个平台。在这个平台上,你可以去做自己喜欢做的事,为自己感兴趣的行业而努力,并实现它。所以,随着专业逐渐发展,我们也走上了"正轨"。毕业后,我们班有近一半留在了文博及类似行业,而其他人,也走出了属于自己的轨迹。当你能够明白自己想做什么,为什么而做,可以主动地抉择或许哪怕是被动地接受,大学也就成功了一半。

说说我们的老师吧。张进老师是我们文博专业的创立者,也是我们的首位系主任,对待我们就像对他的孩子一样,谆谆教导、语重心长。张老师教我们中国古代史,后来也是我们实习时的带队老师。专业创办的艰难和欣喜,张老师在他的回忆文章中都有追溯。还记得李天石、李广廉、姜守明、张菁、刘进宝、祝宏俊等各位优秀的老师,每回想起,总觉得就在昨日。李天石老师后来成了我们学院院长,也是我们的本科导师,同时教授我们古文献学,在生活、学习中给予了我们很多的关心。工作多年后再遇到李老师,他依然是笑眯眯的温馨感觉。李广廉老师教我们历史文选和古文字,从他那我们浅显知道了甲骨、金文等。特别记得李广廉老师还在汇演的时候,组织我们班大合唱的编排演出。刘进宝老师那浓浓的甘肃口音,听起来有趣而深刻。更记得刘老师的一句话:研究生不是纯粹在课堂上教出来的,而更多是在和老师的对话、交流中成长起来的……他们不是我们的专业老师,却在我们进入大学的初期,给予了我们对于大学和专业的认识及了解。

大二之后，随着周裕兴、汤惠生、裴安平、王根富等老师的加入，专业课程日益丰富起来，也给迷茫中的我们指引了方向，有陈声波老师的考古学通论，周裕兴老师的博物馆学、文物法规、中国陶瓷器，汤惠生老师的田野考古学、专业英语，裴老师的考古学概论、中国青铜器，刘远修老师的中国书画、文物摄影、暗房洗印，刘进宝老师的敦煌学等。课业之余，在老师们的带领下，我们还考察了栖霞山石窟、六朝陵墓石刻、泗水王陵、牛头岗遗址等遗迹和考古现场，还在老师们的联系下去了南京博物院、南京市博物馆等单位实习。神秘的考古学还是能够激发个人的兴趣，于是有了讨论、对话，有了对那片田野的新奇和向往。

二、 实习

都说工作是人生的一个分水岭，而对于考古的学生，田野实习是选择工作的分水岭。经过田野的实习，一些人义无反顾地准备投入了，一些人毅然决然地转入他行。当然还有犹豫的人，被生活挟裹着向前，或许专业成了热爱，或许仅作为职业。

2002年是一个重要的年份。这一年，江苏的九所高校迎来百年华诞。高大的青铜鼎，象征着每一所大学的辉煌历史。而我们这个班的同学，在"盛世华章"的第二天，即匆匆告别欢乐海洋般的校园，带着大包小包的行李，加入三峡考古的跨世纪大会战，去探索那岂止百年的历史，以及更多的未知。

逆江西上，从南京到万州，坐的是现在早已成为历史的"江渝号"客轮。路途漫漫，记忆中是五天四夜吧。狭小昏暗的客舱，低矮潮湿的铺位，随处乱窜的老鼠，我们都感到相当惊奇。当然还有舱内晃悠悠的体验感，甲板上嗖嗖吹着的江风，以及半夜爬起来去看传说中的神女峰等种种经历。一到万州，迎接我们的是长长的台阶。我们在万州休整一夜，即换上大巴奔赴武陵。一路崎岖，穿山越岭，头晕目眩，不知南北。武陵下来，又转乘小渔船才到达目的地，一个山清水秀有桔子的山村。

图一　三峡实习

图二　三峡实习住处远眺工地

　　怎么来形容这个待了几个月的地方？在汤老师的《考古三峡》一书中有着身临其境的描绘。长江在此北向,江东的半山腰零星分布着房屋和梯田。我们住的地方是一个两层的小楼,前面有个不大的平台。小楼外表看起来还不错,但里面则什么都没有,据说这也是峡江地区的特色。女生住二楼,男生在一楼。一楼还有办公、厨房和公用的水间。我们被告知的第一件事就是虽然靠江,但用水紧张。所用之水是用管子引来的山上下来的泉水,汇集到水房的池子里,供集体使用。但人多,汇集赶不上消耗,所以洗澡就免了,洗衣要自找汇水之地。但我觉得所说的泉水叫山表径流水会更合适。到达的第二天,老师就宣布了一条重要信息:请男生不要在前面的小水洼中方便,因为那也是你们的生活用水。工地就在住处下面江边的二级台地上。如汤老师所说,认准方向,条条小道都可到达。实习就这样开始了。

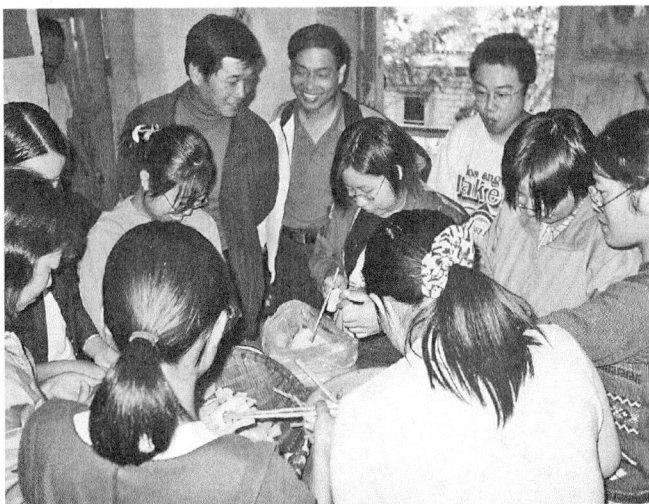

图三　三峡实习包饺子

图四　三峡实习生活

图五　三峡实习工作

图六　三峡实习集体照

　　极有规律的生活,按时上工、下工。上工三两一群而下,下工步履蹒跚而上。天晴发掘清理,下雨整理上课。在老师的指导下,按照考古规程的要求,我们初步了解了考古工作的基本过程,布方、发掘、清理、提取、绘图、拍照、记录、清洗、整理等,就如我后来的十几年一样。对于我来说,遗憾的是时间太短,太匆忙。实习生活是枯燥的,也是有趣的。吃饭排排坐,刷牙一条龙。粉蒸肉,是我至今难忘的记忆。当然还有西沱的"马自达"、石宝寨的楼、武陵镇的邮政超市以及宾馆轮流使用的洗澡间。实习给了我们一个相对封闭孤立的空间，一段相对平稳有序的时间，也促进了同学间的团结和交流，这或许是其他专业的学生没法体验的。也就是这次的实习，使得我最终走向考古的工作岗位。

图七　师生在考古现场讨论

图八　师生交流

图九　汤老师三峡授课

三、人生

我虽来自苏北的农村,与南京相隔并不算远,且一条大运河经过我的家乡,也沟通着南京。但在 21 世纪初,隔着淮河,又隔着长江,那就是天涧之距、天壤之别。路途相隔可以轻易跨过,但心里的落差没办法轻易弥补。庆幸的是,我来到南京,进入南师,投入文博的怀抱。

于我而言,四年的学习生活确实是人生的重要阶段和关键节点,可以说三观都有了巨大的变化。真心感谢我的同学、舍友。因为个人的性格,大学与他们一起生活、学习时产生了诸多的牢骚、不快,是他们的包容、理解让我不至于偏激下去;真心感谢各位老师如张进老师、周裕兴老师、汤惠生老师、裴安平老师、李浩升老师等的关心、支持和帮助。张进老师在实习结束时和我在船上的谈话犹在耳边:实习不光要个人努力,还要与大家共同合作。在我因错过申请助学贷款而茫然无助时,是李浩升老师的慷慨帮助和关心,使我能够顺利地完成学业;实习以及上课的时候,听汤惠生老师讲述他高原考古、岩画研究的种种经历,一直激发我从事考古的愿望。所以,毕业找工作面试的时候,我只认准考古岗位,其他都没有考虑。大四的时候,裴老师鼓励我继续考研深造,我说没有钱交报名费就算了,结果裴老师第二天就拿来了装着报名费的信封。读研和工作要做抉择的时候,周裕兴老师找我谈话,告诉我说不用考虑那么多学费等钱的事情,他们老师可以帮助申请补助或者直接资助。后来考虑良久,我还是选择了就业。当然就业也多依赖诸位老师的推荐和帮助,他们还和就业单位谈过边工作边读研的可能。师恩之大,无以报答,没齿难忘。如今时时想起,总是倍感惭愧。他们尽心尽力,只希望自己的学生将来能够成为栋梁之材,走得远、站得高,但学生辜负了厚望。

一晃而过,毕业已近 20 年,我们的文博专业也走过了 20 年的风风雨雨,有坎坷、有失望,但最终还是走过低谷,正蓬勃发展、充满希望。20 余年在南京的工作生活,也于工地上见过不少届的学弟学妹,见过似曾相识的神情,更感受了积极奋进的心态。看着《东亚文明》的结集出版,看着《文博之星》的愈发精彩,看着专业讲坛、工作坊、研究所、实习基地等的开展、建设,我都感受到激情和力量。希望我们的专业越办越好,桃李天下,文博芬芳。

后记:百廿校庆,也是社发院建院 40 周年,文博系也走过 20 年。作为首届学生,无以学术回报母系,只能略忆往事以述心情。感谢王志高老师、陈声波老师相邀。往事如烟,虽不甚久远却似乎已模糊不清。如所忆有误,敬请谅解。但拳拳之心,始终如一。

本文作者系南京师范大学文博系 2000 级本科生,现工作于南京市考古研究院

桃李不言，下自成蹊

——回忆在南师文博系学习的点滴

石　超

时间过得很快，转眼毕业17年，当年我在文博系读书时的老师基本都已退休，离开了教学的岗位。但是在文博系学习的点点滴滴，经常会浮现在眼前。

2001年9月，我在懵懵懂懂中到南师文博系开始了大学的生活。作为农村的孩子，对考古学与博物馆学没有一个基本的概念，只是高中时喜欢历史，历史成绩比较好，于是选择和历史相关的专业。从一个一张白纸的少年，到如今在博物馆工作近二十年的所谓专家，离不开诸位老师的关心与培养。作为文博系第二届学生，我将这些点滴写出来，是南师文博系初创时期的个人经历，希望后来的学弟学妹了解这段历史，感受这些老师的人格魅力。

一、课程设置

文博系的专业设置，老师们花了很多心思。考虑到本科阶段，要重基础，尽量广博一些，毕竟文物研究、考古研究都是要放在特定的历史背景下，所以历史学的一些基本训练是必不可少的。大一时，文博专业和历史系有不少合上的大课，比如世界史、历史文选等。在专业课的设置上，考古学、博物馆学、文物学，到了大二下半学期至大四上半学期，紧锣密鼓地展开。有关器物类的课程有中国古代工艺美术、中国古代青铜器、中国古代书画、中国古代玉器等。唯一有点遗憾的是，当时没有上中国古陶瓷这门课，我们只能在以后的工作中，自己学习。我们常说，博物馆专业首先知识面要广博，可以说，南师文博系在创系之初，就吸收了不少兄弟高校的优点,在课程设置上满足了博物馆工作宽基础这一要求。

考古学与博物馆学是一门重实践的学科,在注重课堂教学的同时,老师们也利用自己的人脉资源,创造更多的条件让我们有机会到考古现场、遗迹地、博物馆进行参观考察学习,开阔我们的视野。印象比较深的有以下几次。一是泗阳大青墩西汉泗水王陵的考古发掘现场。泗阳是我的老家,又是第一田野考察地,所以我印象很深刻。在考察之前,张进老师给我们讲了西汉的诸侯王制度以及泗水王的世袭,让我们对历史背景有了基本的认识。到了现场,苏北平原,一马平川,天寒地冻,领队陆建芳老师带领我们参观发掘现场,在那里感受到了田野考古工作的辛苦。二是南京博物院建院70周年活动现场,我们也是在这里得以和北京大学邹衡先生畅聊一个多小时,了解了夏商周断代工程的一些故事。三是南京六朝石刻现状调查。这是一个暑期社会实践活动,在烈日中,周裕兴教授带领我们挥汗如雨。四是马鞍山考察之旅,我们在采石矶了解了李白的故事,在朱然墓遗址博物馆了解了六朝的墓葬及出土的精美漆器。后来听说是老师们从课题经费中挤出钱,加上个人的捐献,才让我们得以成行。五是陕西考察之旅,我们去了陕西历史博物馆、西安碑林、乾陵、扶风法门寺,了解了陕西悠久的历史文化,品尝了丰富多彩的陕西面食。这次考察,我申请了院里的考察补助,有些同学由于经济状况,没有参加。我打从心里感激院里的老师,因为收获了很多。但是也有一个遗憾。我们系当年参加三峡工程考古大会战,发掘地点在重庆万州,师兄师姐们有幸去参加了考古发掘的实习,由张进老师带队。他们回来给我们讲了很多工地的趣事,比如重庆的麻辣鱼、大宁河小三峡、石宝寨,等等,我们都很向往。可是后来由于各种原因,我们这届没能参加,张进老师在后来的很多场合还表达了歉意。学生们总是喜欢到野外的,老师们也尽自己的能力为我们创造了条件。

二、 难忘师恩

文博系创立初期,便积极引进专业教师队伍。例如,从青海省文物考古研究所引进业务副所长汤惠生教授、从南京市博物馆引进副馆长周裕兴教授、从湖南省文物考古研究所引进业务副所长裴安平教授,他们都是在考古学界有一定影响力的专家学者。张进教授为我们主讲中国通史以及文化人类学,他是山东大学安作璋教授的硕士、南京大学魏良弢教授的博士,在秦汉史研究方面有很高的造诣。当时学校实施本科生导师制,我们班是张老师一手带出来的,倾注了他很多心血,而且当时外出考察学习的机会很多都是张老师争取来的。李广廉老师教我们历史文选,他早年毕业于北京大学历史系,功力深厚,讲话声如洪钟,讲课深入浅出,给我留下了深刻的印象。我们毕业几年后,李先生病故。后来读了他学生写的回忆老师的文章,对他有了进一步的了解,知道了他坎坷的命运,也了解了一个国家的知识分子政策对个人的影响。施和金教授教我们历史地理,他上课严谨认真,我们都从心里敬畏他。当时他还兼任地科院和强化部的教学任务。我们毕业没几年,听说他在校园里遭遇车祸身亡,听到这个消息,觉得惋惜。经盛鸿教授教我们中国近现代史的相关课程,他身材高大,说话幽默风趣,培养了一批近现代史学者。我到他家里去,一起聊江南俞氏家族对中国近现代史的影响,这样的场景还会经常浮现在眼前。后来暑期社会实践到汤山跟着南京炮兵学院费仲兴教授一起做南京大屠杀遇难同胞幸存者的调查,对这段悲惨的历史也有了更深入的了解,对经老师长期从事南京大屠杀研究,更多了一份敬意。汤惠生教授身材高大,有西北人的爽直,在岩画研究方面有国际性的影响力。汤老师受家学影响,英语特别好,对国外的考古学理论十分熟悉。我英语不好,每当汤老师给我们上专业英语课,我有时候就会听得云里雾里,但我心里还是十分敬佩他,因为有了语言这个工具,与西方学术界就可以密切地交流。毕业后,从汤老师分享的信息中,知道他在巴基斯坦从事考古,有时为他的安全担心,有时看他笔下中亚地区人民的淳朴,读了又有身临其境的感觉。汤老师长期从事青藏高原考古,也锻炼了他强壮的体格,是班级同学的"男神"。另外,文博系的文物陈列室里面有不少青海的彩陶,也是通过汤老师的努力得到的,我们上文物绘图课,就是对照着这些文物。周裕兴教授是无锡人,曾在苏北插队,再回南京大学历史系读书,然后一直在南京市博物馆从事田野考古工作。南京师范大学仙林校区开发时,周老师作为领队,发掘了六朝高崧家族墓,获得了一批重要的考古资料,被评为全国十大考古新发现。周老师为人低调谦和,由于长期在南京工作，南京考古文博界同行都与他熟悉，所以在南京博物馆系统实习的同学多得到他的帮助。周老师致力于六朝文物及六朝与百济之间的文化交流研究，我们当时关于南京六朝石刻调查的暑期社会实践就是在他的指导下进行的。周老师为我们上博物馆学概论和文物学概论两门主要专业课，"六朝文物草连空，天闲云淡今古同"，中国文献中最早出现的"文物"二字，我就是从他课上听来的，我现在从事文物的鉴定、研究与传播工作，应该也是在这里埋下了种子。裴安平教授毕业于北京大学考古系，是俞伟超先生的高足。到文博系教书之前，他一直在湖南从事新石器时代的考古发掘与研究工作，在史前聚落研究和稻作起源研究方面作出了重要的贡献。我们可以算是裴老师完整意义上的第一届学生，所以他在专业上对我们要求十分严格，甚至可以说是用对北大学生的标准来要求我们。他拿出在北大上课时做的笔记，如此一丝不苟，看得我们目瞪口呆。另外他经常教育我们要有问题意识，不要做一个"考古匠"。裴老师住在南京城里，仙林校区离城里有不短的距离，要乘坐学校的班车回家。每次给我们上完课，我们不少同学都会围着他聊天和请教问题，所以他经常都是坐上午或下午最后一班校车。毕业后，老师来杭州开会，也会叫我一起聊聊天，关心一下我的专业。现在裴老师退休了，听力也不太好，但是他一直坚持做研究，一直秉持实事求是的精神。裴老师永远是我学习的榜样。陈声波老师在这些老师中算是年轻的一辈，但是他备课十分认真，他讲授的历史时期考古的课程，特别是城市考古的课程，给我留下了很深刻的印象。刘远修老师的文物摄影课，我们也很喜欢。到李文忠墓拍完照片后，我们自己会在暗房里冲洗照片，体验到实验的快乐。中国工艺美术史这门课，当时是邀请南京博物院民俗研究所所长徐艺乙研究员给我们上。徐老师是工艺美术理论和非物质文化遗产研究方面的大家，在我后来的工作中给予了很多指导和帮助。文博系还会邀请国内一流的学者为我们作报告或讲座，印象比较深的有中国社会科学院历史研究所所长李学勤教授、吉林大学林沄教授。

大学学习很短暂，四年一转眼就过去了。但是老师们严谨务实的作风，以及文博系初创时期师生们奋发向上的精神，如今回想起来，还是让人感动。时间过得很快，转眼建系22年了，文博系在师生们的共同努力下，取得了很大的成绩，作为系友,无比自豪。在后来的工作学习中,系友之间,相互帮忙,也多了一份亲切。有的师兄弟回母校当了老师,不少同门在考古文博战线上继续奋斗,南师文博系培养的学生,遍布全国。愿母系越来越好,南师文博系是我永远的家。

本文作者系南京师范大学文博系 2001 级本科生,现工作于浙江省博物馆

再忆南师求学时

蒋闰蕾

拖延症作祟，总是一拖再拖。导师陈声波让我给校庆院庆考古文博专业纪念文集投稿，得此重托受宠若惊，但迟迟不敢提笔，一是深感惭愧，自毕业后未再从事文博方面工作，二是不敢造次，唯恐自己拙劣的三言两语在众多专家院友的研究论文中显得浅薄。但尽管已毕业多年，母校百廿的芳华，母院四十载的风雨，文博系的蓬勃发展都始终牵动着我，思来想去，还是想在这富有纪念意义的时刻留下些许文字，抽取记忆中的片段拼凑起在南师文博的五彩斑斓的时光。

从文苑路1号到宁海路122号，我在南师度过了七年岁月，与文博的相伴相长也如一把刻刀，真真切切地镌刻在我的生命里。成为一名文博学子，在某种意义上，圆了儿时的梦想，但直到坐进课堂，我才第一次真正感受到考古文博人的使命，那就是通过遗迹和遗存的实物资料，去复原和重现人类生活，去研究探索人类历史。揭开未知，追根溯源，我们即将在一件件实物中去触摸岁月的脉搏和人类的智慧，这是多么诗意浪漫的过程。带着这样的使命和愿景，我们在懵懂中开始走近了一代又一代考古人的学术丰碑，我们感知苏秉琦先生视考古工作为"人民的事业"的赤子之心，体悟陈寅恪先生提出"大学精神的本质在于独立之精神，自由之思想"的谆谆教诲，熟悉"中国商周考古第一人"邹衡先生所带来的现代考古类型学方法和"汤都郑亳"说。我们也在不断学习中拓展着对古代历史的认知边界，我们在青铜器课上熟记着鼎豆盉甗等各类器物的器型更惊叹于商周礼制制度的严谨，在玉器课上辨识着不断演变的纹饰更惊艳于它们的巧夺天工，在古代货币课上一笔一划地描摹着隋五铢和刀币，在风雨球场上临摹着墓葬模拟图。我们更在一次次实践考察中丰富着感性认识,去到明孝陵认识神道石刻;去到扬州见识黄肠题凑,感受"视死如生"的丧葬观;去到西安瞻仰兵马俑、碑林博物馆等,体会叹为观止。从史前到明清,从世界历史到中近史,在文博系各位老师的带领下,我们在四年的学习生涯中握住了一把把通往过去的钥匙,打开了一扇扇人类历史探寻之门。老师们各具特色的风趣幽默和始终如一的潜心育人,也伴随着我们一路成长,为我们种下了严谨治学的种子。

图一 2007 级文博班和历史班于西安古城墙

图二 2007 级文博班于西安秦始皇兵马俑博物馆

图三　2007级文博班于镇江博物馆

　　很幸运,我成功在学院保研升入硕士阶段学习。得益于导师陈声波、汤惠生的支持,我和我的同门也拥有了难能可贵的田野实习经历,那是我如数家珍的快乐时光。当时发掘的是湖北省南水北调中线工程文物保护项目第三期的小河墓群,我们和南京大学的同学们一起,在湖北十堰郧县安阳镇下面的一个小村子里实习。从勘探到挖掘,从取土到回填,我和我的T074、T075相处了两个多月,将书本知识化作专业实践,这真是一个奇妙而充实的过程。还记得初到之时,湖北还很炎热,由于没有自来水,我们居住的那户人家的大爷每天要去几里地外挑干净的河水装满两大缸给我们使用,着实辛苦;湖北的菜系偏辣,负责做饭的大爷照顾我是苏州人,总是每天变着法地给我做几个不辣的菜或者在早上蒸上热腾腾的糖包,极其可爱;初上工时,铲子都拿不好,周围负责来取土的村民会热心地给我示范如何修出漂亮的边;遇上下雨不上工时,就跟着司机唐叔进城采购,虽然要绕很久,可是颠簸着也很安心。工地的技工朋友们一个个都身怀绝技,平时插科打诨和我们打成一片,真正开工时是十八般武艺样样精通。他们教会我们很多,也让我们在工地上扎实了很多实用技能,如使用洛阳铲辨别土色,在探方辨别遗迹,用手铲铲边,蹲在灰坑或墓葬中测距绘图等等,"实践出真知",在这个过程中,我们与书本上那些晦涩难懂瞬间拉近了距离。更有趣的是,大家每天除了守住自己的探方,还总是打听着其他探方,比如今天是不是又发现了什么遗迹或是出了什么好东西。当时有一座探方中出了一个完整的砖室墓,在准备起砖的那天,大家都跑去看,既好奇又羡慕,然后悻悻地回到自己那个只出了一个小灰坑或者小井的探方,默默修边。在这两个多月中,我们每天都很喜欢的一件事是,到了晚上坐到拖拉机上看星空。村子里夜晚总是静得很早,只有田边的路灯兹拉着和远处的几声狗吠。忙碌一天后抬头,我们会看到满目铺陈的星空,似乎离我们很近,伸手就能抓到。或许也正是深入这些偏远之地,才能欣赏到如此绚烂的星空,在那一刻我似乎明白了考古人的诗意与浪漫——我们珍爱脚下的土地,面朝土地背朝天地持续辛劳是为了发现更多的过去,再现更多的生活规律,而抬起头我们也拥有独一无二的星辰大海去鼓舞我们继续前进。进入11月湖北已经很冷了,那会儿项目也在收尾,工地在回填,我们就每天窝在屋子里记录、画图直到深夜,顶着寒风出门休息时,抬眼看到这满目星辰,疲劳瞬间也被一扫而空。过了许多年,这绚烂星河也始终在我脑海里不曾忘去,也是我那珍贵田野实习的有力见证。

图四　工作照

站在如今这时日回望过去岁月,似乎一切都没有变,随园的银杏、学正楼前的梧桐守护着一届又一届文博学子,护送他们去追寻山高水长;似乎又有很多变化,带给我们一批批文博学子难以磨灭的深厚情怀,毕业多年时刻记着自己曾是一名文博学子,每每与同学相约去探寻最新的展览或探讨新的考古进展,心里总是笃定且温暖的;更带给我们勇敢探寻未知的勇气与智慧,纵使艰难困苦,只要持续深耕,便会有广阔星海。

图五　合影

中国考古学已走过百年历程,南师文博也走过 22 年风雨,一代代文博人始终秉持赤子之心在承继文明,开辟源路,奏响探索中华文明的华章。值此百廿校庆之际,我谨代表吾辈学子,祝福母校再创辉煌,祝福南师文博再续新章!

本文作者系南京师范大学文博系 2007 级本科生、2011 级硕士研究生,现就职于苏州大学学生工作部(处)

让南师小花们在田野中绽放

——2022年度南师文博系田野考古侧记

彭　辉

2022年是我离开地方考古所，来南师大执教的第一年，初来乍到，系主任王志高老师就交给我一个光荣的任务，由我和白莉老师带领2019级本科生参加当年秋天在高淳薛城遗址的田野考古实习工作。寒来暑往，四个月实习生活转瞬即逝，回想起来，其中既有丰富的收获，也有些许的遗憾。在此撷取几个片段，与大家重温那段闪光的日子。

一、田野工作：从课堂到另一个课堂

当代的考古工作是一个非常复杂的系统性工作，需要掌握各类知识。虽然在课堂上已经学习到了田野考古的基本原理方法和一些文博技术，可真到了田野上，同学们才发现真实情况跟课本知识的差距不是一点半点。怎么办？补课呗！于是我走马上任，当上了同学们的"夜校"老师，每天吃完晚饭后集体到会议室开复盘会，除了回顾总结白天工作的经验得失，还带领大家复习一些必须掌握的田野工作流程，从写探方日记到器物绘图，从填各种登记表到绘制探方系络图，好在同学们都是冰雪聪明，一点就透，很快就掌握了工作方法，并且大有青出于蓝而胜于蓝的趋势。

在后期的资料整理中，有个女同学在我的稍加点拨下，就展现出强大的绘图功底，不仅速度特别快，日绘数十图，质量也很高，经过撒点和明暗调子的表现，成图栩栩如生，连我这位教绘图的老师都自叹不如。玛格丽特·米德笔下的"并喻时代"来得如此之快，让我始料未及。

图一　学习田野发掘技术

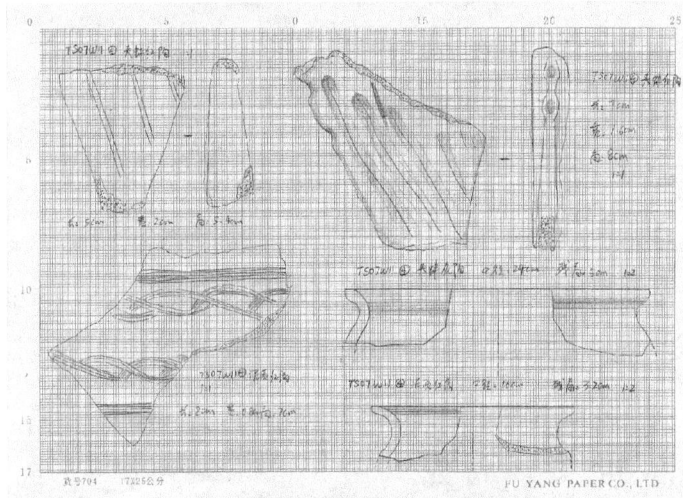

图二　学生的绘图作品

为了让大家全面掌握现代考古研究的要求，我们还多次邀请各个门类的学者来工地现场教学，如裴安平老师、研究动物考古的陈曦老师、研究体质人类学的张敬雷老师、研究环境的贾鑫老师、研究同位素的黄嫣（南师大毕业生）等。每次生动有趣的现场教学对同学们来说都是一个难得的学习机会，大家都学得很认真。虽然短时间内未必能掌握这些考古技术的要点，但是至少为本科生们打开了考古研究的视野，为他们未来几年的深造学习打下了基础。

图三　裴安平老师教授课程

二、汗水、泪水与其他：小花们的成长之路

　　毋庸讳言，田野考古工作确实是一项非常艰苦的工作，虽然来的时候已经给同学们多次做过心理建设，可到达现场后的落差还是让同学们心有戚戚然。客观来讲，南师大薛城实习基地的硬件设施在我所经历的考古工地中已属上乘，独立的院落、整洁的宿舍、水电气网一应俱全，但对于大多数生活在城市里，家庭条件优渥的"00 后"孩子们来说，这样的生活还是略显单调和简陋。更别说开工之

图四　动手清理墓葬

后,同学们要顶着酷暑寒霜跟着一群大叔大伯们挖坑开方、铲面刮面、绘图测量、提取文物,对以女生为主的南师考古队员们而言,不仅是体力的考验,也是精神意志的磨炼。常有女生因为各种原因偷偷抹泪,或是在某件小事上心弦一动就情绪崩溃,好在随行的白老师特别善解人意,常常能观察到女生们情绪的细微变化,及时跟女生谈心,疏导情绪,让前一刻还梨花带雨的姑娘转眼又笑靥如花了。

有人说,经历过考古工地的女生都变成了"女汉子",这话只说对了一半。经历过考古实习的女生们,在生活能力、自理能力、社会适应能力上都有很大的提升,掂勺炒菜、骑车采买、安排布置、修理打扫都是不在话下,加上跟老乡们对话养成了习惯,说起话来粗门大嗓,与象牙塔里的其他同学相比,似乎是变得有点"粗糙"了,可一旦遇到什么正式场合或是集体活动,姑娘们又都自发地恢复到精致时尚、俏丽大方的少女本色。有次拍集体照,我早早下楼,在拍摄地足足等了半个小时不见人影。我不解地问了问身边的男生,他意味深长地撇撇嘴:"还能干嘛? 正在'当窗理云鬓,对镜贴花黄'呢!"

前段时间在路上碰到一个实习归来的女生,她高兴地对我说,寒假回家她一不留神给父母展示了几道考古工地上学到的拿手菜,老母亲特别欣慰,直夸她这几个月的工地实习有进步,要知道她之前可是一个"十指不沾阳春水"的大小姐呢! 考古实习不仅培养人,也锻炼人,而且是全方位锻炼人。

三、 从白老师到 "白妈妈"

来之前就听说,白莉老师在学生们心目中威信很高,有一多半学生是冲着白老师才下工地云云。到了工地我才发现所言非虚。白老师不仅能够从心灵上关怀安慰同学们,还时不时变出一些可口的美食来,引得女生们趋之若鹜。白老师在工地上有一个固定节目,每当工地上有了重大发现时,白老师总是在第一时间冲好手磨咖啡,端给发掘现场的老师和学生们,我因此也喝过好几杯白老师的"特调咖啡"。正是白老师的平易近人,也才引来大批女生的拥戴,女生私下里都喊她"白妈妈"。白妈妈的魅力之处还在于她经常性地组织些小活动,如八月十五的赏月、教师节的联欢、国庆节的电影晚会等,都给平淡枯燥的工地生活增添了不少趣味。

不过这个白妈妈也有严厉的一面,对同学们生活和学习上出现的问题,她总是毫不留情地指出,并且要求立刻整改,有些女生也因此怕了白老师,见了她绕道走。当然,白老师大多数时候还是和蔼可亲的,更有她"少女心"的时刻。记得十二月的某日夜晚,她从新闻上听说当夜有狮子座流星雨,于是晚上十点半,她撺掇大家放下手里的工作,都去住所附近的玻璃坪上看流星雨。因为头一直仰着酸涩难忍,她又指挥一个男同学去宿舍里搬了五六条被褥,平铺在玻璃上,六七个人横躺在被上仰望星空,在每颗流星划过的时候纵情大喊。想想这确实是我们在工地上做过的最疯狂的一件事了。

四、那些花儿

同学们在工地上收留了一只流浪猫,因为毛皮是花斑的,所以得名"小花"。"小花"在同学们的照顾下生活日渐滋润,不但有了常驻的猫窝和固定的食盆,身材也由初见时的瘦骨嶙峋变得丰满臃肿。我打趣地说这只猫是饿八个月饱四个月,饱的那四个月就是考古队在的四个月。"小花"跟同学们相处久了,似乎也有了一点灵性,有同学在收拾回家的行李箱时,它四仰八叉地仰卧在摊开的行李箱里,那态度仿佛是说"把我也带走吧",让人忍俊不禁。

因为多数实习的同学们还要面临考研的压力,所以分了三批前后离开工地。每次有人离开的时候都不免有点伤感。我想到朴树有首老歌叫《那些花儿》,其中有一句"她们已经被风吹走,散落在天涯"。是的,对于正值青春的同学们而言,就像那些花儿一样,把欢声和笑语留在了考古工地,把论文写在了祖国大地上,有一天她们终将离开学校,奔向全国各地,用在学校学到的知识服务社会。她们的振翅高飞,正是我们作为教师最大的成就感。

在临别赠言中,我郑重地留下了这样一段寄语:"也许,这只是你们未来无数次考古经历中最平凡的一次,也许,这是你们人生中唯一一次与考古工作的近距离接触,这些都没有关系。在你们未来的日子里,还请牢牢地记住那种感觉——

保持对未知事物探寻的兴趣,保持对美好事物发现的欢喜,保持在纷繁芜杂事务中的从容,保持在艰难困苦生活时的韧性。"

图五　实习师生合影

本文作者系南京师范大学文博系教师

我们的学院，我们的办公楼

——随园校区 400 号楼、600 号楼追忆

汪明玥

充满民国气息的南京师范大学随园校区，素有"东方最美校园"的美誉。穿过长长的林荫道，传统宫殿式建筑群便映入眼帘，它们独特的魅力与韵味，使人有穿越时空之感。这个华丽的建筑群，不仅沉淀了百年历史，亦见证了中国第一所女子大学的发展历程。位于建筑群南部的 400 号楼与 600 号楼，如今是我们社会发展学院的办公楼。这两幢楼对于社发院的师生而言并不陌生，但是其历史变迁及与楼相关的人物往事，却早已湮没于历史长河之中，甚少有人知悉了。

一、 400 号楼、600 号楼的兴建与使用

众所周知，南京师范大学随园校区是民国时期金陵女子大学（金陵女子文理学院）的旧址所在。金陵女子大学于 1915 年正式招生，当时借用了位于南京绣花巷的李鸿章大宅院作为临时校舍，被称为"百间屋"或"百屋房"。由于临时校舍不能满足学校的未来发展，1916 年春，校董会选择了南京鼓楼西南方向的随园陶谷作为永久校址，并于 1918 年正式委托美国建筑师亨利·墨菲（Henry K. Murphy）着手进行校园规划设计。[①] 五年后，400 号楼与 600 号楼便诞生在世人眼前。

　　400 号楼与 600 号楼均位于金陵女子大学校园东西向中轴线的南侧，于

---

① 顾味真：《建筑校舍之回顾》，《金陵女子大学校刊》1928 年第 10 期。

1923 年正式交付使用，属于校园的第一期工程。同时期，学校还建成了 500 号楼，皆规划作为女生的宿舍楼。而现在的 700 号楼是在 1924 年建成，亦作为女生宿舍使用。

两楼投入使用后，每幢约住 50 人，每间住 2 人[1]，故当时宿舍楼内应至少有 25 间寝室。除了寝室，宿舍楼里设有一间面积约 50 平方米的交谊室（会客厅）。交谊室内有钢琴、期刊、座椅，可供学生空闲时休息交流、练习钢琴，或开茶话会等。据金女大学生回忆，宿舍楼内还设有饭厅和养疗室。穿过交谊室即饭厅，饭厅外边为一长廊，是厨房师傅烹饪和洗餐具的地方。另外，在养疗室后还有一间小厨房，以便学生们在假期里可以自行烹饪。[2] 这种处处以人为本的设计，体现出设计者的人文关怀。

400 号楼与 600 号楼都是中国传统建筑形式与西式建筑技术相结合的产物。两楼建筑外观均似中国传统宫殿，屋顶为单檐歇山顶，但房屋并非传统的土木结构，而采用了先进的钢筋混凝土结构。两楼的建筑面积均为 1 151 平方米，共 3 层，其中主体 2 层，阁楼 1 层，建筑物两端建有柱式望楼。[3]

由于民国时期的相关照片均为黑白色，我们无法知道 400 号楼与 600 号楼的具体外观颜色。但在《申报》的一篇新闻报道中，曾提及 100 号楼、200 号楼和 300 号楼的柱子为红色，而四幢宿舍楼的柱子为绿色。[4] 由此可见，当时诸楼的外观与现在应该有所差别。此外，民国时期 400 号楼与 600 号楼之间有中国古典式外廊相连接。遇到阴雨天，师生在两楼之间走动时无需带雨具，这也形成了一道独特的校园风景。令人惋惜的是，1990 年学校在新建 12 号楼（数学与计算机学院楼）时，将 400 号楼与 600 号楼之间的连廊拆除[5]，形成了如今三边围合的院落空间[6]。

① 钱焕琦：《吴贻芳——金陵女子大学校长》，中国传媒大学出版社，2014 年，第 54—55 页。

② 顾味真：《建筑校舍之回顾》，《金陵女子大学校刊》1928 年第 10 期。

③ 叶皓主编：《南京民国建筑的故事（下）》，南京出版社，2010 年，第 347 页。

④ 岑碧：《金陵女大的内容》，《申报》，1929 年 7 月 5 日，第 6 版。

⑤ 宣磊、杨少波：《基于价值评估的历史风貌区保护系统的构建与应用——金陵女子大学历史风貌区保护规划》，《安徽建筑》2015 年第 5 期。

⑥ 400 号楼、600 号楼与 12 号楼的布局，模仿了 100 号楼、200 号楼与 300 号楼的院落空间模式。

图一　400号楼与600号楼之间的连廊旧影

　　1930年12月,经国民政府教育部核准,金陵女子大学正式改名为金陵女子文理学院。原金女大校长吴贻芳留任为院长,但当时人们仍然习惯地称学院为金女大。① 400号楼与600号楼仍旧为女生宿舍,但由于学校声誉日隆,招生人数增多,个别宿舍从两人间变为三人间甚至四人间。

图二　金陵女子大学600号楼
(19世纪20年代)

---

① 钱焕琦:《吴贻芳——金陵女子大学校长》,中国传媒大学出版社,2014年,第196页。

1937 年 12 月，即金陵女子文理学院成立的第七年，侵华日军占领南京，大肆屠杀无辜百姓。学院主任魏特琳率先倡议并参与组织"南京安全区国际委员会"，还主动提供校舍作为难民安全中心。当时，400 号楼由陈瑞芳夫人一家留守，而 600 号楼则收容了大量的难民。

在战争中，平静的日子是短暂的。由于金陵女子文理学院的前身金陵女大系西方教会创办，所以日军并未直接占领。但在 1942 年 6 月 19 日太平洋战争爆发后，汪伪政府就将金陵女子文理学院的校产全部充公。[1] 日军占领校园后，校舍被当作军营、马厩和指挥部使用。其中，400 号楼与 600 号楼被用作日军营房。为了增加居住面积，日军还将这两栋楼的望楼围封起来，以供士兵居住。

1945 年抗日战争胜利后，金陵女子文理学院复校，但由于日军的强占，包括 400 号楼与 600 号楼在内的建筑都受到不同程度的破坏，各种教学设备被洗劫一空[2]，故并没有马上被投入使用。

1951 年，金陵女子文理学院与金陵大学合并为公立金陵大学，校名仍用金陵大学，其中文学院设在原金女院校址，称金大宁部（宁海路），400 号楼与 600 号楼依旧作为学生宿舍使用。[3]

二、400 号楼与 600 号楼的雅称

随园民国校舍修建之初，所有的建筑均以整百数字命名，如此命名的原因现已无从考证。不过笔者推测，这可能与"十年树木，百年树人"的教育理念有关。如此或可时刻提醒教育者，培养人才需要时间，是长久之计，不可一蹴而就。不过后来，金女大师生又给她们的宿舍楼取了别具风情、寓意颇深的雅称。

《金陵女子大学校刊》曾刊发金女大毕业生顾味真所作《建筑校舍之回顾》一文，里面提到了金女大宿舍楼的雅称：

① 严海建、冷友伟：《日军占领时期南京地区的教会大学》，《辽宁行政学院学报》2006 年第 1 期。
② 钱焕琦主编：《金女大校友口述史》，南京师范大学出版社，2015 年，第 287 页。
③ 冯世昌主编：《南京师范大学志（1902—1992）（上）》，南京师范大学出版社，2002 年，第 32 页。

作为教职员及学生宿舍休憩室与养病室者凡四,即听秋(四百号)、延月(五百号)、迎薰(六百号)、读雪(七百号)四室。[1]

由此,我们可知金女大 400 号楼、500 号楼、600 号楼、700 号楼分别被称为"听秋室""延月室""迎薰室"和"读雪室"。

根据民国时期岑碧所作《金陵女大的内容》一文,我们可知这些雅称是当时金女大师生根据四季名之,即所谓"以四季为别"。[2] 除了"听秋"中的"秋"字明显指示为秋季,其他名称皆为隐喻:"延月"(500 号楼),由于夏季昼长夜短,月亮的延续时间会比其他季节短,但此季节月明星稀格外耀眼,希望月亮能够停留得久一些,故以"延月"代表夏季;"迎薰"(600 号楼)"薰"本义为薰草,又泛指花草的香气,所以"迎薰"有迎接春天气息之意,代表春季;读雪(700 号楼),雪是冬天的象征,故毫无疑问应代表冬季。

值得注意的是,400 号楼、500 号楼、600 号楼和 700 号楼所对应的并不是人们所熟悉的春、夏、秋、冬这一顺序,而是秋、夏、春、冬。由于史料有限,这一四季序列的排列是有意为之,还是无心插柳,现已无从得知,然而笔者认为春与秋顺序的调换甚妙,值得一究。

笔者认为"听秋室"的"秋"字有这样的含义:一则,秋是收获的季节,学校希望学生们学业有成,都能收获知识的果实;二则,秋可代指多事之秋,当时国家正值内忧外患的局势,学校希望学生除学习知识之外,还应该多关注时事政治;三则,秋除了有上述的含义,另有一番萧索凄凉之感。代表春季的 600 号楼与 400 号楼同在一侧,二者互换了传统意义上的季节顺序,秋去春来,联系当时国家内忧外患的局面,这也可能是一种祝福,愿学生前途、学校发展乃至国家命运都充满希望与光明。

据民国《新闻旬刊》所刊《金陵女大素描》一文载,当时 400 号楼在金女大女生宿舍楼中最有人气,常常人声鼎沸,被称为"诸宿舍之王"。[3] 其中一个重要的

---

[1] 顾味真:《建筑校舍之回顾》,《金陵女子大学校刊》1928 年第 10 期。这则史料最初承师姐任玉瑛见告,特谢。
[2] 岑碧:《金陵女大的内容》,《申报》,1929 年 7 月 5 日,第 6 版。
[3]《金陵女大素描》,《新闻旬刊》1937 年第 2 期。

原因，就是学校公共的大厨房毗邻400号楼，当时的校长吴贻芳与外籍教师们常在此处就餐。[①] 因此，学生们也会更乐于来到400号楼。这样一方面可与老师们在饭桌上探讨学术，聆听老师们的教诲；另一方面，学生们还可以借此机会接触更多的外籍教师，了解西方的政治与国情，讨论国内局势。这些场景正契合了笔者所推测的"听秋"之意。

在金陵女子大学改名为金陵女子文理学院后，虽然"听秋室"和"迎薰室"的雅称照旧使用，但也开始出现一些失误。例如：在一篇关于宿舍卫生检查的新闻中，作者将600号楼的雅称写成了"迎曛室"。[②] 一个"曛"，颠覆了春季之意，它代表着日落时的余光，与以四季为别的雅称格格不入。也许这只是一时的笔误，但也从侧面反映此时的学生对于宿舍的雅称已有了些陌生感。

抗战胜利，金陵女子文理学院顺利复校，400号和600号楼仍然作为学生宿舍楼使用，但这一时期的文章，对宿舍楼的雅称已只字不提。笔者认为诸楼雅称没有流传下来的原因有以下三点：一是上文所提及的，诸楼雅称顺序导致的记忆障碍，分不清某室对应某楼，不如用百号楼来记忆；二是由于外籍教师比较多，她们并不都熟悉中文，但是喜欢使用数字，故习惯称呼其百号楼；三是战争原因，1937年学校迁到后方，知道宿舍楼雅称的学生大多已离校，后期入学的学生则大多不了解相关情况。

三、 作为女生宿舍的400号楼与600号楼

从1923年金女大校园建筑投入使用，直到1951年金陵女子文理学院被合并，在相当长的时间内，400号楼与600号楼都主要作为女生宿舍楼。女生们在两楼里住宿，即使是毫无生活技能，也无须过多担忧。学校明确规定每栋宿舍至少配备一位生活指导员与学生同住，以便解决学生在生活中遇到的难题，并培养她们的生活技能。不仅如此，学校还鼓励不同系、不同年级的学生同居一室、同

---

① 《金陵女大素描》，《新闻旬刊》1937年第2期。
② 黎明：《宿舍清洁比赛记闻》，《金陵女子文理学院校刊》1933年第5期。

一桌用餐,这一举措有利于学生间的交流、了解,增强凝聚力。学校教职人员也会主动参与学生活动,如散步、打网球或做游戏。在金女大,师生之间像母女、姐妹般亲热,无话不说。学校还应运而生了"姐妹班"这样的组织,即学姐无不竭诚指导学妹的学习与生活,而学妹也会力所能及地帮助学姐。在这样的温馨氛围之下,可以最大限度地缓解学生们的异地思亲之苦。所以,在金女大寄宿的异地学生很少会患"思家病"。[1]

闲暇之余,每幢女生宿舍楼里都会举行各种活动,400号楼与600号楼也不例外。例如,以宿舍楼为单位的网球大赛、宿舍清洁卫生的评比,以及一年一次的对外开放,等等。

开放日。因开放只进行三个小时,故参观的人络绎不绝,这也是每年学校最热闹的时候。由于这里是女子大学,并不可以随意参观,再加上其建筑风格为中国传统宫殿样式,给人以"禁宫"之感。所以,住在宿舍的女学生会被参观者诙谐地称为"宫主"。

在开放日那一天,校园的四周和每座大楼的走廊上都会摆上绽放的菊花,以美化布置,给人以绚烂夺目之感。游客参观宿舍要先进会客室(交谊室),由预先约好的"宫主"引导。据描述,当时宿舍一般有床两张、小桌两个、椅子三把、五斗柜一个。虽然家具简单,但是布置得整齐美观,窗帘和被单颜色相配得宜,花样新鲜,加上墙上照片、彩画的美化作用,使参观者耳目一新。房间里没有挂衣服的地方,大衣、雨衣是挂在过路的走廊两边的衣柜中。这些设施配备在当时高校里是极其完善的,再加上女学生们的精心布置,吸引了大量的校外人士。宿舍楼外,树木环绕,清风徐来,香气扑鼻,来参观者莫不称之为"琅嬛福地"。[2] 这样的活动果然起到了一定的宣传作用,使金女大受到了越来越多的社会关注,以致获得了"西宫"的美称,其东侧的金陵大学则有"东宫"之称。

值得一提的是,学校还有一个由来已久的传统,即定期举行"宿舍清洁评比"。寝室的卫生都是由学生自行打扫,学校也会训练她们简单的清洁技能。学

---

① 岑碧:《金陵女大的内容》,《申报》,1929年7月5日,第6版。
② 伊公:《金女大宿舍开放参观记》,《新闻旬刊》1936年第4期。

校为什么要定期开展"宿舍清洁评比"？这其中还有一定的背景。金女大的建筑富丽堂皇，在很长一段时间曾遭到社会舆论的抨击。不少人认为学校本身建筑过于奢侈，不利于学生树立正确的世界观与价值观。所以，学校一度要求在校女学生们应遵循节俭及朴素勤劳之风。在校园里，女学生们所穿的服饰以素雅整洁为美，绚烂夺目的衣饰几乎绝迹。宿舍楼里都有洗衣室，平时所穿衣物都是学生自己清洗，砧杵之声常达户外。[①] 这在无形之中，也训练了学生个人的清洁技能。

每当学校举行卫生大检查时，学生们都会积极响应，参与其中。学校则会派出教师、宿舍主任和学生团共同评判。在大多数情况下，学生的房内布置整齐，窗明几净。除了干净整洁，学生们还会想方设法美化寝室，有的带着异国风情，有的花香扑鼻，还有的简洁素雅但不失温馨，让裁判人员眼花缭乱，目不暇接。[②]金陵女子文理学院的宿舍卫生评比在 20 世纪 30 年代就已盛行，至 1945 年复校后仍旧保持，可见其影响之大。

四、 沦陷时期的 400 号楼与 600 号楼

（一）400 号楼

1937 年 11 月 22 日，国际委员会将金陵女子文理学院划为南京安全区。在校园建筑楼中，400 号楼由程瑞芳夫人一家留守，作为教职工的办公与生活场所。据《程瑞芳日记》，我们可确知当时 400 号楼里没有难民，只住了程瑞芳、她的儿媳、几个小孙子及四个盲女。[③]

400 号楼不收纳难民，这一方面是为了防止 400 号楼被日军一遍遍搜查和掠夺，另一方面也是为了学校有一个办公区可以正常运作。《程瑞芳日记》还记载，1937 年 12 月 13 日，日军攻陷南京之后，逃难进入南京安全区的人越来

---

① 沈寿宇：《四山环绕中之金陵女子大学》，《生活》1928 年第 52 期。
②《金女大宿舍，举行清洁赛》，《燕京新闻》1945 年第 25 期。
③ 程瑞芳：《程瑞芳日记》，南京出版社，2016 年，第 77 页。

多。在校园里，原计划的六幢难民楼即 100 号楼、200 号楼、300 号楼、500 号楼、600 号楼和 700 号楼已容纳不下，一些难民只能就地睡在了 400 号楼门口。[①] 可见，当时学校里的难民人数已完全超过了魏特琳等人的预期。

尽管这一时期 400 号楼完全用作教职工宿舍，但日军仍然会以各种借口来进行骚扰。据《魏特琳日记》载，1937 年 12 月 17 日，程瑞芳的房间被日军翻得乱七八糟，显然是被抢劫过了。[②] 日军在搜查 400 号楼时，甚至连小孩子的糖都不放过，稍微值钱点的东西一律归为己有。

此外，魏特琳还曾特意在 400 号楼招待过日军士兵，希望他们信守承诺，不要伤害无辜的难民。程瑞芳在日记里写道："魏特琳把日兵带到 400 号吃茶。不但吃茶，还拿点心给他们吃。魏特琳天真地以为招待他们好一点，日兵就好些。他们又写字要我们承诺，不许我兵来此，还要发誓，魏特琳允许他们。他们走出大门，给魏特琳一张纸，有日兵来给他们看，日兵就不进来，其实没有用的。"[③]当时的情况就是一批日军刚被打发走，又会来另一批日军，对之前的承诺置若罔闻，这就大大加重魏特琳、程瑞芳等教职工保护难民工作的负担。日军在校园内的兽行更是令人发指：有的日军凶神恶煞，不分青红皂白直接殴打魏特琳这样的外国人士；校园中不论男女，日军想带就带走，或抢劫他们值钱的物品，或将平民当作士兵关起来枪毙，甚至一些妇女遭到了强奸。

1938 年 1 月底，日军强迫安全区内的难民回家，南京安全区自动解散。400 号楼成为教职工们日常吃饭或者举行重要聚会的场所。如 1939 年 1 月 30 日，在 400 号楼的餐厅里，实验班和家庭手工学校的教职工围坐成四桌，吃了一顿简单而美味的午宴，宴席上的甜食有橘子、糖和糖炒栗子。[④] 这些食物在当时算是非常丰盛的，这也让经历了苦难的人们感到少许安慰。1940 年 2 月 7 日，正是除夕夜。晚上 6 时，400 号楼餐厅里的五张桌子旁坐满了师生，中间那张桌子坐

---

① 程瑞芳：《程瑞芳日记》，南京出版社，2016 年，第 80 页。
② ［美］明妮·魏特琳著，南京师范大学南京大屠杀研究中心译：《魏特琳日记》，江苏人民出版社，2015 年，第 151 页。
③ 程瑞芳：《程瑞芳日记》，南京出版社，2016 年，第 67 页。
④ ［美］明妮·魏特琳著，南京师范大学南京大屠杀研究中心译：《魏特琳日记》，江苏人民出版社，2015 年，第 424 页。

的是曾在金陵女子文理学院避过难的孩子。"今晚，我们许多人聚在一起尽情欢乐，我觉得没有人想家。"①魏特琳在日记中的这句感慨，见证了那个苦难的时代难得一见的温馨而幸福的一刻。

（二）600 号楼

1937 年南京安全区建立前的几月，南京经常遭受日军空袭，时局非常紧张，普通南京民众的个人安全是难以保障的。据《程瑞芳日记》，在准备成立南京安全区前，教职工们曾商议："照现在的计划，只开六、五、七三个宿舍，外有三、二、一百号之楼房子，共收二千七百人，这是我们预算的，将来有多少还不知道。"②可见，600 号楼与 400 号楼不同，它是完全作为难民收容场所使用。

当时 600 号楼所保护难民的人数，我们可从《魏特琳日记》中找到蛛丝马迹。魏特琳曾在日记中写道："后来在我们 6 幢建筑里的难民人数实际上超过了 1 万人。"③那么平均下来，600 号楼至少容纳了 1 000 人以上。据 1938 年 3 月 16 日日记，陈斐然曾给魏特琳提供了难民数据。其数据表明 600 号楼内还留有难民 487 人。另外，据 1939 年 11 月 10 日日记，魏特琳曾翻看一本破旧记事本，发现了这些数字："1938 年 1 月 14 日收容难民记录：500 号宿舍楼 718 人，700 号宿舍楼 874 人，600 号宿舍楼□人。"④虽然 600 号楼人数的记录已模糊不清，但由于该楼与 500 号楼和 700 号楼面积相同，我们可以猜测其中有 700 到 800 人，甚至可能接近 900 人。因此，在南京安全区难民人数最多的时候，600 号楼可能曾经容纳 1 000 人以上。

沦陷期保护难民的重任，也使 600 号楼等建筑受到了一定程度的破坏。据魏特琳日记，1938 年 2 月，程瑞芳、陈斐然和魏特琳曾估计，当时仅房屋的损失

---

① ［美］明妮·魏特琳著，南京师范大学南京大屠杀研究中心译：《魏特琳日记》，江苏人民出版社，2015 年，第 555 页。
② 程瑞芳：《程瑞芳日记》，南京出版社，2016 年，第 61 页。
③ ［美］明妮·魏特琳著，南京师范大学南京大屠杀研究中心译：《魏特琳日记》，江苏人民出版社，2015 年，第 136 页。
④ ［美］明妮·魏特琳著，南京师范大学南京大屠杀研究中心译：《魏特琳日记》，江苏人民出版社，2015 年，第 518 页。

就超过了 2 000 美元,但这只是保守估计。后来,魏特琳在日记中还记载"六幢建筑(600 号楼在其中)的损失总数约为 6 800 美元"。各楼保存状况不是很好,都需要维修,"所有的木质结构、地板需要重新油漆,大多数墙需要粉刷,一些五金配件,如窗户插销等,受到了人为损坏"①。虽然屋舍建筑遭受了一定的破坏,但与其他难民所相比,金女大还算是幸运的,其校园建筑没有发生过重大火灾。这主要是因为难民的家人可进入校园里送饭,加上校园里也设有粥厂,因此难民无须在自己房间里做饭,学校可保证她们的生活所需。

南京安全区被取消后,难民们逐渐离开校园,返回了自己的家中。但一些无依无靠的妇女和女学生仍然选择留在学校,继续住在 600 号楼和其他宿舍楼里。为了让她们将来能够有谋生的本领,魏特琳组织她们学习编织技艺,并特意邀请专门的老师在 600 号楼里教学。② 此时的 600 号楼,不仅是她们生活休息的场所,更是她们学习技艺的教室。授人以鱼,不如授人以渔。"厚生"精神始终萦绕在随园的各个角落,至今从未离去。

建筑今尚在,往事亦可追。南师随园校区 400 号楼与 600 号楼经历了近百年的风雨后,仍静静地伫立在校园里,默默见证着世事沧桑。它们从前是女生们的宿舍楼,在这里曾充满着青春少女的欢声笑语,荡漾着她们的理想与追求;它们曾经作为南京安全区里的难民营,义无反顾地保护着无辜的平民,为她们遮风避雨;如今,这里是社会发展学院的办公楼,陪伴着社发院的莘莘学子快乐成长,将目睹我校考古学、历史学、社会学诸学科的发展壮大。

本文作者系南京师范大学文博系 2018 级研究生,现工作于南京市二十九中教育集团

---

① [美]明妮·魏特琳著,南京师范大学南京大屠杀研究中心译:《魏特琳日记》,江苏人民出版社,2015 年,第 220 页。
② [美]明妮·魏特琳著,南京师范大学南京大屠杀研究中心译:《魏特琳日记》,江苏人民出版社,2015 年,第 373 页。

下编　芳林硕果

先秦考古

彩陶源流与彩陶之路

王仁湘

自中国彩陶发现之初,学界就将彩陶源起与对彩陶之路的探索列为重要课题。从安特生的努力开始,这个探索已经有了近百年的时长。

彩陶,是史前时代艺匠描绘的梦幻世界,是灵魂艺术。彩陶的世界那么精妙,那么迷幻,深深打动了我们。

考古发现了大量彩陶,在了解到彩陶的主要内涵之后,我们会很自然地追踪起彩陶的源头。中国史前彩陶分布地域很广,南北东西都有发现,彩陶艺术传统特别是黄河彩陶从何处起源,是一个必答问题,这也是一个不容易解答的问题。

我自己也在探索中不留神成为彩陶追踪者,居然与彩陶亲密接触了三十多年。我在遗址上发现彩陶,亲手修复彩陶,亲自描绘大量彩陶纹饰,自以为在彩陶上看到了前人没有看到的景致,觉得似乎向着源头的方向又跨出了一步。

1998年我往西北从事田野考古工作,起初我并不知自己去西北可以做出些什么,结果我很快在那里发现了一个文化源头,并自以为寻到了黄河史前彩陶文化的源头,因此得出了与传统认识明显不同的结论。

安特生于1921年发掘河南渑池仰韶村遗址之后,提出了"仰韶文化"的命名。但在中国突然发现的彩陶文化有怎样的发展过程,它又是怎样起源的? 在这样的思考中,安特生将他的目光转向了西亚,他推测中国彩陶并非本土起源,它的技术与文化传统应当是来自遥远的西方。安特生将自己的研究方向转到中国西北,他推测那里应存在着一条彩陶自西向东传播的通道。①

图一　1924年安特生在甘肃广河齐家坪遗址

安特生1923年开始沿黄河西行,去追溯仰韶文化和彩陶文化的源头。他在甘肃和青海一带发现了丰富的古文化遗存,那里有比中原数量更多的彩陶,这使得他流连忘返,一直在那里待了近两个年头。安特生发现六种考古学文化中都有彩陶,他认为这些考古学文化处于新石器时代晚期到向青铜时代过渡的时期,绝对年代约在公元前3500年到公元前1500年之间,包括仰韶在内它们代表了六个发展阶段,即齐家期、仰韶期、马厂期、辛店期、寺洼期和沙井期,这便是他创建的"六期说"。将齐家期放在仰韶期之前,是因为它简单而质朴的彩陶纹饰,被认定是彩陶开始出现的证据。

安特生在甘肃青海地区发现的大量彩陶,现在看来大多不属于中原仰韶文化范畴,内涵与时代都有不同。虽然包括他在内的一些国外的研究者急于将中国彩陶与西亚彩陶相提并论,由此倡导中国文化很早就表现出西来特征的学说,但是他所找到的证据尽管在他看来是那样确凿无疑,实际上当时的提法在后来者看来其实并不能成立,从研究的理论与方法层面上暴露出许多无法弥合的漏洞。

中国考古学家后来纠正了安特生在学术上出现的错误。1937年尹达先生

---

① [瑞典]安特生著,乐森璕译:《甘肃考古记》,文物出版社,2011年。以下所用资料凡征引此著作处,不另注。

即撰文指出,仰韶村遗址包含龙山文化遗存,甘肃史前文化的齐家期不一定早于仰韶期。[①] 1945 年以后,夏鼐先生通过在甘肃的一系列发掘,澄清了安特生在考古发掘过程中所犯的层位颠倒的错误,他指出甘肃地区史前文化正确的时间顺序应当是仰韶文化、马厂文化、齐家文化,后面的辛店、寺洼、沙井文化已进入青铜时代。[②] 安特生所说的甘肃古文化六期中的"仰韶期",主要内涵是 20 多年后夏鼐命名的马家窑文化,后来的一些研究者常常称之为甘肃仰韶文化,但并不能等同于起先发现于黄河中游的仰韶文化。

20 世纪五六十年代,学界在甘肃及邻近的青海东部地区新发现大量的马家窑文化遗址,同时也进行了一些发掘工作,为探索马家窑文化及彩陶的来源进行了深入研究。关于马家窑文化与仰韶文化的关系,体现在彩陶上的线索非常明确,石兴邦先生就此进行了探讨,他在 1962 年发表的一文中认为马家窑文化彩陶受到庙底沟类型彩陶的影响,纹饰母题与演变规律都有相似之处。[③] 严文明先生 1978 年发表的《甘肃彩陶的源流》,论及半坡类型向陇东和庙底沟类型向陇西及青海东部的扩展,认为马家窑文化彩陶的源起与中原地区的仰韶文化有关。[④]

马家窑与仰韶文化的关系,在以后揭示的多处地层证据中得到进一步确认,有关马家窑彩陶来源的研究取得了实质性的进展。特别是后来又发掘了秦安大地湾、天水师赵村与西山坪、武山傅家门等遗址,不仅在地层上确认了仰韶文化与马家窑文化的早晚关系,出土大量彩陶也为追寻彩陶的源头找到了线索。

一部分研究者所称的石岭下类型,主要分布于渭河上游的秦安、天水、武山一带。也有一部分研究者将这一内涵的文化直接称为仰韶晚期文化,特别是像秦安大地湾四期文化的面貌,与仰韶时期的庙底沟文化表现有更多的联系。先

---

① 尹达:《龙山文化与仰韶文化之分析》,《新石器时代》,生活·读书·新知三联书店,1979 年,第 83—119 页。
② 夏鼐:《临洮寺洼山发掘记》,《中国考古学报》第四册,1949 年,第 122—126 页;《齐家期墓葬的新发现及其年代之改定》,《中国考古学报》第三册,1948 年,第 101—114 页。
③ 石兴邦:《有关马家窑文化的一些问题》,《考古》1962 年第 6 期。
④ 严文明:《甘肃彩陶的源流》,《文物》1978 年第 10 期。

前许多学者认为马家窑文化是仰韶文化的继续与发展,可见证据是越来越充实了。①

甘肃境内既有仰韶早中期半坡和庙底沟文化分布,又有仰韶晚期文化发现,在青海东部也有仰韶中晚期文化遗存发现。根据这些发现,我们就可以对彩陶繁荣时期的兴起做出一个基本的判断,甘肃及青海东部地区在 6 000 年前,就已经是仰韶文化的分布区域,马家窑文化彩陶的来源应当就在这个本土区域,是仰韶时期的庙底沟文化,与遥远的西方没有什么关系。

随着田野考古的深入,后来又在陇东发现更早的前仰韶文化彩陶,这些具有初始特征的彩陶将甘肃及以西邻近地区彩陶起源的年代追溯到了距今 7 000 年的年代。已有的发现完全能证实甘肃史前彩陶具有完整的起源与发展序列,这样的序列不仅在中国其他区域没有见到,在世界其他区域也没有见到,由这一个角度看,这是一个非常值得关注的原始艺术生长的典型区域。

甘肃及邻近区域的彩陶,距今 7 000 年以前起源于陇东至关中西部边缘一带,经过半坡和庙底沟文化时期的提升发展,到马家窑文化时期进入繁荣发展阶段。这里的前仰韶和仰韶前期的彩陶,与关中地区属于同一系统,彼此之间没有明显的传播动能。

自仰韶文化晚期即大地湾四期文化(石岭下类型)开始,甘肃彩陶体现出一定的地域特色。进入马家窑文化时期,彩陶的地域特色彰显,形成独特的纹饰发展演变体系。②

与彩陶来源相关的讨论,还有关于庙底沟文化的来源研究,也存有明显疑问。这个问题我们现在并没有真正解决,有说庙底沟文化起自关中的,也有说它起自晋南豫西的,为何不会是起自甘肃?

---

① 谢端琚:《论石岭下类型的文化性质》,《文物》1981 年第 4 期。
② 甘肃省文物考古研究所编著:《秦安大地湾:新石器时代遗址发掘报告》,文物出版社,2006 年;中国社会科学院考古研究所编著:《师赵村与西山坪》,中国大百科全书出版社,1999 年;中国社会科学院考古研究所甘青工作队:《武山傅家门遗址的发掘与研究》,《考古学集刊》第 16 辑,科学出版社,2006 年。

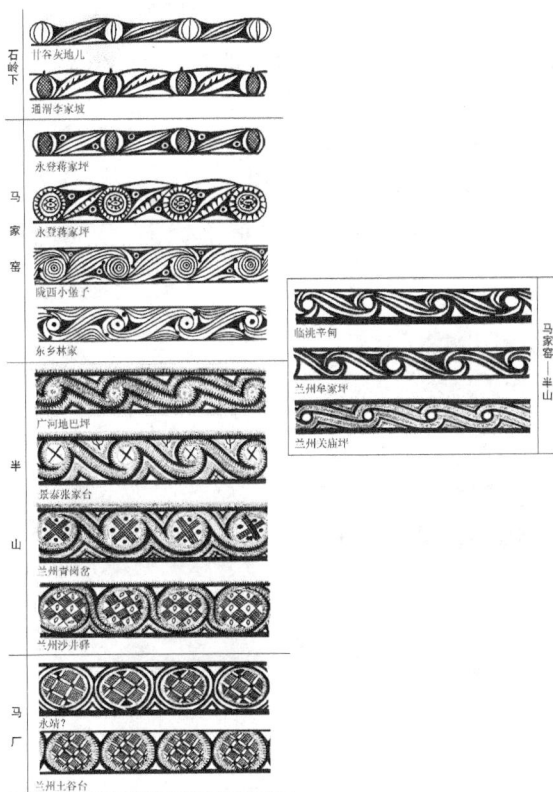

图二　马家窑文化彩陶由旋纹向四大圆圈纹的演变
（依张朋川原图改绘）

这个问题涉及半坡与庙底沟文化关系的研究，出现过许多的争论，这争论由完全对立变为大体一致，又由大体一致变为严重分歧。我们面对的是同样的材料，用的又是同样的研究方法，可是结论的距离却很大，甚至完全相反。我们不免要问这样的问题：是地层学与标型学这样的编年学方法不灵便，还是我们自己的头脑中出现了偏差？

最初在缺乏地层资料的时候，研究者急切地为两个类型的早晚年代作了判断，有相当多的人是以彩陶的繁简为出发点的，所依据的材料一样，因为判断的标准不同，所以结论相反。当时的标准，基本是以主观的感受为主，并无客观的标尺。以花纹繁缛为早期特点或是简单为早期特点，其实只能说服论者自己，而不能说服争辩的对方。这也让我们想到最初安特生判断齐家期早于仰韶，就是

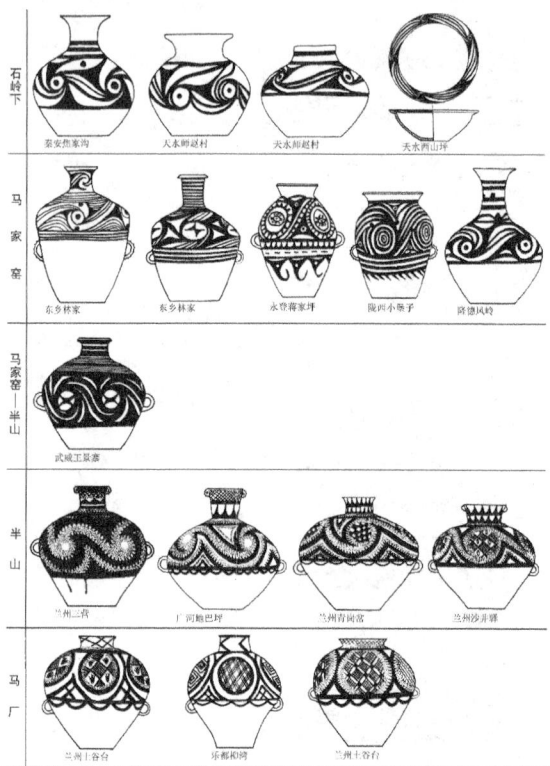

图三　马家窑文化彩陶由旋纹向四大圆圈纹的演变
（依张朋川原图改绘）

以为齐家少而简的彩陶一定是彩陶开始出现时的景象。

现在关于半坡与庙底沟文化关系讨论的焦点，是庙底沟文化从何而来？是传说的来自半坡文化，还是其他？确定了庙底沟来自半坡之后，自然还要探讨半坡文化的来源。2003 年我在论文《仰韶文化渊源研究检视》一文中提出，"半坡人的传统显然来自干旱的黄土高原，这传统很让人怀疑可能生长在甘肃青海地区，仰韶文化的正源，似乎要从关中以西的地区去寻找"[①]。

在这里明确提出到甘青寻找仰韶文化的正源，后来我又写成《大地湾遗址彩陶研究》，讨论甘青彩陶的序列，也表达了类似观点："甘肃及青海东部地区在距今 6 000 年前左右，就已经是仰韶文化的分布区域，马家窑文化彩陶的来源应当

---

① 王仁湘：《仰韶文化渊源研究检视》，《考古》2003 年第 6 期。

就在这个本土区域,应当就是仰韶时期的庙底沟文化。从文化的分布与地层堆积关系找到了甘肃地区考古学文化明确的传承关系,由彩陶纹饰演变的考察也能寻找到传承的脉络。"[1]

就地理位置而言,秦安大地湾遗址是处在西北与中原文化带的边界,或者说它地处西北,但更邻近中原。在这样一个特别的位置,大地湾及与它邻近的一批遗址显示出了一种纽带作用,它们既联结着中原文化,又发展起本区域特色。由大地湾四期文化彩陶探讨西北彩陶的起源,探讨甘青彩陶与豫陕晋区域的联系,是一个很好的着力点。可以确信至少自前仰韶文化时期开始,邻近中原的西北区域与中原特别是关中地区的考古学文化已经属于同一系统。到了半坡和庙底沟文化时期,这种一体化态势得到延续,只是在庙底沟文化以后,情形才开始有所改变,西北地区迎来了自己更加繁荣的彩陶时代。

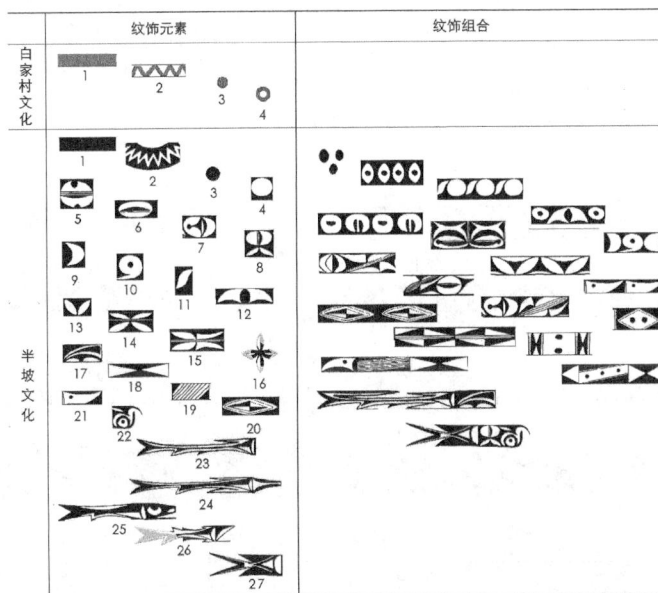

图四　大地湾遗址彩陶元素及组合序列(上)

---

[1] 王仁湘:《大地湾遗址彩陶研究》,《中国史前考古论集·续集》,文物出版社,2017年,第271—323页。

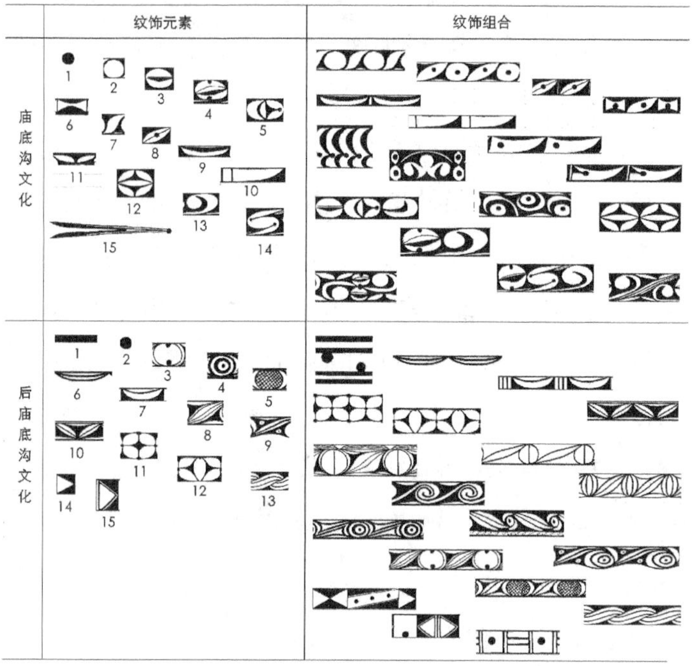

图五　大地湾遗址彩陶元素及组合序列（下）

图六　庙底沟、马家窑文化彩陶由叶片纹、旋纹向四大圆圈纹的演变

过去我们都认为,马家窑彩陶是从仰韶彩陶发展而来的,这个认识没有问题,但是发展演变的路径并不非常准确。提到马家窑的源头,很多人都认为是从豫陕晋传播到这里的,其实并非这样,这里本来就有仰韶分布。甘青地区的彩陶是一脉相承发展下来的,从大地湾出现彩陶,

图七　甘肃张家川圪垯川遗址彩陶

到仰韶、马家窑,是有完整链条的,彩陶传统是本来就有的,它的主体用不着由传播途径得来。彩陶在这里的发展最繁荣,传统延续最久,这里是彩陶的一个重要中心区。中原地区在仰韶时期之后就没有彩陶文化了,衰落了。有了这些认识发展的变化,我们会更加重视这里的研究,关注其在华夏文化形成过程中的地位和影响。可以认为,甘青从仰韶到马家窑文化,再到齐家文化,始终处在一个文化高地。①

研究表明陇原那一块文化高地,是中国黄河流域彩陶文化的源泉。

近来因为张家川圪垯川遗址的新发现,又让人有了重新审视的机会。这个遗址主要揭露的是仰韶文化半坡类型晚期的一座聚落,按照李新伟的评论,它"见证着陇原腹地与关中盆地的紧密联系"②。应当说,这是继大地湾之后的又一次见证。我注意到李新伟的文字中出现了这样的提法:"天水大地湾遗址前仰韶时期的大地湾一期文化表明,陇原和关中盆地一样,是孕育仰韶文化的核心地带。圪垯川特征鲜明的半坡类型晚期彩陶,再次证明,陇原地区是完成半坡类型向庙底沟类型转变及庙底沟风格彩陶广泛传播的策源地。"③

李新伟还特别表达了这样的看法:"至仰韶文化晚期,庙底沟类型覆盖的广大地区中,被认定为核心的晋陕豫交界地区呈衰落之势……唯有陇原地区坚守着仰

---

① 郎树德、贾建威:《彩陶》,敦煌文艺出版社,2004年;张朋川:《中国彩陶图谱》,文物出版社,2005年;王仁湘:《中国史前考古研究论集·续集》,文物出版社,2017年。

② 李新伟:《中华文明起源的多元场景》,"文博中国"公众号,2021年4月14日,https://mp.weixin.qq.com/s/aNuFnYB4FpugXyIIigvytw。

③ 李新伟:《"跨界"和"出圈"——中国考古百年华诞史前考古重大发现述评》,"文博中国"公众号,2022年4月1日,https://mp.weixin.qq.com/s/_8YhNH9AMGYZHtr5Ogu26g。以下所用资料凡征引此著作处,不另注。

韶文化传统,更西进形成马家窑文化,将彩陶艺术推向巅峰。"他还特别指出:"仰韶文化并非以晋陕豫交界地区为核心的中原文化,而是以陇原和关中盆地为轴心的黄土高原的儿女。"与圪垯川共在的仰韶遗址在不大的范围内已经发现了近千处之多,早期遗址占到近半数,这是什么概念?这表明那里可能是仰韶的大本营!

这些旧的和新的发现完全颠覆了传统认识,是一个明显的变化。这个改变带来了一个新的问题,就是我们许多研究者划定的彩陶之路,它还会那么确定不移吗?

彩陶源头的认识改变了,彩陶之路需要重新理解。我们完全可以摒弃传统的认知,即彩陶不存在由中原出发到甘青的传播途径,它恰好是反向途径传播,是由陇原进入陕豫晋鄂,再向东进入鲁南苏北,向北入辽西,向南过两湖。我在给《丝路彩陶》写的总序中有这样的判断:

> 始源于渭河上游的彩陶文化,向东、北、南传播,对黄河中下游,中国北方大部,包括长江流域的部分区域产生了深远的影响。在黄河流域彩陶文化逐渐退出历史舞台后,传播至河西走廊西去的彩陶文化,继而西传进入天山地区以后,在天山地区又绵延了近两千年。汉代以后,伊犁河下游西天山地区的巴尔喀什河以东以南,中亚的七河地区、费尔干纳盆地,被称为所谓塞—乌孙文化中,亦见有东来彩陶文化的孑遗。直到此时此地,以大半个中国为舞台、结构恢宏的彩陶艺术的历史剧,最终拉上帷幕。中国西北地区彩陶,自渭水陇山的白家村文化开始,到西天山伊犁河下游终止,前后经历5 000多年的历史,在如此大时空范围绵延的彩陶,在中国史前史研究中的重要意义,对于中国文明起源的研究中的意义,都是不言而喻的。①

彩陶的传播进入甘肃西部至新疆,分布越向西年代越晚,并没有如一些研究者推断的那样,仰韶一路向西进入乌克兰和罗马尼亚地区。

这样看来,彩陶之路得重新梳理一番了。

本文作者系原南京师范大学文博系特聘教授,现为中国社会科学院考古研究所研究员

---

① 刘学堂:《丝路彩陶》,三秦出版社,2022年。

中国史前考古学文化的
"多元"与"一体"

裴安平

有学者认为多元一体是中华文明起源的基本特征。史前各主要文化区整体上呈现出百花齐放、多元并进的局面。距今5 500年左右开始,各地区之间交流日益密切,内容包括生产技术、礼仪制度和宗教观念,出现过以彩陶扩张和玉礼器传播为标志的大范围文化整合过程;距今4 500年以来,中原地区开始呈现出汇聚周围地区先进文化因素并率先发展的趋势;距今3 800年前后,形成以中原地区为中心的多元一体化格局。或认为:中原地区的史前文化由于发展水平较高,又处在核心的位置,易于受到周围文化的激荡和影响,能够从各方面吸收有利于本身发展的先进因素,因而有条件最早进入文明社会。我国历史上的第一个王朝——夏之所以建立在中原地区,并不是偶然的,而是史前文化发展的必然结果。然而,结合考古发现,可以看到中国史前考古学文化的"多元"与"一体"的情况比较复杂,与民族"多元一体"的关系值得深入探析。

一、 中国早期历史中的"多元一体"现象辨析

(一)史前文明起源的"多元"是自然现象

中国史前的文明起源之所以是"多元"的,与考古学文化的"多元"现象一样,原因有自然地理环境与人文社会环境两种。

由于地理环境,不同地区有不同的自然特点,因而孕育的考古学文化与文明

起源互有特色。例如,江南浙江良渚文化的玉料就多透闪石——阳起石,而北方地带陕西神木石峁的玉料则有很多的"布丁石"。[①] 这就说明两地的玉料很有本土个性,来源也明显本土化。

与此同时,人类整体的自然社会环境更是文明起源"多元"化的主要原因。因为史前是自然的血缘社会,血缘组织规模都很小,占地面积也很小,所以在同一个考古学文化的范围内就常见同时有多个文明起源点的现象,如长江中游地区屈家岭文化时期发现城址至少17座[②],分别代表了17个实力强劲的独立血缘组织的崛起。这不仅说明整个中国境内的文明起源是"多元"的,而且即便是同一个考古学文化分布区内文明的起源也是"多元"的。

显然,自然的地理与社会环境对文明起源"多元"的影响和作用十分明显。

(二)"一体"是社会文明化进步的结果

中国历史上确实出现过"多元一体"的现象。其中,早期形态就是以中原为中心,各地民族及其考古学文化都环绕在周边,夏民族、夏国、夏文化就是这种历史现象的代表;晚期形态就是"多元"归一,文化的"多元"现象接近消失,汉代汉文化一统天下就是代表。

不过,无论是早期的"多元一体",还是晚期的"多元"归一,实际都是社会文明化不断发展与进步的结果。

第一,"一体"化不仅是文明起源,还是人类文明化进步最重要的标志。

考古表明,"一体"化就是文明起源最重要的社会变化特点。[③]

---

① 浙江省文物考古研究所编:《良渚遗址群》,文物出版社,2005 年;陕西省考古研究院等编著:《发现石峁古城》,文物出版社,2016 年。

② 裴安平:《中国史前聚落群聚形态研究》,中华书局,2014 年,第 142 页;湖南省文物考古研究所:《湖南华容县七星墩遗址 2018 年调查、勘探和发掘简报》,《考古》2021 年第 2 期;江汉教育网:《第八批全国重点文物保护单位襄阳凤凰咀遗址》,2019 年 11 月 20 日,https://www. hanjiangq. com/post/4854. html。

③ 裴安平:《中国的家庭、私有制、文明、国家和城市起源》,上海古籍出版社,2019 年,第 345—444 页。

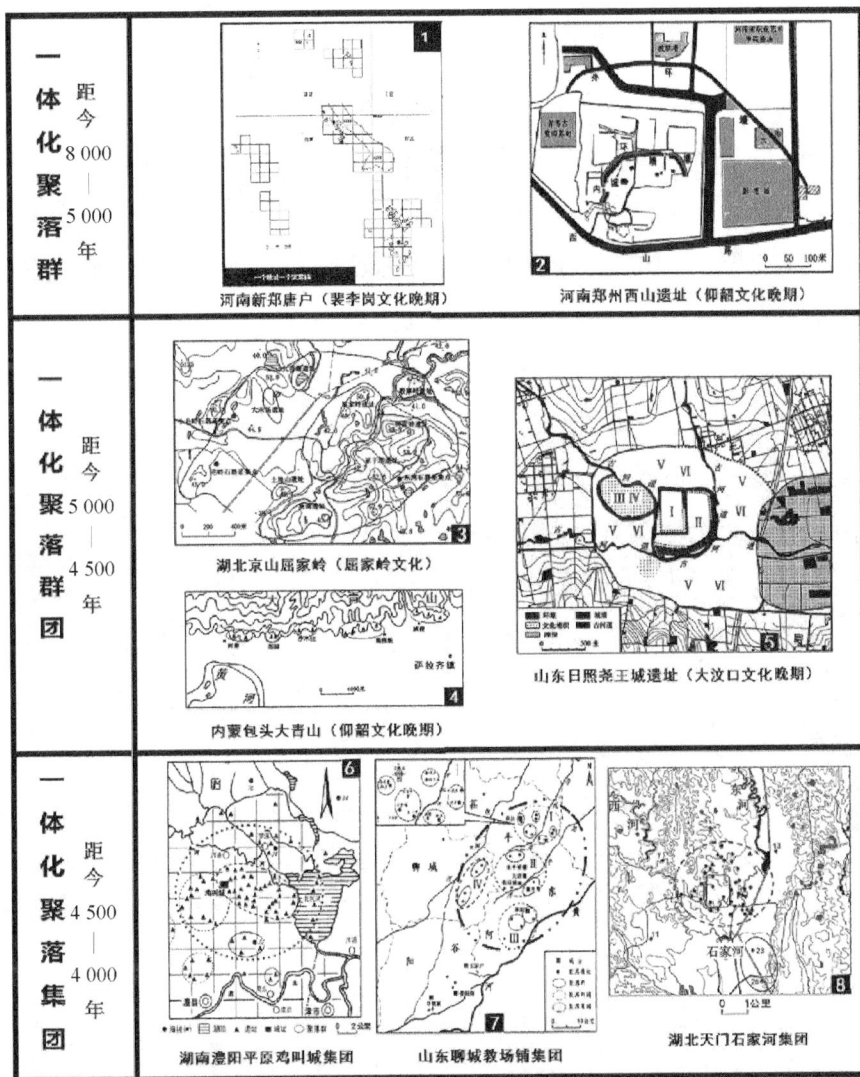

图一　史前聚落群聚形态演变示意图

（1. 引自张松林《郑州市聚落考古的实践与思考》；2. 引自张玉石、郝红星《中原大地第一域郑州西山古城发掘记》；3. 引自湖北省文物考古研究所、京山县博物馆《湖北京山屈家岭遗址群2007年调查报告》；4. 引自田广金《北方考古文集》；5. 引自梁中合《日照尧王城遗址的新发现、新收获与新认识》；6. 引自裴安平《中国史前聚落群聚形态研究》；7. 引自裴安平《中国的家庭、私有制、文明、国家和城市起源》；8. 引自湖北省文物考古所《大洪山南麓史前聚落调查——以石家河为中心》）

从距今约 8 000 年开始,聚落群(相当部落)首先一体化,内部新式的实力管理开始与传统血缘长辈管理并存,聚落成员地位分化,主从关系分明。其中,"主"就住在壕沟以内,"从"就住在壕沟以外(图一:1)。

距今约 5 000 年,人类历史上第一种政治组织即一体化聚落群团(永久性部落联盟)登上历史舞台(图一:3、4、5)。其之所以是政治组织,皆由于这是历史上第一种同血缘而又跨部落的永久性社会组织,没有以往的血缘长辈管理,只有在实力基础上的统一领导和管理。于是,历史上第一代政治中心就出现了。

距今约 4 500 年,一种超大型的同血缘的聚落组织即一体化聚落集团(图一:6、7、8)出现了。只要同血缘,无论近亲远亲皆可成为组织成员。与此同时,一种跨血缘,或既跨血缘又跨地域的早期国家也出现了。考古发现,它完全是不同血缘社会组织合纵连横,以图做强做大的结果。

值得注意的是,古国也在这一时段出现了。它的出现彻底改变了人类社会的组织面貌,不仅说明人类已站在进入地缘社会的大门口了,还给人类社会带来了政治上压迫、经济上剥削的统治关系。不过,古国的组织单位还都是小型的血缘组织,压迫和剥削的对象还都是"氏族奴"(即血缘组织)[1],所以,当时根本没有一个古国有实力改变所在考古学文化的地位,以及改变考古学文化之间的相互关系;也没有一个古国有实力占据所在考古学文化的"中心"位置,如湖北天门石家河古城,虽然在长江中游面积最大,有 300 万平方米,但它根本不是长江中游屈家岭和石家河文化的"中心"。

但是,从夏开始,包括夏商周三代,由于实体民族的崛起,单一民族开始成为国家的主体组织单位。于是,社会地缘化了,并出现了地域广阔实力强劲的"早期方国",出现了"天下有不顺者,黄帝从而征之"(《史记·黄帝本纪》)和"禹会诸侯于涂山"(《左传·哀公七年》)的政治中心。于是,一个以中原为政治中心的"多元一体"的时代开始形成。

春秋战国时期,为了争霸,多民族国家和阶级国家即"晚期方国"出现了。于

---

① 裴安平:《中国的家庭、私有制、文明、国家和城市起源》,上海古籍出版社,2019 年,第 495 页;侯外庐:《中国古代社会史论》,河北教育出版社,2003 年,第 43 页。

是,在秦统一六国以及"书同文,车同轨"(《史记·秦始皇本纪》)的基础上,社会的文明化又进入了一个各地的文化特点和差异几乎都消退模糊,而汉代的汉文化完全一统天下的新时代。

人类的组织和历史就是这样走过来的,从小到大,从分散到整合,从血缘到地缘,从"多元"到"一体"。所以,"多元"是文明起源的特点,而"一体"则是文明发展的收获,这就是历史不以人的意志为转移的必然结果。

第二,"一体"化政治中心的出现不是文明起源"多元"推动的结果。

夏文化即二里头文化的发展过程就是这方面的代表和实证。

根据文献与考古资料,夏文化即二里头文化的主要分布区域实际包含豫西与晋南两个部分,且各自都有非常明显的特点。其一,这两个部分史前的文化与历史背景明显是"二元"的。其中,豫西是河南龙山文化的王湾类型(图二:1),而晋南则是山西龙山文化的陶寺类型(图二:2)。[①] 其二,河南新密新砦还发现了介于当地龙山文化与二里头文化之间的"新砦期"遗存[②],从而表明了二里头文化即夏文化的最早源头是在河南而不是山西。其三,两地史前晚期都分别建立了自己的古国,即洛阳盆地古国[③]、临汾盆地古国[④],显示了相互的独立与强悍实力。因此,晋南成为二里头文化主要分布区的主要原因就可能还是暴力与战争。

对此,佟伟华先生在《二里头文化向晋南的扩张》一文中就有很好的论述[⑤],并说明二里头文化的向北扩展实际还经历了前后两个阶段(图二:3)。第一阶段,首先在山西芮城盆地、垣曲盆地建立根据地;第二阶段,在运城盆地、临汾盆地降服土著以后,再与之融为一体。

---

① 何驽:《2010年陶寺遗址群聚落形态考古新进展》,《中国社会科学院古代文明研究中心通讯》2011年第21期。
② 中国社会科学院考古研究所河南二队:《河南密县新砦遗址的试掘》,《考古》1981年第5期;北京大学考古文博院、郑州市文物考古研究所:《河南新密市新砦遗址1999年试掘简报》,《华夏考古》2000年第4期。
③ 裴安平:《中国的家庭、私有制、文明、国家和城市起源》,上海古籍出版社,2019年,第491—495页。
④ 裴安平:《中国的家庭、私有制、文明、国家和城市起源》,上海古籍出版社,2019年,第486—490页。
⑤ 佟伟华:《二里头文化向晋南的扩张》,杜金鹏、许宏主编:《二里头遗址与二里头文化研究》,科学出版社,2006年,第361—373页。

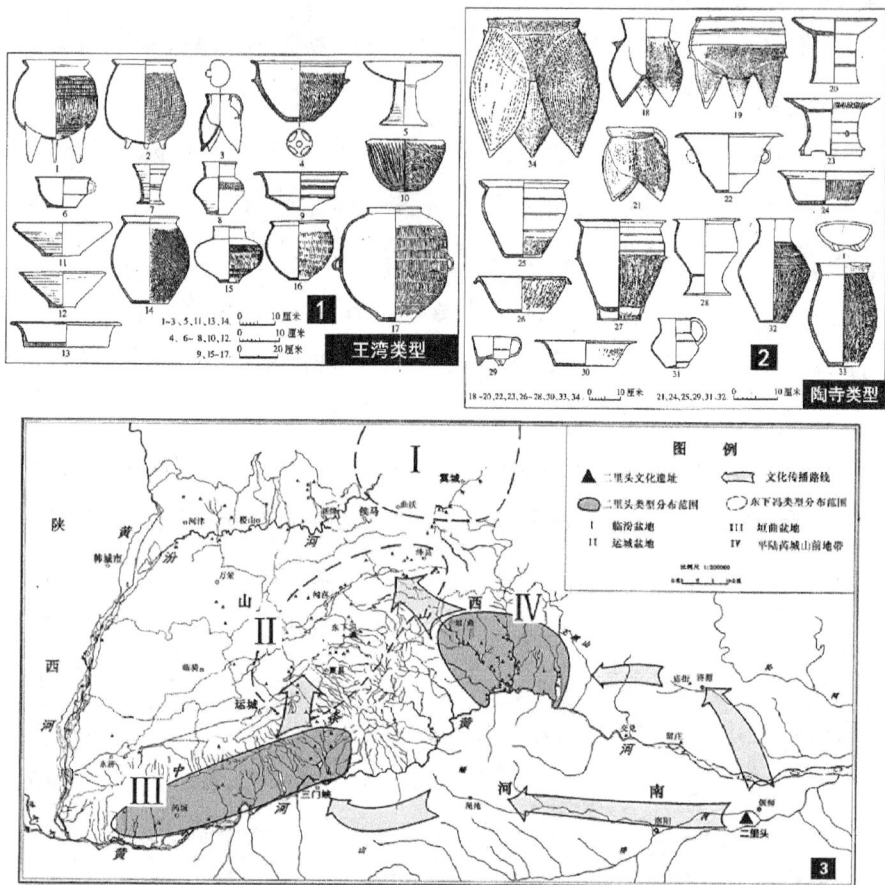

图二　河南龙山文化王湾类型、山西龙山文化陶寺类型器物与二里头文化向晋南扩展态势图

（1、2. 引自中国社会科学院考古研究所编著《中国考古学·新石器时代卷》；3. 引自佟伟华《二里头文化向晋南的扩张》；图3中虚线圈与灰色区域表示二里头文化的主体范围，均为本文作者所加）

很明显，在夏国建立和夏文化的拓展过程中，不见其他"多元"文化的助力。与此同时，这一过程也说明，中国社会文明"一体"化的历史现象不是文明起源"多元"推动的结果。

第三，从夏开始"一体"中心主要的所作所为。

从夏代开始，社会的"一体"化逐步深入。一方面，版图扩大了，"相土烈烈，海外有截"（《诗经·商颂·长发》）；另一方面，中心在"一体"中的地位和作用日趋突显。

其中,对外主要有三个方面的所作所为。

其一,随着中国历史上第一代政治中心的出现,周边民族和文化一起"众星拱月"的历史现象也随之出现。例如"禹会诸侯于涂山"(《左传·哀公七年》)就是这类景观的再现。因为这种会议不仅是夏拉拢盟友的场合,也是盟友献媚"中心"的地方。

其二,各地区史前文明起源的"多元"点即城址的数量大幅萎缩。例如,长江中游地区,史前最后的石家河文化时期,共有城址 13 座,总数比屈家岭文化时期少了 4 座①;夏时期即二里头文化时期,至今没有发现一座;商文化时期,只见一座湖北黄陂盘龙城商人自己的城②;西周时期,除远在湖南宁乡炭河里发现了一座当地土著文化的城址以外③,湖北随枣走廊及两端发现的都是周人的城④。这说明,为了维护"一体"中心的权力和地位,各地的发展都受到了强力压制。

其三,"远交近攻"(《战国策·秦策三》)是"中心"的主要政治行为。

之所以会在湖北黄陂盘龙城见到纯商文化的城,是因为它是"中心"近攻江南的据点;而之所以会在江西吴城文化⑤和新干县大洋洲⑥、四川广汉市三星堆⑦等地发现许多包含商文化因素的遗址、墓葬、祭祀坑等,是因为它们都是"中心"鞭长莫及而需要远交的地点和区域。更值得关注的是,中原安阳殷墟却少见来自这些地点和地区的物品。这说明在"一体"的基础上,伴随"远交近攻"战略的实施,文化因素的流向趋势主要是从中心向外扩散,而不是"中心"在吸收四周先进的因素。显然,"一体"必有中心,而"中心"则必有一套与之地位和实力相称的举措。

---

① 裴安平:《中国史前聚落群聚形态研究》,中华书局,2014 年,第 166—167 页。
② 湖北省文物考古研究所:《盘龙城:一九六三年——一九九四年考古发掘报告》,文物出版社,2001 年。
③ 湖南省文物考古研究所、长沙市考古研究所、宁乡县文物管理所:《湖南宁乡炭河里西周城址与墓葬发掘简报》,《文物》2006 年第 6 期。
④ 董敢忠:《麻城市宋埠镇金罗湾发现西周古城遗址》,中国考古网,2006 年 1 月 25 日,http://www.kaogu.cn/cn/xianchangchuanzhenlaoshuju/2013/1025/36652.html。
⑤ 彭明瀚:《吴城文化》,文物出版社,2005 年。
⑥ 江西省博物馆、江西省文物考古研究所、新干县博物馆:《新干商代大墓》,文物出版社,1997 年。
⑦ 陈显丹:《广汉三星堆》,生活·读书·新知三联书店,2010 年。

（三）中原不是史前中华文明起源的"中心"

考古发现，史前社会主要有两种"中心"。第一种就是"发展中心"，第二种就是"政治中心"，即文明社会的"中心"

1. 中原不是史前社会的"发展中心"

一般而言，"发展中心"就是有关生产、生活与文化某一方面或多方面发展状态比较先进，且影响广泛的地点或地区。不过，由于考古资料的局限，目前只能以考古学文化作为"发展中心"的单位。

根据考古发现，史前各"发展中心"所在的文化与其他文化的关系都是独立平等的，相互只有某些因素的交流和影响，既不会因为有先进的因素而"高人一等"，也不会因为接受了他人的先进因素而"低人一等"。此外，无论空间还是时间，这类"发展中心"都是"多元"的，不同时期各地都有自己的强项。如中原豫西距今6 000—5 000年仰韶文化庙底沟类型的彩陶，黄河下游距今4 500—4 000年龙山文化的蛋壳黑陶，长江中游距今6 500—6 000年汤家岗文化的白陶，长江中下游距今5 000—4 000年凌家滩文化、良渚文化的玉器，都制作精美，影响广泛。

正因为此，中原地区在整个史前时期具有广泛影响的先进文化因素确实并不多见，所以中原地区不可能一直是史前的"发展中心"，而只可能是某一时间段的"发展中心"。此外，中原也不是一方面不停地吸收各地的先进文化因素，而另一方面又不停地输出自己的先进文化因素的"发展中心"。

2. 中原不是史前文明的"政治中心"

考古发现，史前"政治中心"有三个主要的特点。

第一，只以一定的血缘组织为单位。

由于史前是血缘社会，所以血缘社会活人的"政治中心"只能是以血缘组织为单位，与考古学文化无关。

第二，实力超群。

考古早已证明，想在血缘社会中成为组织的"中心"或是一地的"中心"，没有实力都不行。一方面，在血缘组织内部，没有实力就不可能取代血缘长辈管理而实行跨部落的政治管理;另一方面,没有实力也不可能对不同的聚落组织又跨血缘又跨地域实行政治管理和统治。

第三,出现的时间较晚。

大约距今5 000年才出现,出现的原因就是社会的文明化、一体化。随着人类社会矛盾的激化,聚落组织的规模扩大了,组织方式也一体化了,以往的血缘长辈管理都变成了以实力为基础的政治管理。于是,政治中心出现了。

(四) 文明起源与考古学文化及"多元"无关

一般而言,文明起源既与考古学文化,又与考古学文化的"多元"现象无缘。

1. 文明起源与考古学文化的性质不同

一般而言,文明起源是一种社会现象,无论持"文明是一种社会品质"[①],还是持"国家是文明社会的概括"[②]观点的人,都不可能认为文明是一种考古学文化现象。因为考古学文化完全是一种没有生命力的物资遗存的共同体,所以它在文明起源研究中的最主要作用就是提供了有关遗迹遗物的时空信息,对人类社会文明起源的本身并没有任何影响。例如"良渚古国"的崛起就是如此,在其整个的过程中丝毫不见所在良渚文化的作用和影响,而仅是良渚文化分布区内一块小地方的人类组织和组织的自发行为。

2. 文明起源与考古学文化的"多元"性质不同

实际上,文明起源不仅与所在具体的考古学文化无缘,也与考古学文化的"多元"现象无缘。

第一,出现的原因不同。

促成考古学文化"多元"现象的主要原因与促成文明"多元"现象的主要原因完全不同。考古学文化"多元"的主要原因是自然地理环境与人类自然的社会环境,而文明起源"多元"的原因,是各个考古学文化中不同人类组织的各自独立

---

① [德]恩格斯:《英国现状·十八世纪》,《马克思恩格斯全集》第1卷,人民出版社,1956年,第666页。

② [德]恩格斯:《家庭、私有制和国家的起源》,《马克思恩格斯选集》第4卷,人民出版社,1974年,第172页。

活动。

第二，分布地域大小不同。

在"多元"的考古学文化中，仅一个文化涉及的区域就非常广大；而文明起源"多元"的一个人类组织，其地域则非常狭小。例如良渚文化与"良渚古国"各自涉及的地域范围就是明证。

第三，各自区别的标准不同。

区别考古学文化"多元"的标准就是各文化都有形态各异的器物和器物群。然而，文明起源带来的是社会等级地位分化，所以每一个经历文明起源的组织内部都拥有一套标志社会分化的礼器、建筑和基址。

因此，考古学文化的"多元"现象本质上既不是文明起源"多元"现象的表现与反映，也不会导致文明"多元"现象的出现。

二、 中国史前考古学文化与民族"多元一体"的关系

最早意识到史前考古学文化的"多元一体"结构对中华民族关系影响深远的就是严文明先生。1986年，他就认为"由于中国史前文化已形成一种重瓣花朵式的向心结构，进入文明时期以后，很自然地发展为以华夏族为主体，同周围许多民族、部族或部落保持不同程度关系的政治格局，奠定了以汉族为主体的、统一的多民族国家的基石。这种格局不但把统一性和多样性很好地结合起来，而且产生出强大的凝聚力量。即使在某些时期政治上发生分裂割据，这种民族的和文化的凝聚力量也毫不减弱，成为中国历史发展的一个鲜明的特色"①。此后，1989年费孝通先生《中华民族的多元一体格局》一文的发表，更深化了史前考古学文化与多民族"一体"格局关系的认识。②

一般而言，民族是在一定自然地理环境条件下经过长期的发展而形成的人类共同体。民族可分两种类型：一类是自然民族，各组织成员独立分散；另一类

① 严文明：《中国史前文化的统一性与多样性》，《文物》1987年第3期。
② 费孝通：《中华民族的多元一体格局》，《北京大学学报（哲学社会科学版）》1989年第4期。

是实体民族,各组织成员已整合成一种利益一体化的共同体。

由于自然民族各自独立分散,所以历史证明只有"实体民族"的崛起才会影响历史和历史的进程,而实体民族的崛起又与当地人民吃穿用的考古学文化和用品没有多少关系。

从夏开始,中原之所以成为中国历史的"中心"地区,关键的原因就是那里崛起了中国历史上第一个实体民族与民族国家。虽然史前中原地区考古学文化及其社会发展状况一点都不先进,但这并不妨碍它成为以后的"政治中心"。

令人深思的是,中国历史上第一个民族国家为什么没有诞生在史前一直引领文明与国家起源新潮的长江中游地区?为什么会诞生在中原地区?而在中原地区又为什么会诞生在以洛阳为核心的豫西地区?

就已有的资料而言,主要有五个方面的原因。

第一,优越的自然环境导致中原地区社会矛盾相对平和。

中原地区最大的地理环境优势就是平原与平坦的盆地面积大于山地丘陵面积,河南这两种土地的面积占全省总面积的 55.7%,而在长江中游地区的湖北山地丘陵占全省面积的 80%。显然,人地关系相对宽松,这不仅有利于史前农业的发展,还有利于人与人之间的和平共处。正因此,史前城址的数量与规模表明,中原地区一直就像"台风眼"一样风平浪静,是一个社会矛盾与冲突都不太激烈,且发生的时间较晚的地区。

第二,洛阳盆地已出现古国。

在仰韶文化与龙山文化的交替时期,洛阳盆地就诞生了中原地区最早的古国[1],从而为实体民族的形成准备了核心力量。

第三,在中原地区,豫西位于社会矛盾激烈冲突地域的外围和边缘。

其一,整个豫西从早期到晚期都没有一座史前的古城。

其二,整个二里头文化时期,即整个夏朝时期,整个豫西地区也没有一座古城。

---

[1] 裴安平:《中国的家庭、私有制、文明、国家和城市起源》,上海古籍出版社,2019 年,第 491—495 页。

其三,根据史前古城的分布位置可知,当时中原社会矛盾最激烈的地区就位于现在河南淮河以北的京广线两侧(图三)。

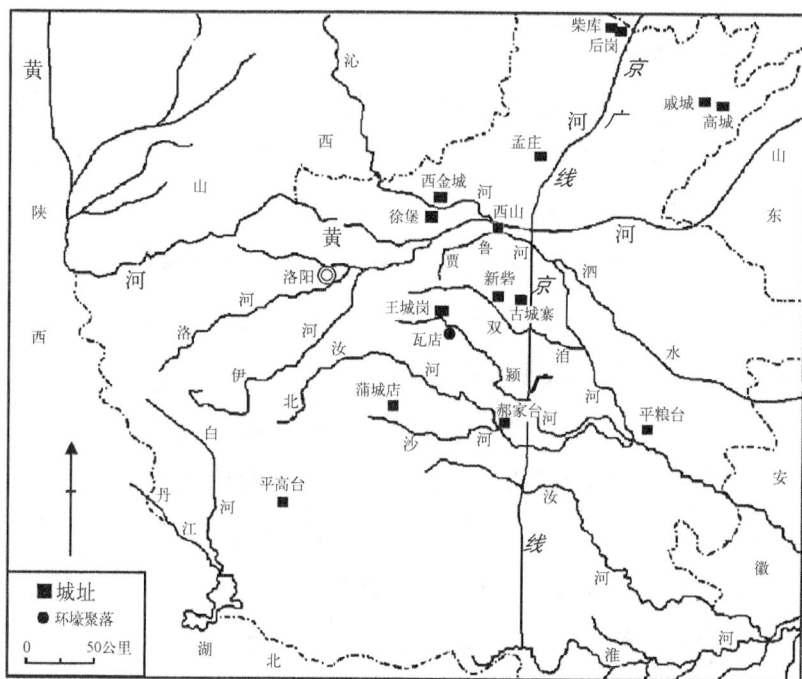

图三 河南史前城址分布图
(引自裴安平《中国史前聚落群聚形态研究》)

其中,夏民族崛起的地域就位于这条古城分布带的西侧,而商民族崛起的地域就位于这条古城分布带的东北侧。

第四,外族入侵的教训与启示。

距今 5 000—4 500 年期间,中原地区曾遭遇了历史上最惨痛的一幕。①

其中,黄河下游的大汶口文化由东向西横扫了河南中北部。与此同时,与大汶口人打了就跑不同,长江中游的屈家岭文化不仅大举挺进了中原,还强行赶走了原住民,定居在了河南南部全境。

毫无疑问,土地与家园的沦陷不只是教训,更给了中原人民大规模团结整合

———————————————

① 孙广清:《河南境内的大汶口文化和屈家岭文化》,《中原文物》2000 年第 2 期。

起来反抗外来侵略的启示。之所以要"禹征三苗",实际就是这种觉醒。

第五,长江中游衰落了。

长江中游不仅史前城址发展先进,还拥有史前晚期工艺造型最复杂的玉礼器,以及史前中国最早的青铜冶炼技术与器物。[①] 此外,长江中游也是史前唯一一个有能力大举入侵并长期移民定居中原的自然民族群体。

然而,石家河晚期,长江中游的发展走到了尽头。由于整体自然环境较差,社会矛盾过于激烈,各地血缘组织长期水火不容,以致终究无法形成统一的实体民族。"三苗"的称呼实际就是当时当地还处于分裂状态没有一体化实体化民族的佐证。

显然,中原的兴起绝不是考古学文化"多元一体"的贡献,而是人类社会矛盾发展的结果。与此同时,促使中原成为中国政治中心最主要的原因也不是它的地域中心性,关键在于它成了中国最早以考古学文化为单位的跨地域的政治中心;而之所以会成为这样的政治中心,则因为那里崛起了中国第一个实体民族。

已有的考古发现表明,实体民族的崛起意义重大。

第一,改变了考古学文化分布区内的社会组织状况。

以往在同一考古学文化分布区内总是同时并存了无数独立平等的小型血缘组织,而实体民族的出现则使同一个考古学文化分布区内只有一个统一的社会组织单位,即由无数小型血缘组织共同构成的实体民族。

第二,改变了考古学文化分布区与国家的组织关系。

以往同一考古学文化分布区内往往同时并存了多个由血缘组织构成的"古国",但实体民族的出现则彻底改变了这种现象,出现了民族的分布范围与国家的分布范围基本重合的历史现象。

第三,由于上述两方面变化,所以就出现了考古学文化、民族、国家三位一体的社会现象。

第四,出现了中心性考古学文化。

---

① 郭静云等:《中国冶炼技术本土起源:从长江中游冶炼遗存直接证据谈起(一)》,《南方文物》2018年第3期。

由于考古学文化、民族、国家已三位一体，所以在以往独立平等的考古学文化之间就第一次出现了基于实力的等级分化，并出现了"中心"性文化。

第五，出现了以考古学文化为单位的跨地域的政治中心。

由于以往因文明起源而出现的政治单位都是小型的血缘组织，所以它所跨越的地域范围很小。[①] 但是，随着考古学文化与国家、民族分布地域的重合，新型的以考古学文化为单位的跨地域的政治中心就出现了。

第六，拉开了古代中国以中原为中心的历史序幕。

为了消灭或击溃敌对势力、网罗追随者，夏一方面"天下有不顺者，黄帝从而征之"（《史记·五帝本纪》），另一方面又"禹会诸侯于涂山"（《左传·哀公七年》）。之所以要如此，一是炫耀实力，二是借此拉拢追随者，扩大自己的势力范围。

就这样，武功与文道同时并举，夏国延续了470余年，为中国历史牢牢地树立了第一个实体民族和国家崛起的榜样，也为中原成为中国古代政治中心奠定了坚实的基础。

三、 结语

值得深思的是，苏秉琦先生始终没有改变他的史前考古学文化与文明起源的"多元"说。虽然他也认为有些历史民族的前身似就藏身在当地史前考古学文化的范围内。考古与文献早就证明，中国历史上确实存在"多元一体"的历史时代和现象，但长期以来，那主要都是帝国大一统的政治所致。对今天而言，我们需要搞清楚以往"多元一体"的性质、过程与历史局限，不能提前、夸大历史现象原本的真实意义。

本文作者系南京师范大学文博系退休教师

---

① 裴安平：《中国的家庭、私有制、文明、国家和城市起源》，上海古籍出版社，2019年，第361—378页。

考古·岩画·萨满教

——我的考古历程与学术认知

汤惠生

  我的祖籍在江西萍乡东桥边，东桥原名草桥，草河经此流入湖南醴陵境内，古为边县重要集贸场所，名曰草市。汤氏为乡邑望族，世以诗礼传家，一如现存的汤氏宗祠楹联所称："精英钟萍水，诗礼绍夏阳。"但江西萍乡与我无关，我没去过老家，甚至没去过萍乡。到我这一代，萍乡汤氏家族已是五代书香门第。按理说，五代书香，应该是文脉流长，泽被后世，但这种耕读传统特别是在"文革"时期，已经遭到严重摧毁。先严作为一介文人，他的行为举止包括价值观都颇具感染力，我耳濡目染，不知不觉中受到了深刻的影响。用两件很明显的事例来说明。我大学毕业后被分到青海省考古研究所工作，其实非常开心，因为我就喜欢做田野工作，从来没觉着辛苦劳累，而是充满享受。无论是发掘还是调查，只要是考古的田野工作，我总觉得是玩，是一种特别享受的工作方式。但在 45 岁的时候，我却转到大学里当老师了，这就是受家父的影响。其实我舍不得离开可以全天候做田野的考古所，但当大学教授是童年时便根植在我心中的梦，这个梦正是来自父亲。价值观的影响也是无形中的，先严算是五四后的新青年，不信鬼神，不信中医，不信佛道。他患前列腺癌后，有很多人建议他试试中医，甚至给他送来中药，但他从未尝一尝或试一试。在这一点上我深受其影响，可以说就是他的翻版。信仰指的是相信什么，而不信，则几乎成了我们父子的信仰。多少年以后，当我忆及先严时突然意识到，曾经特别不想成为父亲那样的我，最终还是不出意外地成为父亲那样了。这世界上没有巧合，也没有意外，文化规定好历史的进程，家庭也为你铺设好通往未来的轨道。

　　因为到了这个岁数,无论哪方面的回忆都是漫长的,我的学术之路自然也是漫长的。其实 1979 年上大学时,考古为何物我根本不知道,但我所在的青海锻造厂有很多老三届北京学生,比起我来,他们是见多识广的。我的一个好朋友,也是 66 届北京高中生,后来成为中央民族大学的领导。我报志愿时他建议我报考古,说搞考古可以全国各地到处跑,说不定还能去希腊罗马或埃及! 仅此一句话,就决定了我的一生。不过在大学学习期间,我并不喜欢考古,因为接触的都是那些僵尸般的坛坛罐罐和了无生气的遗址文物,尤其是类型学的研究方法,让我绝望。考古远没中文系的文学课程有意思,甚至不如那些花花草草的植物学。所以我经常跑到其他系去听课,是一个很不被老师看上的考古系学生。

　　1983 年刚毕业被分到青海省考古研究所后,那年的秋天我就参加了湟源县大华中庄卡约墓地的发掘。刚毕业的大学生,不知道在考古发掘过程中该做什么或注意什么,而只是按教科书或老师教的,仅注意发掘的流程和规范等技术问题,以及如何运用类型学对陶器进行分类等问题。那会儿还是相信"一招鲜吃遍天"的年代,觉得只要把一部九阴真经练到九重便可独步武林,一统天下了。所以我觉得只要把类型学学好,就可以解决所有的考古学问题了。但我也有疑惑,青海省考古研究所标本室有一座复原的卡约墓葬,里面有一具仰身直肢葬人骨架,手执一把铜斧,脖子上戴着一串贝壳项链,身上饰有许多铜铃、铜泡和铜镜,说明牌上写着卡约文化的萨满巫师。当时我觉得这座标本墓太令人着迷了:这

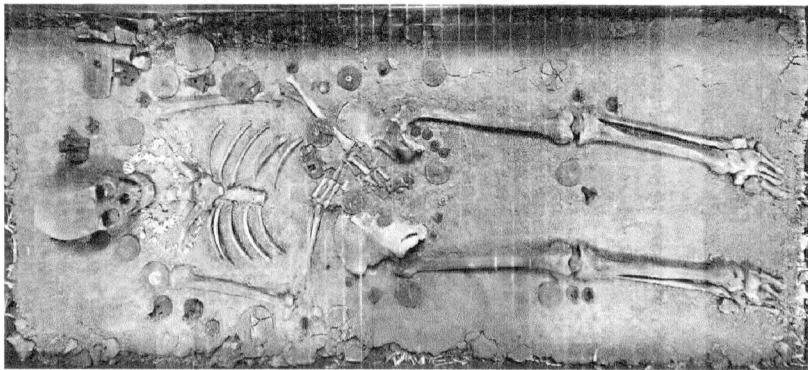

图一　青海省考古研究所标本室的卡约墓葬

是谁？为什么浑身的铜铃、铜镜？脖子上的贝壳是从哪里来的？手里的铜斧为什么会象征权力和神性？萨满巫师看上去简直太酷了！

后来墓地出土了一件瘤牛斗犬的青铜杖首青铜器，按照考古类型学的分类方法，实际上这都可以被归到北方草原青铜器的大类中，这些都属于兽搏主题和草原风格。但这件青铜器引起了我强烈的兴趣：瘤牛是印度的东西，为什么跑到青藏高原来了？为什么草原风格会崇尚兽搏主题？它所表现的是什么意思，有什么文化象征？然而这些问题显然不是类型学所能解决的。也正是那年，我购得一本生活·读书·新知三联书店出版的张光直先生的《中国青铜时代》。我清楚地记得，它一方面艰涩难读，而另一方面又使我如饥似渴、如饮甘露。我第一次知道原来考古可以这么有趣地去做，而不用像幼儿园小朋友摆积木一样枯燥地摆弄那些埋葬了千年的陶片。特别是后来读到张光直关于虎食人卣的观点，看到他引用美国神话考古学家坎贝尔（Joseph Campbell）《动物的超能力之路》（*The Way of the Animal Powers*）中所运用的萨满教理论解释虎食人的图形，我第一次了解了萨满教，而且立即就像萨满一样，为之迷狂——可能我前生就是个萨满吧？课堂上的考古是一个逝去了的僵死世界，而萨满教则令其鲜活生动起来；课堂上的考古对象是物，而张先生的考古对象是人。

图二　青海湟源大华中庄卡约墓地出土的瘤牛斗犬的青铜杖首

其实20世纪80年代初期像坎贝尔所写的这种书是看不到的,不过从此,我就力所能及地开始研读与萨满教相关的各种资料。那个时期是中国学术的春天,我们播下释放自我和张扬个性的种子,希望开出来的花无论绚烂或妖异,就是不能平凡。所以我们对一切不落窠臼和标新立异,或者说与传统教科书不同的学说理论,都趋之若鹜,认为是侑我芬芬。但国内的狭义萨满教研究远远不能满足我的兴趣,直到1992年我去意大利卡莫诺史前研究中心进修以后才明白这是一个升级换代的跳跃。这个中心连炊事员加一起,只有6个人,然而它在世界岩画界的地位是众所周知的。这个中心有个图书馆,其中关于史前艺术方面的藏书,是非常可观的,这一点一般人并不知道。正是这个图书馆为我打开了萨满教之门,同时也打开了世界之门。

在这个中心我最初开始读的就是坎贝尔的书,也就是他的成名作《千面英雄》(The Hero with A Thousand Faces)。实际上坎贝尔是个从事比较神话学和比较宗教研究的人类学家,只不过是更多地运用人类学材料与考古学材料作对比研究,也就是用人类学来解释考古学。在考古学中这种研究被称作中程理论,也相当于我们国家考古学中所谓"替死人说话,把死人说活"的考古境界。坎贝尔的学派可以被称为"萨满学派",1949年他出版了《千面英雄》,其中"元神话"的神话理论确立了他在比较神话和比较宗教界的学术地位。坎贝尔的"元神话"即把所有的神话叙事看作一个伟大故事的变体,在大多数伟大神话的叙事元素之下,存在着一个共同的模式,而不管它们的起源或创作时间。坎贝尔研究最多的中心模式通常被称为"英雄之旅"(monomyth),并在《千面英雄》中首次被描述。

不过坎贝尔的神话观绝不是一成不变的,他的著作详细地描述了神话是如何随着时间而演变的,以及是如何反映出每个社会所必须适应的现实。不同的文化发展阶段有不同但可识别的神话系统,这就是他的神话进化论(Evolution of myth)。《动物的超能力之路》涉及的是狩猎采集社会的神话,涉及很多萨满教内容;《播种的土地之路》(The Way of the Seeded Earth)谈的是早期平等社会的神话;《天光之路》(The Way of the Celestial Lights)讨论的是早期文明社会的神话;《人类之路》(The Way of Man)则是对关于中世纪神话、浪漫爱情以及现代精神的诞生等主题的分析。

坎贝尔同时也是个现代思想家和哲学家,他的名言"让幸福牵着你"(Follow Your Bliss),成为一个时代的流行语,甚至影响到好莱坞。乔治·卢卡斯(George Lucas)称赞坎贝尔的思想影响了他的《星球大战》。所以在卡莫诺史前研究中心读坎贝尔的书时,我都是非常愉快的,感觉"让幸福牵着走"。不过就萨满教的人类学研究而言,坎贝尔显然不是最早的。《动物的超能力之路》出版于1984年,而在20世纪50年代德国史前学家劳梅尔(A. Lommel)已出版了他被称为世界艺术地标性的著作《史前与原始人类》(*Prehistoric and Primitive Man*)和《萨满教:艺术的开端》(*Shamanism: The Beginnings of Art*)。书中强调了萨满教作为艺术起源的概念,将萨满的新比喻引入了洞穴艺术的研究和更广泛的解释,即精神病萨满或有痛苦预见能力的艺术家。他将旧石器时代洞穴岩画中的萨满形象与萨满教因素[迷狂(trance, ecstasy)]系统归纳出来,甚至将"X"射线的萨满风格图形的传播路线也归纳出来。劳梅尔认为萨满教是猎人社会的宗教形式,因为猎人的世界是一个无法控制的世界,所以发展萨满教作为防御和控制,将世界划分为物质世界和精神世界,然后声称控制了精神世界。而岩画,正是萨满控制精神世界的手段之一。劳梅尔的萨满教学说后来成为坎贝尔《动物的超能力之路》一书的理论来源,也正是在劳梅尔的基础上,坎贝尔在此书中直接沿袭了他关于岩画的起源、特征和传播路线的全部观点。如果说劳梅尔的《史前与原始人类》是用萨满教研究岩画的创始,那坎贝尔的《动物的超能力之路》则是20世纪下半叶用萨满教理论研究岩画的顶峰,其影响之巨,远不止神话、史前学以及岩画。张光直在其《考古学专题六讲》中曾说:"萨满式的文明是中国古代文明最主要的一个特征。"[①]有趣的是这样一个判断正是来自坎贝尔《动物的超能力之路》一书的影响。

---

① 张光直:《考古学专题六讲》,文物出版社,1986年,第4页。

图三　法国拉斯科洞穴中"巫师与野牛"的经典画面
（戴鸟头面具的人物形象被认为是萨满，他身旁有一支装饰着鸟杖头的权杖）

图四　北欧地区戴着鹿头面具的现代萨满巫师
（引自坎贝尔）

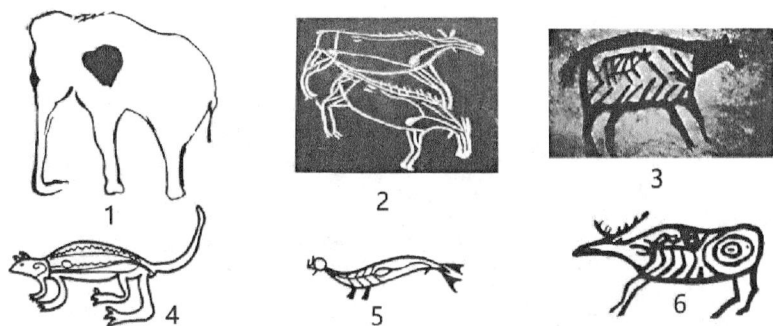

图五　世界各地岩画中"X"射线风格的图像,着重表现动物的心脏和肋骨
(引自劳梅尔《史前与原始人类》)

图六　马家窑文化彩陶中的 X 射线风格的人形纹饰
(在劳梅尔的理论中,这就是标准的萨满,即正处于迷狂状态的萨满)

　　我最初是由萨满教而开始研读劳梅尔和坎贝尔的著作,而最终受到致命影响的是他们的文化传播论。在传播论的语境中来理解萨满教,才是这个学派的理论范式和认识精髓。有一件小事令我非常震撼。我在青海的东部农业区也就是湟水河流域长大,小时候玩一种游戏叫"解绷绷",也就是用一条大概一米长的细线两头拴在一起形成绳圈,将绳圈套在双手手指上组成各种图案,然后另一人用双手挑、穿、勾等改变原来的图形,这样二人或多人轮流解绷,巧妙地绷出各种图形。我在网上查了一下,这种游戏也叫"翻花绳",是一种流行于 20 世纪 60—80 年代的儿童游戏,又叫"解股""翻绳""线翻花""翻花鼓""编花绳"等。土族、

满族、蒙古族聚居区等称之为"解绷绷",杭州地区称之为"挑花花线"。说这是一种流行于 20 世纪 60—80 年代的儿童游戏,显然是小瞧了它后面所蕴含着的巨大而深邃的文化意义。

图七　澳大利亚(左)和非洲(右)的"解绷绷"女孩
(引自坎贝尔)

图八　东欧的翻绳游戏

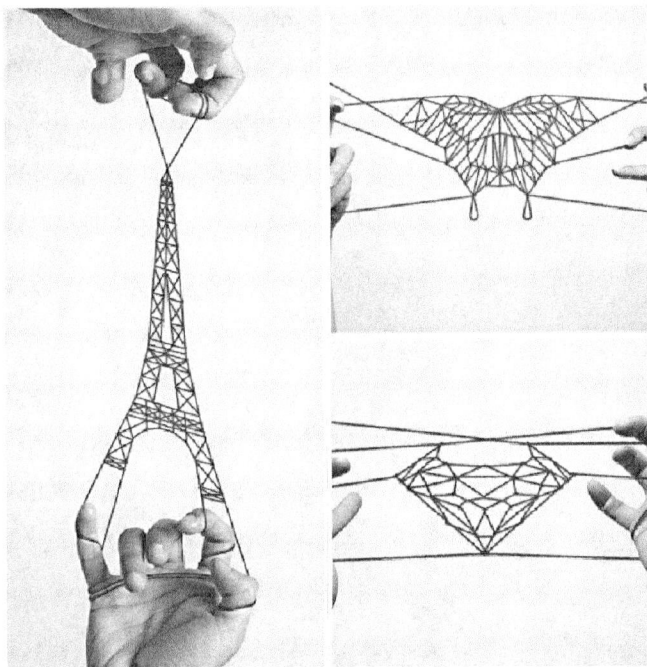

图九　翻绳游戏翻出的各种图案
（能翻出如此随心所欲的图案，始信有必要成立国际绳图协会）

　　这种玩绳圈的游戏在英语中被称作"string figure games"（绳图游戏），或者又叫"cat's cradle"（猫的摇篮）。根据坎贝尔的研究，这是全球范围内普遍传播的文化现象。这里的两张图片所展示的是澳大利亚阿纳姆高地（左）和南非布须曼人（右）的翻绳或"解绷绷"游戏。譬如右边布须曼人所展示的这种绳子图案，在爱尔兰被叫作"梯子"或"篱笆"，在尼日利亚被叫作"葫芦网"（calabash net），而在美国则被欧塞奇（Osage）印第安人称为"欧塞奇钻石"。看到非洲土人和澳洲土人也在玩我们从小就熟悉的"解绷绷"，心中震骇：世界真小！

　　澳大利亚土著和南非布须曼人中所流行的文化现象一定是旧石器时代全球范围内都曾盛行的。19世纪人类学家詹姆斯·霍内尔（James Hornell）对绳图游戏进行了广泛的研究，指出它们被用于追踪文化的起源和发展。与萨满教一样，绳图游戏也被认为是单一地区起源的（monogenesis）。坎贝尔认为正是由于萨满教在全球范围内的传播，从而致使这种绳图游戏也在世界范围内流行。关于这种绳图游戏的最早描述也可追溯到古希腊时代,当时著名的内科医生赫拉克斯(Herax)在他关于外科绳结和吊索的专著中提到了已知最早的绳图,并对其进行了描述;1978 年国际绳图协会(International String Figure Association,简写为 ISFA)成立,由此可见这种小游戏中所体现的人类大文化与大运动。

既然谈到卡莫诺史前研究中心,就应该谈谈它的创始人,也就是我的导师阿纳蒂教授(Emmanuel Anati)。我国岩画界其实对他非常熟悉,他的岩画著作、理论范式、研究路线、思想观念都曾被专门介绍,我在《青海岩画》一书中也对他的结构主义句法论的岩画研究范式有过说明。阿纳蒂教授不仅是位享誉世界的岩画学者,同时也有着与其学术等量齐观的传奇,譬如他可以说 8 种语言(古希腊语、古罗马语、意大利语、西班牙语、葡萄牙语、英语、法语、希伯来语),他一生出版的著作截至去年已经有近 150 种了(2018 年在梵尔卡莫诺山谷举行的国际岩画组织联合会上他亲自告诉我的)。著作等身对他而言不是形容词,而是一个科学数据。还有,他做得一手好菜,与其学术路线一样,厨艺不仅精湛,还是跨文化的。他的学习历程同样可以反映出他文化的多样性和传奇色彩:1952 年在当地希伯来大学获得考古学学士学位;1959 年,在哈佛大学专攻人类学和社会科学,获硕士学位;1960 年,在巴黎索邦大学,师从著名的步日耶神父(The Abbé H. Breuil)和古生物学家沃弗莱(R. Vaufrey),获得文学博士学位。博士毕业后不久他就出了一本书,书名叫《卡莫诺山谷》(Camonica Valley),该书的扉页上写着"To my teachers:Professor R. Vaufrey,The Abbé H. Breuil"。步日耶神父是发现北京周口店遗址的法国著名史前学家,也就是裴文中当年的老师。沃弗莱也是法国非常著名的史前学和古生物学家,他有许多文章是关于更新世晚期大象、猛犸等大型古生物的。这样一来步日耶神父就成了我的师爷!出身名门啊,我顿时觉得自己也身价百倍了! 1964 年,为了研究史前和部落艺术,阿纳蒂开始专注于意大利梵尔卡莫诺山谷的岩画研究,并在这里建立了卡莫诺史前研究中心(CCSP),从而在国际上成为研究史前岩画和部落艺术的圣地。

其实在卡莫诺史前研究中心的一年,最主要的收获不是读了多少书,学到了多少东西,而是打开了眼界,知道世界上其他学者是如何在做考古和岩画,除了方法,还有态度与精神。可能最初经历的都是一些不起眼的小事,但最终都铸成人生中的里程碑。在中心的图书馆我有个专门的座位，每天早上8点我准时坐到那个座位上，晚上6点离开。我每次去图书馆都要经过阿纳蒂的办公室，他办公室的门永远是开的，无论我上班还是下班，只要路过他办公室，阿纳蒂永远都坐在他办公室的书桌旁。有一天我路过他办公室时发现跟平常有些不一样，门是关着的，哦，原来阿纳蒂出差了，不在办公室。没有了阿纳蒂的办公室让我突然明白了学问是怎样炼成的：在桌子和椅子之间，把自己坐成一件家具！一年以后，我离开了中心，但办公室秘书尼维斯（Nives）开始时还会时不时地朝着我的座位喊一声"Tang"！听到这个故事，居然有一种暖暖的成就感：我成了别人眼中的家具。

当然，开悟仍需要启蒙，对我来说启蒙之书仍是萨满教，这就是米尔恰·伊利亚德（Mircea Eliade）的《萨满教：古老的入迷术》（*Shamanism*：*Archaic Techniques of Ecstasy*，该书的汉译本已于2018年由社会科学文献出版社出版），无论是给我在感性上的震撼、理性上的升级，还是知识上的更新以及认识上的颠覆，可以说都是无与伦比的。第一次读到伊利亚德的《萨满教》的感觉跟我第一次听到斯特拉文斯基（Stravinsky）的《春之祭》（*the Rite of Spring*）的感觉是一样的。第一次听《春之祭》时如遇鬼魅，被其震慑得魂飞魄散。我去访友，朋友开门后让我进屋，但这次迎面而来的不是视觉画面，而是听觉上的重击：和着打击乐的小提琴单音跳弦齐奏，固执而粗暴，排闼而来！一时之间我竟然犹豫不敢迈入，害怕进入的是一个原始丛林的食人部落。

金庸的武侠小说也存在着一个元神话的结构，即某个根骨奇佳的武学者碰巧获得一本《九阴真经》一类的武林秘籍，然后就遇上一系列的机缘巧合，最终练成独步武林的大侠。《萨满教》应该就是学术界的九阴真经，虽不致独步武林，但也可通任督，行周天，使功力大增。我常说"要有光"，这些书则为我打开了一个崭新的世界，像一盏灯穿过心中的迷雾，照亮前程。在黑暗中看到前方的光明，恍然悟解什么叫启蒙，由衷地感到："真美呀，请等等我！"

早期萨满教研究往往被纳入民族学、人类学、原始文化、历史、社会学、病理学家们研究的范畴，特别是心理学研究范畴，人们将萨满教的迷狂看成危机心理甚或退行性心理的表现，并总会将其与某种异常的精神表现形式进行比较，或将其归为癔症或癫痫一类的精神疾病。伊利亚德第一次将其放在宗教史的视阈下来研究,尤其是将萨满教视作一种具有全球意义的史前或原始宗教,并总结出萨满教在全球性传播过程中所具有的文化模式和思维定式。这本书的副标题"古老的入迷术"突出了伊利亚德对萨满教的关键理解,他把三界宇宙观、灵魂、灵魂再生与转世、迷狂、通天、二元对立思维等核心概念塑造成一种萨满教模式,将其作为人类最早的世界观、宇宙观和认知模式,然后在全球范围内进行跨文化考察,从而为萨满教的研究开辟了一个崭新的天地。

不过伊利亚德之于我,最大的收获是运用萨满教的眼光来观察和理解考古学。正是在伊利亚德的萨满教视阈下,我从前疑惑的卡约墓葬问题开始变得有答案了:在西伯利亚的萨满服饰中,挂在衣服上的铁(或铜)质原片是最为引人瞩目的。一般认为,这些"圆盘"象征着太阳,而其中会有一个中间有穿孔的圆盘,这个则被称为"太阳之口",或是"大地之口",萨满借助这个圆盘进入地下世界或与天神沟通。除此之外,衣服上还有许多铜泡,以及象征萨满力量的铁链。一些精致的萨满服饰中,还会有一些象征人体骨骼、器官的小金属饰品。这些金属装饰都具有相应的"灵魂",绝不会生锈。在满洲地区,萨满的镜子具有特殊的意义——"看到世界(入定)""辨认神灵""反映人类的需要"。在满—通古斯语中,"镜子(panaptu)"词源为"灵魂(pana)",镜子就是储存"灵魂之影"的容器。

不知道法国精神分析学家雅克·拉康(Jacques Lacan)的镜像理论是否来自镜子与灵魂的萨满教世界观,而徐峰最近在他的《"凝视——镜像"视角下的萨满教》一文中,则将拉康与萨满教联系在一起。拉康以婴儿"照镜子"为例,认为幼儿在镜中看到了自我,更确切地说,镜中的映像助成了幼儿心理中的"自我"的形成。幼儿认为是其自我的,只是一块了无一物的平面上的一个虚像。人的自我形成的第一步就是建立在这样一个虚妄的基础上的,在以后的发展中自我也不会有更牢靠更真实的根据。从镜子阶段开始,人始终是在追寻某种性状某个形象而将它们视为是自己的自我。这种好奇寻找的动力是人的欲望,从欲望出发去将心目中的形象据为"自我",这不能不导致幻想,导致异化。拉康在镜像理论中提出的镜像中自我的不完整、虚假以及分裂的现象在萨满初始阶段的疾病与梦魇中也存在。用拉康的镜像理论来看萨满教的迷狂(或入迷),我们便可从精神分析的角度获得新的理解:"入迷仪式对于成为萨满而言是至关重要的,入迷是一种深度的精神体验。借此,萨满能够超越边界,进入神灵的世界。此一入迷正是一个镜像过程,如同水、梦、镜子是通灵的介质一样。同时,匪夷所思的是,入迷者在此过程中,是全程看着自己的断身仪式发生的,他并没有因为这个过程的残酷而回避(譬如人们做噩梦,梦见惊心之事时通常会醒来)。"萨满不仅利用各种神器,如鼓、镜来包装自己,增加仪式的效果;更重要的是,镜这个法器实在是萨满身份的一项重要表征。《墨子·非攻中》曾曰:"镜于水,见面之容;镜于人,则知吉与凶。"萨满正可被视为特定社会中的一个可以被凝视的镜像装置。①

前面谈到"X"射线风格,劳梅尔和坎贝尔让我们知其然,而伊利亚德则让我们知其所以然:因纽特萨满"凝视自己的骨架"——这一行为类似于"白骨观",他们能够凭借想象见证自己被肢解的整个过程,如同拉康镜像理论中的凝视。骨骼是中亚及西伯利亚萨满仪式中被剥离的最后部分,大多数时候甚至只有骨骼得以保留,似乎对于萨满来讲,骨骼是肉体中最接近本源的事物,他无需替换,便已经存在神秘的能力。可能对于萨满来讲,骨骼本质上就是"非肉体"的真实生命。

伊利亚德的迷狂术强调其"古老的"(archaic),指的是其起源的古老性,而不限于"古代的"时间。虽然起源古老,但至今仍然盛行。喇嘛教中也常见这种白骨元素(白骨舞、中阴状态下的神灵)与东北亚的萨满的白骨的象征有着极大的类似。藏传佛教壁画中的嘎巴啦(梵文的音译,即头盖骨)、尸陀林(梵文葬尸场的音译)的人骨架,包括密宗仪式中,向恶魔"舍身"的仪式、利用人骨做成的法器,以及召唤迦梨女神或者空行母等等,其实都是"死亡-重生"的仪式象征。骷髅是灵魂的寄所,在壁画中绘制骷髅头颅,就是去故而就新,是对生命再生的表达。

我的《青海岩画——史前艺术中二元对立思维及其观念的研究》一书,就是在这种向往世界、追逐光明中写成的。这部书实际上去意大利之前就已基本定稿,也准备付梓出版,但因我要出国进修,所以就说等回国后再出版。然而到了卡莫诺史前研究中心,我才知道井底之蛙,不可以语大海,于是几乎全部推翻重写。从二元对立这个书名便可看出我受阿纳蒂影响之深,受结构主义影响之甚。

---

① 徐峰:《"凝视——镜像"视角下的萨满教》,《百色学院学报》2015年第5期。

图十　喇嘛教中表示灵魂转世往生的尸陀林主
（尸陀林主又称"墓葬主"，是梵文"葬尸场"的译音）

众所周知，尽管 20 世纪 90 年代后过程主义、后结构主义的思潮在世界考古界已经汹涌而至，但中国考古学界特别是岩画学界，仍安享于文化历史学派的窠臼之中。19 世纪以来理论创新的宏大叙事风格，在岩画界依然非常盛行，阿纳蒂结构主义的句法论当时在岩画界正是旗帜高扬的时候，麾下粉丝无数，众志成城，我也是其中之一。步日耶是结构主义的鼻祖，句法论就是对结构主义的发展，正如阿纳蒂对步日耶的继承。二元学说是结构主义的核心，但西方的结构主义不了解东方的二元论还有着截然相反的内容，所以有必要对结构主义的二元论，进行重新认识和界定，从而使东方也可以被纳入结构主义的理论框架之中。这样便有了结构主义在东方的发展，即二元对立，这也就是"青海岩画——史前艺术中二元对立思维及其观念的研究"这一书名的由来。二元对立的思维形式也正是原始萨满文化的思维方式。经常有人问，你这明明是岩画书，为什么要取个哲学名字？简而言之，岩画只是一种文化表象，事实上是观念的产品，而文化观念则又是思想和思维的产品。所以讨论岩画，实际上是在讨论思维、思想及其观念。

　　考古是以物质形式来缀合古代拼图的,也就是说如果涉及古代的精神世界,我们需要看到思想的形状,所以我们就以一幅鸟啄鱼图的结构模式,来看看思想是如何在历史的过程中通过不同的形状来表达自己的,看看它在时空范围中的延续性及其变异。

　　鸟啄鱼(或蛇)是一种构图,一者为鸟(或鹳或鸭或孔雀等),一者为鱼、蛇、虫等。鸟嘴里衔着鱼,从而形成一幅鸟啄鱼图。我们可以从一个更为广阔的时空范围中来观察这个构图或思想主题的演化与变异。这个图案最集中和最频繁出现在印度河谷的哈拉帕(Harappa)文化彩陶上。

图十一　早期哈拉帕彩陶上的鱼鸟图案

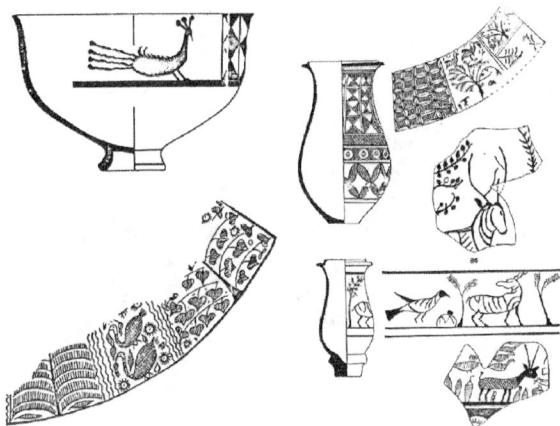

图十二　哈拉帕成熟期的鱼鸟图

图十三　哈拉帕晚期鱼鸟图

　　印度河流域哈拉帕文化彩陶上的鸟啄鱼图案时代在公元前 2800 年—公元前 1700 年。不过这并不是印巴次大陆发现的最早的鸟啄鱼彩陶图案,最早的应来自马哈伽文化(Mehrgarh,公元前 7000 年—公元前 2000 年)。马哈伽文化目前是印巴次大陆发现的最早的新石器时代文化。

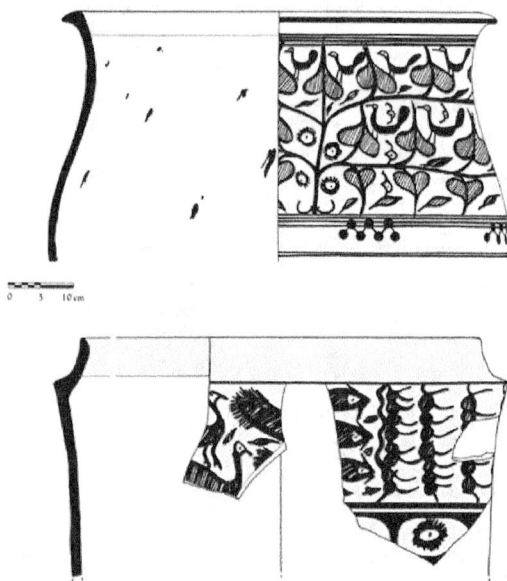

图十四　马哈伽文化(公元前 3000 年)出土的鸟(孔雀)啄鱼彩陶图案

　　而这种鸟啄鱼图案同样也是我国自新石器时代以来一直盛行的装饰图案，最早出现在公元前 4000 多年的仰韶文化。

图十五　中国出土的鸟啄鱼图案
（左：河南阎村出土的新石器时代仰韶文化鸟啄鱼图；右：陕西宝鸡出土的半坡文化的彩陶壶）

　　关于鸟啄鱼图，尤其是河南阎村出土的这个鸟啄鱼图案，有很多解释，其中最为著名的就是严文明先生的观点：史前两个部落发生战争，鹳部落战胜了鱼部落。为了纪念这个意义重大的事件，鹳部落将胜利绘制在陶缸上。应该说没有什么理由或根据来加以反驳，如果我们只发现这一件的话。可问题在于无论是在我国还是国外，无论是新石器时代还是青铜时代乃至现代，我们都发现了这种以鸟鱼争斗为主题的图案，而且其构图都是如此的相似！这样的话，我们对事件性的历史解释就产生了怀疑，我们不得不考虑这个图案后面所要表述的具有普遍意义的人类学含义。检索世界范围内的史前考古材料，这种图案其实非常普遍。

图十六　柏林小亚细亚佩加蒙博物馆（the Pergamon Museum）馆藏的萨玛拉文化（The Samarra，公元前 6000 年）彩陶碗上的鸟啄鱼

如果我们把目光再从空间上扩大一些，我们就可以看到新石器时代彩陶上的鸟啄鱼图或鱼鸟争斗图最早出现在彩陶上的例子有很多，除前面我们提到的巴基斯坦俾路支斯坦的马哈伽文化之外，尚有公元 6000 年前的萨玛拉文化彩陶碗。稍后在西亚地区也非常盛行，譬如与仰韶文化同时代的伊朗苏萨文化。

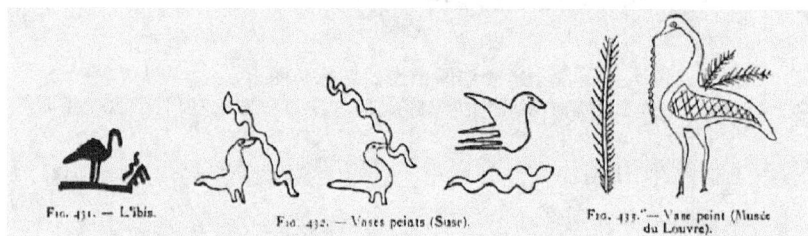

图十七　伊朗底格里斯河畔（the Tigris River）扎格罗山区（the lower Zagros Mountains）发现的新石器时代苏萨 I 期文化（Susa I period，公元前 4200 年—公元前 3900 年）彩陶片上的鸟吃蛇

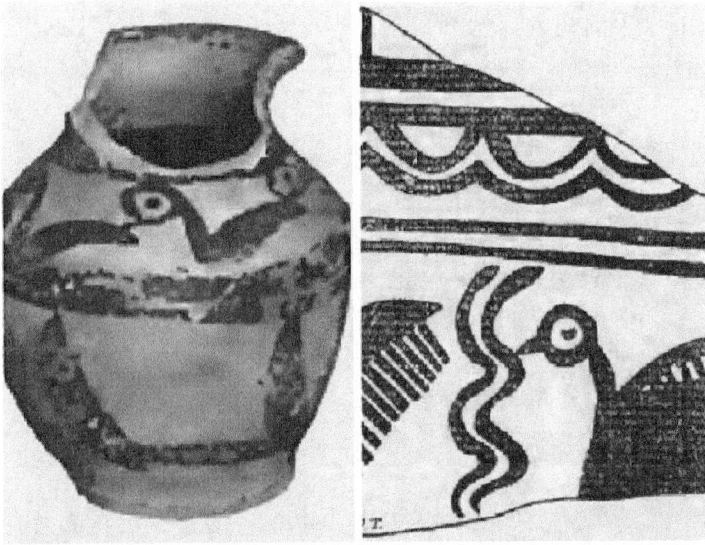

图十八　苏萨Ⅱ期文化(Susa Ⅱ period,公元前 3900 年—公元前 3100 年)彩陶片上的鸟吃蛇

图十九　伊拉克卡法雅文化(Khafajah,公元前 3100 年—公元前 2500 年)出土的陶器纹饰

图二十　公元前第三千纪伊拉克(Tell Agrab)遗址出土的彩陶瓷

图二十一　埃及图坦卡蒙法老金冠上的鹰搏蛇图案

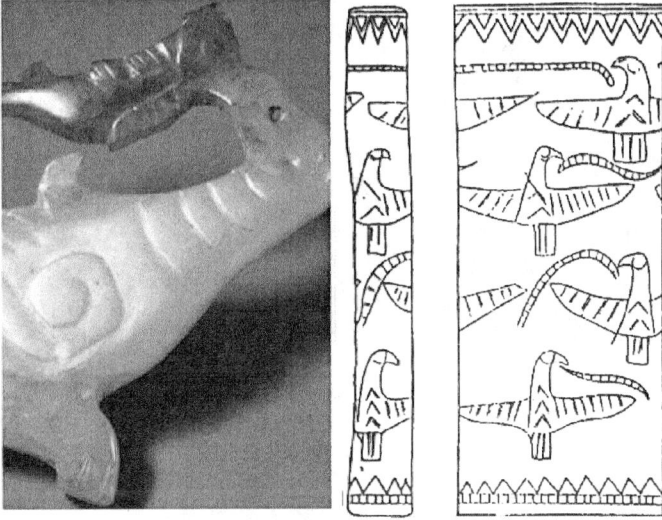

图二十二 商代鸟啄鱼玉雕(左);青海卡约文化(右,公元前1000年)骨管上的鹰搏蛇

图二十三 相当于中国春秋时期的塞浦路斯彩陶(Period Cypro Archaic I,公元前750年—公元前600年)

图二十四　古希腊陶器上的鹰吃蛇

除了考古器物和遗迹上的鸟鱼或鹰蛇图案，古代文献中也可以发现与其相关的描述与记载。《伊利亚特》(卷 12)：

> 正当阿西俄斯和他的士兵们在这里进行遭遇战，并有许多人被打死的时候，其他的特洛伊人则步行通过壕沟，冲击希腊人的其他营门。亚各斯人不得不改变战略，集中力量保护战船。那些站在他们一边的神祇也十分忧伤地在奥林匹斯圣山上俯视着。可是，由赫克托耳和波吕达玛斯率领的一队却还迟疑着，没有冲过壕沟，这一队最英勇而人数又最多。这是因为他们看到了一种不吉利的预兆：一只雄鹰从左侧飞临上空，鹰爪下逮住一条赤练蛇。它拼命挣扎，扭转头去咬鹰脖子。雄鹰疼痛难熬，扔下赤练蛇飞走了。赤练蛇正好落在特洛伊人的中间。他们恐惧地看着蛇在地上挣扎，认为这是宙斯显灵的征兆。
>
> 他们正急于要越过那条壕沟，就来了一个预兆：一只鹰高飞掠过队伍的左边，鹰爪抓住一条血红的大蛇。那条蛇还活着在喘气，还在挣扎，扭转身来向抓住它的那只鸟的颈项咬了一口，那只鸟被咬痛了，把蛇放下，让它落到队伍的中央，于是叫了一声，就乘风飞去了。[①]

很显然，希腊神话以清晰明确的文字形式告诉我们，鹰和蛇在这里分别代表着宙斯和特洛伊人，从而象征着战胜与失败的正反二元。

[①] 朱光潜译：《柏拉图文艺对话录》，人民文学出版社，1963 年，第 12 页。

　　从这些不同时代和不同文物载体上所表现的同样主题我们可以看到鸟啄鱼图案后面所要表达的人类的普世价值和认识模式。考古是以物质形式来缀合古代拼图的，也就是说如果涉及古代的精神世界，我们需要看到思想的形状。我们通过这幅鸟啄鱼图的结构模式，可以看到思想是如何在历史的过程中通过不同的形状来表达自己的，看到它在时空范围中的延续性。这也与弗朗西斯·哈斯克尔(Francis Haskell)和彼得·伯克(Peter Burke)所谓的"图像证史"异曲同工。

　　这种普世价值和认识模式被哲学家们以结构主义的命名加以归纳。简单地说，结构主义是以对立的二元逻辑形式为特征的，如黑白、好坏、上下、善恶、强弱、神魔等，但二元之间的关系绝对是对立，而不存在丝毫的统一和转化，换句话说亦即 A 不等于非 A 的逻辑形式。诚如列维-斯特劳斯(C. Lèvi-Strauss)所说的，我们逻辑的运转便是通过二元对立，以及与象征主义最初的显示相吻合这种手段来进行的。二元对立不仅是我们人类基本的思维形式，同时也是整个古代社会共同的文化观念，仰韶文化彩陶上的鱼鸟争斗图就是用图形形象地表达了这种逻辑思维形式与文化观念。

图二十五　西周青铜器上的鸟啄鱼图

图二十六　山东(左)和徐州(右)出土的汉代画像砖

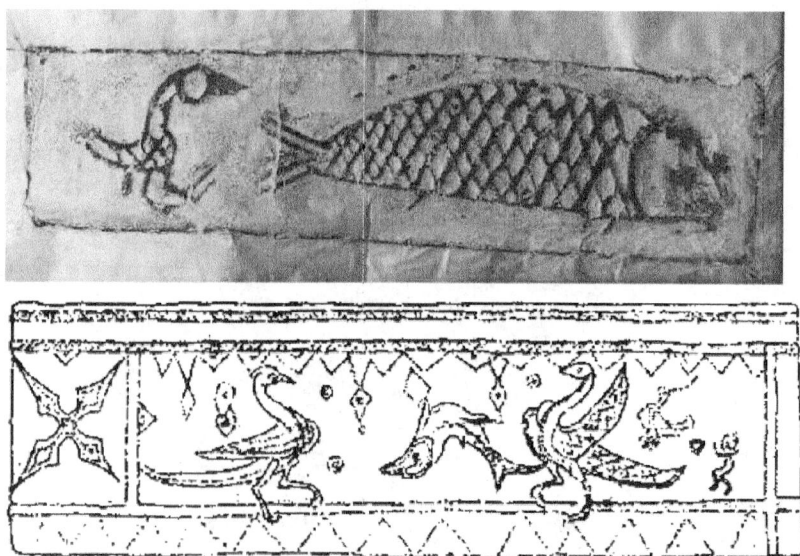

图二十七　山东邹城(上)和四川南溪(下)出土的汉画像砖

尽管列维-斯特劳斯等人将中国的阴阳也纳入二元的结构内，但事实上这些结构主义的先驱们并不了解中国以老庄的阴阳哲学为代表的二元论，中国的阴阳学说或二元论与西方结构主义语境下的二元论有着本质的区别。如同西方一样，最初中国的思维也是以李约瑟、张光直等人所说的以萨满为特征的文化系统。

根据各国的神话、文献、民俗等材料，我们知道鸟（鹰、鹳、鹤、孔雀等）象征着太阳、天、天堂、光明、强大、胜利等，而鱼（或蛇）则象征着地下、地狱、黑暗、弱小、失败等与前者相反的对立面，这样便构成了一正一反或肯定与否定的二元结构。在这个结构中，前者象征着正和肯定因素，而后者则代表着反和否定因素。所以《淮南子·天文训》云："毛羽类，飞行之类也，故属阳；介鳞类，蛰伏之类也，故属阴。"郑玄《礼记·昏义》注："鱼，水物阴类也。"《文选·蜀都赋》："阳鸟逈翼乎高标。"《经籍纂诂》云："鱼为阴物"，"鸟者，阳也"。虽然我国汉代的文献不足以直接说明这些几千年前新石器时代的彩陶图案，但应当可以说明历史时期比如周代的鸟啄鱼图；或者，再苛刻一些，总能说明汉画像砖上面的鱼鸟争斗图吧！从理论的层面来看，也可以用作中程理论来参照。

不过《周易》之后，中国自身的哲学开始发达。《周易》云："一阴一阳之谓道。"用哲学语言来讲，"道"是产生二元的统一体，或谓二元思维产生之前的人类社会和人类思维状况，亦即神话中的"混沌"。后来盘古开天地，黄帝判阴阳，意味着建立在二元对立思维基础上的人类理性和文化的产生，原始混沌被打破，文明秩序被引入，这正是《周易》所说的"一生二"。春秋战国时期，出现了一个最终使中国与西方在思维、哲学以及文化上分道扬镳的新变化，即原来旨在强调对立的萨满教二元对立思维，开始向统一的二元论转变，其标志主要是《老子》一书的出现。《老子》一书的宗旨就是抹杀二元之间的区别、对立和斗争，使二元之间彻底地转化和全然地统一，这就是众所周知的阴阳哲学。老子认为正是由于天地被判开，阴阳被对立后产生的社会秩序与文明，才导致了整个社会的堕落，如战争、人们之间的敌对与尔虞我诈、世风的浇薄等。那么要改变这一切，首先要回到过去的混沌社会中去，其根本途径便是在哲学上消除二元对立。老子认为美丑、难易、长短、高下、前后等诸二元之间的关系根本不存在对立，而是相互关联、依存、统一以及转化，所谓"有无相生，难易相成，长短相形，高下相倾，声音相和，前后相随"。老子采用贬抑肯定因素,褒扬否定因素的办法来抹杀二元之间的区别和对立。也唯其如此,才能达到天下大治:"不上贤,使民不争;不贵难得之货,使民不盗;不见可欲,使心不乱。"到了庄子,这一做法被发挥到了极致,他通过一系列寓言或故事来否认和抹杀业已存在的二元之间的区别,从而使阴阳哲学从文人士大夫和贵族阶层普及到平民老百姓,使哲学通俗化,这就是道家思想。《庄子·山本第十二》云:

> 阳子之宋,宿于逆旅。逆旅人有妾二人,其一人美,其一人恶,恶者贵而美者贱。阳子问其故,逆旅小子对曰:"其美者自美,吾不知其美也;其恶者自恶,吾不知其恶也。"

这就是通过抹杀美丑之间的区别来消除美丑之间的对立。其许多著名寓言如"庄周梦蝶""濠上观鱼"等都是通过抹杀真实与梦境之间、主客观之间等的区别来强调二元之间的统一,庄子把这种折衷主义称为"齐物",所以"齐物论"是《庄子》的点睛之笔。

在阴阳哲学家们看来,阴阳之间不存在对立,更谈不上道德价值取向,二者之间至多是一种自然的交替和变化而已。《吕氏春秋·大乐》云:

> 阴阳变化,一上一下,合而成章。浑浑沌沌,离则复合,合则复离,是谓天常。天地车轮,终则复始,极则复反,莫不咸当。

其中二元之间不再有区别和对立,二元融为一体,像车轮一样无始无终,像水一样无法判剖。正如太阳作圜形运动一样,虽有白天和黑夜,但它们之间的关系是相互转化和相互代替,而不是对立。这种哲学认识后来用图形表示,即"太极图",亦可称为"圜道"。从纯粹的数字关系来看,既然"道"是二元论之前的东西,那么转化成数字关系就应该是"一",也就哲学上所谓的"太一"。既然二元论使整个社会堕落,我们就应该抛弃二元对立,合二为一,再回到以前的"一"去。《老子·三十九章》云:

> 天得一以清,地得一以宁,神得一以灵,谷得一以盈,万物得一以生,侯王得一为天下正。

"二"是"一"的对立之物,既然"一"的价值取向是肯定,那么"二"的价值取向就是否定。汉字"贰"除表示数字外,其他主要义项都是围绕着"分离""分开"而衍化的,但这时的"贰"多用于贬义,如"背叛""不忠""分裂"等。

也正是从老子开始,中国的哲学、文学、艺术、医学、宗教等,便逐渐与西方分道扬镳了。"太一"与"二元"之间的区别,正是中国与西方之间的区别,这首先是来自哲学和思维上的不同。与西方相比,中国古代社会是一个哲学的社会,而不是科学的社会;古代中国更注重主观的精神世界,而不是客观的物质世界。

汉代老庄的二元统一的阴阳哲学已经深入民间,普及到地层社会和日常生活。原来象征着二元对立的鸟啄鱼或鹰吃蛇图案,现在变成鱼鸟一体图,象征阴阳和合。《山海经·西山经》:"又西百八十里,曰泰器之山。观水出焉,西流注于流沙。是多文鳐鱼,状如鲤鱼,鱼身而鸟翼,苍文而白首,赤喙,常行西海,游于东海,以夜飞。"胡文焕图说:"鸟翼苍文,昼游西海,夜入北海。其味甘酸,食之已狂,见则大稔。"文鳐鱼是丰年的象征,所谓"见则天下大穰",郭璞注说:"丰稔收熟也。"郝懿行注云:"鱼见则大穰者,诗言众鱼占为丰年,今海人亦言岁丰则鱼大上也。"郭璞《图赞》曰:"见则邑穰,厥名曰鳐。经营二海,矫翼闲(一作间)霄。惟味之奇,见叹伊疱。"

图二十八 《山海经》中长翅膀的文鳐鱼

还是《山海经·西山经》的记载,其曰:"邽山,蒙水出焉,南流注于洋水,其中多黄贝。嬴鱼,鱼身而鸟翼,音如鸳鸯,见则其邑大水。"

无论叫"嬴鱼"还是"文鳐鱼",实际上都是长翅膀的鱼,象征阴阳和合与正反

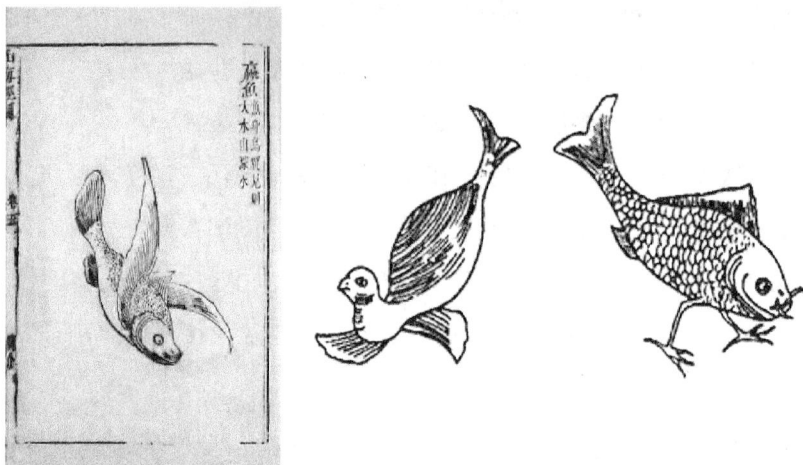

图二十九　《山海经》中鱼鸟一体的嬴鱼

统一的鱼鸟合体之概念,所以两种长翅膀的鱼鸟,一者代表"丰产"(文鳐鱼),另一者则代表相反的对立概念即水灾(嬴鱼)。通过《山海经》关于"文鳐鱼"和"嬴鱼"的描述及记载,我们可以看到早期对立的二元结构是如何在汉代开始转化和统一的。

汉代之所以出现阴阳和合、鱼鸟一体的描述与图案,直接来源应该就是《庄子·逍遥游》:"北冥有鱼,其名为鲲。鲲之大,不知其几千里也。化而为鸟,其名为鹏。鹏之背,不知其几千里也。怒而飞,其翼若垂天之云。是鸟也,海运则将徙于南冥。南冥者,天池也。"前面我们谈到,整个《庄子》一书就是为了普及老子二元统一的哲学思想,使阴阳哲学通俗化,用寓言的形式抹杀二元之间的区别与对立。而"逍遥游"中的"鲲鹏"说就是为了说明"飞"与"游"、"天空"与"水里"、"鹏"与"鲲"、"鸟"与"鱼"之间是没有区别的,二者是可以转化的,是"齐物",是一体的。

正是《庄子》中明确无误的描述和表述,汉代便明确出现了鱼鸟合体的"嬴鱼""文鳐鱼"以及后来的"鱼凫"等,都是"合二为一""抱阴负阳""守一执中"这些表达二元统一哲学思想的形状。

汉代以后,道家思想虽未成为意识形态的主流,但在佛教、诗歌、绘画、政治等各方面,影响都是巨大的。例如佛教中的禅宗,其中连生死、精神和肉体之间的区别都已抹杀,遑论二元之间的斗争和对立;政治上主张"中庸",即在价值取向上既不"阴"也不"阳",而取二者之间;医学上最根本的理论就是保持阴阳之间的平衡,使之不"失调",等等。当然,我们在这里只能窥豹一斑,不可能详细解释。

因为我们谈的是图像,也就是艺术形式,所以对于艺术,特别是绘画图案中的二元统一我们应该再多谈几句,因为它是中国绘画美学原则的来源。中国绘画所讲究的"似与不似之间",以及郑燮的"胸中竹"到石涛的"一画论"等,即是对"真实"与"想象"、"客体"与"主体"、"形似"与"神似"、"散点透视"与"焦点透视"等对立二元的融合。从图像学的角度来考察,这种造型并不常见,不过其手法却是非常传统,甚至可以说是中国传统文人画中的可以称为标志性的东西,这就是中国文人画中以客观世界为基础来表现自我主观世界的禅画。例如王维的绘画作品中往往以桃李、芙蓉、莲花同出一景,这种时间失序和空间交叠的图景恰恰正是王维内心对主客观世界的综合。这种建立在禅宗心性论(二元统一)基础上的主客观结构在后世理论中不断被诠释、运用、加强,乃至放大,以至于成为中国文人画的一种准则与追求,如沈括的"神会"、倪瓒的"胸中逸气"、欧阳修的"忘形得意"、八大山人的"心物相接,心境合一"等等,均属此列。于是这种时空错乱、主客交织、分类无序等一系列旨在表达与主观和客观世界沟通交融的构图,尤其是将鱼鸟这样对立的二元结合在一起的图案,便从此成为文人绘画实践的钟爱。在这种表现主客观的构图模式中,鱼和鸟往往成为具有代表性图像,比如李鱓《花鸟册》中总会同时出现花和鸟。"翠羽时来窥鱼儿",这是他给自己作品的题诗。但我们知道,在客观世界中,我们是很难见到这种自然场景的,这种雀类或学名称作雀形目鸟类(fringillidae)的鸟实际上与鱼是不相干的,这只是作者通过非自然的空间叠加把鱼和鸟合在一起。八大山人的《鱼鸟图》,说是鸟,但有鱼的尾巴;说是鱼,又有鸟的翅膀。这与自然景象毫无关系,这是哲学的图像,思想的形状,这已经发展成为表达道家思想和精神的标准隐喻与传统象征。

郑燮画竹的三段论道出了中国文人禅画的精髓:"江馆清秋,晨起看竹,烟光日影露气,皆浮于疏枝密叶之间。胸中勃勃遂有画意,其实胸中之竹,并不是眼中之竹也。因而磨墨展纸,落纸倏作变相,手中之竹又不是胸中之竹也。总之,意在笔先者,定则也;趣在法外者,化机也。"西方古典绘画描绘的是"眼中竹",客观影像;而中国画写的是"胸中竹",亦即主客观结合在一起的影像。也就是唐代张彦远《历代名画记·叙画之源流》中所说的"外师造化,中得心源"。

实际上这也是"书画同源""翰墨同门"这一中国画独有特征之缘起,亦即在画上题字。苏轼曾提出"诗画本一律"的观点来说明和解释书画同源,在王维画作《蓝田烟雨图》上的题跋云:"味摩诘之诗,诗中有画;观摩诘之画,画中有诗。"以后的学者大抵是在苏东坡的这个观点的基础上进一步完善或修正进行,而钱钟书则不同,钱钟书的《七缀集》中的《中国诗与中国画》和《读〈拉奥孔〉》这两篇论文,谈论的都是诗歌与绘画的关系,或者说,都是在论说诗歌与绘画的差异,都是在以某种方式反驳"诗画本一律"这种美学观念,都是在对"诗中有画""画中有诗"这样的命题提出质疑。实际上钱钟书是对的,在画上题字,正是"画龙点睛"之举,题写出画面所不能表达的或表达不清的东西,所谓宣物莫大于言,存形莫善于画(《历代名画记》)。

不过"画胸中竹"有个问题,画竹子不用说,大家都知道。如若画一座山又如何?譬如画家画的是华山,描摹出其险峻之态,但别人如何知道这是华山之险峻呢?我画李白,别人如何知道我画的是李白而不是杜甫?很简单,画上题字即可。正是宋朝晁说之所说:"画写物外形,诗传画外意。"因为中国画画的是心中的主观意象,外人不一定能明白,所以需要文字说明,画上的字和诗就是作者对画的说明。由此来看所谓的"书画同源",其实唐代以前特别是汉代以前的画上基本上没有题记,而只是在"写胸中逸气"和"画胸中竹"的文人禅画兴起后,才滥觞了画上题诗或题词的传统。

鱼鸟图案就这样成为中国文化中几千年传承的主题,特别是中国绘画中,鱼鸟主题不仅被赋予各种各样的形式造型,同时还被寓以各种文化内涵。当代画家林逸鹏"云南印象系列"中的《鱼鸟和合图》,可以理解为汉代以来二元统一鱼鸟图的继承,尽管林逸鹏未必是有意识或明确地想通过鱼鸟这种返璞归真的经典图像来表达传统中国的二元统一思想,但无疑传统中国的二元统一思想将林逸鹏导向返璞归真的经典图像。在中国传统文化的范式下,图像只不过是思想的形状。

既然是中国传统文化,那么所辐射和影响的范围当然不会仅限于绘画。齐秦和齐豫的《飞鸟与鱼》,崔健在《蓝色骨头》中与谭维维合唱的《鱼鸟之恋》也是这千年之绪:"故事太巧,偏偏是我和你,看我们的身体,羽毛中的鱼……我是孤独的鸟,你是多情的鱼……一会儿是风,一会儿是水。海面像个动动荡荡的,大大的床。"鱼鸟、阴阳、女男、水天、游飞,正在中国传统文化的范式下,天地既济,大道至正。风起于青蘋之末,鱼鸟同体、武林一统、解放全人类、人类命运共同体,良有以也!

"羽毛中的鱼"就是中国二元统一思维及其观念的前世今身。虽然用现代特别是崔健那极富顿挫感的摇滚风格来诠释合二为一的鱼鸟和合,就好像吃热干面就面包一样,能把人噎死!这似乎是一个隐喻,即传统文化与现代思维的冲撞。但中国文化的内核,则依然在彰显着自身包容性的一统融合力,显示出真正的无坚不摧和有容乃大,即便是浑身长有利刃和芒刺的摇滚。或者从另一个角度来看,崔健的摇滚在桀骜不驯的外表下,其实潜藏着一颗被驯化的内核,像一列行进中的高铁,虽动能十足一往无前,但毕竟限制在轨道内,直撞而不横冲。

进入 21 世纪以后,在考古界曾经作为中程理论来理解的萨满教这时已经升级成为认知考古学的一部分了,也就是从过程主义发展到后过程主义了。21 世纪初,普莱斯(S. Price)出版了《萨满教考古》(*The Archaeology of Shamanism*),皮尔逊(L. Pearson)出版了《萨满教与古代心灵:通往考古的认知途径》(*Shamanism and the Ancient Mind : A Cognitive Approach to Archaeology*),刘易斯-威廉姆斯(Lewis-Williams)与法国的克罗特(J. Clottes)、道森(T. Dowson)、皮尔斯(D. Pearce)等人合作发表了很多著述,如《头脑风暴的影像:神经心理学和岩画研究》(*Brainstorming Images : Neuropsychology and Rock Art Research*)、《桑人精神:根脉、形式及社会影响》(*San Spirituality : Roots, Expressions and Social Consequences*)以及《史前的萨满:迷狂巫术和岩画洞穴》(*The Shamans of Prehistory : trance magic and the painted caves*)等等,这些著作标志着这一升级转变的完成。从最初被考古学视作中程理论的萨满教,此时已经发展成为一种研究范式了,亦即萨满教的认知考古学。作为中程理论的萨满教只是为了解决考古学问题,而萨满教的认知考古学的范式则是将考古学材料作为证据和中介去了解萨满教语境下曾经的人类意识形态。这意味着萨满教不再是理论和方法，而是目的和对象，萨满教和萨满文化不仅是我们研究现代宗教的一个方面，同时也是我们研究史前精神文明的对象。由于岩画学科的研究对象就是早期人类的精神文明，就是人类的认知问题，所以后过程主义的岩画研究在认知考古学中占据着很重要的地位。可以说刘易斯-威廉姆斯的新萨满主义是岩画研究中的后过程主义，即在以萨满教等人文研究中结合跨学科的研究范式。

图三十　安徽阜南发现的商代虎噬人卣(左一)；公元 8 世纪玛雅人的陶塑虎食人(右三幅)

当然，这个转变过程和转变方式以及转变的学术思想不可能是我这里能够说清楚的，但是，我们可以通过一个考古学的例子来领略一下这种变化。左面的是我国安徽阜南发现的商代虎噬人卣青铜器，关于虎噬人主题的解释很多，最著名的就是张光直运用萨满教理论，解释这是萨满巫师借助动物的超能力而与天沟通的表现，也就是说用萨满教来解释这件商代虎噬人卣青铜器。右面的图是公元 8 世纪玛雅人的陶塑，表现的是一只美洲虎正在吞噬一个人。关于这个虎食人陶塑的文化象征是非常明确和清晰的。印第安人萨满教在新萨满的入教仪式上(the initiation of neophyte-shaman)都要经历被美洲虎吞噬这样一个断(dismemberment)表演仪式，用以象征去故而就新。譬如在伊利亚德的《萨满教》一书中就提到因纽特萨满的入教式(Initiation)：被想象肢解并吞噬准萨满的是一头巨熊(天空之神，通常被形象为一只巨熊)。在身体重塑之后，还要经历老萨满的教导，得到"考马内克(qaumaneq)"，即"光明""启蒙"。这是一种神秘的光，萨满可以在自己身体中感受到它。这种光能够使萨满看透黑暗，预测未来，洞察秘密。

在萨满教中,法力最为高强的萨满巫师既不是祖传的,也不是学徒出师的,而是那种天命神授的。也就是说那些从悬崖上摔下来却未死,遇老虎、熊等猛兽袭击而未死,遭雷击而未死等有福之人,他们的后福就是成为一名天命神授的萨满巫师,这样的巫师是法力最强的,是巫师中的巫师。所有的巫师都希望自己大难不死、天命神授,所以墓葬中随葬像虎食人图案的器物不仅是为了表明其巫师的身份,而且更重要的是表明他曾经是一个遇虎、熊等猛兽袭击而未死的天命神授的巫师。其实到最后,这种虎食人图案只是一个法力高强巫师的简洁而明确的身份标识。从个案到共性的解释,从用萨满教来说明虎噬人卣的文化意义到史前萨满文化普遍模式,这就是中程理论到萨满教认知考古学的历程。

最早将旧石器时代晚期洞穴中某些岩画形象与萨满联系在一起的是被称为"史前教皇"(the Pope of Prehistory)的步日耶。他认为法国"三兄弟"(Les Trois Frères)洞穴岩画中穿戴着动物伪装的半人半兽(thérianthropes)形象都应该是"穿着祭祀服装的,或者处在变形时刻的萨满"(a shaman in ceremonial dress, or in the moment of shapeshifting)。"这些图像是史前萨满存在的科学证据。"[1]

从20世纪50年代初开始,以欧洲为主的国际岩画界燃起了以萨满教研究岩画的学术热情,认为岩画是萨满教产物[2],这主要表现在以贡布里希为代表的一系列萨满教岩画著作的出版。1950年贡布里希出版了他的《艺术的故事》(The Story of Art),这本学术著作卖出了畅销书的市场业绩。尽管这是一本"有史以来最著名、最受欢迎的艺术书籍之一,也是40多年来的世界畅销书",售出了600多万册,直到2007年还在修订和更新第16版,但也招致不少批评,最大的问题便在于它是一个单一的和欧洲中心的"艺术故事"。[3] 贡布里希故事的

---

① Tomášková, Silvia, *Wayward Shamans: The Prehistory of an Idea* (Berkeley and Los Angeles: University of California Press, 2013), p. 184.

② M. Hoppál, "On the Origin of Shamanism and the Siberian Rock Art", in *Studies on Shamanism*, edited by Anna-Leena Siikala and Mihály Hoppál, Helsinki: Finnish Anthropological Society (Budapest: Akadémiai Kiadó, 1998), pp. 132 – 149.

③ T. Dowson, "Rock Art: Handmaiden to Studies of Cognitive Evolution", in *Cognition and Material Culture: The Archaeology of Symbolic Storage*, edited by Colin Renfrew and Chris Scarre (Cambridge: McDonald Institute Monographs, 1998), pp. 67 – 76 .

图三十一　法国"三兄弟"洞穴岩画中穿戴着动物伪装的半人半兽形象
（步日耶认为这个就是穿着祭祀服装或正处在变形时的萨满）

开头一章名为"奇怪的开始"，引起了人们对讨论对象明显神秘性质的极大关注，他将洞穴艺术视作艺术的起源："我们不知道艺术是如何开始的，就像我们不知道语言是如何开始的一样。但我们追溯历史越久远，艺术的目标就越明确，但也越奇怪。"①稍后则又出现了前面我们谈及的劳梅尔和坎贝尔。

　　进入 21 世纪后，萨满教再次以新的姿态迈入史前研究，从而使史前学，尤其是岩画，又焕发出崭新而迷人的光彩，这就是刘易斯-威廉姆斯的以神经心理学模式（neurpsychological model）为特征的萨满教理论模式。刘易斯-威廉斯试图建立一个现代觅食者宇宙学信仰和宗教实践的广义模型，即现代食物搜寻者的宇宙观（Modern forager cosmologies）或食物搜寻者岩画的萨满教模式（the shamanism model of forager rock art），用以解释包括岩画在内的考古遗迹的意义。

---

① Ernst Gombrich 2007, *The Story of Art* (London：Phaidon，1950)，p. 39.

他试图对岩画中那些几何或无法辨识的抽象图案作出神经心理学上的解释。神经心理模式的学说由三个基本要素或阶段组成：

第一个阶段包括七个内幻视类型[有时也称作光幻视或常量形式（form constants）]。这些都是人类视觉和神经系统在意识的改变状态（altered-states

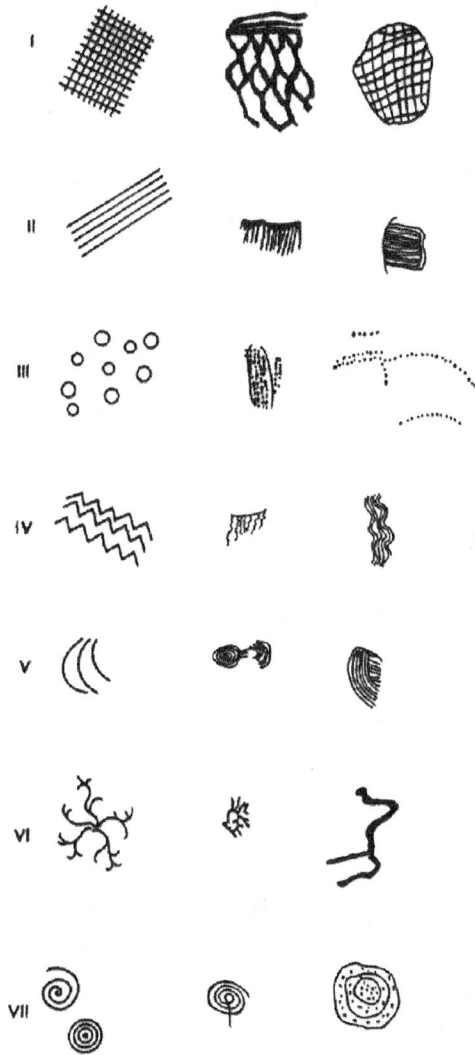

图三十二　萨满进入迷狂时神经心理模型意象的第一阶段，包括七种最常见的内幻视图案

[在 ASC 的第一阶段，光学和神经系统中自发产生光感知：左边的一列说明了理想化的例子；中间和右边两列是来自加利福尼亚州东部科索山脉的岩画（引自 D. Whitley，2005）]

of consciousness,缩写为 ASC)中交互作用下所产生的光影(这也是在偏头痛时所产生的影像,或者瞬间盯着一个明亮的光源,然后闭眼轻揉眼皮也会产生这种光影)。这种内幻视通常分为七种:方格、点、圆圈(或斑点)、多重同心圆(或涡旋)、平行线(或勾状)、波折线、波纹(或网状)。

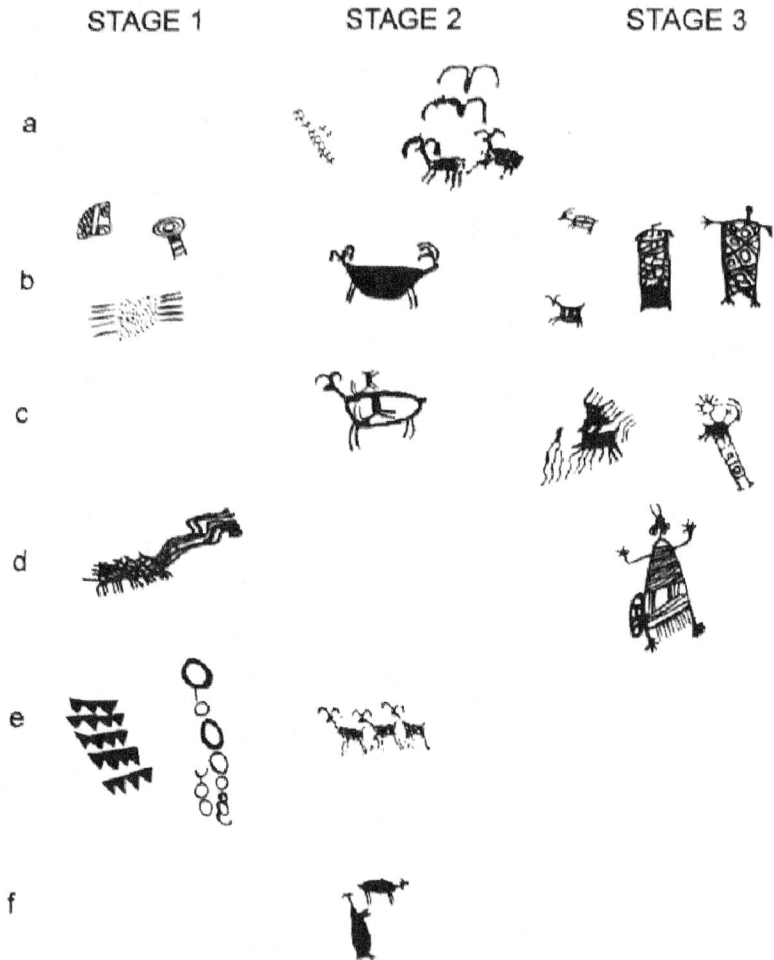

图三十三　神经心理学模型的第二个和第三个组成部分或阶段

[一般 ASC 都要经过三个阶段,如三列所示,每一列都有自己特有的图像类型。在每个阶段,图像以各种不同的方式被感知。图片来自加利福尼亚州东部科索山脉的岩画(引自 D. Whitley,2005)]

第二阶段与 ASC 有关,而且这种状态通过三个阶段而加剧:第一阶段仍是内幻视图形;第二阶段即这些内幻视图形被解释成某些对个人或文化特别重要的标志性形象。威廉姆斯说:我们相信,"萨满教"有效地指向人类的普遍性——理解意识转化的必要性——以及这种转化实现的方式,特别是(但不总是)在采集-狩猎社会中。

第三个阶段,这些标志性形象似乎作为内幻视的投影而出现,而最后出现的则完全是幻觉了。迷狂图像虽不完全但多半是我们大脑的产物,所以这导致我们的心灵图像不会遵守或遵从真实世界的视觉标准,第三要素便反映出这个特征。它会导致迷狂图像在心灵展示七个认知原则,无论这种图像是否牵涉内幻视或光幻视。这七个原则是:简单复制、多重再复制(multiple reduplication)、分裂(fragmentation)、旋转(rotation)、并列(juxtaposition)、重叠(superimposition)、集成(integration)。

鉴于刘易斯-威廉姆斯的神经心理学萨满主义在岩画研究领域所取得的碾轧性的成功,已经成为被越来越多地运用于研究非洲南部以及世界各地岩画艺术的主要理论范式[1],所以有人——包括刘易斯-威廉姆斯自己也——认为他的神经心理学加萨满教理论是现代觅食者的宇宙观(Modern forager cosmologies),是普世性的(universal)。萨满教成为考古学研究的新范式,成为后过程认知考古学的一部分[2],被认为是全球狩猎采集者岩画艺术的解码器。

有区别的是,岩画的早期萨满教研究都是在一种传播论的理论范式下来研究世界范围内的共性,而在刘易斯-威廉姆斯的神经心理学和新萨满主义理论框架中,萨满教则是一种跨文化现象。温克尔曼(M. Winkelman)认为萨满教是在狩猎采集者和一些农业以及牧区社会中发现的跨文化的相关信念和实践的复杂结果,而不是扩散的结果。相反,这些跨文化的相似之处是共同神经心理学的独立发明或派生的结果。[3]

不过碾压性成功并不意味着完美无缺或金刚不坏。其实刘易斯-威廉姆斯将其带有强烈后过程主义色彩的萨满教认同为所有跨越时间和空间的觅食者社会

---

① P. Bahn, "Membrane and numb brain: a close look at a recent claim for shamanism in Paleolithic art", in *Rock Art Research*, no. 14, 1997, pp. 62-68.

② Michael Winkelman, "Shamanism and Cognitive Evolution", in *Cambridge Archaeological Journal*, vol. 12, no. 1, 2002, pp. 71-101.

③ Michael Winkelman, "Shamanism and Cognitive Evolution", in *Cambridge Archaeological Journal*, vol.12, no.1, 2002, pp. 71-101.

的普遍特征的理论拓展从一开始就遭人诟病:随着将萨满教扩展为所有跨越时间和空间的觅食社会的普遍特征,对岩画年代的重要性和关注便被削弱以致消失。[1]难道旧石器时代和现代的食物搜寻者之间没有区别吗? 进化在这里消失了吗? 时间在这里不起作用吗? 有些学者还有更为细致和具体的诘问与指责,比如被伊利亚德归结为萨满教普世主义特征的迷狂和刘易斯-威廉姆斯笔下的"意识的改变状态"并不是普遍见诸各流行岩画的史前和原始部落,澳大利亚北部的土著没有[2],甚至有些学者认为刘易斯-威廉姆斯萨满教理论赖以产生的南非桑人也没有,桑人的萨满教缺乏历史背景。[3] 刘易斯-威廉姆斯的普世主义理论范式招致学者们对这种理论和方法论技术路线的怀疑:世界上真有像葵花宝典一样的武功,一旦学会就可以独步武林一统天下吗? 若是,世界的多样性将如何解释? 通过使用现代叙事来理解过去,刘易斯-威廉姆斯的理论模式错过了任何了解过去社会历史中偶然性和个性的可能性。萨满教模式冒着掩盖考古材料多样性的风险,用岩画艺术图像模式将人种学或民族历史的真实图景变成现代情景。[4]

　　不过仍然有越来越多的学者认识到萨满教与人类最初文明的关系,认为人类最初的文明就是萨满文明,萨满教是世界范围内唯一的原始宗教。例如从神话的角度来看,世界各地的创世神话,事实上都可以包括在萨满教神话之中,故萨满教创世神话亦称作"世界神话"。著名匈牙利萨满教学者米哈伊·霍帕尔(M. Hoppál)的观点可以作为这个时期国际萨满教研究的代表。他认为萨满教可以被称作一个复杂的信仰系统,萨满教是一个中性的称呼可以包括在任何学科中。古代萨满不仅作为一个神职人员在人们的意识形态生活中占有极为重要的地位,还作为巫医、诗人、歌唱家、思想家、艺术家等在世俗日常生活中,扮演着极为重要的角色。同时,整个古代萨满教文明,就是人类最初的文明。

---

[1] R. Yates, "Frameworks for an archaeology of the body", in C. Tilley ed. , *Interpretive Archaeology* (Oxford: Berg Press, 1993),pp. 31 - 72.

[2] [法]让·克罗特著,唐俊译:《世界岩画艺术》,内蒙古人民出版社,2018年,第148页。

[3] G. McCall, "Add shamans and stir? A critical review of the shamanism model of forager rock art production", *Journal of Anthropological Archaeology*, no. 26, 2007, pp. 224 - 233.

[4] H. Wobst, "The archaeo-ethnography of hunter- gatherers, or the tyranny of the ethnographic record in archaeology", *American Antiquity*, no. 43, 1978, pp. 303 - 309.

就中国的萨满教研究而言,学者只是针对狭义的萨满教,也就是我国北方少数民族地区的萨满教进行研究,从不涉及古代中国的萨满教文化。但海外的萨满教研究学者研究萨满教的时空范围则要大得多,且不说老一代如李约瑟、史禄国等人,现代学者如托马斯·迈克尔(T. Michael)、江伊莉(E. Childs-Johnson)等萨满教研究学者,都是将古代中国也纳入萨满教研究的范畴内。托马斯·迈克尔从 2015 年以来发表的几篇专门论述中国古代萨满文化的文章,应该说有一定深度的,如《萨满教理论与中国早期的巫》("Shamanism Theory and the Early Chinese Wu")和《萨满教是一种历史吗?》("Does Shamanism a History?"),将许多历史与文学文献均纳入萨满教语境下审视,别出机杼,其结论也往往令人猝不及防。譬如在《中国早期的萨满式情色与九歌》["Shamanic Eroticism and the Jiu Ge (Nine Songs) of Early China"]一文中,以《离骚》中的"九歌"为起点,讨论作为萨满教世界中常见的元素——色情。"九歌"甚至成为东亚最早的语言语料库,由此让我们可以窥见一个通过描述萨满和灵魂之间的色情性别关系的萨满世界。该文通过比较对"九歌"中所表达的仪式结构进行萨满性质的定位,用以揭示萨满教、色情、暴力和死亡之间更深层次的亲缘关系。美国女学者江伊莉主要研究中国古代宗教和金石学(甲骨文),她的研究也是独辟蹊径,不仅认为中国古代社会的萨满教社会性质,还提出从商代到战国在意识形态领域占主流地位的"变形"信仰,或者说"异"信仰。霍尔曼(D. Holm)在其《识字的萨满:广西和北部越南壮泰的祭师"天"》("Literate Shamanism: The Priests Called Then among the Tày in Guangxi and Northern Vietnam")一文中所涉及的主题是壮泰民族的巫师"天"。他在大量田野调查材料的基础上对"天"的角色、性别、仪式、起源、传播进行了跨文化研究,形成了在萨满教语境下对壮族传统文化的具体分析与研究。

尽管我国许多学者在 20 世纪末研究岩画时曾比照萨满教,但最早在萨满教理论下系统地进行岩画研究的,应该是笔者。20 世纪 90 年代早期笔者首先在国际英语学术刊物上发表一系列文章,讨论萨满教与岩画以及考古之间的关系,将岩画纳入萨满教视阈进行研究,如《青海岩画的原型分析》["An Analysis of Archetypal Elements in Qinghai Petroglyphs",加拿大《岩画季刊》(*Rock Art Quarterly*)1993 年第 3 期]、《中国岩画研究的理论与方法论》["Theory and

Methods in Chinese Rock Art",澳大利亚《岩画研究》(*Rock Art Research*) 1993年第 2 期]、《中国象形文字与岩画》["Chinese Pictographic Characters and Rock Art",巴黎《国际岩画艺术委员会通讯》(*International Newsletter on Rock Art*) 1995 年总第 11 期]、《原始艺术中的二元对立文化观念》["Dualistic cultural Concepts in Primitive Art",《巴黎国际岩画艺术委员会通讯》(*International Newsletter on Rock Art*) 1997 年总第 18 期]等。这个时期笔者的汉语文章虽然不多,但也对萨满教、苯教和青藏高原岩画进行对比研究:如《试论青海岩画中的几种动物形象》(《西藏考古》1994 年第 1 辑)、《青藏高原的岩画与苯教》(《中国藏学》1996 年第 2 期)、《萨满教二元对立思维及其文化观念》(《东南文化》1996 年第 4 期)、《萨满教与岩画的比较研究》(《泾渭稽古》1996 年第 4 期)、《关于萨满教和萨满教研究的思考》(《青海社会科学》1997 年第 1 期)等。

进入 21 世纪后,笔者和张文华于 2001 年出版了《青海岩画——史前艺术中二元对立思维及其观念的研究》一书,该书的标题不仅透露出萨满教的语境,而且看得出其结构主义的师承。该书系统运用萨满教理论对青海岩画进行系统诠释,同时对结构主义二元论进行了理论上的逻辑区分,即对立与统一,并指出对立与统一除了我们理解的作为辩证法的基本概念,更是中西方思维方式的分野标志。对立的二元逻辑才构成了结构主义的内核,统一形式下的二元逻辑便不是结构主义了,而这恰恰是中国阴阳哲学的奥秘之门。所以只有在区分了二元逻辑的对立和统一形式后,我们才能理解结构主义,才能理解萨满教,才能理解人类文明。理解这一点最简洁的方法就是各引一句中西方名人名句,我们就知道区别在哪里了。莎士比亚的《哈姆雷特》的开篇语:To be or not to be——that is the question(活着还是死去——那是个问题。但字面上的意义为"是或不是——那是个问题");《庄子·齐物论》云:"是亦彼也,彼亦是也。"莎士比亚认为彼此是非是一个需要严肃选择的大问题,而庄子认为二者没区别。等生死,齐万物,遑论彼此是非,这便是中西思维区别。

进入 21 世纪 20 年代后,肖波等人运用萨满教理论对岩画的研究也是很有系统性的。他于 2020 年出版的《俄罗斯叶尼塞河流域人面像岩画研究》一书结合中国文献、民俗、民族志、神话、考古等材料在萨满教视阈下专门对人面像岩画进行分析和研究,认为人面像岩画是萨满教灵魂观的反映,是萨满教通天的表达。[①] 该书特别对西伯利亚萨满教岩画研究历史进行回顾与梳理,言简意赅,材料翔实,脉络清晰,殊为可贵。

就地域、族群、文化、传统、历史各方面来看,研究最适合在萨满教的语境下进行。从某个层面来看,这个地区岩画与萨满教就是一块硬币的两面,岩画就是萨满教文化的产品,是萨满教观念的图像化表达。最近庄鸿雁的《大兴安岭岩画与环太平洋岩画带研究》一书专门辟出"萨满文化视域下的大兴安岭岩画与中国北方民族文化渊源"一章来讨论萨满教和岩画的关系,譬如在世界树—宇宙树—氏族树—社树的诠释方面,使用考古、神话、民俗以及文献等各种材料在萨满教视阈内对岩画图像多方位多层次加以解读。有了一个完整的理论体系,各项论证和诠释便能融会贯通,更具说服力。岩画诠释虽然在方法论上是客位(etic),但视角上已经是本位(emic)研究了。

岩画是萨满教观念的产品,萨满教是岩画图像的蓝本。按照神经心理学萨满教岩画理论的理解,岩画描绘的是一个与现实平行的虚幻和象征世界,萨满则是从现实世界到精神世界之间穿梭往来的信使。岩画正是古代萨满对其精神之旅的图像表达,里面充满了奇幻、诡谲与真实。写到这里又一次想到斯特拉文斯基的《春之祭》:打击乐的简单与粗暴,与打击乐配合在一起的小提琴演奏出凶险的节奏,犹如萨满迷狂舞蹈时蹒跚的脚步;小提琴的急促与慌乱,一种巨大的慌乱,用声音来表现出萨满迷狂时的神游和凶险之旅;巴松管的幽咽与遥远,吹出历史的神秘;旋律的嘈杂与不和谐,听到的似乎是萨满服装上铜铃、铜泡、铜镜等撞击的金属声,感觉是在咬铁一般;最后加上小泽征尔萨满迷狂般的指挥风格,我深信俄罗斯作曲家斯特拉文斯基描述的是一位西伯利亚萨满的迷狂之旅,岩画亦然。用前世界岩画艺术委员会主席、法国著名岩画学家让·克罗特的话来说,岩画就是一次危险之旅,"是与另一世界异类的狭路相逢"[②]。

本文作者系南京师范大学文博系退休教师

---

① 肖波:《俄罗斯叶尼塞河流域人面像岩画研究》,文物出版社,2020年,第321—337页。
② [法]让·克罗特著,唐俊译:《世界岩画艺术》,内蒙古人民出版社,2018年,第150页。

张光直与中国萨满教考古学

曲 枫

　　从世界范围来说,萨满教考古学发端于 20 世纪 60 年代,如今已成为考古学科下的重要分支。自 20 世纪 80 年代始,美籍华人考古学家张光直先生开始用中、英双语在中国和西方连续发表、出版多篇(部)有关萨满教与中国考古发现的文章和专著,将人类学的萨满教理论系统引进中国考古学之中,从而成为中国萨满教考古学的创立人。[①]

　　张光直是西方中国考古学研究的集大成者。他的最大功绩在于,如美国人类学家李润权教授所言,"不单是因为他对中国考古学有深刻的研究,还因为他是以人类学的观点和方法去研究它,以世界性的眼光看待中国问题,冲出了传统范围,把中国考古学纳入西方学术体系里面"[②]。

　　萨满教研究是张光直考古学理论体系中的重要组成部分。对于萨满教考古学,他的贡献主要体现在以下三点。首先,他并未从单纯的实证主义角度出发以仅仅证明萨满教在史前和早期历史时代的存在为目的,而是从中分析其宇宙观和价值体系,从而思考其对于中国文明产生所起到的至关重要的、不可替代的作用。其次,建立"玛雅-中国连续体"理论,将中国考古学纳入一个宏观的"玛雅-

---

[①] 实际上,张光直并不是第一位将中国考古发现与萨满教建立联系的学者。早于张光直先生之前,加拿大汉学家约旦·帕佩尔(Jordan Paper)先生在 1978 年发表的论文中首次提出商周青铜器饕餮纹产生于萨满教实践的观点。见 J. Paper, "Meaning of the T'ao-T'ieh", *History of Religions* Vol. 18, pp. 18 – 41。

[②] 李润权:《张光直教授的考古学贡献笔谈:张光直教授的学术成就》,《中原文物》2002 年第 2 期。

中国文明"框架之中。最后,将人类学研究方法引入考古学研究之中,其独特的研究模式因而成为考古人类学应用的典范。

一、"萨满式文明"的提出

虽然张光直的诸多论著均围绕着对史前和青铜时代萨满遗存的认定,但实质上萨满教研究并未构成其理论结构的最终目的。张光直在 1980 年以前的论著并未涉及萨满教,但一直以寻找中国文明起源的动因为目的。1980 年以后,他的大部分著作均涉及对古代中国萨满教的论述,但这一初始目的并未改变。他对萨满教的研究本质上体现了他对萨满宇宙观与中国文明形成原因之间关系的深层次思考。

因而,张光直的萨满教研究并非表明其考古学理论关注点的转移,他的这一研究仍然是中国考古学以研究中国文明动因的传统的延续。

中国考古学以文明产生动因为中心这一思维模式的形成与中国考古史上首次考古科学发掘地点有关。这一地点即殷墟,发掘时间是 1928—1937 年。殷墟文明的辉煌使寻找文明动因成为新诞生的中国考古学的中心论题,并一直延续至今。殷墟发掘的领队正是中国第一代考古学家李济。他是台湾大学人类学系的创始人,也是张光直读本科时的指导老师。因而,以研究中国文明动因为目的的考古传统为张光直所继承,并一直贯穿在他的研究之中。[1]

与西方萨满教考古学学者所不同的是,张光直并未如他们一样将寻找古代萨满教的遗存作为目的,而是依据罗马尼亚裔美国宗教史学家伊利亚德(Eliade)[2]和美国人类学家弗尔斯特(Furst)[3]等人的萨满教理论创建了一个萨

① 张光直:《考古学与中国历史学》,《中国考古学论文集》,生活·读书·新知三联书店,1999 年,第 10—30 页。

② M. Eliade, *Hamanism: Archaic Techniques of Ecstasy* (Princeton: Princeton University Press, 1964).

③ P. T. Furst, "The Roots and Continuities of Shamanism", *Arts Canada*, Vol. 184 - 187, 1973 - 1974, pp. 33 - 60; P. T. Furst, *Shamanistic Survivals in Mesoamerican Religion. Actas*, XLI Congreso Internacional de Americanistas, México, 2 al 7 de septiembre de, Vol. 2, 1974, pp. 149 - 157.

满宇宙观模式,借以阐释中国古代文明。这是张光直与西方其他萨满教考古学学者的不同之处,也体现了他在学术研究上的过人之处。依据这一宇宙模式,他将中国文明模式与西方文明模式区分开来。将前者称为连续式文明,后者则为破裂式文明。①

"连续式文明"在他的理论中并非如字面所示那样是一种线性的时间关系。张光直所依据的伊利亚德萨满教理论是有意模糊时间属性的,强调一种普遍的、超越时间的萨满宇宙原则和特征。"连续性文明"意味着中国古代先民与神灵宇宙世界的一种空间上的融合关系。与之不同的是,西方文明模式(两河流域文明及欧洲古典文明)则建立在技术革新与贸易的基础上,体现了以人自身为中心的特点,而与自然和神灵宇宙割裂开来。如张光直所强调的那样:"中国古代文明的一个可以说是最为令人注目的特征,是从意识形态上说来它是在一个整体性的宇宙形成论的框架里面创造出来的。"②

依据伊利亚德和弗尔斯特的萨满教理论,张光直认为连续性文明模式的形成与跨越亚美两大洲的萨满教宇宙观有关。中国古代的天地二分说正是萨满教三层宇宙说的体现。③ 因此,他又将这一文明模式总结为"萨满式文明"。如他在《考古学专题六讲》中强调的那样:"中国古代文明中的一个重大观念,是把世界分成不同的层次,其中主要的便是'天'和'地'。不同层次之间的关系不是严密隔绝、彼此不相往来的。中国古代许多仪式、宗教思想和行为的很重要的任务,就是在这种世界的不同层次之间进行沟通。进行沟通的人物就是中国古代的巫、觋。从另一个角度看,中国古代文明是所谓萨满式(shamanistic)的文明。这是中国古代文明最主要的一个特征。"④

在张光直看来,这一宇宙观与中国早期政治权威的建立密切相关。统治阶层依赖对通天权力的垄断进而占有了社会的政治、经济、宗教等一切资源。如他

① 张光直:《连续与破裂:一个文明起源新说的草稿》,《九州学刊》1986年第1期。
② 张光直:《连续与破裂:一个文明起源新说的草稿》,《九州学刊》1986年第1期。
③ 据伊利亚德,萨满的宇宙分为上层、中层和下层三个世界。见 M. Eliade, *Shamanism: Archaic Techniques of Ecstasy* (Princeton: Princeton University Press, 1964)。
④ 张光直:《考古学专题六讲》,文物出版社,1986年,第4页。

所言:"产生文明的财富就是政治权力集中的结果本身。对权力的追逐总是伴随着财富的积累。古代中国社会的这一循环运动的关键就是对萨满教的独占。它使统治者获得与神灵和祖先智慧沟通的路径,而这正是他们的政治威权的根本。古代文明大部分的标识实际上都与这个萨满教直接相关。"①

二、"玛雅-中国连续体"理论的建立

张光直的"玛雅-中国连续体"理论直接受启于弗尔斯特的"亚美萨满教"模式。通过对西伯利亚和美洲萨满教民族学资料的比较分析,弗尔斯特认为两个地域之间的萨满教形态无论在总体上还是在具体特征上都具有很多的相似性,并总结出八大特征:一、萨满教宇宙中的很多现象与萨满的巫术变形有关,变形与转化是萨满教象征系统的基本原则;二、萨满教以三层宇宙观为特征,整体由上层世界、中层世界和下层世界而构成,并由一个中央之柱(axis mundi)连接;三、人类与动物之间的关系是平等的,各种动物和植物都有超自然的主人;四、人与动物均具有向对方转化身体的变形能力,萨满一般有动物神作为助手,萨满的面具往往象征着向动物的转化;五、所有的事物都有生命力或灵魂;六、萨满在出神仪式中常常有骨骼化状态的经历,象征着萨满的死亡与再生;七、灵魂丧失和外物入侵身体均是引起疾病的常见原因,萨满具有至下层世界取回病人灵魂而达到救治病人的能力;八、致幻药物常常被萨满用来达到致幻出神目的。②

张光直"玛雅-中国连续体"理论的贡献主要体现在三个方面。首先,他将中国纳入这一跨越亚美两大洲的萨满宇宙框架中。第二,与弗尔斯特一道突破了伊利亚德的萨满教只与小型社会相对应的模式,提出了复杂文明社会中存在萨满教的可能性。第三,追溯亚美共享萨满宇宙观的深层次原因,强调旧石器底层

① K. C. Chang, *The Archeology of Ancient China. 4th revised edition* (New Haven & London: Yale University Press, 1986), pp. 414 - 415.
② P. T. Furst, "Shamanistic Survivals in Mesoamerican Religion", *Actas*, *XLI Congreso Internacional de Americanistas*, *México*, 2 al 7 de septiembre de 1974 Vol. 2, 1976, pp. 151 - 153.

学说的重要性。

张光直认为,无论从早期历史文献还是从考古发现来看,中国的古代信仰和宗教均与弗尔斯特的亚美萨满教模式吻合。如天地观念与萨满教宇宙分层相合;商代青铜器上和新石器时代的许多美术图像可能是用来表现萨满的身体变形[①],其中的大量动物图形则可能是萨满的神灵助手,如西安半坡遗址发现的陶盆彩绘人像耳边的鱼[②],以及河南濮阳西水坡遗址发现的蚌塑龙、虎、鹿等动物[③];一些新石器时代图像如大地湾发现的骷髅地画等表达了萨满教的骨骼化状态[④]。因此,他认为有必要将中国文明置于这一亚美模式中。

弗尔斯特和张光直之前的萨满教理论强调萨满教只存在于小型狩猎社会。伊利亚德在他最负盛名的《萨满教:古老的入迷术》(Shamanism:Archaic Technigues of Ecstasy)一书中,一直强调萨满教与小型"原始"社会的关系。[⑤]瑞典宗教史学家胡尔特克兰茨(Hultkrantz)持有相同的观点,认为萨满教只存在于旧石器时代的狩猎经济社会,在农业经济社会中,萨满教则消失,为诸如佛教和喇嘛教等更高级的宗教所取代。弗尔斯特和张光直则突破了这一狭隘的理论认识,强调萨满教是可以与文明社会乃至与国家政权相结合的。弗尔斯特根据中美洲的考古发现,认为萨满教并未在文明社会中消失,其各种主要特征及象征系统均与中美洲古代文明的美术表现相吻合。[⑥] 根据陈梦家先生"商王是'群巫之长'"的推论[⑦],张光直认为萨满教不仅存在于商代,还为商代的统治阶层所

---

① 张光直著,郭净译:《美术、神话与祭祀》,辽宁教育出版社,2002 年;张光直:《商周青铜器上的动物纹样》,《考古与文物》1981 年第 2 期;张光直:《仰韶文化的巫觋资料》,《中央研究院民族研究所季刊》1994 年第 3 期;张光直:《考古学专题六讲》,文物出版社,1986 年。

② 张光直:《考古学专题六讲》,文物出版社,1986 年,第 5 页。

③ 张光直:《濮阳三蹻与中国古代美术上的人兽母题》,《文物》1988 年第 11 期。

④ 张光直:《考古学专题六讲》,文物出版社,1986 年。

⑤ M. Eliade, *Shamanism:Archaic Techniques of Ecstasy* (Princeton:Princeton University Press,1964).

⑥ P. T. Furst,"The Roots and Continuities of Shamanism",*Arts Canada*,Vol. 184 - 187,pp. 33 - 60;P. T. Furst,"Shamanistic survivals in Mesoamerican Religion",*Actas*,*XLI Congreso Internacional de Americanistas*,*México*,2 al 7 de septiembre de 1974 Vol. 2,1976,pp. 149 - 157.

⑦ "陈梦家先生在《商代的神话与巫术》一文中指出'由巫而史,而为王者的行政官吏;王者自己虽为政治领袖,同时仍为群巫之长'。"见《燕京学报》。

独占。商王同时为政治领袖和宗教领袖,因而垄断了与祖先和神灵的交通权力。① 其"玛雅-中国连续体"理论的建立凸显了他对文明社会与萨满宇宙观关系的考量。

基于将萨满教定位于人类远古宗教形态的认识,伊利亚德不仅将萨满教文化与小型狩猎社会相对应,还因此上溯至欧洲的旧石器时代洞穴文化,并提出了"底层"概念。② 美国神话学家约瑟夫·坎贝尔(Joseph Campbell)也认为亚美存在着一个共同的和共通的萨满教信仰系统,其根源可以追溯至旧石器时代的欧洲。③ 与伊利亚德和坎贝尔不同的是,张光直直接以西伯利亚的旧石器时代考古发现资料为数据基础,强调旧石器"底层"的亚洲渊源,使"底层"学说更具说服力,因而从更深的理论层次上寻找亚美大陆共享相似萨满宇宙观的原因。他的这一努力也可以看作对传统的单纯的传播论的突破。

美国艺术史学家邵邦华先生曾在商周文明和中美洲文明之间做过一个比较研究,发现二者在艺术表达的母题上具有诸多相似之处,具体包括龙崇拜、人形的龙、超自然力量、穿越地界的龙、雨神崇拜、龙虎共存的形象、以图像为装饰的服装、人与动物的互相转化、动植物之间的转化、火焰状眉毛神像、人鸟神像、十字图形、宇宙和历法图像等。然而,张光直认为这些相似元素的形成并非基于文化传播,而是基于一个旧石器底层原则。这个底层正是商代文明与美洲文明的共同祖先。如他所言:"中国和玛雅并不是非得有文化上的接触才能共有这些类似性的。它们乃是一个文化连续体的成员。这个连续体我们可以称之为玛雅-中国连续体。"④

因此,可以说,正是底层原则而非传播主义成为"玛雅-中国连续体"理论建立的基石。这一理论的建立补充和完善了弗尔斯特的亚美萨满教模式,说明这个萨满宇宙观底层并非仅仅是东北亚洲的传统,而是一个跨越亚美两个大陆的

---

① 张光直:《商代的巫与巫术》,《中国青铜时代》,生活·读书·新知三联出版社,1990年,第39—66页;《美术、神话与祭祀》,辽宁教育出版社,2002年。

② M. Eliade, *Shamanism: Archaic Techniques of Ecstasy* (Princeton: Princeton University Press, 1964).

③ Joseph Campbell, *The Way of the Animal Powers* (New York: Harper and Row, 1988).

④ 张光直:《中国古代文明的环太平洋的底层》,《辽海文物学刊》1989年第2期。

世界性现象。

三、考古人类学方法论的典范

　　将人类学理论和研究方法引入考古学也是张光直的贡献之一，尤其是在研究中国古代萨满教问题上，他在很大程度上依赖了人类学理论和民族学资料。首先，他试图依据人类学中的萨满教理论重建古代文化形态并寻求文明形成的动因。其次，采用民族学分析法，比较民族学资料与考古学材料，寻找重建过去的有效途径。

　　20世纪60年代和70年代是西方新考古学的形成和发展时期。美国新考古学的最重要特点是提倡用人类学方法来研究考古学遗存。[1] 张光直的考古学研究显然深受这一思潮的影响。在《考古学与民族学内在关系的几个重要方面》一文中，他强调民族学与考古学类比方法在考古学研究中的重要性。他将民族学分析方法分为两种。一种为特殊历史性分析法（specific historical analogy），用于考察从史前到历史时代作为一个整体连续发展下来的个体文化，这样的文化大多见于美洲。第二种为普遍比较法（general comparative），根据文物与行为之间的关系寻找解释的方式。鉴于第一种文化模式少见，于是他倾向于将第二种比较法视为考古学理论与实践中的主要民族学分析法则。[2] 张光直的萨满考古学研究可以看作普遍比较民族学分析法的实践。

　　新考古学注重文化构成要素之间的关系。依据这一思考，张光直首先将伊利亚德的萨满教理论所解释的各种要素展现出来。它们包括：分层宇宙、天地中央柱、身体变形、动物助手、骷髅式经历、出神仪式等。通过对早期汉语文献以及考古资料的分析，张光直发现了中国文明中符合上述要素的证据，从而为其"萨满式文明"模式的提出与"玛雅-中国连续体"的建立提供了数据基础。以对良渚

---

[1] Lewis R. Binford, "Archaeology as Anthropology", *American Antiquity*, Vol. 28, no. 2, 1962, pp. 217-225.

[2] K. C. Chang, "Major Aspects of the Interrelationship of Archaeology and Ethnology", *Current Anthropology*, Vol. 8, no. 3, 1967, pp. 227-243.

玉琮的分析为例,张光直通过文献记载和对玉琮的形态分析,发现了玉琮所包含的象征要素:方圆结构、中通、玉与神山的关系、与持有者的关联、兽面纹等。这些要素均与萨满教理论的各要素相合。因而他得出了玉琮为中国古代萨满沟通民神工具的结论。

新考古学所提倡的考古人类学理论还有一个重要特征,即从功能主义的角度出发,理解遗存所体现的社会因果关系。这一点同样体现在张光直的萨满教研究之中。通过对遗物功能的考察,张光直认为中国古代的政治、宗教和艺术是有机结合在一起的。艺术作为萨满通神的工具,为权力顶端阶层所独占。[1] 在他看来,这正是中国文明形成的原因,也是"萨满式文明"的本质特征。

运用民族学分析法最显著的例子是对满族史诗《尼山萨满》与商周青铜器纹饰的比较分析。尼山萨满在通往地界的旅途中,每遇险阻便召唤其动物助手前来相助。这个传说体现了人与动物的一种神秘的关系。尼山的动物助手包括鹰、雕、蛇、虎、狼等动物,而这些动物在伊利亚德的论述中常常是西伯利亚萨满的神灵助手。经过比较分析并引证古代汉语文献,张光直得出结论:商周青铜器上的动物形象极可能是协助萨满通神的动物神灵。[2]

四、 张光直萨满教理论对中国考古学的影响

张光直萨满教理论对中国考古学的冲击与影响是不可低估的。自20世纪80年代至21世纪的第一个十年,他的论著几乎成为中国萨满教考古研究仅有的理论依据,其影响主要体现在两个方面。首先,自20世纪60年代至80年代,对史前动物图像的解释向以从早期进化论中衍生出来的图腾学说为正统。萨满教解释的出现对图腾说形成了强有力的挑战。其次,从意识形态和宇宙观的角度,萨满教理论对中国文明起源提供了新的解释途径。

---

[1] 张光直:《中国古代艺术与政治——续论商周青铜器上的动物纹样》,《新亚学术季刊》1983年第4期。

[2] 张光直:《商周青铜器上的动物纹样》,《考古与文物》1981年第2期;《美术、神话与祭祀》,辽宁教育出版社,2002年。

60 年代,石兴邦先生率先用图腾学说来解释马家窑鸟纹、蛙纹以及半坡文化中的鱼纹。[①] 70 年代,严文明先生亦采用图腾说解释史前的各种动物纹饰。[②] 80 年代,图腾学说空前流行,考古发现的史前各种动物纹如鸟、蛙、鱼、龙、虎等均被众多的考古学家解释为图腾现象。然而,受启于张光直先生的萨满教理论,张明华先生则认为良渚文化玉器上的动物纹为助萨满飞行的神灵助手。孙其刚先生结合文献资料记载和对考古发现 X 形骨骼纹的分析,肯定了萨满教出神现象在中国史前文化中的存在。[③] 容观敻先生则引证民族学资料,认为辽宁东山嘴新石器遗址中发现的小型孕妇雕像表达了萨满教生育崇拜意识。这些认识与众说纷纭的图腾说相对照无疑是十分醒目而独特的。

张光直萨满教理论在 21 世纪的第一个十年对中国的考古学者仍然保持着巨大的影响。郭大顺先生完全采用张光直的"萨满式文明"理论,对红山文化的萨满教性质予以分析,肯定"旧石器底层"的存在及其对环太平洋史前文化的影响,并强调"红山文化与东部沿海史前文化的玉巫人形象,以及它们与东北亚至环太平洋地区近代民族学中保存下来的同类题材在细部特殊上的相似性"[④],说明"底层理论"的合理性。陈淳先生则依据张光直先生所引用的弗尔斯特"亚美萨满教"模式和伊利亚德的普遍萨满教理论,认为四川三星堆青铜时代遗址出土的青铜树是古代祭司或萨满用于沟通天地的"萨满树"。[⑤]

中国社会科学院考古研究所吴汝祚先生的《中华古代文明与巫》是一篇在此不得不提的论文。文章以大量的考古发现为依据,论证"巫"在中华古代文明形成中至关重要的、不可缺少的作用。他不仅强调巫术与农业文明的密不可分的关系,还发现巫掌握着丰富的天文知识、地理知识、数理知识、医药知识、建筑工程知识,因而得出了"巫是中华古代文化的传承者"[⑥]的结论。该作似乎有意避

---

① 石兴邦:《有关马家窑文化的一些问题》,《考古》1962 年第 6 期;中国科学院考古研究所、陕西省西安半坡博物馆编:《西安半坡》,文物出版社,1963 年。

② 严文明:《甘肃彩陶的源流》,《文物》1978 年第 10 期。

③ 孙其刚:《萨满教骨骼艺术的含义》,《中国历史博物馆馆刊》1994 年第 1 期。

④ 郭大顺:《红山文化"玉巫人"的发现与"萨满式文明"的有关问题》,《文物》2008 年第 10 期。

⑤ 陈淳、殷敏:《三星堆青铜树象征性研究》,《四川文物》2005 年第 6 期。

⑥ 吴汝祚:《中华古代文明与巫》,中国社会科学院考古研究所、中国社会科学院古代文明研究中心编:《古代文明研究》第 1 辑,文物出版社,第 4—9 页。

开张光直的"萨满式文明"的理论,通篇未提"萨满"一词,也没有引用张光直先生的任何著述。然而,不可否认的是,"巫"在吴的语境中与"萨满"一词是等同的,同时文明形成与萨满的关系一直是张光直萨满教理论的核心,因而,虽然张光直的名字在此文中隐而未现,但他的影响在此文中仍然是显而易见的。

五、 张光直萨满教理论的缺陷与不足

除个别学者如萧兵先生[①]等外,国内鲜见对张光直萨满教理论的批评者。然而在西方,这一理论方法一直饱受诟病。最尖锐的批评来自美国加州大学伯克利分校的吉德炜先生(David Keightley)[②]以及法国考古学家亨利-保罗·福兰克夫特(Henri-Paul Francfort)[③]。综合起来,张光直萨满教考古理论的不足之处主要有两大方面。

首先,用早期汉语文献解释考古发现是张光直萨满教研究最基本的方法之一。然而,早期文献大多为战国和汉的作品,即使最早的战国典籍也比商代晚期要晚 800 年,与新石器时代更是有着几千年的间隔。在这 800 年甚至几千年的岁月中,文化不可能是静止的。这样,用文献解释史前和早期历史的可靠性是令人怀疑的。比如,虽然文献中有关于天地分层、神山、神树的记载,但在考古发现中很难认定。这样,萨满宇宙观是否确如张光直所推论的那样存在于史前,仍然是个难以回答的问题。再如,他将东周典籍中的巫与商代甲骨文中的巫均视为同一种宗教师,即萨满[④],却未加注意到,巫在甲骨文中的含义与东周是不同的,有着多种含义,包括神灵、牺牲品、占卜等,虽然有时也用来指宗教师,但是否与

---

① 萧兵:《中国上古文物中人与动物的关系——评张光直教授"动物伙伴"之泛萨满理论》,《社会科学》2006 年第 1 期。

② D. N. Keightley, "Shamanism, Death, and the Ancestors: Religious Mediation in Neolithic and Shang China (ca. 5000—1000 B. C.)", *Asiatische Studien*, Vol. 52, 1998, pp. 763 - 830.

③ H-P. Francfort, "Art, Archaeology anf the prehistories of Shamanism in Inner Asia", in H-P. Francfort & R. N. Hamayon eds., *The Concept of Shamanism: Uses and Abuses* (Budapest: Akadémiai Kiadó, 2001), pp. 243 - 276.

④ 张光直:《商代的巫与巫术》,《中国青铜时代》,生活·读书·新知三联出版社,1990 年,第 39—66 页。

东周的"巫"同义仍然不清晰①。

其次,不加批评地使用人类学理论材料构成了张光直萨满教理论的另一大缺陷。在构筑其理论框架的过程中,他始终缺乏一种对资料的批评性思维,视伊利亚德和弗尔斯特理论为圭臬,将中国文献资料和考古学资料简单套用在西方人类学理论模式中。然而,随着时间的推移,普遍萨满教理论的弊端越来越为当代的学者所认知。这一理论模式由于盲目追求文化的共性,从而忽略了文化的历史性和在地域上的特殊性。无论是弗尔斯特的亚美萨满教模式还是张光直的"玛雅-中国连续体",均是笼统而浅显的理论,缺乏对特定地区的考古学材料的深层次分析。比如,张光直在讨论河南濮阳西水坡遗址出土的龙、虎、鹿等动物形象时,依据东晋葛洪的道教典籍《抱朴子》中提到的龙、虎、鹿三蹻,断定西水坡三个动物是萨满灵魂旅行的助手。然而,究竟道教与萨满教有何相同之处和不同之处,他均未加分析。② 再如,在讨论青海柳湾墓地出土的男女两性裸体人像时,依据伊利亚德关于萨满具有结合阴阳两性之特点因而成为天地中介人物的论述③,张光直推论该人像表现了萨满的出神状态。④ 然而,他并未提及伊利亚德的结论是针对马来西亚婆罗洲南部的民族学材料得出的。至于马来西亚的民族学材料是否适用于中国史前材料分析,他则未加提及。也许在他看来,整个亚洲(包括东南亚)和美洲是共享一个相同的萨满宇宙观的,因而用马来西亚的民族学材料解释中国史前并无不妥之处。⑤

六、 后张光直时代的中国萨满教考古学

鉴于普遍萨满教理论所存在的弊端,引进新的理论方法,最终突破张光直的

---

① G. Boileau, Wu and Shaman, "Bulletin of the School of Oriental and African Studies", University of London vol. 65, no. 2, 2002, pp. 350－378.
② 张光直:《濮阳三蹻与中国古代美术上的人兽母题》,《文物》1988 年第 11 期。
③ M. Eliade, *Shamanism: Archaic Techniques of Ecstasy* (Princeton: Princeton University Press, 1964), pp. 352.
④ 张光直:《仰韶文化的巫觋资料》,《中央研究院民族研究所季刊》1994 年第 3 期。
⑤ 曲枫:《张光直萨满教考古学理论的人类学思想来源述评》,《民族研究》2014 年第 5 期。

"萨满教文明"模式已是大势所趋。吴汝祚先生显然对这一流行理论的缺陷有所警觉,因而其论文《中华古代文明与巫》全篇未提及张光直及其模式。然而,该文完全以考古发现为数据论证,并未涉及理论与方法。

原青海文物考古研究所研究员、现为南京师范大学教授的汤惠生先生是首先打破这一流行模式的中国学者。在 1996 年、2001 年发表的论文及专著《青海岩画》中,他从采用法国人类学家列维-斯特劳斯(Levi-Strauss)的二元理论入手探索中国古代的萨满教问题,强调二元对立思维是萨满文化的主要思维方式。通过对兽搏图、鱼鸟纹、玉琮形制、饕餮纹等史前艺术母题的分析,他认为二元对立思维代表着中国史前艺术的本质特征,也是萨满教的本质特征。[①] 虽然汤氏深受列维-斯特劳斯结构人类学的影响,但他并未完全沿袭列维-斯特劳斯的二元论。在他看来,列氏的二元理论并未意识到"对立"的重要性,甚至常常将"二元对立"与"辩证"一词混淆使用。而萨满教的本质特征即在于二元的"对立"而非"辩证"和统一。

美国考古学家江伊莉(Elizabeth Childs Johnson)女士采用不同于张光直先生的方法来探索潜在的商代萨满教因素。她试图避免饱受诟病的为张光直采用的文献学解释法,而将着眼点放在对商代甲骨文的探索中。她采用了符号学解释方法,不受文字表面意义的束缚,从文字形态学出发,结合考古学情境来推论商代的宗教活动。例如,江氏发现,甲骨文中经常提到一种称为"㸎"的祭祀。此字本意指商王佩戴面具跪在祭坛之前呼求祖灵。江氏因此意识到商代面具使用与神灵沟通现象和西伯利亚萨满教特征的一致性,因而推论萨满仪式存在于商王室的宗教活动中。[②] 在专著《異字的含义》中,江伊莉发现,"異"字与"鬼"字一样都含有一个代表面具的"由"部首。通过对一些考古发现陶文中相似图形的比较,她认为"異"字从图形上表达了一个戴着面具的人举手向上的形象,其整体形

---

① 汤惠生:《萨满教二元对立思维及其文化观念》,《东南文化》1996 年第 4 期;汤惠生、田旭东:《原始文化中的二元逻辑与史前考古艺术形象》,《考古》2001 年第 5 期;汤惠生、张文华:《青海岩画——史前艺术中二元对立思维及其观念的研究》,科学出版社,2001 年。
② E. Childs-Johnson, "The Ghost head Mask and Metamorphic Shang Imagery", *Early China* Vol. 20, 1992, pp. 79 - 92.

象处于一个身体夸张变形的状态,与萨满的身体变形经验是吻合的。[①]

　　此外,美国考古学家艾兰(Sarah Allan)和笔者本人还曾尝试将神经心理学模式引入中国萨满教考古学中,开启了一个跨学科研究模式。神经心理学模式是20世纪流行于美国和西欧的一项心理学实验。南非考古学家路易斯-威廉姆斯(Louis-Williams)则将这一实验结果与萨满教的出神经历相比较,并进一步将之引入对南非和美国大盆地史前岩画、欧洲旧石器洞穴壁画及西亚和西欧新石器时代艺术的研究中,发现了这些艺术母题与萨满教出神经历的相似性,从而在世界范围内为萨满教考古学找到了一种新的途径和方法。[②] 通过对青铜器纹饰与神经心理学模式的比较分析,艾兰与笔者均曾认定萨满教文化在中国史前和早期历史时代的存在。[③] 然而,笔者近年来的研究则发现,神经心理学模式与普遍萨满教理论一样,均具有非历史主义和泛历史主义的弊端,因而提倡以批评性

[①] E. Childs-Johnson, "The Meaning of the Graph Yi 異 and Its Implications for Shang Belief and Art", *East Asia Journal Monograph* (London: Saffron Press, 2008).

[②] J. D. Lewis-Williams& T. A. Dowson, "Signs of All Times: Entoptic Phenomena in Upper Paleolithic Art", *Current Anthropology*, Vol. 29, 1988, pp. 202 - 204; J. D. Lewis-Williams, "Wrestling with Analogy: A Methodological Dilemma in Upper Palaeolithic Art Research", *Proceeding of the Prehistoric Society*, Vol. 57, 1991, pp. 149 - 162; J. Clottes&J. D. Lewis-Williams, *The Shamans of Prehistory: Trance and Magic in the Painted Caves* (New York: Abrams Press, 1998); J. D. Lewis-Williams, "Brainstorming Images: Neuropsychology and Rock Art Research", in *Hand Book of Rock Art Research*, edited by D. S. Whitley (Lanham: Rowman & Littlefield Publishers, 2001), pp. 332 - 357; J. D. Lewis-Williams, *The Mind in the Cave: Consciousness and the Origins of Art* (London: Thames & Hudson, 2002); J. D. Lewis-Williams & D. Pearce, "Inside the Neolithic Mind: Consciousness", *Cosmos and the Realm of the Gods* (London: Thames & Hudson, 2005).

[③] Sarah Allan, "He Flies Like a Bird: He Dives Like a Dragon: Who is That Man in the Tiger Mouth? Shamanic Images in Shang and Early Western Zhou Art", *Orientations*, vol. 41, no. 3, 2010, pp. 45 - 51; Sarah Allan, "The Taotie Motif on Early Chinese Ritual Bronzes", In Jerome Silbergeld and Wang Y. Eugene eds. , *The Zoomorphic Imagination in Chinese Art and Culture* (Honolulu: University of Hawaii Press, 2016), pp. 21 - 66. 曲枫:《大地湾骷髅地画的萨满教含义》,《北方文物》2011年第3期;《商周青铜器纹饰的神经心理学释读》,辽宁省博物馆编:《辽宁省博物馆馆刊》第2辑,辽海出版社,2007年。

思维来使用这一理论。[1]

总之,后张光直时代的中国萨满教考古学研究无论在方法论上还是在理论应用上均打破了张光直的普遍萨满教理论和"萨满教文明"模式,并呈现出多元化的特点。

七、结语

张光直先生对中国萨满教考古学研究的开创性贡献是无可否认的,在此毋庸赘言。需要注意的是,从张氏的萨满教理论模式中我们既可以看到中国考古学中的历史主义传统,也可以看到后现代之前的西方人类学传统,而无论是他的成就还是缺陷与不足均体现在他对中西两大学术传统的结合方面。

首先,西方学者对张氏理论的批评往往集中在他的文献学解释方法上,而未注意到张氏运用这一方法的动因乃是来自流行于中国考古学中的历史主义传统。这一方法在中国考古学诞生之初就被运用到考古研究实践中。在早至20世纪二三十年代的殷墟发掘中,考古学家如李济等人即明确提出中国考古学的目的是证史、补史,并提倡将文献史料与考古材料相结合。[2] 这一传统直接导致了中国考古学两大特征的产生,即考证式模式与宏观历史观察视角。可以说,张氏的萨满教考古学从根本上来说仍然是这一考证式传统的延续。如今,年轻考古学者在认识到史学研究传统在建设中国考古学派具有特殊作用与优势的同时,也省察到了其中潜行的证史主义倾向的有害性。[3]

其次,也是基于上述原因,张光直先生的考古人类学理论研究并未产生突破中国历史主义传统的企图。然而,如果我们意识到中国考古学历史主义传统与

---

[1] 曲枫:《神经心理学模式在萨满教考古学研究中应用述评》,张洪江主编:《萨满文化论坛文集》,吉林文史出版社,2011 年;Qu Feng, "Rethinking the Neuropsychological Model: Shamanism, Prehistoric Eskimo Art", in D. Gheorghiu, E. Patztor, H. Bender, and G. Nash eds., *Archaeological Approaches to Shamanism: Mind-Body, Nature, and Culture* (Cambridge: Cambridge Scholars Publishing, 2017), pp. 42 - 67.

[2] 张光直:《考古学与中国历史学》,《中国考古学论文集》,生活·读书·新知三联书店,1999 年,第 10—30 页。

[3] 张海:《中国考古学的历史主义特征与传统》,《华夏考古》2011 年第 4 期。

西方人类学现实主义传统在叙事本质上的惊人一致性——二者均以宏大叙事为主要叙述特征,那么,我们就会知道,张氏萨满教考古学体系并无必要独立于历史主义传统之外,因为运用西方人类学理论重建中国历史并探索中华文明成因正是张氏考古学研究的终极目的。两种传统在张氏萨满教理论中的结合并非意味着世界人类学对中国考古学的接纳,而是中国历史主义建筑体系得到了人类学理论的结构性支撑。不可避免的是,西方人类学中均质化与普同化的特征也被一同纳入这一萨满教宇宙观体系之中,因而亚洲、美洲相距遥远的两个文明——中国与玛雅被统称为"连续性文明",与西亚、欧洲的"断裂式文明"形成了对照。最终,由于反思性思维的缺失,张氏未能批评性地使用西方人类学和中国文献学资料,致使其萨满教考古学理论范式流于粗犷、宏大,难以提供深层次结构的文化理解。

公正地说,张光直先生萨满教考古学理论的缺陷与不足乃是基于时代的局限。无论如何,张氏对于中国考古学的贡献将同他的名字一道永载史册。他给后人留下了一笔丰厚的学术遗产。然而,必须明确的是,萨满教考古学对于中国学者来说仍然是一门较为生疏的学问。首先,究竟中国史前及早期历史时代有无萨满教信仰系统的存在仍然是个疑问。其次,假设史前与早期历史存在着这一信仰体系,我们采用何种理论和与方法来重建这一体系则是一个更加困难的考古学课题。因此,笔者期待会有更多的学者对该课题感兴趣并投入对该课题的深入研究之中。

本文作者系南京师范大学文博系教师

旧石器艺术的最早证据[①]

罗伯特·贝德纳里克(Robert G. Bednarik)著

李红玲、叶天琪译　　徐峰校

一、序言

艺术起源的问题长期以来被人们视为对理解人类语言、意识、文化的起源以及现代人类认知的最终发展至关重要。更紧要的是,艺术起源这个问题被认为与过去和现在人类对现实这个概念的形成密切相关。在这个意义上,我们认识论的整个框架最终是以非功利性人类文化的发展及其与我们感知能力的相互作用为基础的。我们对于造成这些发展的过程仍然知之甚少。这至少部分是由于考古学提供的有偏见的模型。特别是,在整个20世纪,艺术开端的话题完全被一种模式所主导,即艺术起源与旧石器时代晚期的岩石艺术,以及与欧洲,特别是欧洲西南部的便携式艺术有关(我使用传统意义上的"旧石器时代"等术语,这主要是出于交流的考虑,并不代表赞同它们)。

直到最近,这一模式才受到持续而连贯的批评,特别是随着来自其他大陆的早期艺术证据的推广,以及对现存证据组成的埋藏学性质解释的出现。其他最近的思想潮流也变得非常重要,本文也会考虑。

为了探索人类认知进化的可能场景,各种证据已经被提出。在这一探索中,

---

① 原文"The Earliest Evidence of Palaeoart"发表于 *Rock Art Research*, vol. 20, no. 2, 2003, pp. 89 – 135。

我们所掌握的最相关的资料可能是一群年代非常早的旧石器时代艺术,以及其他任何或许为早期人类认知提供线索的"非功利主义"的证据。这种"其他"证据也许包含有非功利主义功能迹象的搬入砾石(manuports)(如微小晶体、铸型化石等),或似乎需要某种最低限度的智力或认知能力的技术(如航海)。然而,特别重要的是珠子和吊坠:它们的熟练生产不仅需要复杂的技术,使用中还需要绳索和打结(这两者也是航海所必需的技术)。珠子是一种象征性的人工制品,它在一个具有象征和复杂价值观念的社会体系中才能呈现出文化相关性。

几乎所有大陆都声称拥有极其古老的岩石艺术(距今超过 30 000 年),除北美之外,南极洲根本没有岩石艺术,这是一个显著的例外。我将总结"艺术"起源的证据,因为它代表了每个大陆,要么被声称代表了特别早期的象征主义使用,要么在我看来可能是在这个背景中值得考虑的证据。在每种情况下,我都会考虑岩刻和象形文字、雕刻的便携式艺术以及被认为是非功利主义活动结果的证据。

二、 证据

(一) 北美

多恩(Dorn)和惠特利(Whitley)从科索山脉(Coso Range,加利福尼亚州)的岩画中获得了一系列的阳离子比测年最小"年代",其时间可追溯至距今约 11 500年,但许多作者都否定了该方法的可靠性。最近在对多恩工作的详细审视中发现了新的问题,实际上多恩本已经撤回了他所有的研究结果。

同样,在加利福尼亚州的索尔顿海(Salton Sea,卡韦拉湖)和俄勒冈州的长湖(Long Lake)岩画的测年也受到了质疑,无法再维持下去。洛恩多夫(Loendorf)尝试对犹他州(Utah)罗切斯特溪(Rochester Creek)他所认为的一处岩刻进行断代,但这一尝试遭到了反驳。加拿大森林湖(Lake-of-the-Woods)波蒂奇沼泽(Mud Portage)的早期岩画已被证明是在距今 5 000 年至 9 000 年之间。然而,更新世末期的岩画很可能存在于北美洲。最近,有一批美国岩刻和岩绘的测年信息被提供,分别来自特拉贝特(Tratebas)、鲁斯(Russ)、查菲(Chaffee)以及海曼(Hyman)等研究团队。

有几件来自北美据称是更新世的便携式艺术品,大多数已经被曝光为赝品。仅有的例外[除了来自科罗拉多州琼斯-米勒(Jones-Miller)遗址的珠子]似乎是来自墨西哥特基斯基阿克(Tequixquiac)已经矿化的骶骨,它曾经过修整,看起来像是动物的头;以及得克萨斯州高特(Gault)遗址克洛维斯(Clovis)文化层中大量刻有"几何图形"雕刻的石灰岩板。迄今为止,至少有134件标本在这个地点被发现,但许多标本的出处并不可靠。尽管如此,还是有18件明确来自克洛维斯文化层且看起来不错的作品,它们代表了美洲出土的最重要的旧石器艺术品中的一部分(图一)。其他的例子还不是那么的真实可信,但是来自密苏里州(Missouri)雅各布洞穴(Jacob's Cave)的一块刻有犀牛的骨头被认为属于更新世末期。然而这又需要解释为什么一种在美洲并不存在的动物会被描绘。

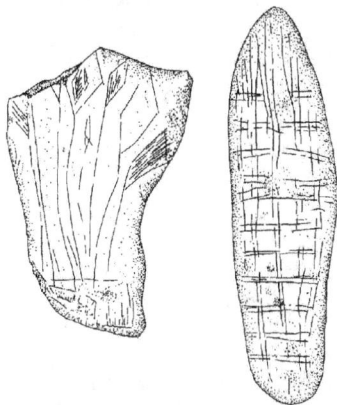

图一　美国高特遗址克洛维斯文化层中雕刻的石灰岩板
[根据柯林斯(Collins)等人 1991 年的发现]

(二)南美

南美岩石艺术的更新世古迹主要被认为在佩德拉·福拉达遗址杜博凯朗洞穴(Toca do Boqueirao do Sítio da Pedra Furada)的砂岩岩棚(位于巴西东北部皮奥伊州),有迹象表明人类占据于此似乎超过了 40 000 年。但是,这个遗址中现存的任何画作都不太可能早于全新世末期。不过，稍早一点的画作可能也曾经存在过，至少从地底沉积物中发现的一些颜料痕迹似乎是真实的。在另一处盖顿（Guidon）测年的 Toca do Baixao do Perna I 遗址，大量的红色绘画至少有10 000年的历史。它们直接叠加在一层厚厚的木炭层上。现场发现了一个颜料球的碎片，有迹象表明它曾被当作装饰品佩戴。加速器质谱（AMS）放射性碳测年显示其距今15 250年，上下波动约335年。

南美洲也有"古老的"岩刻传统，包括皮奥伊州南部。这些图案已经严重锈蚀漫漶或风化，通常与极其古老的石器堆积在一起，比如在巴西和玻利维亚。它们以及北美早期岩刻遗址的主题范围与其他大陆的古代岩刻相似，通常是非形象化的。克里维利（Crivelli）和费尔南德斯（Fernández）（1996）报道了阿根廷西部大爱普兰洞穴（Cueva Epullán Grande）基岩上大约10 000年前的沉积物下的一系列线性岩刻画，还报道了包含凹穴岩画在内的这处洞穴墙壁上的岩刻画。同样在安第斯山脉（Andes），如玻利维亚英加瓦锡山（Inca Huasi）的东部山麓，在那里的石英岩上，我发现了我在南美洲见过的最古老的岩画，也是几组凹穴岩画（图二）。尽管年代不详，但有间接证据表明，这是全新世早期或更新世晚期的古迹。在更远的玻利维亚遗址发现的凹穴岩画和其他岩画可以追溯到全新世的下半叶。

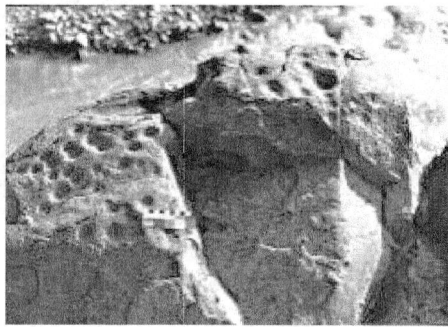

图二　玻利维亚英加瓦锡山石英岩上的早期凹穴岩画

（三）亚洲

印度中部地区有一些声称是旧石器时代晚期岩石绘画的看法，尤其是得到了瓦坎卡(Wakankar)的支持;西伯利亚也有类似的意见;以及中国和韩国也有据说是旧石器时代早期的便携式艺术。对于诸多来自亚洲关于旧石器时代艺术声明的调查表明,绝大多数说法是无效的。

在西伯利亚,据报道大约在20个地点发现了便携式艺术。我认为,仅仅对猛犸象的描绘并不能构成西伯利亚更新世艺术古老的证据,尽管马尔塔(Mal'ta)岩板可能有14 000年的历史。然而,几乎所有已知的亚洲(以及东欧)更新世图形艺术都是"抽象的",这是迄今为止在很大程度上被忽视的一个关键问题。西伯利亚便携式艺术包括目前已知的最古老的画像符号雕塑,即来自托尔巴嘎(Tolbaga)被认为可能有35 000年历史的动物头。然而西伯利亚宣称的更新世岩石艺术受到了严重的质疑。在西伯利亚上勒拿(upper Lena)的数千幅象形图案和岩刻画中,有一些绘画图案被奥克拉德尼科夫(Okladnikov)鉴定为旧石器时代的,这一发现在文献中经常被引用。但是,没有证据可以证明这一年代。中亚的岩石艺术也是如此,我们经常看到各种各样的说法遭到后人的反驳。例如戈尔诺-阿尔泰(Gorniy-Altai)西南部乌科克高原(Ukok Plateau)Kalguty River上的大约30个地点以及Delger-Muren、Tes的岩画,两者都被库巴列夫(Kubarev)驳斥,他认为中国西部所有已知的岩画都是青铜时代的或者更晚。类似地,亚谢维奇(Jasiewicz)和罗兹瓦多夫斯基(Rozwadowsji)指出,在乌兹别克斯坦的扎拉乌特-库马尔(Zaraut-Kamar)岩棚中,一些被认为是中亚最古老的岩石艺术,很可能属于年代较晚的历史时期遗址。

在邻近的中国,通过观察动物物种将岩石艺术追溯到冰河时代的例子比比皆是,甚至有人声称这是第三纪岩石艺术。目前,中国还没有发现更新世时期的岩石艺术。除了周口店山顶洞的材料如赤铁矿块、穿孔的牙齿、鹅卵石和贝壳,以及五件具有平行刻痕的骨管,直到1991年人们才认识到中国更新世的便携式艺术。1991年,在北京东北部的一个石灰岩洞穴——河北省龙谷洞中发现了一块雕刻精美的鹿角。这件文物大约有13 065年的历史,是唯一已知的中国更新世艺术标本。同一篇论文还报道了在峙峪文化发现的一个石坠件,属于旧石器时代中期末段或旧石器时代晚期早段。

日本唯一的更新世艺术证据来自久万高原町(Kamikuroiwa)洞穴,在大约距今 12 000 年的地层中出土了带有雕刻痕迹的天然鹅卵石。一些标记被解释成乳房和裙子。此外,还有一些属于日本旧石器时代的明显非实用性的石制品,包括一个穿孔标本。

带有标记的鸵鸟蛋壳在印度中部的四个地点被报道,这四个地点隶属于印度 40 多个有记录的鸵鸟蛋壳地点。通过放射性碳年代测定,这些蛋壳的年代大致距今 25 000—40 000 年。46 个已知标本中有 45 个标本上的标记实际上是菌根微生物。类似的标记也曾出现在西伯利亚象牙、中国和欧洲的骨头上。剩下的印度鸵鸟蛋壳标本来自巴特那(Patne),带有石器雕刻的"非形象化"图案,正如对它进行的微观研究所表明的那样。它被认为有 25 000 年的历史。

印度也发现了旧石器时代晚期的三颗鸵鸟蛋壳珠子,两颗来自比莫贝卡特 III A-28(Bhimbetka III A-28),一颗来自巴特那。在北方邦(Uttar Pradesh)的贝兰谷地(Belan valley)发现了被称为"母神"(mother goddess)的雕刻和抛光的骨头。然而,这并非一座女性雕像,而是一件旧石器时代早期有残损的骨质鱼叉。

接下来是对于印度旧石器时代岩石艺术的看法,我们发现瓦坎卡所认为早期具有活力的绿色绘画(green dynamic paintings)属于旧石器时代晚期的见解已经被塔亚吉(Tyagi)否定了。大多数当代研究人员对印度岩画是否属于更新世时代持极大怀疑态度。在 1990 年之前,人们只知道该国北部和南部的岩画。赖森(Raisen)岩画的年代尚不清楚,但整个生了绿锈并覆盖了一层硅皮,与其他大陆的古代岩画相似。比姆贝特卡(Bhimbetka)石英岩洞穴的一些岩画被旧石器时代早期的地层所覆盖,它们属于阿舍利(Acheulian)时期(图三:1),因此是目前世界上已知的最古老的岩石艺术。大量的凹穴岩画在印度达拉奇-查丹(Daraki-Chattan)昌巴尔山谷(Chambal valley)(图三:2)附近的一个石英岩洞穴被发现,被认为是处于阿舍利时代或旧石器时代中期,目前一个国际委员会正在评估这一说法。在卡纳塔克邦(Karnataka)Hunsgi 的阿舍利早期的一系列赤铁矿鹅卵石中,其中有一个磨损面上有条纹,显然是用鹅卵石作为蜡笔在坚硬的岩石表面标记的结果。另一个相关的发现是来自拉贾斯坦邦(Rajasthan)辛格塔拉夫(Singi Talav)的早期阿舍利的六组石英晶体棱镜,它们小得不可能被用作石器材料。

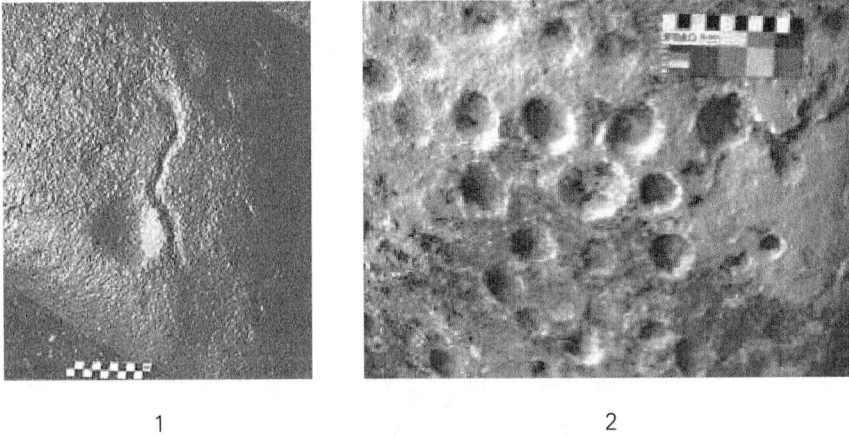

图三 印度出土的部分岩画

[1. 印度比姆贝特卡会堂洞穴(Auditorium Cave)阿舍利层巨石上的凹穴和蜿蜒的沟槽；2. 印度达拉奇-查丹发现了 500 多处旧石器时代的岩板，其中一些被认为属于阿舍利时期或旧石器时代中期]

黎凡特(Levantine)地区出土了各种各样的更新世的便携式艺术。一块来自以色列 Urkan e-Rub II 旧石器时代晚期遗址的石灰岩鹅卵石，距今 14 500—19 000 年。它的特点是具有复杂的非画像符号(non-iconic)。来自哈约尼姆洞穴(Hayonim Cave)的一块更古老的石灰岩鹅卵石两面也有雕刻，但它属于奥瑞纳文化(Aurignacian)，有 27 000—29 000 年的历史。它的标记包括一幅被解释为马的图形。来自相同的地点和水平位置，即 D 层，还有五个瞪羚的肩胛骨，每个都被刻有一系列的凹痕。与此年代相仿的是来自科萨尔阿基尔(Ksar Akil)的瞪羚跖骨，有五组直线切口。在加利利海(Galilee)海滨的奥哈洛 II(Ohalo II)遗址出土了三块雕刻的骨头碎片，大约有 19 000 年的历史。其中一块随着一具人类尸体被发现。最后，还有两件装饰过的卡巴哈(Kebaran)骨制品，一件是黎巴嫩吉塔 II(Jiita II)的锥子，另一件是约旦(Jordan)哈拉涅 IV(Kharaneh IV)的被雕刻过的放射状碎片。

该地区更早的类艺术(art-like)的发现是来自卡夫泽洞穴(Qafzeh Cave)的旧石器时代中期的雕刻石器工具，大约有 100 000 年的历史，以及来自库奈特拉(Quneitra)带有雕刻的皮质品(cortex piece)，它只有 50 000 年左右的历史。更早的是在戈兰高地(Golan Heights)贝列卡特蓝(Berekhat Ram)的阿舍利地层挖掘出的含有火山渣的玄武质凝灰岩鹅卵石,可追溯到距今233 000—470 000 年。这块鹅卵石呈现出人类女性躯干、头部和手臂的自然形状(图四),并有人工痕迹。该地区的另一处阿舍利遗址出土了两个穿孔的海百合化石和一些非常小的石英晶体,鉴于其他地方类似的阿舍利遗物的发现,这些发现十分有趣。特别是非洲和欧洲也报道了那个时期的串珠。

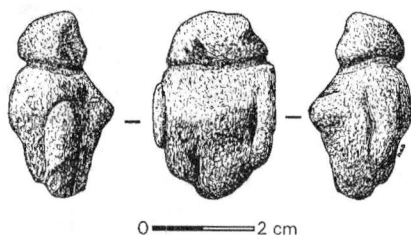

图四　以色列贝列卡特蓝出土的阿舍利时期有雕刻线条并呈现自然形状的火山渣卵石

加尔默耳山(Mount Carmel)洞穴中的非形象岩石雕刻据说含有旧石器时代的标记,但鉴于在其他地方的类似标记存在许多错误的看法,这个说法仍有待评估。在更新世末期,黎凡特地区提供了大量类艺术的物品,尤其是石制品,但是至少有一件被雕刻的鸵鸟蛋壳被报道过。加尔默耳山艾尔-沃德洞穴(el-Wad Cave)的纳图夫(Natufian)地层、基巴拉洞(Kebara Cave)、哈梅赫干谷27(Wadi Hammeh 27)、Upper Besor 6 和其他一些遗址中描述了一系列原始雕塑。这种物体一般是属于更新世最后两三千年。迄今为止,在沙特阿拉伯发现的包括哈伊尔(Hail)西南部的 Shuwaymas 1 遗址的凹穴岩画和古代岩刻图像在内最早的岩石艺术可能属于相似的时代。

(四)澳大利亚

当我们考虑到人们长期以来对某些澳大利亚岩石艺术将被证明是极其古老的期望时,西欧艺术优先的主张尤其难以理解。几乎不证自明的是,澳大利亚的岩石艺术中有大量岩画是更新世的,其比例可能比其他任何大陆都要高,但也有一些错误的说法,而且可靠的断代证据仍然很少。先不谈那些基于设想的风格和对灭绝动物物种描绘的主张,这些主张在任何情况下都是基于主观和不可检验的证据,有三个具体的更新世时代的看法已经被证明是错误的:欧莱里(Olary)、魔鬼之穴(Devil's Lair)和吉缪(Jinmium)。

在南澳大利亚州欧莱里地区的岩刻报道中,有四个最早的年代下限处于36 000—45 000年之间,其中三个采用放射性碳素断代,测年的材料来自覆盖在岩刻清漆下的有机包裹物。第四个是"阳离子比率"测年法,这种测年法一直存在争议,现在已经不可信。但最近,即使是放射性碳素断代结果都被提交它们的研究人员撤回了。

一组六件来自澳大利亚西南部魔鬼之穴的明显属于更新世石灰岩板,被描述并被广泛接受为人工雕刻的,但是现在被认为是自然形成的。然而,来自同一地点的天然穿孔泥灰岩鹅卵石被用作吊坠。在西澳大利亚海岸的另一个小洞穴发现了一系列大约32 000年前的穿孔贝壳。

来自澳大利亚的第三个关于更新世艺术的错误主张是关于北部地区吉缪岩棚的凹穴岩画,根据热释光测年,在58 000年至75 000年之间。这一观点甚至在发表之前就被几位澳大利亚岩石艺术专家所否定,随后被更详细的遗址沉积物测年(热释光测年和放射性碳素测年)所驳斥,这表明该岩石艺术是全新世的。根据目前的迹象,澳大利亚有人类定居仅距今60 000年左右。与大多数其他大陆一样,澳大利亚的一些凹穴岩画被认为是非常古老的,但吉缪岩板位于一种快速剥落的砂岩上。更可信的是对南澳大利亚马朗其尼洞穴(Malangine Cave)中一个岩刻传统年代下限的估计(图五),铀系法分析表明其年代远远超过28 000年。

关于皮尔巴拉(Pilbara)岩刻的其他可信年代最近被提出,其年代范围大致相当,很明显,该地区存在更古老的岩刻。

尽管澳大利亚有大量旧石器便携式艺术,但迄今为止,很少有可以追溯到更新世的。条纹赤铁矿在该大陆已知最早的有人类活动开始就大量出现。令人感兴趣的是所谓的"cylcons",通常是在达令河(Darling River)流域发现的被装饰呈圆柱锥形的石制品,因为它们可能来自更新世。

图五　南澳大利亚马朗其尼洞穴顶上的岩刻
（它们被一层厚度为 15—20 毫米的洞穴堆积物层所覆盖，由
此得出的 U/Th 年龄估计约为距今 28 000 年）

（五）非洲

在非洲更新世时期，只有纳米比亚阿波罗 11 号洞穴（Apollo 11 Cave）发现
的中石器时代（MSA）的具像的便携式艺术，被认为有 26 000—28 000 年的历史
（图六:1）。

更早的有锯齿或缺口的骨制品来自属于中石器时代的几处地点：南非的克
拉西斯河洞（Klasies River Mouth）、南非的边境洞穴（Border Cave）和阿波罗 11
号洞穴。一块刻有纵向线条的木质碎片来自于奥兰治自由邦（Orange Free
State）弗洛里斯巴人（Florisbad）的中更新世沉积。阿波罗 11 号洞穴的鸵鸟蛋壳
雕刻碎片可能有 83 000 年以上的历史，在开普（Cape）西南部的迪普克罗夫岩棚
（Diepkloof Shelter）的中石器时代也有这样的发现，他们可能处于相同的年代。
在马卡潘斯盖（Makapansgat）的哈斯洞穴（Cave of Hearths）中发现的圆形鸵鸟
蛋壳坠子碎片也处于类似的年代。其他几处非洲遗址也出土了年代相近的明显
的身体装饰物，包括尼日利亚的四块人为穿孔的石英岩石片、阿尔及利亚的贝壳
珠、摩洛哥的骨坠。当这些非洲材料提供了一些迟来的证据的时候，它们反驳了
怀特关于这种行为起源的主张，即欧洲在 150 多年前已经发现了数百个明显的
旧石器时代早期的珠子和吊坠。

津巴布韦的班巴塔洞（Bambata）和波莫维洞（Pomongwe Caves）使用赭石的

证据被认为有 125 000 年的历史。带有赭石标记的石头碎片出土于中石器时代的遗址波莫维洞和恩斯瓦图吉洞（Nswatugi）。在南非 Lion Cavern 采集了大量探勘证据，其中包括距今约 43 200 年的放射性碳测年。在中石器时代，铁颜料已得到明显的广泛使用。它包括有凹口的〔西南端开普省的空谷岩棚（Hollow Rock Shelter）〕、仔细钻孔的（克拉西斯河河口庇护所 1A）和刻痕明显的标本（克拉西斯河河口洞穴 1）。来自 Howieson's Poort 遗址的中石器时代的赤铁矿碎片上有一系列的 18 个切痕，另外 2 个带有边缘切痕的赤铁矿碎片在中石器时代的空谷岩棚遗址被发现。

两块红色的火山凝灰岩，先前被鉴定为赭石，在更早的坦桑尼亚奥杜威峡谷 BK II(Olduvai BK II)成熟的奥都万层（Oldowan）被发现。然而，它们的性质仍不确定。一些最广泛的赤铁矿使用的早期证据来自南非北部开普地区的奇迹洞穴（Wonderwork Cave）。每一层的发掘都产生了大量的赭石碎片，与阿舍利手斧和外来的石英晶体一起出现。主要的序列被认为可以延伸到距今800 000或900 000年。尤为重要的是两块刻有近似平行线的铁石板，大概有260 000年至420 000年的历史，因此是已知的最早的雕刻品之一。最近的两项研究提供了非常早期的使用颜料的可靠证据。首先，在肯尼亚卡普苏林（Kapthurin）GnJh-15遗址出土了 70 多块红赭石，总重约 5 公斤。它们有285 000年以上的历史。赞比亚的孪生河（Twin Rivers）已经发现了至少306 块镜铁矿、赤铁矿、褐铁矿、赭石砂岩和二氧化锰。其中的 3% 显示出打磨或摩擦的痕迹，这证明了之前在 Hunsgi 发现的对仅有的印度证据的解释是正确的。巴勒姆（Barham）标本的年代被稳定地限定在 170 000 年到 270 000 年之间。因此，目前在非洲发现的早期颜料使用的证据比在欧亚大陆同一时期零星的发现要多，年代也更准确。

最近在南非布隆博斯洞穴（Blombos Cave）中发掘出了两块中石器时代的刻有几何图形的赭石碎片。它们分别在 1999 年和 2000 年被发现，显然至少有 73 000 年的历史。雕刻的几何图形包括线性图案和边框。纵横交错的线条形成了钻石晶格，边缘是"封闭"的线条，这让人想起了许多发现于亚洲的旧石器时代晚期的便携式艺术图案，这可能定义了一种很持久且伟大的分布的标记策略。

来自非洲最早的旧石器艺术证据包括摩洛哥南部坦坦省（Tan-Tan）的原始

雕像,这是一个中期阿舍利层经过人工略加修饰的搬入砾石(manuport)。近来的发现证实了类似贝列卡特蓝标本的真实性,它也是这一时期的原始雕塑。重要的是,坦坦省这尊雕像上有一种细微的鲜红色颜料的迹象,这是目前使用着色材料的最早证据。

这尊坦坦省的雕像还引出了一个问题,即在赞比亚蒙布瓦洞穴(Mumbwa Caves)中发现的一块可能是天然的人形白云石,它是在一个明显的防风林结构遗迹中发现的。摩洛哥撒哈拉沙漠的另一个有趣发现,埃尔夫德 A - 84 - 2 (Erfoud Site A - 84 - 2)遗址(一个晚期阿舍利遗址)的搬入砾石也在这样一个合适的居址被发现。这是一件墨鱼的化石碎片,具有人类阴茎的独特形状和大小。具有重要意义的还有来自利比亚埃尔格力法遗址 E 层(El Greifa site E)的阿舍利时期鸵鸟蛋壳珠子,大约有 200 000 年历史,是已知最古老的珠子之一。

奇怪的是,迄今为止还没有非洲岩石艺术被确切地证明属于更新世,尽管有一些关于北非的这样的主张。穆佐里尼(Muzzolini)驳斥了那些关于撒哈拉岩石艺术的说法,然而来自上埃及(Upper Egypt)的说法仍有待检验。类似的关于坦桑尼亚岩画的假设是没有根据的。不过,非洲最早的凹穴岩画的问题可能很快就会得到澄清。彼得·博蒙特(Peter Beaumont)最近报道在卡拉哈里(Kalahari)南部的 Korannaberg 地区发现了极早的凹穴岩画遗址。与在印度的那些岩画一样,它们出现在严重变质,因而特别耐风化的石英岩上。它们似乎属于中石器时代或更早,这让人想起了另外两个发现。一个是在南非东伦敦布兰德河口发掘的福尔史密斯磨石 Laidler(Fauresmith grind-stone Laidler)(1933)上的网格图案,它被认为有 400 000 年的历史。另一个是来自坦桑尼亚奥杜威的有沟槽和琢痕的响岩鹅卵石,它的每一面都有凹穴岩画(图六:2)。上新世-更新世时代使得这件人工制品的实用解释更加可信,但不应忽视的是,已知最早的"旧石器艺术"物体是在马卡潘斯盖(Makapansgat)的三层骨角砾岩中发现的被水侵蚀的更古老的碧玉卵石。它是由南方古猿或非常早期的原始人从外面不远处带入洞穴的。它有几个天然的标记,使它看起来像一个头颅(图六:3)。由于我们缺乏其他证据表明南方古猿是否能意识到这些物体的画像符号特征,因此这一发现的意义仍然是暂时的。然而,特别是考虑到最近发现的肯尼亚平脸人

（*Kenyanthropus platyops*），这并不意味着将其排除在早期认知的可能痕迹的讨论之外。最近的一项微观分析重建了该物体的长期历史，并证实了这块非同寻常的红色石头是在2 500 000—3 000 000年前被带入洞穴的。

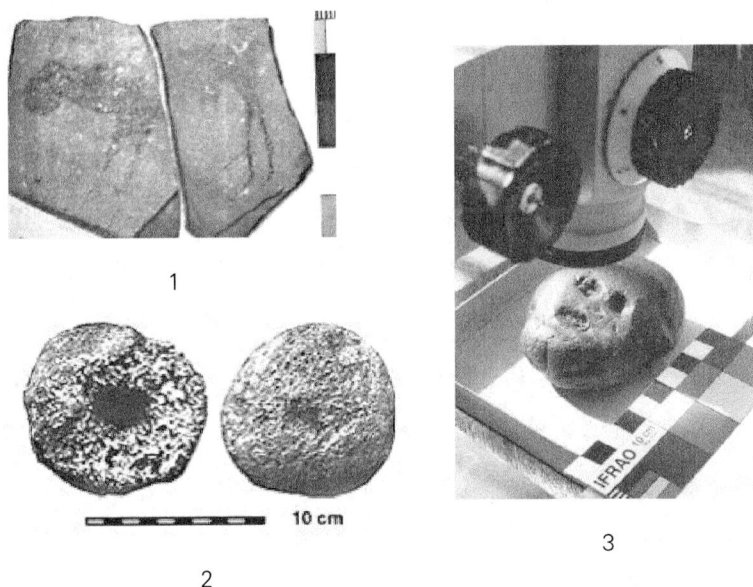

图六　部分岩画

　　[1. 纳米比亚阿波罗11号洞穴中石器时代石板上的兽形象形图；2. 奥杜威两侧有明显凹槽的鹅卵石；3. 上新世晚期一块人工搬运砾石被带入马卡潘斯盖（Makapansgat）洞穴，这是一块有明显天然标记的红色碧玉卵石，其与南方古猿遗骸一起沉积]

　　到目前为止，非洲所获得的证据提供了一些诱人的线索，很明显，随着搜索的继续，可以期待这片大陆提供更多与原始人类非功利主义活动起源有关的早期证据。

　　（六）欧洲

　　尽管欧洲的岩画被声称具有旧石器时代晚期的年代资格，但很明显，这个宏伟的资料库在10 500—32 000年。这种岩面艺术（parietal art），连同同一时期的便携式艺术，可以说是被研究得最彻底的旧石器时代艺术。欧洲旧石器时代的岩石艺术据称遍布在欧洲约300处遗址中[布维耶（Bouvier）1993年列出了291个，加上最近发现的几个地点]。然而，被认定为旧石器时代晚期的大部分遗址都是依据风格(一种有局限的测年方式)来判定的。由于这种基于艺术风格的推测已经被可靠的测年方式(如肖维洞穴)所否定,因此,每一处欧洲的假定的更新世岩石艺术遗址都必须从这个角度进行审视。它们是否属于旧石器时代需要被检验,因为即使是像拉斯科(Lascaux)这样的著名遗址也在被重新评估之列。在巴恩(Bahn)和韦尔蒂(Vertut)(1997)列出的遗址中,有几处肯定不是更新世的,或者说它们缺乏任何岩石艺术的形式。关于这种岩石艺术传统的最古老的可靠证据是在法国的肖维洞穴,距今约 32 000 年。

在将欧洲岩石艺术和便携式艺术归于更新世,或将自然标记描述为旧石器艺术的看法中,很多是错误的,迄今为止很少经过科学检验。例如,所有关于德国旧石器时代岩石艺术的主张必须被否定。一些标本因铁盐化学还原引起的自然表面沉积或变色,一些被认为是脱落碎片上的岩石艺术,是在已经剥落的碎片上制作的,众多推测的雕刻被确定是根据嵌入洞熊皮毛中的石英颗粒摩擦导致的凹坑槽(taphonomic grooves)。来自巴伐利亚 Kleines Schulerloch 的雄鹿图像和 Kastlhänghöhle 中的动物形象在这种情况下长期被否认,而在匈牙利 Jenö Hillebrand 姆拉德克人洞穴(Mladec Cave)和 B-ci Skála 有待检验。在奥地利,有两个地点的岩刻只因风格上的理由被认为是更新世时期的,一些是自然标记,另一些只有几个世纪的历史。伊比利亚半岛(Iberian Peninsula)上的一系列露天遗址同样基于风格的推测被认为是旧石器时代的,但对两个山谷的研究[科阿(Côa)位于葡萄牙,阿圭达河(Agueda)在西班牙西部附近]严重质疑了这些假设。为证明科阿岩刻处于更新世时代所做的大量努力证明并未能提供切实的证据,直接的年代测定、地质学、古动物学甚至考古学都暗示大多数是历史时代的。

然而,已知最早的欧洲岩石艺术并不是旧石器时代晚期的,它由一组 18 处凹穴岩画组成,这些凹穴岩画是在费拉斯洞穴(Le Ferrassie)一个尼安德特儿童的墓葬上的石灰岩板下面发现的。帕伊若尼(Peyrony)还认为,在莫斯特(Le Moustier)的莫斯特文化出土的有棕色、蓝色和黑色颜料痕迹的石灰岩块上,可以识别出由斑块和不规则条纹组成的图案。更明显的非功利主义的证据以便携式物品的形式出现,甚至可追溯到旧石器时代早期。莫斯特文化的例子是来自这些莫斯特遗址的骨头残骸的雕刻和明显的人工刻痕,如 La Quina、Petit-Puymoyen、abri Lartet、abri Suard、Peyrere 1、Noisetier Cave 以及在法国的费拉斯洞穴(图七:1)、Cueva Morín 和西班牙 Lezetxiki;保加利亚巴柯基罗(Bacho Kiro)(图七:2);意大利 Tagliente rockshelter;以及来自法国 Charentian sites。据报道,在比利时 Schulen 的莫斯特文化中发现了一块由石器工具制成的锯齿状骨头碎片,克里米亚洞穴(Crimean cave)Prolom 2 中发现了一些雕刻的米寇克文化(Micoquian)标本。报道显示,在意大利和匈牙利的几个遗址的石头上也有非具象的莫斯特文化标记。特别令人感兴趣的来自保加利亚坦纳塔洞穴(Temnata Cave)中经过详细分析的片岩岩板,约有 43 条50 000年前雕刻的近似平行线,这是莫斯特旧石器艺术的最佳例子之一。在德国陶巴赫遗址(Taubach)发现的最后一次间冰期的骨制品上的切口也可能是人类活动造成的。

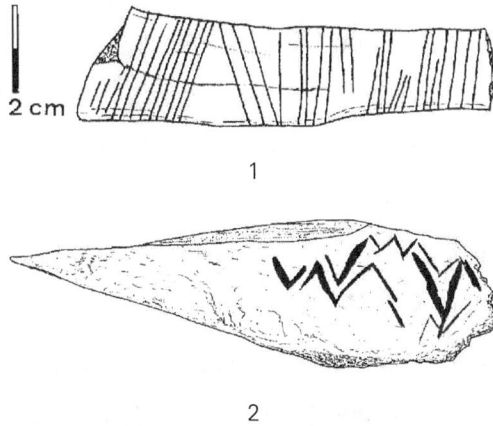

图七　出土的骨头碎片

(1. 法国费拉斯洞穴莫斯特文化中雕刻了多组线条的骨头碎片;2. 保加利亚巴柯基罗洞穴旧石器时代中期刻有之字形图案的骨头碎片)

属于莫斯特文化中一个独特的物品是来自匈牙利塔塔(Tata)的硅化货币虫(silicified nummulite)。在半透明化石的两侧,可以看见一个自然裂缝将这个圆形圆盘分为两半,圆盘两面被十字线刻划分割(图八)。通过这种行为来产生复杂模式的简单行为所依据的概念本身就相当复杂。

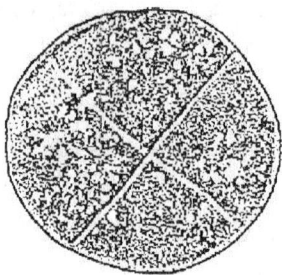

图八　匈牙利塔塔莫斯特文化中雕刻的货币虫

比旧石器时代中期更古老的是那些来自德国毕尔曾斯勒本(Bilzingsleben)的雕刻,它们出现在骨头、象牙和石头碎片上,大约有 350 000 年的历史。斯威格特(Steguweit)对毕尔曾斯勒本旧石器艺术器物的激光显微研究非常重要,它明确地表明这些雕刻是有意的标记。一块类似标记的森林象骨来自捷克共和国,但其与人类有关的因素仍不确定。与其高度相关的是来自德国图林根州(Thuringia)奥尔迪斯莱本 1(Oldisleben 1) 砾石坑的三个刻骨碎片,与米寇克文化和 Eem 动物群一起被发现。其中一个有明显的肖像图像(iconographic image)和一个肩胛骨碎片,上面有意雕刻了 20 条雕平行线,与毕尔曾斯勒本 1 号标本完全相同的方式排列成两组。在一块可能是旧石器时代早期的猛犸象牙碎片上,有两排明显是人为的和有意的 20 多条斜纹。在德国维伦(Wyhlen)发现的这个中更新世的物体,甚至可能是符号性质的,但迄今为止,我为确定这个标本的位置所做的努力还没有成效。

来自法国圣安妮 I(Sainte Anne I)阿舍利文化的一块刻骨碎片,沿边缘有十个相似的短切口。一把来自摩纳哥 l'observatoire 的阿舍利中期手斧,其表面似乎有人为的线状、深切的标记。然而,进一步研究表明,这些沟槽完全是自然形成的。相关的还有来自捷克共和国 Beçov 的阿舍利条纹赤铁矿鹅卵石和在法国泰拉阿玛塔(Terra Amata)发现的 75 件多面褐铁矿中的几件;而在西班牙安布罗纳(Ambrona)发现的一块形状明显的赭石板似乎是红砂岩。

欧洲旧石器时代遗址中有穿孔的可能被用作珠子或吊坠的小物件,已经在长达 150 多年的历史中被报道——事实上,这些物品包括世界上最古老的这类标本,从法国阿舍利文化(在 Saint-Acheul)到莫斯特文化(在 Fontmaure),一直到旧石器时代晚期。成千上万件这样的物品已经被公布,虽然其中一部分是自然穿孔的,但大多数显然是人工制品,包括一些旧石器时代早中期的标本。德埃里克(D'Errico)和维拉(Villa)已经证明,在这许多珠状物的发现中,有一些带有天然穿孔,但这不重要,因为一个物体并不一定要有人工穿孔才能用作珠子。在珠子的鉴定中更重要的是我所描述的那种磨损痕迹,某些类型的珠子不能被大自然模仿,它们终究是人类的产物(例如鸵鸟蛋壳珠和穿孔牙齿)。

三、 关于这些证据的传统解释

传统的艺术起源模式几乎完全基于欧洲旧石器时代晚期的证据,并认为艺术最初起源于欧洲,这尤其是欧洲西南部的一种现象。这种观点的发展和持续存在一些简单的原因。也许最重要的是,相对大量的被认为是更新世传统的遗址被解释为具有凝聚力的文化实体,而这种艺术主体的一些主题的画像符号品质,特别是动物形象,被视为艺术成熟的标志。

然而,实际上主导了所有艺术起源讨论的范式也有更微妙的基础。欧洲西南部的更新世艺术是在殖民主义意识形态仍然决定学术思维模式的时候发现的。尽管一个世纪前考古研究机构有争议地接受了这块假原始人化石,但人们仍有可能热切地接受它作为人类最早在英国进化的证据。尽管像欧仁·杜布瓦(Eugène Dubois)这样理性的"业余爱好者"早就意识到人类的摇篮在欧洲找不到,但殖民主义的意识形态(colonialist metaphysics)对达特(Dart)的南方古猿压制了几十年,直到20世纪中期,与之相反的证据变得流行起来,关于人类起源的焦点转移到非洲。

然而,在旧石器艺术研究中,以欧洲为中心的范式仍然占主导地位,且有充分的理由。一个主要的"产业"围绕着它发展起来,与旅游、教育、出版、遗产管理、民族自豪感,甚至民族身份相联系,仿佛旧石器时代的艺术家可以被有效地视为现代国家或民族的祖先。考古学,始终是一个高度政治化的追求,创造了一个渗透到各级教育和思想环境中的神话。旧石器时代艺术的学术专家的声誉和影响力依赖于维持这一教条,这一事实确保了它的延续。旧石器时代艺术专家的地位主要来自于对艺术的神秘而深刻的理解,这种理解最好的表现是能够根据标本的"风格"来估计其年代和"文化归属"。这种能力来源于早期学者提出的原则,比如,基于对艺术资料库和相关文献的深入了解,以及一些从未被量化且很少受到测试形式的直觉因素。在少数情况下,当后者受到质疑时,其反应并不令人满意。例如,岩画"直接"断代技术的引入导致了考古学家的人身攻击,并将"盲测"等科学方法描述为"不道德的"。

近几十年来,这一范式在"非洲夏娃说"概念中获得了新生,根据这种学说,一种在文化、技术和认知上优越的新"物种"取代了所有其他人类,然后该物种在欧洲西南部发展了艺术、表达和复杂的文化。在这个起源神话中,文化的先进性被暗示在很大程度上是从欧洲传播到世界其他地方的。要延续这一范式就必须拒绝接受在奥瑞纳文化之前人类复杂的证据,并需要将"现代"行为与人类的"现代"身体特征联系起来。信赖与维持这一范式的学者们发现越来越难以拒绝相反的数据,特别是因为它唯一的支持——基于未知突变率和种群规模的关于分化时间的遗传主张是可疑的。

这种传统的模型忽略了上面列出的众多旧石器时代早中期的证据;为了维护考古学教条式观点,关于这些证据的思考,既得不到鼓励,也无法得到传播(这篇论文之前已经给两家期刊投稿,审稿意见指出若不进行重大修改,就不予发表)。依据这种模型,"现代"行为——包括对非石器材料(骨头、象牙等)的熟练加工、刀片工具技术、航海、"艺术"和身体装饰、语言、住所建造、先进的狩猎技术、服装、绳索和地下采矿——是以未标明年代的克罗马农人标本为代表的近代人类的专属行为。至少在欧洲以外,所有这些行为痕迹都可以在旧石器时代中期的环境中找到,大部分在旧石器时代早期的环境中找到。事实上,非洲夏娃模型本身缺乏任何来自考古学的证据支持。考古学中有明确的证据表明,具有特定身体特征的人群之间的感知差异与文化、技术和假定的认知差异无关。在世界上的许多地方,包括澳大利亚东南部、伊比利亚半岛、黎凡特和中欧,具有"现代"和"古代"特征的人群出现在相同的时间间隔内,他们通常使用基本上相同的工具包,甚至是装饰物品。此外,据报道,还有许多人科动物的发现,据称既显示了原始特征,又具有"解剖学上的现代"特征,包括来自 Mladec Cave、Krapina、

Starosel'e、Rozhok、Akhshtyr、Romankovo、Samara、Sungir、Podkumok、Khvalynsk、Skhodnya、Lagar Velho、Crete、Narmada、金牛山和其他几个中国遗址的人科动物。在非洲以外的许多地区明显发生了一个智化过程，或者，假设的两个种群广泛杂交（这也反驳了遗传假设）。解剖学上的现代人出现在莫斯特文化背景中，例如在乌克兰和俄罗斯，甚至在法国的尼安德特人也拥有旧石器时代晚期的技术。文化和认知上的古人类学划分当然不一致。因此，替代理论中隐含的文化模式缺乏坚实的考古基础。"取代""劣等"人口的概念需要受到严厉的质疑，它可能更多地反映了评论家的历史偶然意识形态，而不是人类历史的任何方面。

四、另一种解释

然而，最终推翻替代模型的两个主要因素是中更新世甚至早更新世海洋殖民的证据，以及埋藏学逻辑在这个问题上的应用。早期航海证据的深远影响已经在其他地方被详细讨论过，这里需要注意的是，认为文化量子跳跃是由西欧的"现代"人口入侵（'modern' intrusive population）突然产生的，这个观点现在看来颇为荒谬。它甚至不符合中欧到东欧的考古证据，因为根据这些证据，"现代"人类和旧石器时代晚期技术都是在原地直接发展的。没有考古证据表明，在更新世中期或晚期，一种"高级技术"通过北非向北传播。奥瑞纳文化并不是从黎凡特传入的，它是欧洲本土的发展，最有可能来自中欧晚期的米寇克文化、莫斯特文化、Szeletian 文化、Bohunician 文化和 Olschewian 文化，或东欧 Streletsian 文化。莱茵河以东有大量的证据表明，从旧石器时代中期到晚期的传统中存在着技术和文化的连续性。这一时期以周边为中心的视角，也就是沃姆冰河时期（Würm glacial）的前半段，并不能促成一个平衡与合理的看法。西欧从来不是文化创新的中心，它似乎在整个更新世都是一个边缘地区。特别是伊比利亚半岛，即使在全新世，也明显存在着各种遗留的传统。事实上，在法国和后来的西班牙，洞穴艺术的复杂性是非常奇怪的，与更新世晚期的其他全球趋势完全不同步。

在其他地方建立已久的技术花了很长时间才传到西欧。例如,带刺的骨叉在非洲和东亚制造,比它们在欧洲马格德林文化(Magdalenian)首次亮相要早几万年。日本最早的装饰陶器的年代比欧洲早了一倍,萨胡尔大陆(Sahul)(大澳大利亚)最早的磨制石斧的年代比欧洲早了五倍。更贴切的是,莱茵河以东欧亚大陆的旧石器时代艺术似乎完全没有图形的形象描绘,而是由更复杂的设计组成。如果我们不考虑少数几个更适合被认为是半浮雕的例子[比如来自乌克兰摩洛多瓦Ⅴ遗址(Molodova V)和俄罗斯科斯腾基Ⅰ遗址(Kostenki I)的拟人人像]或者是还不确信的例子[比如来自后一个地点的兔子雕刻,或者马沙克(Marshack)在乌克兰基里洛夫斯卡娅(Kirillovskaya)的猛犸象象牙尖上的标记中发现的画像符号元素,我已经检查过并认为是非画像符号的],东欧和亚洲"旧石器时代"图形艺术中确认的画像符号人物仅限于卡波瓦洞穴(Kapova Cave)和伊格纳季耶沃洞穴(Ignatiev Cave)[但请注意,斯蒂尔曼(Steelman)等人在 2002年确定了该洞穴中的"旧石器时代""猛犸象"形象为距今 7 370 年,上下波动约50 年]中未标明年代的绘画以及两个"猛犸象"雕刻,它们分别来自西伯利亚的Mal'ta 和 Bereliokh,可能还有一个来自哈约尼姆洞穴。更新世的图形艺术似乎几乎完全由"几何"排列组成,而不是画像符号的(在欧洲人看来是具象的)元素:在欧亚大陆 97%的总面积中,旧石器时代的图形艺术似乎几乎完全局限于几何或非画像符号的标记。尤其令人感兴趣的是来自俄罗斯、乌克兰、西伯利亚和印度的便携式物体上的大量"几何符号"。它们在 Eliseevichi、Mezin、Kirillovskaya和 Mezherich(但也在 Patne、Mal'ta、Afontova、Kavkaz、Balinkosh、Klinets、Timonovka、Suponevo、Novgorod-Severskaya)、Avdeevo 和 Gagarino,在中国发现的第一个旧石器时代艺术中,以及在一些来自黎凡特的雕刻物品中(特别是Urkan e-Rub Ⅱ 岩板和 Upper Besor 6 鸵鸟蛋壳碎片)得到了最好的例证。同样的模式更早地在非洲南部[布隆伯斯洞穴(Blombos Cave)]被发现,后来可能扩展到北美,在那里出现在克洛维斯文化传统中。初步迹象表明,这些传统始于旧石器时代早期,并一直持续到更新世末期,但由于该学科专注于西欧,这个问题从未被研究过。

从一个更大的角度来看,这些作品中可以看出一些独特的风格特征,我在这里提出的第一个假设是,它们所具有的传统在文化上比那些突出的、或多或少"自然主义"(在西方认知的意义上)的动物形象更复杂,比如那些经典的法兰西-坎增布利安(Franco - Cantabrian)岩穴地区传统。

这种过于简单的观点认为,这些动物形象在认知上比这些东部遗址中通常高度复杂的"几何图案"更复杂,这很容易被驳斥。如果我们把艺术作品分为三维图像、二维图像和抽象类型,我们会发现前者最简单,后者最复杂。这是因为在第一种艺术类型中,指称物(referent,所描绘的对象、所指物)和指称者(referrer,艺术主题)通过某些特征的直接视觉相似性在认知上是相关的。在图形具象艺术中,指称物与艺术母题的关系是通过其某些特征投射到二维平面上,因此对其与指称者关系的感知涉及一个需要一定认知能力的解码过程。在完全抽象的艺术中,以及那些使用高度"程式化"的形象性版本的艺术中,不可能知道指称者,除非一个人直接接触到相关的文化习俗。此外,在最后一种艺术形式中,没有可比喻定义的指称物的概念或想法可以很容易地被"描绘"。因此,它显然是最复杂的艺术类型,可以以与书面文字相同的方式传达无限的思想。

五、讨论

这种分离可以广泛地与人类进化的主要阶段相关联。马卡潘斯盖的砾石似乎表明,早期人类即使只是在"本能反应的"水平上也有能力探测到形象性的某些方面。因此,我们有理由认为,随后的原始人根据自然物体发展出了探测其画像符号属性的能力(如坦坦省和贝列卡特蓝砾石)。将三维图像抽象为图形图像的倾向显然是后来才发展起来的,也许在此之前就有了复制二维图像的能力,例如光幻视、化石印记。根据目前的证据,使用非画像符号标记来形成具有可传达意义的复杂图案似乎起源于非洲或亚洲。这最后一种艺术形式,是最复杂的,在旧石器时代晚期的欧亚大陆大部分地区占主导地位。即使在西欧洞穴艺术中,"非具象的"图案的数量也远远超过动物形象,由于它们几乎肯定是具有特定意义的符号,所以它们在符号学上比通常受欢迎的动物形象更复杂。相比之下,动物图片本身传达的信息很少,却更有可能吸引学术界的关注。

这本身就是一个有趣的观点:考虑到所谓的旧石器时代"符号"的交流价值很可能比动物轮廓更复杂、信息更丰富,为什么那些肯定会看到超越这些"美学"表面东西的学者们如此专注于这种艺术的具象成分? 我并不想贬低旧石器时代晚期动物形象的伟大艺术成就,我和其他人一样对这些杰作充满敬畏。但是学者应该足够客观地看到这些图片的符号学潜力是相当有限的。反驳的规则迫使我接受我不能绝对地确定所描绘动物的种类,因为我的观点不能被证伪。它只是反映了我自己的认知和感知过程。对一个命题的证伪不是一个民主的过程,其受制于多数人的决定,即使是旧石器时代艺术的所有专家共同认为在一幅画中描绘的东西,归根结底,也不构成证据(参见麦金塔 1977 年确凿地证明外来的研究者无法将岩石艺术中的动物形态主题鉴别出来)。

乍一看,更新世艺术的突出之处似乎是欧洲西南部丰富的旧石器时代晚期具象艺术,其画像性的图形描绘得到了强烈的发展,但实际上,它明显偏离了简单的进化趋势。简单的非画像符号标记出现在旧石器时代早期,并持续发展到旧石器时代中期。在一个巨大的时间跨度内,它们似乎经历了一些变化,朝着越来越复杂的方向发展,但它们的范围仍然非常一致:平行线、相交线、放射状图案、之字形或弯曲形、圆点图案、格子、圆圈。它们在旧大陆的广泛分布表明了一种近乎全球的认知传统,也即是可能在早期智人群体普遍存在的一种传统。这种艺术形式一直延续到整个旧石器时代中期,最终由这一时期的水手带到澳大利亚,在那里它成功延续到全新世。迄今为止,对这种长期存在的、近乎全球的"传统"(最终形成了一套独特的母题类型)提出的唯一有凝聚力的解释是光幻视理论。这也是迄今为止提出的关于艺术起源的唯一科学理论,因为它是一个完全可证伪的,因此是可检验的命题。

不管对现有记录的这种解释如何,似乎到旧石器时代晚期,使用非画像符号标记的传统已经变得如此复杂,以至于它们似乎在俄罗斯和西伯利亚被用于记忆、记录或其他极其复杂的符号学活动。到目前为止,他们的痕迹只引起了粗略的注意,这些传统仍然是完全不为人知的。与此同时,同样复杂的"几何装饰"传统也在亚洲各地发展起来,而在欧洲西南部只能看到极少的与之相似之处。另一方面,莱茵河以东欧亚大陆的少数画像符号图形描绘虽然显示这种艺术形式在整个大陆都有,但似乎表明它并没有被广泛使用。但在我们得出这个结论之前,我们最好考虑一下其他的解释。例如,欧洲旧石器时代晚期的岩石艺术明显完全局限于石灰岩洞穴,这几乎可以肯定是一种埋藏学现象。因此,如果没有广泛使用埋藏学逻辑,就不能用来确切解释。同样,即使埋葬学逻辑施加的这些严格限制不适用,证据的分布仍将是研究工作的一个功能,这在一个多世纪以来一直对欧洲,尤其是欧洲西南部非常有利。

这是我提出的第二个假设。例如,在亚洲,只有黎凡特地区和伊尔库茨克地区(Irkutsk)这两个小区域在这方面进行了某种程度上的协同努力。这两项研究都提供了很好的证据,但亚洲许多地区从未进行过认真寻找更新世艺术品的尝试。换句话说,证据的多少似乎与研究强度直接相关,这在很大程度上是由欧洲的研究偏见造成的。在许多情况下,这些努力是由欧洲"寻找什么"的理想所指导的。考虑到这些"理念"的特殊性质,这显然是一种误导的方法,只会导致数据收集实践中的偏见。例如,在我调查印度洛汉达·那拉(Lohanda Nala)的更新世骨鱼叉之前,人们一直认为它是一尊女性雕像,并且许多中国甚至是北美的研究人员在寻找早期艺术时都是受欧洲范式的指导。这是欧洲西南部的更新世艺术演变的错误模式导致的直接结果。

更新世艺术的全球发展与人们所认为的发生在欧洲西南部的艺术大不相同。但是需要很长时间来根除这个谬误,因为它不仅在已发布的记录和公众的脑海中根深蒂固,还因为存在着一种有影响力的学术结构,它会抵制我所倡导的纠正。根据我列出的证据所要求的全球艺术起源模型以及与这个主题相关的其他因素,欧洲西南部的岩石艺术和可移动艺术是次要的,而不是像传统模型那样占据中心舞台。在整个更新世,欧洲是亚洲的一个小而不重要的边远地区,在人类认知的进化中发挥着边缘作用,尤其是欧洲西南部是世界文化和技术的一潭死水,它在地理上是一个死胡同,远离东欧、近东、南亚和非洲部分地区的进化主战场。因此,不能指望法兰西坎增布利安遗址的具象艺术对更新世期间特别是更新世末期发展的主要文化潮流有决定性的影响,这只不过是一种埋藏学上的侥幸。我在这里要说明的是,迄今为止,人们对这些主要潮流的研究是如此的不充分,以至于它们在很大程度上仍被误解。这些数据不仅被艺术起源的错误模型扭曲得无可挽回,还受到其他因素,尤其是地理上不均衡的研究努力,以及研究人员和研究方向的明显偏见的影响。

然而,本文主题最基本的方面以及传统考古学只能提供不太令人满意的"艺术起源"模型的最有力证据,它们仍有待讨论。本文列举的物证实际上是多余的,不足以证明这种传统模型一定是错误的。埋藏学逻辑是一种类似公理的原理,能够过滤掉考古学中错误和异想天开的假设。它将证据类别的考古种群视为累积种群的幸存残余,这些种群遭受了持续和完全系统的退化,选择有利于延续的特定属性:证据的年代越久远,它的分布变量和组成变量就越扭曲,直到达到一个时间点,所有这些变量都与解释问题中的现象类别所指的方面毫无关系。或者换句话说:我们回溯的时间越久远,传统考古学的解释就越有误导性。对于大多数考古学证据类别来说,更新世物质证据的构成和分布在解释社会、文化甚至技术上面几乎不起作用。原因很简单:如果埋藏过程会影响每一时间单位内现象类别的某一部分的丧失,则必须达到一个时间点,在这一时间点上,超过一定年龄的所有证据(埋藏学阈值)都应该用尽。在现实中,这是不可能发生的,因为任何证据存在的概率永远不可能为零。因此,将会有一个微小的残余种群,由"生存侥幸"(如深穴中的岩画)组成,延伸到现象类别的阈值时间之外。考古学系统地误读这些来自"埋藏学滞后期"的标本,认为可量化的变量具有文化意义,而实际上它们大部分或全部归因于埋藏学。例如,原始人类遗存的世界分布并不是原始人类的分布图,而是一张沉积层分布图以及有利于这些遗存其他保存条件的分布图,同时要结合原始人类的分布和寻找他们遗存的研究工作。

埋藏学逻辑能够准确地预测人们应该遇见的旧石器艺术证据的类型,从而进一步回溯时间。这样的证据应该会逐渐减少,直到在某个时间点上,它几乎从记录中消失。然而,在这个阈值之外,它仍然应该以极其罕见的标本的形式延续更长的时间。随着时代的增长,特定的艺术形式应该出现在特定的环境中,比如石灰岩洞穴和黄土沉积物中的方解石、骨头和象牙雕像,或者深穴中的岩画。随着时间的推移,人们应该会遇到非常罕见的特别抗变质形式的标本:在石英岩、石像、赤铁矿等高度抗变质岩石类型上的明显刻痕的岩画如凹穴岩画,即原始人类可以使用的材料类型,并且在偶然条件下最有可能幸存下来。

毫无疑问,埋藏学逻辑预测的定量和定性证据正是我们正在寻找的证据。世界上最古老的旧石器艺术标本是一颗圆形鹅卵石。这是我们能找到的最耐变质的东西。这并不令人意外。如果我们要延续传统考古学曲解证据的倾向,我们可以从上面的目录中创建一个类似艺术的生产是如何开始的模型,有石制雕像、石英晶体和凹穴。这就是考古学将数据转化为模型的方法,但这是错误的方法。它只是证明了更新世考古学在大多数时候都是错误的。对上述目录的埋藏学解释恰恰相反:雕像、水晶和凹穴的证据表明,旧石器艺术并非始于雕像、水晶和凹穴。除非考古学家理解为什么会这样,然后将这种逻辑应用于所有发现,否则他们的学科只能是过去的"一致的杜撰"。

六、 结论

传统模型的两个主要支柱是:艺术始于欧洲的奥瑞纳文化;更新世岩石艺术主要是欧洲西南部特有的洞穴艺术。这两个概念都是严重的事实错误,它们的保存需要明确否认旧石器时代早中期艺术的存在,以及系统地忽视欧洲以外的更新世旧石器艺术。然而,澳大利亚所有的更新世岩石艺术基本上都应该被认为是旧石器时代中期的艺术,由于这个资料库被认为在数量上比旧石器时代晚期的欧洲艺术丰富得多,因此,我们似乎拥有更多幸存的旧石器时代中期岩石艺术,而不是旧石器时代晚期的。数以百计的学者一直致力于探索艺术起源的问题,但澳大利亚的更新世岩石艺术通常没有引起他们的注意,世界其他地区的旧石器艺术也没有引起他们的注意。由此产生的欧洲中心范式中隐含的空间偏见,继续未能采用埋藏学逻辑作为考古学的普遍理论,以取代几乎持续了两个世纪处于衰弱的均变说这一事实上的普遍理论,以及当他们的结果不符合风格期望时对测年科学家不体面的对待,这只是三个说明问题的因素。此外,当我们加上这样一个事实:几乎所有数不清的更新世艺术赝品都与欧洲西南部传统有关,当我们考虑到仍被认为是旧石器时代艺术的很大一部分可能要么是赝品,要么至少是全新世时代的艺术品(例如,考虑到拉斯科最著名的画作似乎是全新世时期的),这一研究领域确实处于危机之中,这应该是不言而喻的。

还有其他认识论或启发式的问题需要考虑。例如,在便携式艺术和西欧一样多的俄罗斯和西伯利亚,为什么没有一件旧石器时代艺术品的赝品?赝品在一个小地区的高度集中,似乎可以归因于同一个因素,即在同一地区导致了大量关于更新世时期岩石艺术和便携式艺术的虚假主张:过度关注该地区旧石器时代晚期艺术的重要性。这些都是值得分析的有趣话题。

总之,旧石器时代的艺术游说团体在解释现有的经验证据时犯了几个根本性的错误。在目前的情况下,有些问题不太重要,但在这里需要澄清以下问题。首先,它假定平面艺术的复杂性是由具象的复杂性,特别是通过"自然主义"的描绘来表示的(西方人认为的"自然主义"与其他人的看法有很大的不同)。其次,研究强度的地理差异如此严重,以至于发表的记录被严重曲解,但在假设构建或研究设计中都没有考虑到这一点。第三,艺术起源的主导教条不仅影响了我们对这个主题的思考,也影响了我们寻找、发现和认为相关的东西;它决定了研究方向和重点。第四,一般考古学的主导范式已经成功地指责、忽视和压制了欧洲以外或欧洲奥瑞纳文化之前的艺术传统数据,以及"解剖学上的现代"人类(如航海)出现之前的原始人类复杂程度的其他方面的数据。在这些数据无法被解释的情况下,它们被认为是"提前运行"的证据,考虑到数据中总是隐含着埋葬学偏差,这是一个特别不利的论点。

然而,最大的系统错误是忽视了埋藏学逻辑,根据这种逻辑,更新世旧石器艺术的大多数形式早于它们各自现象类别的埋藏学阈值。如果不应用这种逻辑形式,就不可能对这种证据的任何方面作出有效的解释,除非纯粹出于偶然。到目前为止,更新世艺术的研究一直以一种机会游戏的形式进行,缺乏系统的程序,也没有一个普遍的理论来解释在遥远的过去发生的事情是如何与我们所认为的"考古记录"相联系的。直到研究旧石器时代艺术的专家们——他们的声望和影响来自某种明显的神话般的感知能力——理解并运用了地形学的逻辑,并用变质学的科学框架取代这种偶然的游戏之前,他们的解释仍然是信仰体系的一部分。弗里曼(Freeman)非常敏锐地注意到旧石器时代艺术"圣殿"和宗教圣地的年代测定过程中惊人的相似性。他的论文需要每一位相信旧石器时代艺术专家的神话般的感知能力的人来阅读,这种能力使他们能够从一个主题的"风格"中知道它的年龄。在比较两种形式的确认时,弗里曼得出结论:"信仰的这两种表现形式,敬畏和经验的确认在更深的结构层面上有相同的起源。"除非这些信仰的表现被证伪、盲测和其他科学程序所取代,否则艺术专家的断言就不会比罗马天主教圣地仲裁者的断言更有效:它们很可能是有效的,但这不是问题所在。问题在于它们是否具有内在可证伪性。

附记:本文作者罗伯特·贝德纳里克是国际岩画组织联合会(IFRAO)主席,*Rock Art Research* 杂志主编,感谢作者惠允翻译。

本文译者系南京师范大学文博系 2022 级硕士研究生,校对者系文博系教师

记江苏宿迁凤凰墩 M26 的
随葬牲腿现象

陈　曦　王　平

一、 前言

　　商周时期,中原地区的高等级墓葬常使用完整的家畜四肢(牲腿)进行随葬,是一种特征鲜明的丧葬习俗。2011 年,在宿迁市凤凰墩墓群 M26 中,也见有随葬牲腿的现象。此为苏北地区的首次发现,故予以专门报道。

　　凤凰墩墓群位于宿迁市老城区的北部,马陵山余脉的南缘。2011 年,为配合基本建设,发掘东周至明清时期墓葬 73 座。其中,M26 为竖穴土坑墓,开口长 5.1、宽 5、墓室残深 1.9 米;出土随葬器物 36 件,包括青铜编钟、石编磬,以及铜缶、铜鼎、陶鼎、陶豆、陶罐等。发掘者认为,墓主可能为春秋晚期钟吾国的贵族。[①]

二、 动物遗存概况

（一）种属和部位

　　凤凰墩 M26 的动物骨骼摆放在二层台上,分为三堆:最东面一堆仅存痕迹,

[①] 南京大学历史学系、宿迁市博物馆:《江苏宿迁凤凰墩春秋贵族墓 M26 发掘简报》,《东南文化》2013 年第 6 期。

无法辨别;编钟东侧的一堆,保存稍好,现场鉴定为牛腿骨;编钟西面的一堆,现场鉴定为猪腿骨(图一)。

图一　凤凰墩 M26 牲腿出土位置示意图

骨骼风化严重,提取后均已十分破碎,但多数关节头仍保存完整。在室内,我们对这些残破骨骼进行了详细鉴定,确认包括黄牛和家猪两类。其中,黄牛的可鉴定标本 42 件,包括肱骨、尺骨、桡骨、掌骨和指骨,所有标本皆属左侧,代表了至少 6 个动物个体(图二)。家猪的可鉴定标本 4 件,包括左、右两侧的肱骨和桡骨,代表了至少 1 个动物个体。

综合现场和室内鉴定的结果,判断凤凰墩 M26 的随葬牲腿包括 6 条黄牛左侧前腿,以及左、右两侧各 1 条的家猪前腿。上述牲腿包括完整的肱骨、桡骨、尺骨和指骨,表面未见切割痕迹,应是使用了带肉的完整前腿进行随葬。

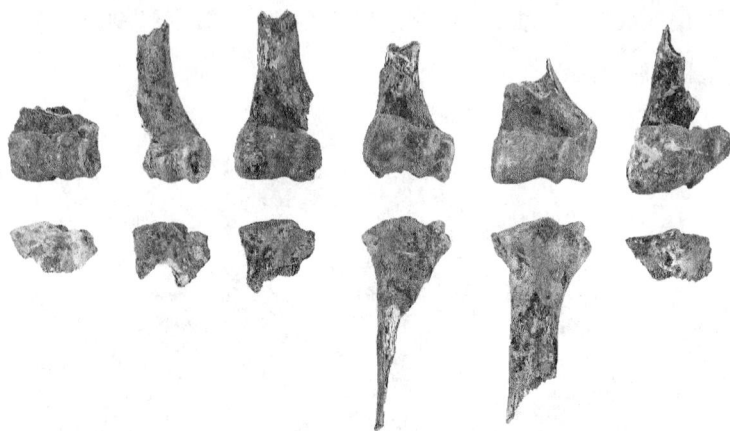

图二　凤凰墩 M26 黄牛的左侧肱骨远端（上）和左侧桡骨近端（下）

（二）动物年龄

根据现生动物的骨骺愈合资料①，可大致判断凤凰墩 M26 随葬动物的年龄。

1. 黄牛

现生黄牛前肢骨骼的愈合年龄如下：肱骨近端为 3.5—4 岁，肱骨远端为 1—1.5 岁；桡骨近端为 1—1.5 岁，桡骨远端为 3.5—4 岁；尺骨近端为 3.5—4 岁；掌骨远端为 2—2.5 岁；近节、中节指骨的近端为 1.5 岁。

凤凰墩 M26 的 6 件肱骨远端骨骺、6 件桡骨近端骨骺为已愈合或正在愈合（图二），说明年龄大于 1 岁，或在 1.5 岁左右；1 件尺骨近端尚未愈合，说明年龄小于 3.5 岁；5 件掌骨虽未保存远端骨骺，但近端皆不及成年个体的尺寸，说明小于 2 岁；3 件近节指骨的近端骨骺均处在愈合过程中，说明年龄约为 1.5 岁。综上，可知这些黄牛个体的年龄皆大于 1 岁，多数应在 1.5 岁左右。

2. 家猪

现生家猪桡骨近端的愈合年龄为 1 岁。凤凰墩 M26 两件家猪桡骨的近端骨骺皆未愈合，说明年龄小于 1 岁；但从其粗壮程度看，显然也并非幼猪，应属

① A. Silver. I. A. ,"The Ageing of Domestic Animals. In Don Brothwell，Eric Higgs"，*Science in Archaeology：A Survey of Progress and Research* (London：Thames and Hudson,1969)，pp. 283 - 302.

0.5—1 岁间的亚成年猪。

三、葬俗讨论

商周时期的随葬动物遗存大体可分为两类：一类是单独摆放的完整动物骨架，被认为是殉牲；另一类是动物的部分身体部位，往往置于二层台或棺椁上，被认为是祭牲。[①] 祭牲常用家畜的四肢，种类主要是猪、牛、羊，其中高等级墓葬多用牛腿，偶用马腿或狗腿。牲腿随葬现象最早见于商代早、晚期过渡阶段的藁城台西墓地[②]，商晚期广泛见于殷墟各墓地[③]，西周时期则见于长安张家坡遗址[④]、扶风云塘西周墓[⑤]、北京琉璃河燕国墓地[⑥]等。在临近的鲁南地区，滕州前掌大墓地的商晚期、西周墓葬中也有使用猪、牛、羊前肢随葬的现象。[⑦] 上述墓葬中，经过鉴定的牲腿多数为左前肢，反映了"贵前尚左"的丧葬观念。凤凰墩 M27 以左侧牛腿为主，皆选取亚成年动物，摆放在生土二层台上；这些特点与中原地区商代、西周时期的牲腿随葬如出一辙。凤凰墩 M27 也是目前所知地理位置最南，以及时代最晚的一处牲腿随葬墓。春秋时期，宿迁地区的人群是以钟吾国为代表的淮夷。这种"贵前尚左"的牲腿随葬是淮夷人群的固有习俗，还是受到了周人的影响？目前还难以准确回答。但从凤凰墩 M26 出土的编钟、编磬看，墓主显然已深度融入中原礼乐文明，因此在祭牲选择上的趋同也就不难理解。

陈曦系南京师范大学文博系 2003 级本科生，现为文博系讲师；王平系南京师范大学文博系 2005 级本科生，现就职于宿迁市博物馆

---

① 郜向平：《商系墓葬研究》，科学出版社，2011 年，第 132 页。
② 河北省文物研究所编：《藁城台西商代遗址》，文物出版社，1985 年，第 1—227 页。
③ 李志鹏：《殷墟晚商墓随葬牲腿现象的相关问题再探讨》，《南方文物》2019 年第 5 期。
④ 中国社会科学院考古研究所沣西队：《一九八七、一九九一年沣西长安张家坡的发掘》，《考古》1994 年第 10 期。
⑤ 陕西周原考古队：《扶风云塘西周墓》，《文物》1980 年第 4 期。
⑥ 北京市文物研究所编：《琉璃河西周燕国墓地 1973—1977》，文物出版社，1995 年，第 1—301 页。
⑦ 袁靖、杨梦菲：《山东滕州前掌大遗址出土动物骨骼研究报告》，中国社会科学院考古研究所编著：《滕州前掌大墓地》，文物出版社，2005 年，第 728—810 页。

战国早期楚国仿铜陶礼器初论

闻　磊

　　楚国陶器自成体系,无论是组合还是形制,都具有独特风格,是楚国物质文化的主要代表。楚国陶器主要由日用陶器和仿铜陶礼器两大系列组成。从研究角度而言,这两大系列虽有一定联系,二者却是各自独立的,各有其发展轨迹。

　　楚国陶器中日用陶器的出现相对较早。众所周知,至迟在西周一世,江汉地区即已存在一种有别于商鬲和周鬲的联裆鬲,而这种鬲已初具楚式鬲的某些特征。到了西周中晚期,周文化中那种固有的锥足或截锥足瘪裆鬲逐渐演变成联弧裆柱足鬲,且鬲足多以包裹的方法制成,同时鬲的肩部也多向外鼓而形成广肩的风格,具有足以区别于周式鬲的显著特征,此即真正意义上的楚式鬲,无论是高裆矮裆还是大口小口,都是如此。此外,在西周晚期至春秋早期还形成了具有楚式风格的日用陶器组合——鬲、盂、罐、豆。春秋中期时,日用陶器中罐的形制则演变成了大口长颈垂鼓腹凹圜底(或称长颈壶),这种长颈垂腹罐与联弧裆柱状包裹足鬲一样,是楚国独有的形制。至此,典型楚文化日用陶器系列得以形成。

　　相较于楚国日用陶器,楚国仿铜陶礼器出现的时间则稍晚一些。整体而言,目前公认最早的仿铜陶礼器是陕西张家坡 222 号墓所出的 5 件仿铜陶鼎,时代为西周中期。[①] 楚墓中仿铜陶礼器的最早出现目前所见应是当阳赵家湖出土的A 型陶鼎(ZHM2:2),鼎身为盆形,两耳位于沿面上,折沿折腹,外圜底,柱状足,

---

① 中国科学院考古研究所编:《沣西发掘报告》,文物出版社,1963 年。

足内侧有 U 型凹槽,与同期所见铜鼎的形制基本相似,时代为春秋早期。[①] 此型陶鼎具有浓厚的周式铜鼎作风,还没有形成楚国仿铜陶礼器中陶鼎的特征。到春秋中晚期,随着箍口鼎、子母口盖鼎、簠、敦、尊缶等一组特征鲜明、自成体系的楚式青铜器的出现,仿铜陶礼器也随之形成了自己的独特风格。

楚国仿铜陶礼器多以组合的形式出现,其基本组合是鼎簠缶、鼎敦壶等,且多有盘、匜与之同出。这些组合中各类器物的出现时间也并非一致,而是早晚有别。目前看来,陶鼎出现最早,而簠与敦则出现得稍晚一些,其中仿铜陶敦最早出现于春秋中期,而仿铜陶簠则始见于春秋晚期。尤为值得关注的是,鼎簠缶组合乃是楚国陶器独有的组合形式,是楚国陶器风格业已成熟的标志。由此可知,楚国仿铜陶礼器成组合的出现和运用应在春秋晚期。

半个多世纪以来,无论是在楚文化形成和发展的核心区域湖北,还是在河南、湖南等楚国故地,都出土了大量的楚国陶器,时代从西周晚期至战国晚期均有。本文之所以要单独论述战国早期楚国仿铜陶礼器的基本特征,原因有两点:其一,到了战国早期,楚国仿铜陶礼器无论是组合还是形制,都已完全具备楚文化风格,处于一个相对成熟的阶段,而这种相对成熟的陶礼器群在楚文化考古研究中占有举足轻重的地位,有必要进行更加深入的研究;其二,在过去的研究中发现,战国早期楚国仿铜陶礼器又往往上与春秋晚期或春秋战国之际,下与楚国中期早段的器物形制存在着不少模棱两可、难以分辨的情形,所以,正确把握战国早期楚国仿铜陶礼器的基本特征,对于整个楚国陶礼器群组的类型学考察、年代判定和分期研究具有重要意义。

考古发掘出土的楚国仿铜陶礼器绝大多数来自墓葬,其中,属于战国早期的墓葬和器物数量较多,与战国中晚期相比,占比也较大。研究得知,楚文化考古中的战国早期实际上可分为早、晚两段,笔者选择一些具有代表性的典型墓例分析探讨如下。

---

① 湖北省宜昌地区博物馆、北京大学考古系编:《当阳赵家湖楚墓》,文物出版社,1992 年,第 94、175 页。

江陵雨台山 M89

出土仿铜陶礼器主要是鼎、敦、壶，与之同出的日用陶器有陶豆、盘、匜、勺，均为泥质灰陶。①

鼎，形制为子口承盖，盖上饰环状纽；口沿外起方形凸棱，空附耳微外撤，直腹，下腹折转，圜底外凸；圆实蹄足外撤，足膝部施压印圆圈纹。这种口沿外起方形凸棱的鼎一般被称为箍口鼎，也称镳鼎。此类鼎的口部形态有两种，一种是口内敛而无子口，另一种是子口内敛（图一：1）。

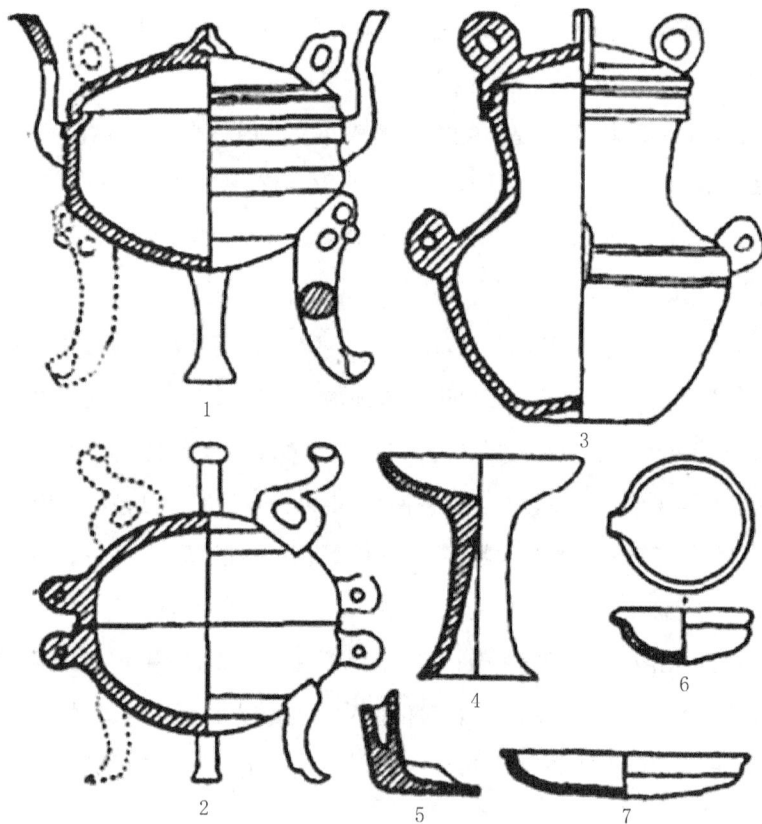

图一　雨台山 M89 出土陶器组合

[1. 陶鼎（M89：10）；2. 陶敦（M89：12）；3. 陶缶（M89：1）；4. 陶豆（M89：4）；5. 陶勺（M89：21）；6. 陶匜（M89：20）；7. 陶盘（M89：22）]

---

① 湖北省荆州地区博物馆编：《江陵雨台山楚墓》，文物出版社，1984 年，第 41—43 页。

敦，全器由盖和身扣合而成，盖顶有三个 S 形兽纽，身下有三个蹄足；直口，口沿两侧饰对称环纽；整体呈扁圆球形，口径大于身高（图一：2）。

缶，子口承盖，盖面隆起。口微敛，口沿外侧起方形凸棱，粗束颈，折广肩，垂腹，腹壁斜直，最大径位于器身中部；凹圜底，盖与肩部各装饰四个对称环纽（图一：3）。

豆，折腹浅盘，柄半空，柄尾端呈八字形，柄座不显。盘，窄折沿，浅折腹，外圜底近平（图一：4）。

匜，平面作圆形，敛口，短流，外圜底（图一：6）。

关于雨台山 M89 的年代，原报告《江陵雨台山楚墓》定为战国早期（该报告并未将属于战国早期的墓葬予以分段，后来，随着研究的进一步深入，发现这一期墓葬中鼎、敦、簠、缶等器物的形制还存在着一定程度上的变化和区别，所以又将其分为早、晚两段）。但也有学者认为，此墓所出器物形制较早，敦与缶可能早到春秋晚期，为稳妥起见，可将其定在春秋战国之际。[1] 经与其他相关墓葬作对比研究发现，与雨台山 M89 陶器形制相近、年代相同的典型墓葬主要有九店 M243、M267，赵家湖 JM229、JM66 等。雨台山 M89 之鼎与江陵九店 M157[2] 所出春秋晚期之鼎（图三：1）相比，年代要稍晚一些，而与九店 M267 之鼎（图三：2）以及当阳赵家湖 JM229、JM66 所出之 D 型 I 式鼎（图四：1、图五：1）基本一致。

这三座墓均为战国早期早段的典型墓葬。九店 M157 之鼎附耳较直，垂腹更深，形态更显庄重，形制显然要早一些，年代当属春秋晚期。雨台山 M89 之敦则基本同于当阳赵家湖 JM229 所出之敦（图四：3），均为扁圆体、三蹄足，赵家湖 JM229 敦明显仿自当地春秋晚期的铜敦；缶也晚于九店 M277 所出春秋晚期之缶（图三：6），后者腹更浅，最大径更靠下一些，且盖顶与肩部均施圆圈纹。值得注意的是，虽然雨台山 M89 要晚于九店 M277[3]，但其与九店 M267，赵家湖 JM229、JM66 等墓相比，缶的形制是存在一定差异的，前者要显得稍早一些，其出现时间有可能在春秋战国之际。考虑到如果将春秋战国之际分为一期，那么

---

① 郭德维：《楚系墓葬研究》，湖北教育出版社，2020 年，第 171—172 页。
② 湖北省文物考古研究所编著：《江陵九店东周墓》，文物出版社，1995 年，第 370 页。
③ 湖北省文物考古研究所编著：《江陵九店东周墓》，文物出版社，1995 年，第 370 页。

这一个期别的年代范围却无法或很难界定，况且，该墓的鼎和敦又确实是战国早期早段的形制，所以，雨台山 M89 的年代还是定在战国早期早段为宜。

江陵九店 M243

出土仿铜陶器组合为鼎、敦、缶（图二）。[①]

鼎，基本形制与雨台山 M89 近似，只是口部作敛口而无明显的子口形态，此与赵家湖 JM299 之 D 型鼎相同（图二:1）。

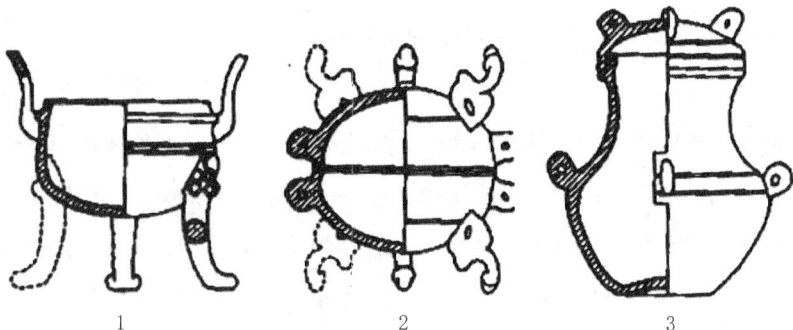

图二　九店 M243 出土仿铜陶礼器组合
[1. 陶鼎（M243:4）;2. 陶敦（M243:7）;3. 陶缶（M243:1）;引自《江陵九店东周墓》第 371 页]

敦，由盖和身扣合而成，器身大体呈圆球形，稍扁，口径略大于身高，盖顶及身下均有三个 S 形兽纽，整体形态基本同于雨台山 M89 之敦，但身下不是蹄足而是 S 形兽纽，说明蹄足和 S 形兽纽是同时存在的（图二:2）。

缶，形制同于上例雨台山 M89 所出之缶（图二:3）。

由上可知，此墓的年代亦属战国早期早段无疑。

江陵九店 M267

出土仿铜陶礼器的主要组合为鼎、簠、缶，同出有日用陶器鬲、盂、长颈罐。[②]

鼎，形制与雨台山 M89 略同，只是盖上饰兽形立纽（图三:2）。

簠，直口，浅折腹，上腹直，下腹斜折，身、盖扣合后呈长方盒形，弓形纽，矩形

---

① 湖北省文物考古研究所编著:《江陵九店东周墓》,文物出版社,1995 年,第 371 页。
② 湖北省文物考古研究所编著:《江陵九店东周墓》,文物出版社,1995 年,第 372 页。

足较矮，外张度小，两端略小于器身。其与九店 M277 之簠相比，器身相对较高，直腹略大于折腹，形制显然要晚于后者（图三：3）。

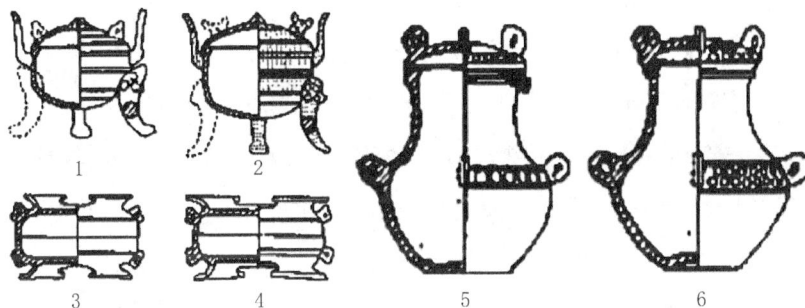

图三　九店 M157、M267、M277 出土仿铜陶礼器
[1、2. 陶鼎（M157：1、M267：2）；3、4. 陶簠（M267：8、M277：5）；5、6. 陶缶（M267：1、M277：1）；引自《江陵九店东周墓》第 370、372、410 页]

缶，子口承盖。口微敛，口沿外侧起方形凸棱，粗弧颈，溜肩，鼓腹，腹壁圆弧，最大径位于器身中部；凹圜底近平，盖与肩部各装饰四个对称环纽。此缶与雨台山 M89 和九店 M277 之缶形制大体近似，只是底部近平，亦属战国早期早段的形制（图三：4）。

当阳赵家湖 JM229

出土仿铜陶礼器的主要组合为鼎、敦、缶（壶）和鼎、簠、缶，此外，同出的日用陶器有豆、罍、盘、勺等。①

鼎，共 2 件，根据口、腹形态的不同可分两型，原报告称 D、E 两型。D 型为箍口鼎，深腹较直，且作垂腹，口沿下起方形凸棱，属早期形制（图四：1）；E 型为子口浅腹鼎，口沿下无凸棱，此型鼎一般被称为子口鼎（图四：2）。

敦，与上例雨台山 M89 之敦略同，扁圆腹，三蹄足，且蹄足膝部以及盖顶均饰压印圆圈纹（图四：3）。

簠，直口，浅折腹，上腹直，下腹斜折，身、盖扣合后呈扁长盒形，腹壁折转处

———

① 湖北省宜昌地区博物馆、北京大学考古系：《当阳赵家湖楚墓》，文物出版社，1992 年，第 38、180 页。

饰弓形纽。矩形足不高,外张度小,两端略等于器身。器身底面和盖顶均饰十字形压印圆圈纹(图四:4)。

　　缶,共2件,根据口沿的不同可分两型(原报告只分一型,均作 A 型壶),一型为子口内敛,口沿下起方形凸棱,应有盖,已缺失。粗颈较直,圆广肩,底近平,矮圈足。肩部饰压印圆圈纹(图四:5)。此型缶虽与雨台山 M89 和其他同期墓葬所出之缶存在差异,比较特殊,但同墓共存的鼎、敦、簠等器类形制较早,均为战国早期早段,可证该缶的年代亦应为战国早期早段。另一型为侈口尖唇,口沿下无方形凸棱,有盖,盖内作子口,盖上饰四个兽形立纽,与同期其他缶盖上的环纽不同;颈较细较长,溜肩,圆腹,最大径偏下而位于中腹,凹圜底,矮圈足,肩部、颈部和盖顶均饰压印圆圈纹(图四:6)。笔者认为,这件侈口缶虽似缶非缶、似壶非壶,但依口沿形态判断,应该将其视为壶(缶形壶),可与赵家湖 B 型壶归为一类,且形制早,应是楚国仿铜陶壶(侈口铺首壶)的早期形态,其年代亦应为战国早期早段。

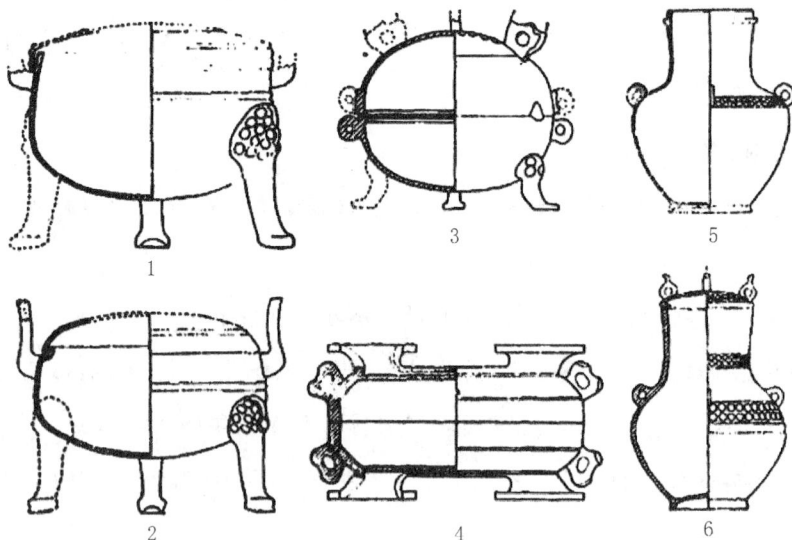

图四　当阳赵家湖甲类墓 JM229 出土仿铜陶礼器组合
[1、2. 陶鼎(JM229:13、11);3. 陶敦(JM229:26);引自《当阳赵家湖楚墓》第180页]

当阳赵家湖 JM66

出土的仿铜陶礼器组合为鼎、簠、缶(图五)。①

鼎,基本形制与雨台山 M89 略同(图五:1)。

簠,形制与上举墓例九店 M267 相同,矩形足外张度略等于器身(图五:2)。

缶,颈较细且微弧束,圆弧腹,与九店 M267 略同,只是后者的底较平,其形制比九店 M277 之缶显然要晚,应属战国早期早段(图五:3)。同时,赵家湖 JM229 之缶也是近乎平底且有矮圈足,可见这几种形制的缶底是可同时存在的。

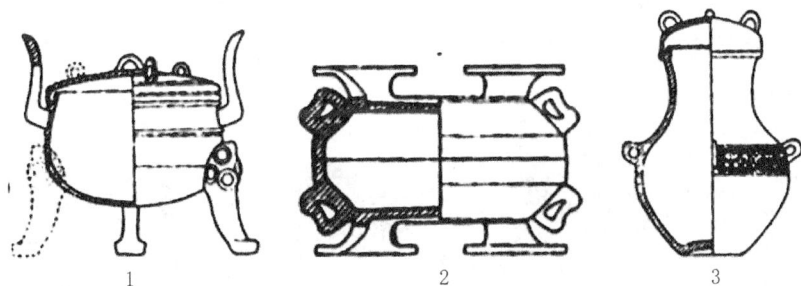

图五　当阳赵家湖乙类墓 JM66 出土仿铜陶礼器组合

[1. 陶鼎(JM66:11);2. 陶簠(JM66:10);3. 陶缶(JM66:4);引自《当阳赵家湖楚墓》第 188 页]

江陵九店 M43

出土仿铜陶礼器组合为鼎、簠、缶,鼎、敦、壶,与之同出的日用陶器还有豆、小口罐形鼎、罍和盉。②

鼎,共 4 件,分两型,原报告称 A 型和 B 型,各 2 件。A 型,箍口鼎,形制作敛口,有盖,口沿外侧起凸棱一周,附耳微外撇;深弧腹,外鬲底,圆实蹄足外撇,足膝部饰压印圆圈纹(图六:1);B 型,子口鼎,口内敛,口沿外侧无凸棱,腹较浅,腹壁弧,外鬲底,圆实足外撇(图六:2)。

敦,共 2 件,形制相同,由盖和身扣合而成,器身为扁圆形,口径大于身高,盖顶及身下均有三个 S 形立兽纽(图六:3)。此敦与上例九店 M243 之敦相比较,

---

① 湖北省宜昌地区博物馆、北京大学考古系:《当阳赵家湖楚墓》,文物出版社,1992 年,第 188 页。
② 湖北省文物考古研究所编著:《江陵九店东周墓》,文物出版社,1995 年,第 358 页。

器身要更扁。

篹,共2件,为一型,形制同上例赵家湖JM229所出之篹,属早期早段的形制(图六:4)。

缶,亦2件,为一型,敛口,口沿下起方形凸棱,短粗颈,圆凸肩,圆弧腹,最大径位于器身上部,凹圜底,矮圈足。肩部饰压印圆圈纹和四个对称环纽(图六:5)。

壶,只出1件,侈口带盖,短颈微弧,凸肩,圆鼓腹,最大径位于器腹中部,内凹底,矮圈足微外撇。壶的肩部饰简单兽首形铺首,无衔环(图六:6),这一铺首应是先模制成型后再粘贴上去的,呈浅浮雕状。上述各类器物均属战国早期早段的基本形制。

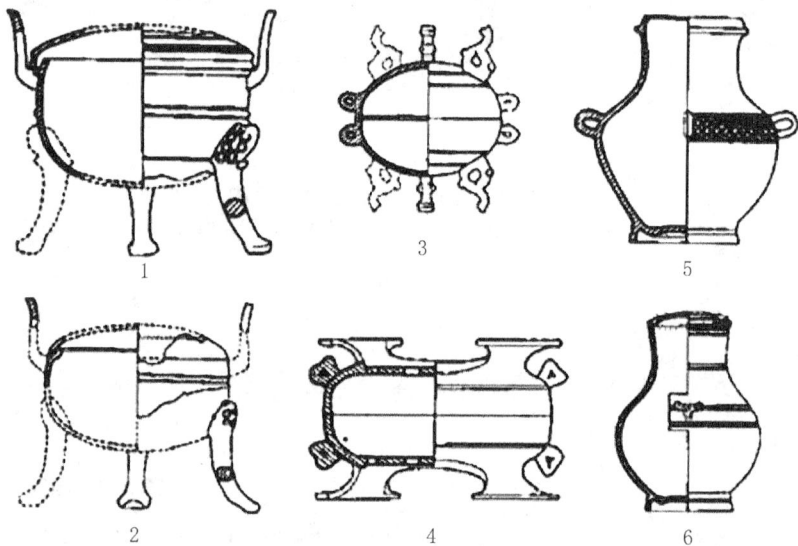

图六　九店M43出土仿铜陶礼器组合
[1、2. 陶鼎(M43:13,15);3. 陶敦(M43:14);4. 陶篹(M43:12);5. 陶缶(M43:2);6. 陶壶(M43:1);引自《江陵九店东周墓》第358页]

以上所举墓例中,雨台山M89、九店M243是出鼎、敦、缶的典型墓葬,九店M267、赵家湖JM66是出鼎、篹、缶的典型墓葬,而赵家湖JM229、九店M43则是同出鼎、敦、壶和鼎、篹、缶两套组合的墓葬。这几座墓葬的年代均为战国早期早段,是同时期墓葬的代表性墓例。

下面笔者再讨论战国早期晚段楚国仿铜陶礼器的特征。战国早期晚段的仿铜陶礼器与早期早段相比,各类器物的形制均具有一定的差异,也出现了一些新的东西,需要认真分析。

江陵雨台山 M157

此墓出土的主要仿铜陶礼器组合为鼎、簠、缶,同出的日用陶器则有豆、罍、圜耳鼎、镰壶和盘。[1]

鼎,形制为敛口带盖,盖上饰环状兽纽;口内敛,口沿外侧起凸棱一周,附耳较直;深直腹,外圜底;柱状高蹄足较直,足内侧有既浅又窄的细刻槽,足膝部饰压印圆圈纹(图七:1)。

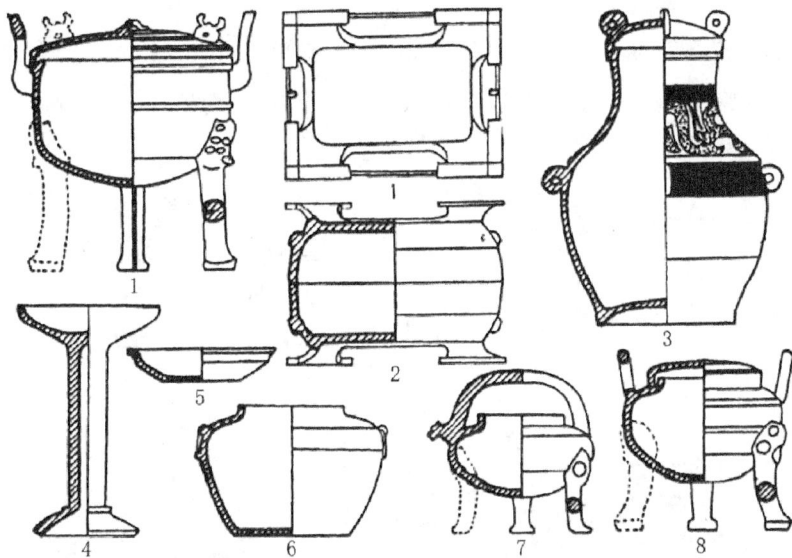

图七 雨台山 M157 出土陶器组合

[1. 陶鼎(M157:1);2. 陶簠(M157:6);3. 陶缶(M157:4);4. 陶豆(M157:13);
5. 陶盘(M157:17);6. 陶罍(M157:7);7. 陶镰壶(M157:11);8. 陶环耳鼎(M157:10);
引自《江陵雨台山楚墓》第 137 页]

---

① 湖北省荆州地区博物馆:《江陵雨台山楚墓》,文物出版社,1984 年,第 137 页。

簠,器身较高,直口,深腹,上腹较直,下腹斜折,身、盖扣合后呈长方盒形,腹壁折转处饰方形凸纽。矩形足较高,外张度较小,两端外张度略大于器身(图七:2)。

缶,形体高大。子口承盖,盖面弧隆。敛口,口沿下有一周方形凸棱,粗颈微弧,圆肩,深弧腹,最大径在肩部。凹圜底,矮圈足。盖即肩部各有四个对称环纽,颈部似施有彩绘纹饰(图七:3)。

盘,形制为敞口平折沿,浅折腹,平底,属较早形制(图七:5)。

墓中同出的圜耳鼎和镶壶均作小口罐形,兽蹄足微外撇,足膝部均施压印圆圈纹,形制均较早。

江陵九店 M44

出土成组合的陶礼器主要有鼎4件,簠、敦、缶、壶各2件,其他陶器还有罍、盉、小口鼎、豆、釜、豆等。[①]

鼎,分为箍口鼎和子口鼎两型,各2件。箍口鼎,敛口带盖,深腹较直,圆实蹄足微外撇,足膝部饰压印圆圈纹(图八:1);子口鼎,口内敛,口沿外侧无凸棱,

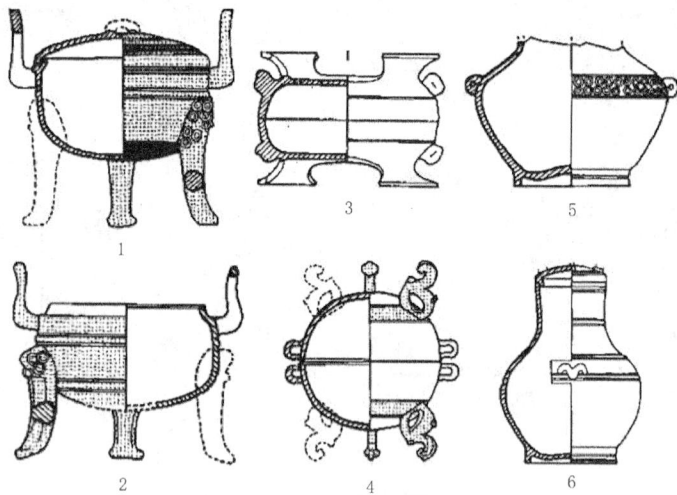

图八　九店 M44 出土仿铜陶礼器组合
[1、2. 陶鼎(M44:14、16);3.陶簠(M44:12);4.陶敦(M44:3);5.陶缶(M44:21);6.陶壶(M44:18);引自《江陵九店东周墓》第359页]

---

① 湖北省文物考古研究所编著:《江陵九店东周墓》,文物出版社,1995年,第359页。

腹稍浅,实足,足外侧中间凸起,膝部饰压印圆圈纹(图八:2),整体形制与九店M43之同型鼎略同。

簋,器身较矮,口微敞,弧壁,凸纽(与弓形纽不同)(图八:3)。

敦,器身略呈椭圆形,身高略大于口径,盖与底均作S形纽(图八:4)。

缶,口及颈部残失,仅存肩腹及底部。形制作凸肩鼓腹,凹圜底,矮圈足(图八:5)。

壶,形制同于九店M43之壶,亦为有铺首无衔环(图八:6)。

上述雨台山M157和九店M44与上例九店M43等墓相比较,其中鼎的大体形制基本一致,只是前者的鼎足或内侧有纵向刻槽,或外侧起纵向凸棱;簋,前者器身加高,腹壁变弧,纽作凸纽而不再是弓形纽;敦,前者器身均等于或略大于口径而呈圆形或微椭圆形。这些区别实际上是同类器中所存在的纵向发展关系,表明前者要晚于后者,但又无不具有战国早期的作风(特别是缶),所以,其年代应定在战国早期晚段。该墓所出的壶与九店M43之壶无论是器形还是铺首均较为相同,说明此类壶在战国早期的早段和晚段都是存在的。

江陵九店 M10

此墓原报告分类为乙组甲类墓,出土陶器较多,主要仿铜陶礼器组合为鼎、簋、缶和鼎、敦、壶,还同出有小口鼎、罍、盘、匜等日用陶器。[①]

鼎,共4件,箍口鼎和子口鼎各2件。箍口鼎,深腹较直,敛口,口沿下起方形凸棱,蹄足,足内侧有较窄的三角形槽,足膝部饰压印圆圈纹(图九:1);子口鼎,口内敛,口沿外侧无凸棱,腹较深,腹壁圆弧,外圜底,圆实足较直(图九:2)。

簋,2件,形制基本同于上例雨台山M157之簋,只是腹壁作弧形,无直边(图九:3)。

敦,2件,形制相同,器身作圆球形,口径略等于身高,盖顶及身下均有三个S形立兽纽(图九:4)。此敦与九店M243、M43所出之敦虽近似,但器身更圆,年代也要稍晚一些。

缶,2件,形体高大,子口承盖,盖上饰四个对称的环纽。口沿下起凸棱,短

---

① 湖北省文物考古研究所编著:《江陵九店东周墓》,文物出版社,1995年,第360页。

粗颈微弧,圆肩,鼓腹,最大径偏上。凹圜底,矮圈足(图九:5)。

　　壶,2件,侈口带盖,盖上三立纽,溜肩,圆鼓腹,凹圜底,矮圈足。肩部饰两个对称的简单的衔环铺首,铺首作简单的兽首形(图九:6)。

　　盘,1件,形制同上例雨台山 M157 所出之盘,亦属较早形制(图九:7)。

　　此墓的年代,过去存在着一些小争议,原报告将其定为战国中期早段,笔者认为其应为战国早期晚段。江陵九店 M10 出有鼎簠壶和鼎敦缶两组仿铜陶礼器,其中,箍口鼎的整体形态与上例九店 M44 之同型鼎基本相同,只是足内侧有较浅的三角形刻槽;其子口鼎则为圆腹实蹄足,且两型鼎兽蹄足的膝部均饰有压印圆圈纹,所以,此二鼎的形制均应属于战国早期晚段。九店 M10 所出之敦与同墓地中属于战国早期晚段的 M44 所出之敦形制基本相同,均为整体作圆球形,有 S 形足或纽。《江陵九店东周墓》报告将 M10 定为战国中期早段,但同时又认为其年代接近于战国早期晚段。我们认为,这个 M10 的年代不仅仅是接近于战国早期晚段,实际上就应为战国早期晚段。

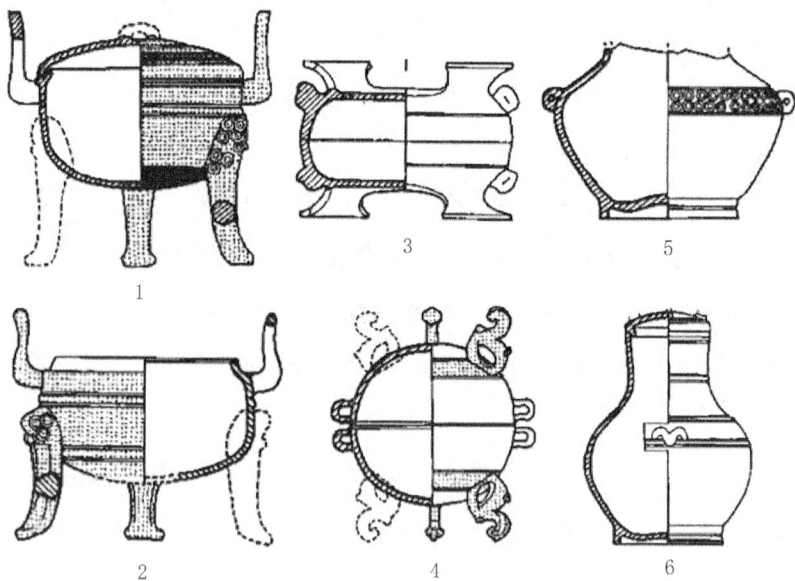

图九　九店 M10 出土仿铜陶礼器组合
[1、2. 陶鼎(M10:3、17);3. 陶簠(M10:15);4. 陶敦(M10:8);5. 陶缶(M10:4);
6. 陶壶(M10:9);7. 陶盘(M10:13);引自《江陵九店东周墓》第 360 页]

荆州冯家冢 BXM13

该墓是荆州八岭山楚王陵园冯家冢北侧殉葬墓中的一座,在其壁龛内出土了鼎、敦、缶仿铜陶礼器一组,另同出日用陶器盘和匜各1件。[1]

鼎,泥质灰黄陶,器表施黑灰色陶衣。子口承盖,盖顶有桥纽,口沿外侧起方形凸棱。附耳直立,深直腹,外圜底下垂,腹与底相交处折转,兽蹄足微外撇,足内侧有三角形刻槽,蹄足膝部饰压印圆圈纹(图十:1)。

敦,泥质灰黄陶,器表有红彩残痕。全器由盖和身扣合而成,整体略呈圆球形,身比盖稍浅,身高略等于口径;盖与身分别有"S"形纽和足(图十:2)。

缶,陶质为泥质红褐陶。子口承盖,盖顶中央及外圈饰密集的压印圆圈纹,子口内敛,弧束颈,斜溜肩,内凹底,有矮圈足(图十:3)。

该殉葬墓陶器的陶色在楚国仿铜陶礼器中是比较少见的,多在早期才可见到。鼎作深垂腹且形体厚重,形制与属于春秋晚期的九店 M157 之鼎(图三:1)接近,只是足内侧的三角形刻槽使其年代只能靠后,但其组合中的敦不晚于九店 M44(图八:4)和九店 M10(图九:4)之敦,故其年代亦应为战国早期晚段。

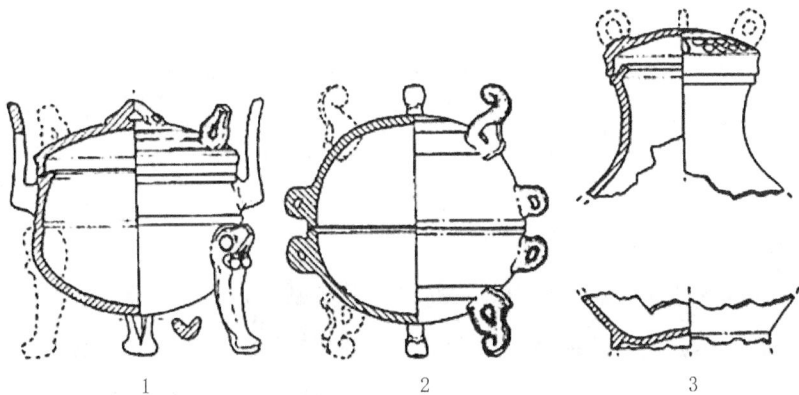

图十　冯家冢 BXM13 出土仿铜陶礼器组合
[1. 陶鼎(BXM13:5);2. 陶敦(BXM13:6);3. 陶缶(BXM13:7);引自《湖北荆州八岭山冯家冢楚墓 2011~2012 年发掘简报》图四二]

① 荆州博物馆:《湖北荆州八岭山冯家冢楚墓 2011~2012 年发掘简报》,《文物》2015 年第 2 期。

当阳赵家湖 JM42

出土的仿铜陶礼器组合为鼎、簠、缶,同出有陶豆、罍、镶壶等日用陶器。

鼎,浅子口内敛,口沿外侧起方形凸棱,上腹较直,外圜底,三蹄足较高,足内侧有三角形刻槽,足膝部饰压印圆圈纹并组成兽面(图十一:1)。

簠,器身较高,敞口,弧壁(无直边),中腹饰方形凸纽,矩形足亦较高,外张度较大,形制与九店 M10 之簠(图九:3)相同(图十一:2)。

缶,形体较大。子口承盖,盖面弧隆。敛口,口沿下起方形凸棱,粗束颈,圆肩,深鼓腹,最大径偏上。底近平,矮圈足(图十一:3)。

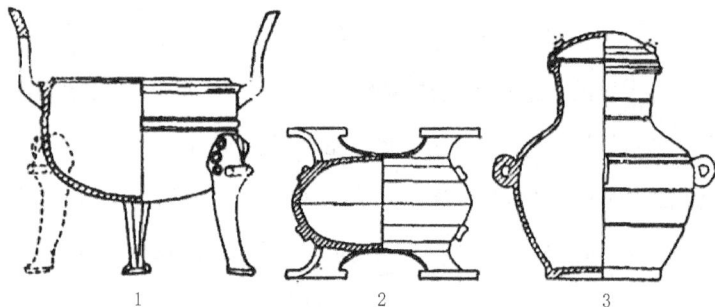

图十一　赵家湖 JM42 出土仿铜陶礼器组合
[1. 陶鼎(JM42:9);2. 陶簠(JM42:13);3. 陶缶(JM42:4);引自《当阳赵家湖楚墓》第 189 页]

该墓在原报告中被分为第五期九段,年代为战国早期晚段,分期精准。该墓地中还有 YM4,也是该时段的代表性墓葬,出鼎、簠、敦,可惜组合不全,没出缶和壶。赵家湖 YM4 之鼎与赵家湖 JM42 之鼎形制相同,属早期晚段;簠虽作敞口,但器身矮,且饰弓形纽,属早期早段的形制;敦则呈椭圆形,身高明显大于口径,较矮三蹄足,亦属晚段形制。由此可见,赵家湖 YM4 的年代实际上为战国早期晚段,其与赵家湖 JM42 一样,是此墓地中该时段的标型墓。

长沙楚墓 M89(浏城桥 M1)

原编号为 71·长·浏·M1[①],在 2000 年出版的《长沙楚墓》中被重新编号

[①] 湖南省博物馆:《长沙浏城桥一号墓》,《考古学报》1972 年第 1 期。

为 M89①。该墓出土各类陶器共 53 件,种类有 14 种之多,这里只是选择其中最有组合意义的鼎、簠、敦、缶、壶五类器物作进一步考察。

鼎,共 10 件,原报告将其分作升鼎、镬鼎、鐈鼎和小口鼎四类,其中最具年代特征且与本文相关的是镬鼎和鐈鼎。镬鼎,亦称“镬鼎”,是用以烹牲的大鼎,形体大而厚重,浅子口,有盖,盖顶中央有圆形捉手,口沿外侧有方形凸棱,深腹,外圜底,实蹄足,足内侧削平且微内凹,足的膝部饰压印圆圈纹(图十二:2);鐈鼎,鼎口较直,口沿外侧有方形凸棱,盖作斜面,盖顶中央有圆形桥纽套环,深直腹,外圜底,三兽蹄足较高且微外撇,足的膝部饰压印圆圈纹,足内侧自上至下有三角形刻槽(图十二:3)。此二类鼎的基本形制颇为接近,只是一为实足、一为三角形刻槽足,但二者的口沿外侧均有方形凸棱,故其均可视为箍口鼎类,现以其中的鐈鼎为例进行分析。此鼎的整体形态略同于前例九店 M267 之鼎,但九店 M267 之鼎为圆实足,且子口较深,形制明显要早。与此鼎形制最为接近甚至基本一致的是上例中的冯家冢 BXM13(图十:1)和赵家湖 JM42(图十一:1),均作深直腹,足内侧有三角形刻槽,可互证三鼎的年代应基本相同。

除镬鼎、鐈鼎外,该墓还出有升鼎。升鼎是楚和楚系墓葬中特征最为明显的一种鼎制,乃是仿铜升鼎而作,形体较小,形制为敞口,方唇,斜折沿,斜直耳外撇,腹较深,束腰,平底,矮蹄足,足膝部饰压印圆圈纹,自足上部至口沿处饰三道爬兽,或以为飞龙(图十二:1)。此升鼎形制接近于寿县蔡侯墓和随县曾侯乙墓所出的升鼎,但腹明显加深,足亦变矮,故其年代显然要稍晚一些,当属早期晚段。

敦,共 2 件,虽均为蹄足,但整体形态具有差异,故《长沙楚墓》将其分为 A、B 两型。A 型敦,身与盖扣合后作圆球形,盖与身形制分明,盖顶作三个矮环纽,身下有三个矮蹄足(图十二:4);B 型敦,身与盖扣合后呈椭圆形,身高明显大于口径,盖上饰三个兽形立纽,身下有三个兽蹄足,蹄足较高且外撇(图十二:5)。此二敦虽分为两型,但基本特征还是比较一致的,又同出一墓,所以,这个 A 型敦应是一种异型,二者并无年代差别,而考察敦的发展变化则当以该墓出土的形制

① 湖南省博物馆等编著:《长沙楚墓》,文物出版社,2000 年。

规范的 B 型敦为主。

纵观东周楚墓出土的仿铜陶敦,其演变规律大体为整器由扁圆球体向椭圆体发展。战国早期一般为扁圆体或圆球体,身高一般要小于或略等于口径,战国中期则多为椭圆体。至于敦的纽和足,春秋晚期至战国早期,身、盖及纽、足不同和身、盖及纽、足相同是同时存在的,但以盖上为兽纽、身底为兽蹄足者为主。战国早期早段的敦多为扁圆体,身高一般要小于口径;战国早期晚段则多为圆球体,身高一般等于或略等于口径;战国中期,蹄足敦已基本不见,仅在极个别战国早中期之际或战国中期早段之初的楚墓中可见蹄足敦,应属蹄足敦形制的遗留,盖与身的纽或足也变得基本相同。如此看来,蹄足敦存在的下限大体为战国早期晚段。

簋,共 3 件,形制相同。直口,浅腹,上腹直,下腹斜折,直腹壁较小,平底较大,身、盖扣合后呈扁盒形,饰弓形纽。矩形足矮而外张,但外张程度较小,略大于器身,但与弓形纽基本平齐(图十二:6),形制与赵家湖 JM66(图五:2)、九店M43(图六:4)两件簋基本相同,属早期早段的基本形制。此簋的特点是浅扁腹,腹的直壁小于斜壁,矩形足外张度较小,有弓形饰纽,这些都是战国早期的特点。

缶,共 2 件,形制相同。形体矮胖。子口承盖,盖面弧隆。子口较深且微敛,口沿下有一周方形凸棱,粗颈微束,广肩,圆弧腹,最大径在中部。凹圜底,矮圈足。盖即肩部各有四个对称环纽,盖顶及肩部饰压印圆圈纹(图十二:7)。此缶与上例九店 M10 之缶(图九:5)近似,后者虽无压印圆圈纹,但同墓所出的鼎足上有圆圈纹装饰,可见其应为同期同时,属早期晚段。

缶是一种具有年代意义的重要器物,其演变趋势大致为颈由长弧束向短弧直发展,肩由斜溜向圆广变化,腹部由垂腹和扁腹向圆弧腹变化且最大径由下而上逐渐升高,底部由凹圜底向凹圜底矮圈足再向圜底高圈足然后向平底或外圜底高圈足最后向平底假圈足发展。战国早期主要是凹圜底和凹圜底矮圈足两种,早晚两段同时存在。

壶,共 2 件,形制相同。口微敞,粗颈,斜溜肩,长弧腹,下腹圆鼓,最大腹径在下腹,内圜底,底与腹壁相交处向上折转,矮圈足外撇。肩部饰两个衔环铺首,铺首简朴原始;有盖,盖面饰两圈压印圆圈纹和变形兽纽(图十二:8)。此壶形制比较特殊,带有浓郁的地方特征,江陵纪南城周边几乎没有与之完全相同的器形,目前所见,能与之相类的略有江陵九店 M44(图八:6)所出之壶,也与九店 M10 所出之壶大体相似(图九:6),基本形制均为溜肩圆鼓腹,最大径位于中腹,平底微内凹,矮圈足,铺首及其衔环仅具原始雏形,虽具有差异,但相同点较多,加上同出的其他器类也多有相同之处,所以,三者的大致年代亦应相同,年代应属于战国早期晚段。

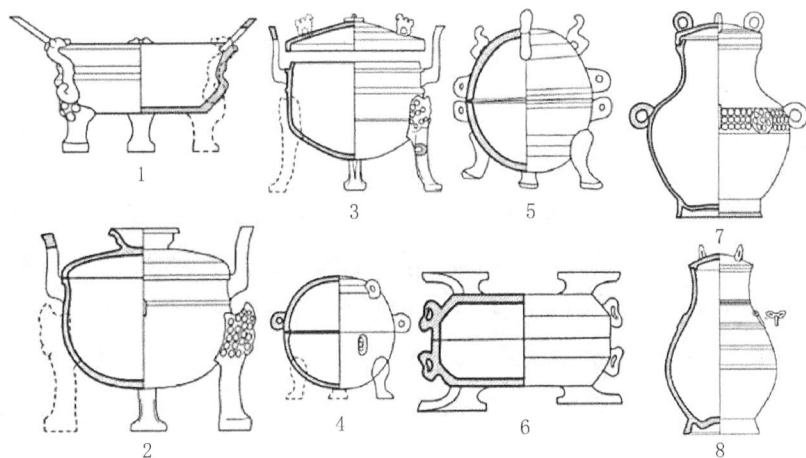

图十二　长沙楚墓 M89 出土仿铜陶礼器组合

[1、2、3. 陶鼎(M89:53、82-1、96);4、5. 陶敦(M89:39、29);6. 陶簠(M89:1);7. 陶缶(M89:101);8. 陶壶(M89:33);引自《长沙楚墓》第461、462页]

长沙楚墓 M89(浏城桥 M1)是一座极其重要的墓葬,学术界一致认为其乃整个楚文化考古学分期中战国早期的标型墓之一。郭德维先生说:"如何划分战国早期和战国中期前段墓,以浏城桥1号墓为标尺,属于战国早期的墓应比它早或基本同时;属于战国中期的墓,应比它晚。"[1]近年来,也有学者因为该墓中镶鼎(箍口鼎)的足上有三角形刻槽而认为其年代应定为战国中期早段。[2] 我们认为,鼎足上的三角形刻槽于战国早期晚段即已出现和存在,不能因此而影响该墓

---

[1] 郭德维:《楚系墓葬研究》,湖北教育出版社,2020年,第172页。
[2] 张绪球:《熊家冢和冯家冢的年代及墓主》,湖北省社会科学院组编:《楚学论丛》第6辑,湖北人民出版社,2017年。

的年代判定。

上述墓例中,1—6例(图一—六)属早期早段,7—12例(图七—十二)属早期晚段。在湘、鄂、豫等楚国故地中,已发掘的战国早期楚墓相对而言还是比较多,最近几年又相继报道了多批新材料,可供研究的资料已经很丰富。但是,综合各地材料来看,还是以荆州纪南城周边地区的有关材料最为集中和最能说明问题,所以,本文选择的墓例基本上则是来自这一地区,其他地区仅选择了长沙楚墓M89(浏城桥M1)一墓。

以上,我们对12座墓葬所出的主要陶器作了一些简要的类型学考察和基本的年代判断,使我们对战国早期早、晚两段存在的鼎、敦、簠、缶、壶的相互组合情况和组合中各类器物的基本特征有了一个比较清晰的认识。

关于组合情况。战国早期楚国仿铜陶礼器的组合主要有三种,即鼎敦缶、鼎簠缶、鼎敦壶。前两种组合中只出其中任意一种组合的,早、晚两段均有存在,且两种组合中鼎的形制均为箍口鼎。上举墓例中的雨台山M89、九店M243(鼎敦缶)、九店M267、赵家湖M66(鼎簠缶)为早期早段,而雨台山M157、赵家湖M42(鼎簠缶)、冯家冢BXM13(鼎敦缶)则为早期晚段,可见这两种组合乃是战国早期楚国仿铜陶礼器的基本组合。第三种组合也是存在于整个战国早期,但数量较少,且只出现在鼎簠缶、鼎敦壶两套组合同出的墓中(墓例有属于早段的赵家湖JM229,九店M43和晚段的九店M44、M10以及浏城桥M1),目前尚未见其单出。一般而言,凡同出鼎簠缶、鼎敦壶两套组合者,其中的鼎则均可分作箍口鼎和子口鼎两型,而与子口鼎配伍为组合的则均应是敦和壶,而箍口鼎则多与簠和缶配为组合,也有与敦、缶配伍的,但较少,可能只存在于楚式仿铜陶壶(铺首陶壶)出现之前。可以说,自从铺首陶壶出现之后,与之配为组合的基本上都是子口鼎和敦,甚至到了战国中期,凡单出鼎敦壶组合者,其鼎也绝大多数为子口鼎。

关于壶(铺首壶)以及鼎敦壶组合的最早出现,目前所见到的则是战国早期早段,上例中赵家湖JM229所出之壶和鼎敦壶(缶形壶)组合应是最早的例证。赵家湖JM229之壶,形制作侈口尖唇,无方形凸棱,有盖,盖上饰兽形立纽;颈较细较长,溜肩,圆腹,凹圜底,矮圈足;肩部、颈部和盖顶均饰压印圆圈纹。此器与缶的根本区别在于其形制作侈口、口沿外侧无凸棱（而缶则为敛口、有凸棱），说明此器从根本上已不属于缶的形态，故完全可以被称为壶，但其尚未出现铺首，且肩、腹及盖顶部位还饰有压印圆圈纹，还保留有部分缶的印痕。所以，此壶还只是壶的最初形制，其与晚段出现的铺首壶还存在着一定的差异。尽管如此，它却是一个极大的突破，让我们了解到了缶向壶转化的原始状态，同时也让我们知道了鼎敦壶配伍的最早的组合形式。同样，九店 M43 之铺首壶的出现，进一步证明了战国早期早段鼎敦壶组合即已存在。

仿铜陶礼器的组合如此，那么，其组合中各类器物（主要是鼎、敦、簠、缶、壶）的形制又有哪些基本特征呢？根据对上述所举墓例的考察和分析，我们可得出如下认识。

第一，鼎，明确配为组合的鼎主要有两型，一是箍口鼎，一是子口鼎。这两型鼎的上部形制是大体相同的，均为敛口或浅子口，深直腹，外圜底，形体厚重。一般来讲，早期早段的鼎，多为深腹且略作垂腹状；晚段，鼎腹相对变浅，但变化不大。这两型鼎最为明显的变化是鼎足。在早期早段，两型鼎均作圆实蹄足，但到了晚段，箍口鼎鼎足内侧多有窄条状或三角形刻槽，而子口鼎则依然为圆实足，表明这两种足在晚段是共存的，如九店 M10，同一墓中出两型鼎，而两种鼎足也同时存在（图九：1、2）。到了战国中期，子口鼎上才偶尔见到三角形刻槽足。还有，鼎足膝部上所饰的压印圆圈纹在战国早期是普遍存在的，早段和晚段都有。

第二，敦，主要存在两种形式，一种是盖、底分明的蹄足敦，盖为三纽，底为三足；另一种是盖与底形制相同，均为三纽。这两种敦在整个战国早期都是存在的，只是，早段的蹄足敦较多，晚段较少。从上述所举的相关墓例中不难看出，敦的变化与区别主要在于器身（盖与底扣合后的形态）。早段，器身一般为扁圆形，口径大于身高；晚段，器身多为圆球形、少数作椭圆形，口径等于或略小于身高。

第三，簠，主要变化和区别是器身、纽和足。早段，器身较矮，扣合后呈扁长方盒形，腹壁（包括下折腹）直，饰弓形纽，矩形足一般外张度较小，足两端基本不外张，多小于或等于器身。晚段，器身较高，腹壁多作弧形，饰凸纽，矩形足外张度也较小，多有小幅外张，但外张不显，两端只是略大于器身。到了战国中期时，簠的腹部已加深，弧腹弧壁，矩形足外张度大，两端往往超出器身许多，且弓形饰纽基本不见,这乃是仿铜陶簠发展演变的大致情况。

第四,缶,早段多为粗束颈,斜溜肩,鼓腹较浅,腹最大径位于中部或偏下,凹圜底或凹圜底矮圈足,圈足与整器多为一次性拉坯而成。晚段形体变大,颈稍短,腹加深,最大径位于中部偏上,多凹圜底矮圈足,底作波浪形,圈足系另外粘接。此外,在缶的肩、腹以及盖等部位普遍饰有压印圆圈纹,早晚两段一直存在。

第五,壶,器身形制的发展演变与缶大体相同,但其肩部所饰的铺首存在着差异。早段的壶,或无铺首(仅1例,图四:6),或有铺首却无衔环,而铺首也只是简单原始的兽首形。晚段,出现了较多的衔环铺首,不过,铺首的形态还是一种简单的兽首。到了战国中期,那种纹饰繁缛的兽面形衔环铺首才得以出现。

关于壶和铺首的关系,可再以九店M43、赵家湖JM229等墓所出之壶予以强调。九店M43的铺首壶上的铺首乃是楚国仿铜陶壶上出现的一种最为原始的铺首形态。属于早段的赵家湖JM229出侈口缶形壶,但无铺首,而九店此墓中出有装饰铺首的壶,说明二者是可同时存在的,其最早出现的时间均是战国早期早段。值得指出的是,侈口缶形壶和铺首壶虽然存在于同一时期,但在空间或者地域上也是具有一定差异的。当阳赵家湖是早段出现缶形壶,晚段出现铺首壶,而江陵九店则是至今未见缶形壶,却在早段就出现了铺首壶。九店M43是战国早期早段明确出土鼎簠缶、鼎敦壶两套组合的墓葬,各类器物形制明确,且新出铺首壶,在楚墓分期断代上具有重要意义。

除此之外,有关战国早期仿铜陶礼器的形制特征,其中有几项年代标识特别强烈的硬指标也是不容忽视、需要正视的。一是鼎、缶、小口鼎等器物上均饰有压印圆圈纹;二是蹄足敦的存在;三是缶、壶等圜腹器的底部形态。

关于圆圈纹,它是一种标识性极强的纹饰,只存在于战国早期的仿铜陶礼器上,战国中期及其以后则消失不见,凡是鼎足膝部装饰有这种圆圈纹的,一概可以将其年代定为战国早期,至少是战国早期晚段。缶上的圆圈纹与鼎上的圆圈纹具有同样的性质,是只属于战国早期的存在。通观楚地所出陶器,也确实如此。但战国早期的鼎、缶等器有无圆圈纹则是同时存在的,如同一墓中,有的器物上有,有的器物上却没有,便是明证。可以说,一座墓中,只要有圆圈纹存在,即可视该墓的年代为战国早期。

关于蹄足敦，如前文所述，它同样只是战国早期的存在，其存在的下限大体为战国早期晚段，战国中期即已基本不见。

关于缶和壶的底部形态，战国早期的缶和壶一律均作内圜底、矮圈足，不见或极少见平底，没有外圜底和假圈足。圜腹器之底的不同，涉及不同时期制器风格的问题，存在着纵向发展关系，战国早期多为凹圜底，或凹圜底矮圈足，中期以后则多平底和外圜底，圈足变高，晚期则多有假圈足。

此外，关于鼎足的不同与变化对于年代判定也同样具有重要意义，就鼎足的虚实而言，大体有圆实足、半圆形实足、浅刻槽足、三角形刻槽足等多种形制。过去认为，战国早期的鼎足一般为实足和足内侧仅有窄条状浅刻槽，而三角形刻槽足则只是在战国中期才出现并盛行。那么，这个三角形刻槽鼎足的最早出现究竟在哪个时期？是否一定是始见于战国早期早段？这个问题是需要重视和认真讨论的。在江陵及其周边地区战国早期的楚墓中，也多有圆圈纹足鼎、蹄足敦与三角形刻槽足鼎同出一墓的墓例，如赵家湖 YM4、赵家湖 JM42 即是如此[①]，并且，圆圈纹和三角形刻槽还存在于同一鼎足之上。赵家湖 JM42 之鼎腹稍浅，鼎足内侧的三角形刻槽亦较深，但依然为战国早期晚段的形制（图十一：1）。就目前所见，上述三种特征共存的情况只有战国早期晚段才有，而战国早期早段和战国中期早段则均不存在。既如此，那么三角形刻槽鼎足最早出现的时期就应为战国早期晚段。

本文作者系南京师范大学文博系 2004 级本科生、2008 级硕士研究生，现工作于湖北省文物考古研究院

---

① 湖北省宜昌地区博物馆、北京大学考古系：《当阳赵家湖楚墓》，文物出版社，1992 年，第 211、189 页。

历史时期文物考古

西汉海昏侯刘贺墓墓园形态初探

田　庄

　　江西南昌西汉海昏侯刘贺墓的发掘,是近年来汉代考古的重要发现之一。正如专家所讲,海昏侯刘贺墓墓园是我国目前发现的保存最好、结构最完整、功能布局最清晰、拥有最完备祭祀体系的西汉列侯墓园,对于研究西汉列侯的园寝制度价值巨大。早期囿于发掘资料的缺乏,我们对于列侯墓园的概况不甚了解,近年来,富平侯张安世墓园、海昏侯刘贺墓园以及汉阳陵、茂陵陪葬的列侯墓园的发现,为我们认识列侯墓园提供了可能。学术界对海昏侯墓园以及列侯墓园进行了相关探讨。[①] 本文在以往研究基础上,通过文献记载与相关考古发现,以考古的视角对海昏侯的墓园形态进行探讨,以期对列侯的墓园制度研究提供有价值的思考。

一、考古发现的西汉列侯墓园

　　在汉代,列侯也被称为"彻侯""通侯",是仅次于诸侯王的第二等爵,其墓葬同样也是仅次于帝陵、王陵的高等级墓葬。按照埋葬地点不同,主要有陪葬帝陵、埋葬封国两大类。

---

① 刘瑞:《海昏侯刘贺墓园制度初探》,《南方文物》2016 年第 3 期;杨武站:《西汉列侯墓地设施初探》,《考古》2018 年第 11 期;刘尊志:《西汉列侯墓葬墓园及相关问题》,《考古》2020 年第 1 期。

　　陪葬帝陵有绛侯周勃或周亚夫夫妻墓[①]，杜陵陪葬墓有富平侯张安世墓，陪葬阳陵的列侯墓有周应墓、丙武墓等，茂陵有冠军侯霍去病、秺侯金日磾、博陆侯霍光等列侯墓。埋葬封国的发现较多，分布在全国多个省份，主要有武帝初年利乡侯刘婴墓[②]，西汉早期爵比列侯的刘疵墓（山东临沂西汉墓，鲁侯奚涓母）[③]，西汉早期楚王刘交子宛朐侯墓刘埶墓[④]，汝阴侯夏侯灶夫妻墓[⑤]，轪侯利苍夫妻墓及轪侯后代墓[⑥]，湖南沅陵侯吴阳墓[⑦]，西汉中期东昌侯刘祖墓[⑧]，湖南泉陵侯刘庆墓[⑨]，江西萍乡莲花县安成侯刘苍墓[⑩]，汉宣帝时期的河北南曲炀侯刘迁墓[⑪]。

　　虽然列侯墓发现较多，但考古发现的列侯墓园较少，墓园形态较为完整的有张安世墓[⑫]和海昏侯墓[⑬]。杜陵陪葬墓张安世墓园面积达 3 万多平方米，平面略呈长方形，周围有兆沟环绕，墓园内主要有 2 座甲字形大墓（张安世及夫人墓）、6 座外藏坑、祠堂建筑基址等。在墓园东、西、北侧共有墓葬 12 座，应该为其后代子孙墓葬，墓葬排列整齐有序，墓道皆朝向张安世墓（M8），共同构成家族墓地（图一）。根据墓葬形制及出土器物，墓地时代从西汉中晚期至新莽时期。[⑭]

① 陕西省文管会、博物馆咸阳市博物馆杨家湾汉墓发掘小组：《咸阳杨家湾汉墓发掘简报》，《文物》1977 年第 10 期。
② 郑洪春：《陕西新安机砖厂汉初积碳墓发掘报告》，《考古与文物》1990 年第 4 期。
③ 临沂地区文物组：《山东临沂西汉刘疵墓》，《考古》1980 年第 6 期。
④ 徐州博物馆：《徐州西汉宛朐侯刘埶墓》，《文物》1997 年第 2 期。
⑤ 安徽省文物工作队：《阜阳双古堆西汉汝阴侯墓发掘简报》，《文物》1978 年第 8 期。
⑥ 湖南省博物馆、中国科学院考古研究所编：《长沙马王堆一号汉墓》，文物出版社，1973 年。
⑦ 湖南省文物考古研究所、怀化市文物处、沅陵县博物馆：《沅陵虎溪山一号汉墓发掘简报》，《文物》2003 年第 1 期。
⑧ 潍坊市博物馆、五莲县图书馆：《山东五莲张家仲崮汉墓》，《文物》1987 年第 9 期。
⑨ 湖南省文物考古研究所、永州市芝山区文物管理所：《湖南永州市鹞子岭二号西汉墓》，《考古》2001 年第 4 期。
⑩ 江西省文物考古研究院、萍乡市莲花县文物办编著：《江西莲花罗汉山西汉安成侯墓》，上海古籍出版社，2017 年。
⑪ 河北省文物管理处：《河北邢台南郊西汉墓》，《考古》1980 年第 5 期 。
⑫ 陕西省考古研究院：《西安凤栖原西汉墓地田野考古发掘收获》，《考古与文物》2009 年第 5 期。
⑬ 江西省文物考古研究所、南昌市博物馆、南昌市新建区博物馆：《南昌市西汉海昏侯墓》，《考古》2016 年第 7 期。
⑭ 陕西省考古研究院：《西安凤栖原西汉墓地田野考古发掘与收获》，《考古与文物》2009 年第 5 期；陕西省考古研究院：《凤栖原汉墓 西汉大将军的家族墓园》，《中国文化遗产》2011 年第 6 期。

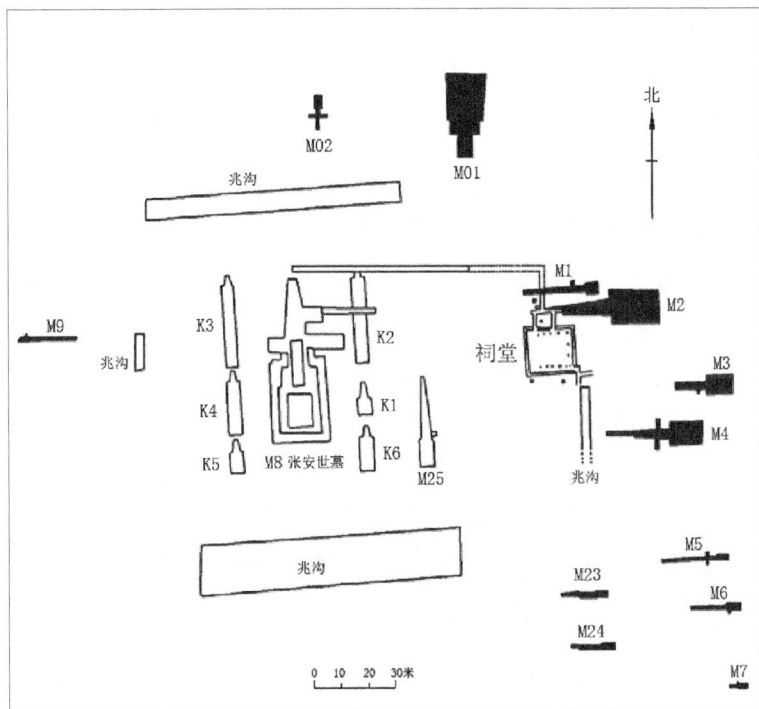

图一　西汉富平侯张安世家族墓园平面图

　　此外，在汉阳陵、茂陵等发现有列侯陪葬墓的墓园。汉景帝阳陵陵园东部陪葬区，经过考古钻探和发掘清理，发现了规模巨大、数量众多、围沟完整、排列有序的陪葬墓园群，墓园之间有壕沟加以分隔（图二）。目前已钻探发现东西向壕沟22条，由壕沟分隔而成的陪葬墓园16排107座，已探明的各类大中小型墓葬5 000余座。其中等级较高的早期墓园已探明30座，平面多为东西向长方形，有的近方形。早期墓园特点是距离司马道近，墓园规模大、壕沟宽而深，墓形较大，排列有序，墓主级别较高。墓园内有1至5座墓葬不等，主要为甲字形，墓旁一般都有丛葬坑。值得注意的是，墓园内主墓墓道均朝向司马道，司马道南侧墓园的主墓墓道多向北，北侧的墓园主墓墓道多面南。根据发掘情况，初步推测此期墓园的墓主都是诸侯王、列侯、公主、朝廷显贵、郡国贵族等。[①] 在对阳陵东区陪

―――――――――――

① 陕西省考古研究所阳陵考古队：《汉景帝阳陵考古新发现（1996年―1998年）》，《文博》1999年第6期。

葬墓园的勘探中发现有的墓园为空园,显示了其为预先规划。① 茂陵陵园外有大量西汉墓葬,其东、南、西、北均有分布。目前发现基本可以确定为茂陵陪葬墓的共113座(组),其中东侧较为集中,规模也较大,大中型墓葬达到26座。这些陪葬墓中14座规模较大的仍保留有封土,有"卫青墓""霍去病墓""金日磾墓""阳信家""霍光墓"等。封土形状有山形、覆斗形和圆丘形三种。拥有独立墓园的有5座,分别为卫青、霍去病、延豙、上官桀等墓。② 汉惠帝安陵以东发现有宣平侯张敖及夫人鲁元公主墓。墓园周围有垣墙,东西总长732、南北残宽约212米。其中M1可能为鲁元公主墓,M2在M1东侧,为宣平侯张敖墓,墓园发现有一处大面积的建筑遗址。③

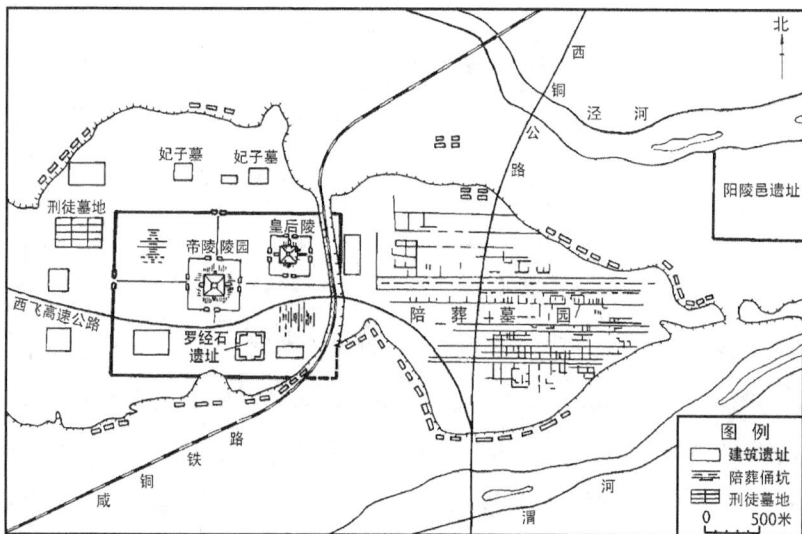

图二　西汉景帝阳陵陵区遗迹分布图

---

① 曹龙:《西汉帝陵陪葬制度初探》,《考古与文物》2012年第5期。
② 陕西省考古研究院、咸阳市文物考古研究所、茂陵博物馆:《汉武帝茂陵考古调查、勘探简报》,《考古与文物》2011年第2期。
③ 咸阳市文物考古研究所编著:《西汉帝陵钻探调查报告》,文物出版社,2010年,第25页。

二、墓园的地理位置及空间布局

海昏侯刘贺墓园位于南昌市新建区大塘坪乡观西村老裘自然村东北约 500 米的墎墩山上，东临赣江，北依鄱阳湖。2011 年，以海昏侯刘贺墓园为中心，考古队对其周围方圆 5 平方公里的区域进行了全面、系统的考古调查，基本确认紫金城址即为汉代海昏侯国都城，并发现了历代海昏侯墓园、贵族和平民墓葬群等一系列海昏侯国的重要遗迹。

从发现情况看，目前所发现的墓园均环绕在都城紫金城的四周(图三)。海昏侯墓园主要有刘贺墓园(墎墩山)、祠堂岗、花骨墩和苏家山等墓园，其中刘贺墓园(墎墩山)、祠堂岗、花骨墩均位于紫金城西侧，由南向北一字排开。苏家山墓园则独自在南城墙的南侧。通过测量紫金城城墙与墓园直线距离，刘贺墓园约 400 米，祠堂岗约 360 米，花骨墩墓园约 110 米，苏家山约 1 公里。同时，以墓园的中心计算距离，我们注意到刘贺墓园与祠堂岗墓园以及祠堂岗墓园和花骨墩墓园之间的直线距离基本相同，均在 500 米左右。

海昏侯刘贺墓园(茔域)的选择主要有以下三个特点。其一，大部分墓园分布位置，处于侯国都城——紫金城的西部，距离城墙仅 400 米，并且历代海昏侯墓园也均位于紫金城周边 1 公里范围内，这说明地方列侯墓葬的选择一般应该在侯国都城周围。其二，历代海昏侯都有自己独立的墓园，这是以往列侯墓葬发掘所不见。列侯和其继承人埋葬在不同的墓园内，与帝王陵墓具有相似性。墓园之间距离接近，应该有一定设计和规划。其三，海昏侯墓园位于高台地上，并独自占据一块台地，主墓葬位于土丘的最高处。

由此可见，历代海昏侯均相邻而葬在同一地理区域内，其墓园的区域位置显然经过专人规划设计。墓地专有的规划设计，自周代便已出现，当时墓地实行族葬制，分为公墓区和邦墓区，将贵族墓地与平民墓地分开管理。同时我们注意到周代设有专门官员掌管墓地之事，预先设计，制作图纸，东周时期的中山王墓出土的一件兆域铜版也证明了这点。①《周礼·春官·冢人》云："冢人掌公墓之

---

① 河北省文物管理处：《河北省平山县战国时期中山国墓葬发掘简报》，《文物》1997 年第 1 期；杨鸿勋：《战国中山王陵及兆域图研究》，《考古学报》1980 年第 1 期。

图三　海昏侯国都城与墓葬区布局图

地,辨其兆域而为之图,先王之葬居中,以昭穆为左右。"东汉郑玄在为兆域之图
作注时,讲到"公,君也。图,谓画其地形及丘垄所处而藏之。先王,造茔者。昭
居左,穆居右,夹处东西"。唐代贾公彦对其注进一步解释:"图谓画其地形及丘
垄所处而藏之"者,谓未有死者之时,先画其地之形势,豫国出其丘垄之处。丘垄
之言,即下文丘封是也。既为之图,明藏掌,后须葬者,依图置之也。[①]　到了汉
代,贵族墓地遵循着同样的原则,事先规划好墓园的位置和布局。西汉马王堆三
号汉墓,第二代轪侯利豨墓出土的帛画,被称为"城邑图"或"园寝图"。韩仲民先
生指出:"此图内容可能是轪侯利苍的墓茔和城邑。'甲'字形系墓圹及墓道,上
部红色方块为墓顶或墓侧的享堂一类的建筑,下部为城邑或祠庙。"[②]

　　诸侯王陵分布特点同样遵循海昏侯墓园的选择原则,诸侯王陵"大多在本国
首府附近的高地或丘陵山阜之上,交通方便,一般距王宫所在地(首府)数里或数

①（汉）郑玄注,（唐）贾公彦疏:《周礼注疏》,上海古籍出版社,2010年,第817—818页。
②曹婉如等编:《中国古代地图集（战国—元）》,文物出版社,1990年,第2页。

十里,没有超过一日路程的,其目的很显然是〈为了〉便于祭祀"①。列侯墓葬,正如西汉时期帝陵或王陵葬在都城或王城附近一样,尤其是地方列侯的埋葬制度应该遵循"同制中央"的规制,墓园经过严格规划,选取侯国都城附近建造设置。

海昏侯刘贺墓墓园的东门直通海昏侯都城紫金城,有学者认为东门为正门。② 墓园近距离设置在侯国都城附近,并且正门直通都城,目的也正是便于祭祀。

由前述帝陵陪葬墓的墓园位置可知,陪葬墓主要分布在帝陵陵园周边地区,而且大部分高等级墓葬主要位于陵园以东地区,阳陵的陪葬墓更是有序排列在东向司马道两侧,墓道朝向司马道,其陪葬墓多以壕沟和司马道为界,其规划设计应该是象征着朝堂之上群臣朝拜皇帝之礼。此种列侯墓园的规划设计与埋葬在自己封国内的列侯的墓园显然不同,我们认为埋葬在不同区域的列侯的墓园位置和规划设计是不同的。陪葬帝陵,属于皇帝恩赐的荣耀,但其仍从属于帝陵的规划布置之内,不能有丝毫僭越和自由选择之权。但在封国内埋葬的列侯,如海昏侯刘贺,虽然不能修建逾制的高等级墓园,但对自己墓园营建自主权较大,对于墓地的选择和规划应该有着相当的话语权。加之财力允许,其墓葬就会修建得更加奢华以显示其在封国内独尊的地位。

三、 墓园的规模

海昏侯刘贺墓园呈梯形,以海昏侯墓和侯夫人墓为中心建成。墓园墙基和墙体均夯筑,垣墙周长868、宽约2米,占地约4.6万平方米。海昏侯刘贺墓的发掘,也证实了列侯墓存在围墙,并以墙为界,形成相对封闭的区域,即墓园。

《汉书·食货志》载:"六尺为步,步百为亩,亩百为夫,夫三为屋,屋三为井,井方一里,是为九夫。"③"率十二夫为田一井一屋,故亩五顷。"邓展注曰:"九夫为井,三夫为屋。夫百亩,于古为十二顷。古百步为亩,汉时二百四十步为亩,古

---

① 郑绍宗、郑滦明:《汉诸侯王陵的营建和葬制》,《文物春秋》2001年第2期。
② 孙华:《海昏侯刘贺墓墓园遗迹刍议》,《江西师范大学学报(哲学社会科学版)》2018年第1期。
③ (东汉)班固:《汉书·食货志》,中华书局,1962年,第1119页。

千二百亩,则得今五顷。"①"秦田二百四十步为亩,此后汉因不改。"②东汉初的《九章算术》有关于"方田"两道题目,其一,"今有田广十五步,从十六步。问为田几何?答曰:一亩";其二,"今有田广一里,从一里。问为田几何?答曰:三顷七十五亩"。方田术曰:"广从步数相乘得积步。以亩法二百四十步除之,即亩数。百亩为一顷。"③题中1亩等于240方步,1顷等于100亩,1平方公里为375亩,由此可算出1平方公里为90 000平方步,可直接推得1里等于300步。翦伯赞《秦汉史》引《齐民要术》的氾胜之"区种法"云:"以亩为率。令一亩之地,长十八丈,广四丈八尺。"④由此计算可知汉代一亩积86.4方丈。汉一尺折合今约23.1厘米⑤,则一丈为231厘米(2.31米)。汉一亩折合现在461.04平方米,一里等于415.8米。根据以上分析,可以推知海昏侯墓园约合汉代99.77亩,周长约合376丈,合汉代2.1里。

史书关于列侯墓园的规模记载较少,《汉书·李广苏建传》载,汉武帝时期的乐安侯李蔡"以丞相坐诏赐冢地阳陵当得二十亩,蔡盗取三顷,颇卖得四十余万,又盗取神道外壖地一亩葬其中,当下狱,自杀"⑥,这表明当时所赐茔域的大小有一定的规定,乐安侯李蔡身为丞相,所受赐的茔地为20亩。

列侯属于二十等爵位最高等级,《汉书·百官公卿表》记载:

> 爵:一级曰公士,二上造,三簪袅,四不更,五大夫,六官大夫,七公大夫,八公乘,九五大夫,十左庶长,十一右庶长,十二左更,十三中更,十四右更,十五少上造,十六大上造,十七驷车庶长,十八大庶长,十九关内侯,二十彻侯。皆秦制,以赏功劳。彻侯金印紫绶,避武帝讳,曰通侯,或曰列侯,改所食国令长名相,又有家丞、门大夫、庶子。⑦

---

① (东汉)班固:《汉书·食货志》,中华书局,1962年,第1139—1140页。
② 徐复:《秦会要订补》,群联出版社,1955年,第262页。
③ 白尚恕:《〈九章算术〉注释》,科学出版社,1983年,第12—14页。
④ 翦伯赞:《秦汉史》,北京大学出版社,1983年,第188页。
⑤ 国家计量总局、中国历史博物馆、故宫博物院主编:《中国古代度量衡图集》,文物出版社,1984年,第6页。
⑥ (东汉)班固:《汉书·李广苏建传》,中华书局,1962年,第2449页。
⑦ (东汉)班固:《汉书·百官公卿表》,中华书局,1962年,第739—740页。

其身份地位从史书记载来看,应该是仅次于诸侯王、丞相、大将军、御史等人。(汉武帝)建元元年(公元前140年)冬十月,诏丞相、御史、列侯、中二千石、二千石、诸侯相举贤良方正直言极谏之士。① (汉昭帝)赐诸侯王、丞相、大将军、列侯、宗室下至吏、民金、帛、牛、酒各有差。② (汉宣帝)元康三年(公元前63年)春,以神爵数集泰山,赐诸侯王、丞相、将军、列侯、二千石金,郎从官帛,各有差。③ 李蔡爵位为乐安侯,但同时担任丞相,其地位应该略低于诸侯王,但应高于普通列侯。据此,我们推测,列侯比丞相地位略低,冢地也应比丞相略小或等于20亩。

据云梦睡虎地M77出土的汉简《葬律》记载,汉代列侯的墓园"茔东西四十五丈,北南四十二丈"④。由此可知,墓园周长174丈,占地约1 890方丈,合当时21.88亩。换算成现代计量单位,墓园的面积约10 085平方米,周长合401.94米,不足汉一里。

对比史书记载及出土文献《葬律》,关于列侯墓地规模,两者相差不大,仅仅相差1.88亩,说明《葬律》和《汉书》中记载相一致。但海昏侯刘贺墓园如此之大,显然超过《葬律》关于列侯墓园规模的规定,有其5倍之多,比贵为丞相的乐安侯李蔡的墓地还大。

汉武帝及以前时期,对于列侯丧葬有着较为严格规定。中央对列侯丧葬逾制者的处理亦较严苛,如景帝时期的武原侯卫不害"坐葬过律,国除"⑤,前文所讲武帝时期李蔡同样因逾制获罪。武帝时期冠军侯霍去病墓园周围筑有围墙,墓园东西长105、宽56.8—63.7米。⑥ 霍去病作为大司马骠骑将军,并受到武帝特殊恩宠的功臣,其墓园为面积仅约为6 300平方米,约合汉代13.7亩,也未超过《葬律》规定。

---

① (东汉)班固:《汉书·武帝纪》,中华书局,1962年,第155—156页。
② (东汉)班固:《汉书·昭帝纪》,中华书局,1962年,第229页。
③ (东汉)班固:《汉书·宣帝纪》,中华书局,1962年,第257页。
④ 湖北省文物考古研究所、云梦县博物馆:《湖北云梦睡虎地M77发掘简报》,《江汉考古》2009年第1期。
⑤ (东汉)班固:《汉书·高祖功臣侯年表》,中华书局,1962年,第587页。
⑥ 陕西省考古研究院、咸阳市文物考古研究所、茂陵博物馆:《汉武帝茂陵考古调查、勘探简报》,《考古与文物》2011年第2期。

关于《葬律》年代,文中称彻侯而非列侯,成文时间应该是早于武帝时期,这与睡虎地 M77 的年代推断文景时期相符。而武帝之后,对于列侯的特殊褒奖,尤其恩赏功臣或宠臣往往超出《葬律》规定。例如,安阳侯上官桀墓园,位于茂陵邑东侧,墓园周围有壕沟围绕,平面为南北向长方形,长 199.5—206.3、宽 156.5米①,面积约 3.2 万平方米。这里需要注意的是,上官桀在汉昭帝时期以谋反罪全家被杀,死后还能享受如此大规模的墓园,不得不说这背后可能有特殊的政治原因,或许也与其孙女上官皇后有关,因而获得皇帝特批而陪葬茂陵,但这也说明当时的政治环境和律法规定可能已经发生了很大改变。宣帝时期的富平侯张安世墓园,在墓园四周发现有兆沟(壕沟),平面呈长方形,南北宽约 159 米,东西长约 195 米,面积约 3 万平方米,约合 65.07 亩。博陆侯霍光丧葬规格也很高,几近以天子之仪下葬。

> 光薨,上及皇太后亲临光丧。太中大夫任宣与侍御史五人持节护丧事。中二千石治莫府冢上。赐金钱、缯絮、绣被百领,衣五十箧,璧珠玑玉衣,梓宫、便房、黄肠题凑各一具,枞木外臧椁十五具。东园温明,皆如乘舆制度。载光尸枢以辒辌车,黄屋左纛,发材官轻车北军五校士军陈至茂陵,以送其葬。谥曰宣成侯。发三河卒穿复土,起冢祠堂。置园邑三百家,长丞奉守如旧法。②

以上的文献记载和考古发现,说明武帝及之前时期严格执行的列侯葬律,在昭宣之际可能发生改变。一方面是对功臣或宠臣的特殊恩宠,霍光以列侯之爵,竟能享受等同于皇帝的葬制,这在等级森严、皇权至上的封建王朝是不可想象的,说明当时对逾越葬制的行为自最高统治者开始就发生了改变,当时的律法也可能发生了改变;另一方面应该有其特殊的政治背景,有学者也专门对海昏侯刘贺逾制进行了探讨,认为其逾制行为背后有利用丧葬褒赏来做政治笼络工具的背景。③ 或许这也就能解释作为废帝的海昏侯刘贺墓园,为何规模如此之大。

---

① 陕西省考古研究院、咸阳市文物考古研究所、茂陵博物馆:《汉武帝茂陵考古调查、勘探简报》,《考古与文物》2011 年第 2 期。
② (东汉)班固:《汉书·霍光金日磾传》,中华书局,1962 年,第 2948 页。
③ 张仲立、刘慧中:《海昏侯刘贺墓逾制几论》,《南方文物》2016 年第 3 期。

作为废帝的刘贺享受的葬制在时人看来并非逾制,而是当时的政治环境和法律制度已经发生改变,武帝时期的严刑峻法亦随之改变。

四、 墓园的构成要素及层级特征

海昏侯刘贺墓园,以刘贺墓(M1)、侯夫人墓(M2)两座主墓为核心,7座祔葬墓、车马坑、寝园、礼制性建筑、墓园墙、门阙以及水井(J1、J2、J3)、房址等附属设施组成(图四)。依据墓园构成要素所处位置及地形、地势不同,由高到低,我们可以将其分作以下四个层级:

第一层级,M1、M2(墓葬本体及封土等)以及附属的车马坑(K1外藏椁)。主墓在整个墓园处于核心位置和整个墩墩山的最高处,墓园的设置及规划也是围绕着主墓。M1 与 M2,东西并列,西为海昏侯刘贺墓(M1),东为侯夫人墓(M2)。其中 M1 封土高约 7 米,呈覆斗形。两座主墓属同茔异穴合葬墓,每个墓上均单独起有封土,封土下有方形大型夯土基座。夯土基座共二层,下层基座和 M2 共用,上层基座为 M1 独享,以显示侯主人的高贵独有的地位。

车马坑,真车马陪葬,位于 M1 西侧,属于外藏椁,为主墓的组成部分,被主墓封土叠压。平面呈长方形,南北长 17.7、东西宽 4.24 米,坑口距地表深2.5 米。

第二层级,F1、F2 等礼制建筑(寝园建筑)及附属设施。在 M1 与 M2 南侧,侯和侯夫人共用一组礼制性高台建筑群,该建筑由东西厢房(F13、F14)、寝(F1)和祠堂(F2)构成,东西长约 100、南北宽约 40 米,总面积约 4 000 平方米,此建筑群应该是寝园建筑。[①]

海昏侯墓中的水井,也是墓园中的重要附属设施之一,海昏侯墓园内建有三座水井(J1、J2、J3),都位于墓园的西面,它们南北基本连成一线,显然经过严格规划。这些水井直径在 2 米左右,深度为 21—27 米,其深度均大于主墓深度。水井中出土有陶罐、筒瓦、板瓦、瓦当、辘辘、木建筑构件和带有"食官""曹""脯

---

① 田庄、张杰、刘慧中:《南昌西汉海昏侯刘贺墓园礼制性建筑研究》,《南方文物》2008 年第 2 期。

醥"等文字的漆耳杯等文物百余件。

关于水井的用处,我们认为有以下三点。其一,提供守陵人员的日常生活用水。其二,作为降水井,起到降低地下水位的作用。建墓过程中排除井内积水,使地下水位保持在墓穴之下,便于墓穴保持干燥。其三,由于墓园内多土木建筑,开挖水井也便于就地取水灭火,起到消防作用。

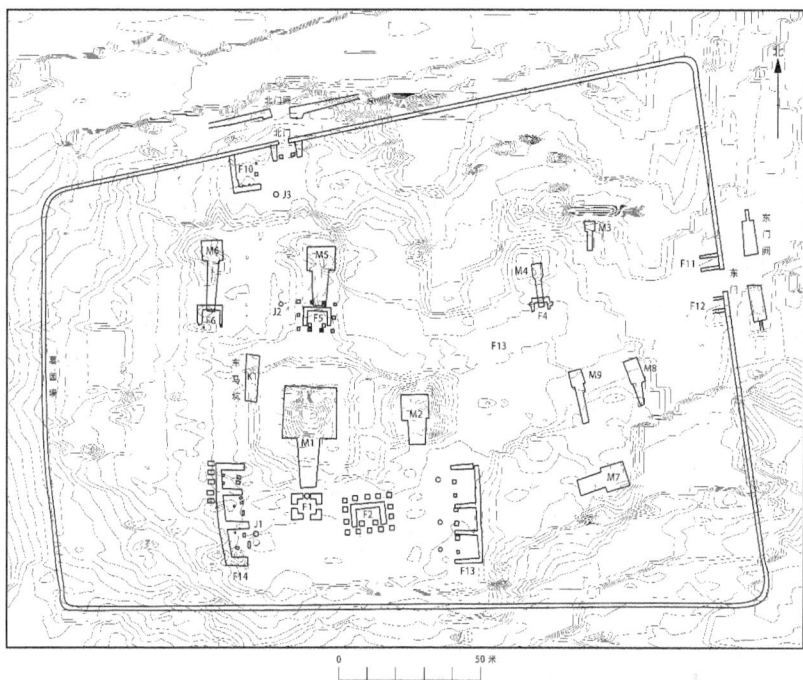

图四 海昏侯刘贺墓园遗迹分布图

第三层级,袝葬墓及附属礼制性建筑。在海昏侯墓园中除两座主墓外,还有7座袝葬墓。M7—M9和M3、M4位于墓园东部道路的南北两侧,M5、M6位于墓园北部,其中以M5规模最大,封土之下为台基,台基南部与主墓下层台基的底部相连,这表明M5地位低于主墓,但又明显高于其他袝葬墓。袝葬墓整体呈"L"形环绕主墓而设置。以主墓为中心,按距离远近及位置可以分为两组:第一组在北部,分别是M5和M6;第二组在西部,分别是M3、M4、M7—M9。从墓向看,M3—M6、M8、M9墓基本上是坐北朝南,略有偏差,仅M7墓与其他墓不同,坐东朝西,且偏差较大。从附属建筑看,M4—M6墓前均有"凹"字形礼制形建

筑,其中 M5 形制较为特殊,周围有回廊,与 F2 相似,只是规模略小。此类礼制
性建筑,推测其应该也为寝殿之类建筑,其规模和等级也是刘贺墓园内的所有陪
葬墓中最高等级的。

关于墓园内祔葬墓的身份问题,主墓外的祔葬墓身份应该有所不同,但无疑
均与墓主有着密切关系,距离越近,关系应该越密切。其中距离主墓最近的 M5
的墓主身份现已经得到确认,为海昏侯刘贺的嗣长子刘充国①,其余祔葬墓身份
目前还不是很明确。我们依据已发掘的祔葬墓 M4、M6 墓前寝殿类祭祀建筑可
知,其身份地位应该不低,很有可能也是刘贺的子嗣。富平侯张安世墓墓园内未
发现祔葬墓,但其后代子孙的墓葬紧密分布于主墓兆沟外围,并形成家族墓葬
群。结合西汉江都王刘非墓的祔葬墓的身份和埋葬情况,在陵园内陪葬墓为刘
非的妃嫔②,在陵园外的陪葬墓为王国高等级官吏③。我们可以推测,能够在海
昏侯刘贺墓墓园内埋葬的人的身份应该不一般,应该是与墓主有着血亲关系的子
嗣或婚姻关系的侍妾。

第四层级,墓园墙、门阙及附属建筑等。南昌海昏侯墓地墓园墙,平面呈梯
形,周长 868 米,由墙基和墙体组成,均夯筑,宽约 2 米。目前发现在北墙和东墙
正中各开有一门,门外建有一对阙,阙为二出阙。北门内侧发现有附属房址
F10,东门内两侧有对称的门房设施(F11、F12)。此外,根据已有的发现,海昏侯
墓园内有排水系统和道路,并且在东门阙发现有车辙遗迹。

关于海昏侯刘贺墓园的墓门问题,值得注意的是,南、西墓园墙只是进行了
勘探,而未进行正式考古发掘,西门、南门是否存在还有疑问。从已有发现看,西
汉帝、后陵园均开有四门;保安山西汉梁王陵园的四周被夯土墙围绕,保安山
M1 墓道与陵园东门相对应④;茂陵陪葬的列侯卫青墓、上官桀墓的主墓墓道对

---

① 《海昏侯五号墓墓主为刘贺长子刘充国》,《北京晚报》,2018 年 1 月 27 日。
② 南京博物院、盱眙县文广新局:《江苏盱眙县大云山西汉江都王陵北区陪葬墓》,《考古》2014 年第
　3 期。
③ 南京博物院、盱眙县文广新局:《江苏盱眙县大云山西汉江都王陵东区陪葬墓》,《考古》2013 年第
　3 期。
④ 河南省文物考古研究所:《永城西汉梁国王陵与寝园》,中州古籍出版社,1996 年,第 21 页。

应处均发现有墓园门存在①。高崇文先生也认为海昏侯墓园有南门、南门阙存在②,笔者表示赞同。

云梦睡虎地 M77 出土的汉简《葬律》对于列侯的葬制和墓园形制有着较为详细的记载。该《葬律》共五枚,是对彻侯(因避讳武帝,后改成列侯)葬制的明确规定。

> 彻侯衣衾毋过盈棺,衣衾、敛束、荒所用次也。其杀:小敛用一特牛,棺、开各一大牢,祖一特牛,遣一大牢。棺中之广毋过三尺二寸,深三尺一寸,袤丈一尺,厚七寸。椁二,其一厚尺一八寸;臧椁一,厚五寸,得用炭。壑、斗、羡深渊上六丈,坟大方十三丈,高三丈。茔东西四十五丈,北南四十二丈,重园(?)垣之,高丈。祠(?)舍盖,盖地方六丈。中垣为门,外为阙,垣四陬为不思。③

由《葬律》可知,列侯墓园的主要构成要素有墓穴(壑)、封土(坟丘)、藏椁(内、外藏椁)、墓园、祠堂、门阙等。对比海昏侯刘贺墓园,核心元素基本相同,这也说明《葬律》中对于列侯墓园的要素规定,基本是可信的。虽然关于列侯规模的规定在后期可能有所改变,但列侯所享受的基本葬制还是没有发生明显改变。前文所述,马王堆三号墓出土的《园寝图》说明了列侯墓园的设置,是事先规划的。海昏侯墓园应该也是经过严格规划设计的,应该也有《园寝图》之类的设计图。这种不同层级的设置的建筑理念是围绕着海昏侯刘贺墓及夫人为核心而精心设计的,在整个墓园中处于金字塔的顶端,目的正是突出以海昏侯刘贺及夫人墓的核心地位,其余的礼制性建筑、祔葬墓以及附属设施均围绕其来设计。这种"金字塔"形态的墓园布局,是否仅存在于海昏侯刘贺墓墓园,或者是列侯墓葬墓园设计的定制,是个值得思考的问题。关于墓园的营建理念,焦南峰先生认为,帝陵代表着长安都城,同制京师,诸侯王的墓园至少代表其王国的都城,甚至象

---

① 陕西省考古研究院、咸阳市文物考古研究所、茂陵博物馆:《汉武帝茂陵考古调查、勘探简报》,《考古与文物》2011 年第 2 期。
② 高崇文:《西汉海昏侯陵墓建制琐谈》,《南方文物》2017 年第 1 期。
③ 湖北省文物考古研究所、云梦县博物馆:《湖北云梦睡虎地 M77 发掘简报》,《江汉考古》2009 年第 1 期;彭浩:《读云梦睡虎地 M77 汉简〈葬律〉》,《江汉考古》2009 年第 4 期。

征着其所管辖的整个诸侯王国。同理,列侯的墓园象征的应是各个侯国,公主和郡太守的墓园是其所属或管理的邑和郡的地下微缩。① 由于海昏侯国的考古工作较少,我们无法验证刘贺墓园与海昏侯国及紫金城之间是否有关联或象征意义,但焦南峰先生的研究为我们提供了一种思路和可能,相信随着考古工作的进一步开展,一定会有新的收获。

五、结语

通过以上论述,我们可知列侯在埋葬制度上受到帝王陵墓园选择的影响,同时又结合自身的等级、自我需求和财力等方面因素,形成了符合身份地位的墓园制度。海昏侯墓园形态特征,就列侯葬制而言,具有一定共性,但也具有自身独特之处。

第一,历代海昏侯均相邻而葬在同一地理区域内,其墓园的区域位置显然经过专人规划设计,平面形状为长方形,比照帝王陵设置,并独立成园。但显然与陪葬帝陵的列侯墓园有所不同,陪葬帝陵的富平侯张安世的后代子孙并未单独设立墓园,而是埋葬在墓园周边,形成家族墓地。我们研究列侯墓园制度时应该考虑到列侯埋葬地点不同对墓园规划造成的影响。就帝陵而言,陪葬的列侯墓仅仅作为众多陪葬墓的一部分,是从属于帝陵,而埋葬于封国的列侯,却是整个封国的核心,比照帝王陵的地位,其墓葬必然是整个封国最高等级的,其余墓葬是从属于列侯墓的。

第二,早期列侯的墓园应该严格按照《葬律》规定的列侯规模执行,但随着昭宣之际大政治环境和律法的改变,皇帝用丧葬褒赏来做政治笼络工具等原因,列侯墓园的规模规定可能在此时发生变化。同时,海昏侯刘贺废帝的尴尬身份也不会允许其建造远超其列侯等级的墓园,刘贺的墓园规模虽然数倍于《葬律》规定,但在汉朝人看来应该并未逾制。

第三,根据遗存空间布局情况,海昏侯刘贺墓园存在四个不同层级的设置。

---

① 焦南峰:《试论西汉帝陵的建设理念》,《考古》2007 年第 11 期。

这种"金字塔"式的建筑理念是围绕着海昏侯刘贺及夫人墓为核心而精心设计的,在整个墓园中处于金字塔的顶端,目的正是突出海昏侯刘贺及夫人墓的核心地位。

作者系南京师范大学文博系 2004 级本科生,现工作于南昌市博物馆

试论封泥与西汉时期的赙赠

吕 健 刘 琳

综观两汉之世,厚葬之风盛行。这其中不仅有丧家自身的"死乃崇丧",也不乏官署、亲朋故旧对丧忧之家的助丧之举。助丧时赠送给丧家丧葬的物品、钱财一般称作"赙赠",这一称谓由来已久,早在西周时期就已出现,尤多见于春秋以后的先秦典籍之中。据《春秋谷梁传》"乘马曰赗,衣衾曰襚,贝玉曰含,钱财曰赙"[①],可知赙赠囊括的范围很广,不仅有车马,也有衣服被衾、钱财等物。关于赙赠以及汉代的丧归制度,已有不少学者进行过相关研究。[②] 在此,笔者拟以汉代墓葬类考古资料为基础,尤其是很多发现封泥的高等级墓葬,来探讨西汉时期丧葬中牵涉"赙赠"的相关制度,特别是出土封泥与赙赠的关联等问题。

一、 诸侯王、列侯墓葬出土封泥与封物概况

汉代社会中除皇帝以外,地位最为尊贵的就是分封在各地的诸侯王。这些王生前位高爵显,死后也极尽奢华,从全国发现的汉代诸侯王墓葬来看概莫能

---

① 柯劭忞:《春秋谷梁传注》卷1《隐公元年》,广西师范大学出版社,2018年,第11—12页。
② 先秦及两汉赙赠制度的相关研究,主要有如下的代表作。杨树达:《汉代婚丧礼俗考》,上海古籍出版社,2000年,第150—154页;曹玮:《试论西周时期的赗赙制度》《东周时期的赗赙制度》,《周原遗址与西周铜器研究》,科学出版社,2004年,第165—175、第258—263页;黄凤春:《楚国丧归制度研究》,《江汉考古》1999年第2期;齐书深:《汉代赙赠初探》,《社会科学战线》1989年第2期;杨华:《襚、赗、遣——简牍所见楚地助丧礼制研究》,《学术月刊》2003年第9期;杜林渊:《汉代丧归制度初步研究》,《江汉考古》2009年第3期;王洋:《西汉陶缶赗赙说》,《考古》2016年第11期。

外,哪怕是经过盗墓劫余的诸侯王墓,也都能反映出其下葬时随葬品之丰厚。

西汉时期,有一条明确涉及诸侯王丧事的史料,即景帝二年(公元前155年)春颁布的关于诸侯王、列侯死后治丧、立嗣的诏令:"王薨,遣光禄大夫吊襚祠赗,视丧事,因立嗣子。应劭曰:'衣服曰襚。祠,饮食也。车马曰赗。'"[1]应劭的注解明确提到了车马、衣服、饮食等助丧物品,这也与目前诸侯王墓发现的车马陪葬等现象较为吻合。需要特别指出,汉代诸侯王死后会得到皇帝赐物助丧,而更能直观反映这点的就是封泥、简牍等实物资料。虽然迄今并未在诸侯王墓中发现来自汉廷官署的封泥,但有其他重要佐证。

其一即为徐州北洞山汉墓发现的铜质封泥匣[2],此匣与汉景帝阳陵丛葬坑出土的钤有"大官之印"的封泥匣几无二致,可以初步推定系北洞山墓主的某位楚王下葬时皇帝赐予之物,只是缘于墓葬被盗与埋藏环境不利,封泥未能保存[3]。其二,湖南长沙望城坡西汉渔阳墓,墓主被推定为某代长沙王后,其身份应系汉廷的某位公主,该墓出有一件木楬,明确写有"陛下所以赠物"字样[4],这是皇帝赐予臣下之物用以下葬的明证。该墓亦出有封泥匣若干,其中是否有来自中央官署缄封的赠物也未可知。

上述例证是诸侯王得到皇帝"赙赗",而在列侯这一级别,除了少数显赫的大臣,如武帝时期的卫青、霍去病,宣帝时期的霍光、张安世等人,似乎从文献上找不到列侯接受中央赙赗的依据。但是,与诸侯王丧礼类似的是,除了得自上层的助丧之物,诸侯王及列侯自己的辖地也要奉上此类物品。

据笔者统计,目前可以确定为诸侯王(后)、列侯(夫人)级别且出土有封泥的

---

① (汉)班固:《汉书》卷5《景帝纪》,中华书局,1962年,第145页。

② 徐州博物馆、南京大学历史学系考古专业:《徐州北洞山西汉楚王墓》,文物出版社,2003年,第142页。

③ 近年来公布的资料中,徐州狮子山汉墓与盱眙大云山汉墓也发现了类似的铜质封泥匣,大云山汉墓与文中所引者略有不同,器作折角长方形,报告中称作"铜构件",详见南京博物院、盱眙县文化广电和旅游局:《大云山——西汉江都王陵1号墓发掘报告》,文物出版社,2020年,彩版第一〇一。就目前所见,此类铜匣内的封泥皆不存,故也不能排除诸侯王可用此型匣进行各类缄封;但反过来来说,亦不能排除此类匣为皇帝专用,在诸侯王丧事期间,封存财物赐给臣下以助丧事。

④ 长沙市文物考古研究所、长沙简牍博物馆:《湖南长沙望城坡西汉渔阳墓发掘简报至正十一年铭青花云龙瓶》,《文物》2010年第4期。

西汉墓葬共 26 处,为了能够直观地反映问题,下文以列表的形式将以上墓葬相关信息罗列:

表一　西汉诸侯王(后)、列侯(夫人)墓封泥出土情况简表

出土墓葬	推定国别	出土位置	封物器类	封泥数量及印文	资料来源
河北满城 M1	中山国	后室侧室内	铜罍一侧,推测为封酒所用	1 枚"中山御丞"	《满城汉墓发掘报告》
河北满城 M2	中山国	中室	铜扁壶、铜盆、器盖等	4 枚皆残,印文为"中山祠祀"	《满城汉墓发掘报告》
湖南长沙望城坡渔阳墓	长沙国	南藏室第二层器物堆中	同出木楬文字显示应为衣物	数目不清,仅1 枚"长沙后府"清晰	《文物》2010 年第 4 期
湖南长沙咸家湖汉墓	长沙国	南边便房(内外椁间)	竹笥的残迹附近,应为封竹笥所用	共 8 枚,其中一枚可辨认,为"长沙右丞"	《文物》1979 年第 3 期
山东青州香山汉墓陪葬坑	济北国	兵器周围	推测为封存兵器用以随葬	不完整的封泥数枚,印文不清	《中国文物报》,2006 年 9 月 13 日,第 2 版
山东巨野红土山西汉墓	山阳国	后室棺室中部	玉璧、玉圭等礼器	1 枚,印文"山阳祝长"	《考古学报》1983 年第 4 期
山东章丘洛庄汉墓 K3、K4、K5、K14	吕国	丛葬坑内	K3 主要放置粮食和肉食,用草编带包裹并用封泥封存;K4 主要为禽鱼类、K14 在瑟旁出土	共计 32 枚,较完整者 26 枚,印文有"吕大官印""吕内史印""吕大官丞""吕大行印"	《考古》2004 年第 8 期

续表

出土墓葬	推定国别	出土位置	封物器类	封泥数量及印文	资料来源
山东昌乐县东圈M1	淄川国	不详	不详	共85枚,印文为"淄川后府"	《考古》1993年第6期
江苏高邮天山M2	广陵国	不清	不清	2枚,印文为"广陵私府""臣赐"	《新华日报》,1980年5月26日
江苏徐州狮子山西汉墓	楚国	W1、W2(西1、2号耳室)	主要封存食物及少量兵器、容器	共80余枚,多为楚国中央职官及下辖属县令、长、丞官印	《文物》1998年第8期
江苏盱眙大云山M1	江都国	东回廊南部下层	与釉陶鼎同出	11枚,10枚印文为"江都食长";1枚为私印封泥"陈触"	《大云山——西汉江都王陵1号墓发掘报告》
江苏徐州北洞山汉墓	楚国	附2室	应封存陶容器或漆器	1枚,仅残存一"印"字可辨	《徐州北洞山西汉楚王墓》
广东广州象岗南越王墓	南越国	西耳室、西侧室、东侧室、后藏室	陶罐、漆器、铜鼎、烤炉等处,多为封存食物	34枚,印文有"昧""帝印""泰官""厨丞之印"等	《西汉南越王墓》
安徽六安双墩M1	六安国	黄肠题凑回廊内	食物	3枚"六安食丞",有木质封泥匣	《文物研究》第17辑
河南永城黄土山M2	梁国	不清	不清	13枚,印文均为"梁食官长"	《永城黄土山与酇城汉墓》

续表

出土墓葬	推定国别	出土位置	封物器类	封泥数量及印文	资料来源
湖南长沙砂子塘西汉墓	列侯①	4 个边箱均有出土	除 7 件记载工具、货币财物之外,余皆为食品、蔬菜和果实	封泥匣共 73 件,其中 43 件有墨书文字,在凹槽内有"家吏"字样的封泥	《文物》1963年第 2 期
湖南长沙马王堆 M1	軑侯	边箱	竹笥,内封物品主要为食物、衣物等	封泥匣 37 件,均填有封泥,封泥字迹清楚的有"軑侯家丞" 27 枚,"右尉" 2 枚,"黄买之" 1 枚	《长沙马王堆一号汉墓》
湖南长沙马王堆 M3	軑侯	边箱	竹笥,内主要为食物	"軑侯家丞" 12 枚,"利□" 1 枚	《长沙马王堆二、三号汉墓》
安徽阜阳双古堆 M2	汝阴侯	西边箱	附近有残破竹笥,装有葫芦籽、麻子、鹿角、猪趾骨等	"汝阴家丞" 3 枚	《文物》1978年第 8 期
广西贵县罗泊湾 M2	南越国列侯	中室	不清	封泥 1 枚,"家啬夫印"	《考古》1982年第 4 期;《广西贵县罗泊湾汉墓》
陕西西安新安机砖厂汉初积炭墓	利成侯	正藏椁 8 号箱内	同出有鼎、罐等,推测为封存食物	"利成家丞" 1 枚	《考古与文物》1990 年第 4 期

① 砂子塘汉墓的发掘简报认为是西汉某一代长沙王,刘涛分析为长沙王室成员或列侯之属,详见刘涛:《长沙砂子塘西汉墓的性质》,刘瑞、刘涛:《西汉诸侯王陵墓制度研究》,中国社会科学出版社,2010 年,第 576—581 页。

续表

出土墓葬	推定国别	出土位置	封物器类	封泥数量及印文	资料来源
陕西西安凤栖原汉墓	富平侯	M8 的一号耳室出土	同出有彩绘陶罐、釉陶壶和鹤、兔等动物骨骸	"卫将长史"封泥 20 多枚	《中国考古学年鉴》2013 年;《考古与文物》2010 年第 2 期
陕西蓝田支家沟汉墓	鄂邑盖长公主	封土祭祀坑、EK6、主墓室	陶罐等物	"□□丞印""庙□丞印""内者令印"等	《考古与文物》2013 年第 5 期
汉阳陵东区陪葬墓 M600	煮枣侯	不清	不清	"煮枣家丞"6 枚	《西部考古》第 8 辑
山东济南市腊山汉墓	列侯夫人	后室	不清,从印文推断为财物的可能性较大	"夫人私府"封泥 1 枚	《考古》2004 年第 8 期
湖南沅陵虎溪山 M1	列侯	南边箱	边箱器物多层叠放,封泥匣周边为木质兵器杆及果实等	封泥匣 27 件,1 件可辨为"沅陵家丞"	《沅陵虎溪山一号汉墓》

上表列出的诸侯王(后)墓葬 15 处,列侯(夫人)墓葬 11 处,在目前笔者已统计的出土有封泥的西汉墓葬中占比约 48％。此外,贵县罗泊湾 M1 也出土有封泥匣,只是封泥不存,这座墓位于岭南地区,当时应属南越国领土,墓主的爵位应相当于列侯级别;湖南永州鹞子山刘疆墓、江苏扬州刘毋智墓均有封泥或匣出土,墓主身份应当为刘氏宗室。

二、 出土封泥与西汉赙赠之制的关联

上文对西汉高等级墓葬中封泥出土的情况进行了简单梳理,下文笔者将结

合表一反映出的具体信息,对汉代高等级贵族丧葬中封物随葬的一些特点进行具体分析。

第一点,汉代诸侯王、列侯下葬时的一部分随葬品是由其属官进行缄封入葬的。具体说来,王与侯稍有不同,这是由他们自身的地位决定的。

《汉书·百官公卿表》:"诸侯王,高帝初置,金玺盭绶,掌治其国。有太傅辅王,内史治国民,中尉掌武职,丞相统众官,群卿大夫都官如汉朝。"[1]诸侯王有自己的封地、属官设置与中央基本相同,这一点在很多考古资料中都有体现。从表一可见,为诸侯王封物随葬的王国职官众多,主要有如下两种:

其一是王国辖地内的属县丞尉,如徐州狮子山汉墓[2]发现的"下邳丞印""符离丞印""彭城丞印"等,长沙咸嘉湖汉墓的"长沙右丞"。这些王国属县丞尉为其王赙赠的例子极少,且大多为西汉早期,个中缘由耐人寻味。笔者推断,这种王国属县向诸侯王赙赠的行为可能仅存在于西汉早期[3],七国之乱以后,汉廷采取了诸多措施抑制诸侯王势力,据《史记·五宗世家》:"高祖时诸侯皆赋,得自除内史以下,汉独为置丞相,黄金印……自吴楚反后,五宗王世,汉为置二千石,去'丞相'曰'相',银印。"[4]此时的王国已失去了往日的权势,下辖的属县在与诸侯王交通时也有所顾忌了。因此,西汉中晚期的诸侯王墓葬中很难再发现狮子山汉墓那样的例子了。

其二是诸侯王的王国官吏缄封随葬品,这些职官职别多样,但是以奉常、食官为主,尤其是食官可谓是封物入藏的典型,而对于诸侯王的王后,往往有"后府"之类的内官系统为其服务。一般职官如狮子山汉墓的"楚中尉印""楚内史印",章丘洛庄汉墓的"吕内史印""吕大行印""吕大官印";奉常属官有满城汉墓的"中山祠祀"、红土山汉墓的"山阳祝长"等;食官类则有广州南越王墓的"厨丞

---

[1] (汉)班固:《汉书》卷19上《百官公卿表》,中华书局,1962年,第741页。
[2] 上文已将诸侯王、列侯墓葬的资料出处列入表一,为行文简洁,下文所举各个墓葬的例子,一般不再另行注明资料出处,如有其他资料举证再单独出注,特此说明。
[3] 徐州狮子山汉墓的墓主问题一直困扰学界,由此产生了大量的争鸣、讨论。从目前掌握的资料,笔者倾向于推断狮子山汉墓的墓主为楚夷王刘郢(客),下葬时间为西汉早期。关于狮子山汉墓问题的讨论,详见徐州博物馆编著:《徐州文物考古文集(一)》,科学出版社,2011年。
[4] (汉)司马迁:《史记》卷59《五宗世家》,中华书局,1959年,第2104页。

之印"、六安双墩 M1 的"六安食丞"、永城黄土山 M2 的"梁食官长"以及盱眙大
云山汉墓的"江都食长"等;属于王后内官系统的则以长沙望城坡渔阳墓"长沙后
府"、昌乐县东圈汉墓"淄川后府"为代表。

列侯是西汉二十等爵制中的最高一级,《汉书·百官公卿表》:"彻侯金印紫
绶,避武帝讳,曰通侯,或曰列侯,改所食国令长名相,又有家丞、门大夫、庶
子。"[1]列侯的封地大小有别,多者万户、少者或仅有一乡之地,但其侯国属官是
相对一致的,列侯的相是长官,主要对中央负责,而具体负责侯家事务的则是家
丞,这其中当然包括列侯的丧事。[2] 从目前发现的列侯墓葬来看,负责封物随葬
的基本都是家丞,如马王堆汉墓"軑侯家丞"、阜阳双古堆 M2"汝阴家丞"、新安
机砖厂"利成家丞"、汉阳陵东区陪葬墓 M600"煮枣家丞"等。山东济南腊山汉
墓的墓主被推断为某位列侯夫人,负责缄封随葬品的则是"夫人私府"这一职官,
"夫人"当是列侯正妻的称谓。与汉地略有区别的是,南越国的封君地位相当于
汉代的列侯,其家臣则名为"啬夫",如贵县罗泊湾 M2 出土的"家啬夫印"封泥就
是如此。

除了以上的墓葬,还有两处列侯墓的封物职官有所不同,这也是墓主的特殊
地位导致的。一是陕西蓝田支家沟汉墓,该墓墓主被推断为鄂邑盖长公主[3],其
奉邑略同于列侯的采邑。该墓壁龛内出土有"内者令印"封泥,"内者令"是汉朝
中央职官,应劭《汉官仪》卷上:"内者,署名,令一人,秩六百石,属少府。"[4]这是
直接为皇帝服务的职官,其官印封泥却出现在支家沟汉墓中,较为合理的解释就
是鄂邑盖长公主死后中央官署对其有赗赠[5];另一例则是西安凤栖原大墓,墓主
为富平侯张安世,该墓出土了 20 余枚"卫将长史"封泥,还同出有带柄"张"字铜

---

① (汉)班固:《汉书》卷 19 上《百官公卿表》,中华书局,1962 年,第 740 页。
② 傅举有:《汉代列侯的家吏——兼谈马王堆三号墓墓主》,《文物》1999 年第 1 期。
③ 段毅:《蓝田支家沟汉墓墓主身份蠡测》,《考古与文物》2013 年第 6 期。
④ (清)孙星衍等辑,周天游点校:《汉官六种》,中华书局,2008 年,第 139 页。
⑤ 据《汉书》,鄂邑盖长公主或称盖主、盖长公主,汉武帝之女,昭帝姊,其封邑为鄂,属汉代江夏郡。
   盖主因参与谋反被处死,但学界一般认为这是桑弘羊集团与霍光集团之间的斗争所致。她作为汉
   昭帝的姐姐,对皇帝有抚育之恩,死后得到皇帝及中央官署的赗赠也在情理之中。关于鄂邑盖长
   公主的相关史事,详见《汉书》中的《武五子传》《霍光传》《昭帝纪》等相关记载。

印章等物。[①] 张安世为著名酷吏张汤之子,历经西汉武、昭、宣三朝,位高权重。其在宣帝朝与霍光一同辅政,受封富平侯,霍光死后,汉宣帝对他更加信任亲善,意欲以他为大司马大将军,但安世坚辞不受。据《汉书·张安世传》:"后数日,竟拜为大司马车骑将军,领尚书事。数月,罢车骑将军屯兵,更为卫将军,两宫卫尉,城门、北军兵属焉。"[②]张安世最终受封为卫将军,直到卒于官,赐葬杜陵。凤栖原大墓的地望与文献记载符合,故发掘者推断墓主为富平侯张安世[③],此说可从。如此一来,墓中出土的20余枚"卫将长史"封泥就不难理解了,汉制大将军有长史之类的幕府官员,张安世在卫将军任上去世,其下属职官对其有所赙赠也在情理之中。唯其让人稍有疑惑的是,墓内未见富平侯家臣的缄封痕迹,笔者推断,因该墓主室已被严重盗扰且多处有火烧的痕迹,"卫将长史"封泥集中出于墓侧一耳室内,可能钤有"富平家丞"之类字样的泥团已经毁于盗墓了。

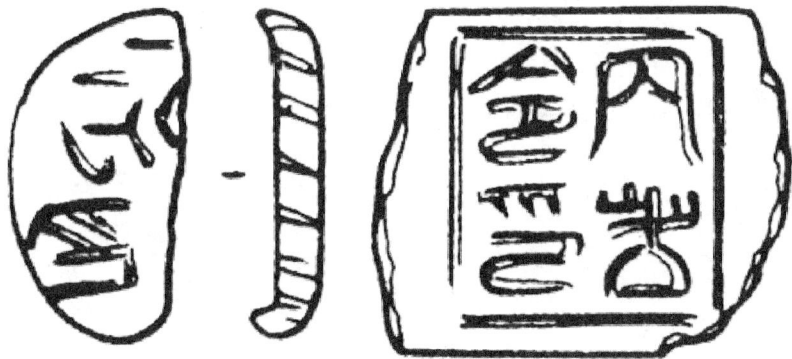

图一　支家沟汉墓"内者令印"封泥摹本(原大)
(采自《陕西蓝田支家沟汉墓发掘简报》图三七:2)

第二个特点,上述汉代高等级墓葬使用封泥缄封的物品种类比较多样,具体有以下几个类别。一是兵器类,表中可见的狮子山汉墓随葬有戈、矛、戟等多种兵器并有楚国的中尉缄封,青州香山汉墓外藏坑也有兵器与封泥同出,盱眙大云

---

① 丁岩:《富平侯张安世与海昏侯刘贺》,《中国文物报》,2017 年 5 月 5 日,第 7 版。
② (汉)班固:《汉书》卷 59《张汤传附子安世》,中华书局,1962 年,第 2648 页。
③ 张仲立、丁岩、朱艳玲:《凤栖原汉墓 西汉大将军的家族墓园》,《中国文化遗产》2011 年第 6 期。

山汉墓还出土有一枚"陈触"的私印封泥,该封泥在清理时出土于一件"箭箙"之内,伴出一些铜箭镞,故发掘者推断这是用来缄封箭箙所用的[①],应当也属于封存兵器的类别。西汉前期的诸侯王拥有自己的军队,虽然"七国之乱"以后被剥夺军权,但一定程度上的卫戍部队还是存在的,随葬少量的兵器也是汉人尚武的体现。二是衣物类,以长沙马王堆汉墓及望城坡渔阳墓为代表,墓中的遣册及签牌都具体记录了衣物的种类、数量。三是食物,包括酒。这是汉代高等级墓葬封物随葬的主流,缄封时一般依附容器类的载体,如南越王墓的青铜鼎、大云山汉墓的釉陶鼎、满城汉墓的铜扁壶等,这些容器本身也是随葬品。没有专门容器的则使用竹笥、漆笥、草囊等装填食物,然后捆扎封存。这类以阜阳双古堆汝阴侯墓、章丘洛庄汉墓陪葬坑等为代表。缄封的肉食可见鹿角、猪趾、鹤、兔、鱼类等

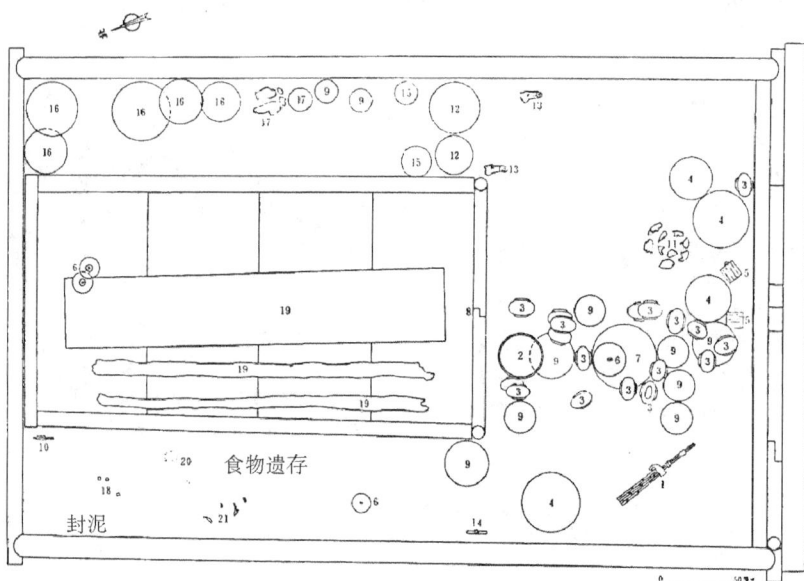

二号墓平面图

1.漆仪仗 2.漆盘 3.漆耳杯 4.漆盂 5.漆卮 6.铜镇 7.漆奁 8.内椁及椁门 9.陶盒 10.铜矛头 11.残陶片 12.陶壶 13.陶马头 14.铜镯 15.陶温盖 16.陶壶 17.陶鼎 18.封泥 19.棺板 20.植物种籽 21.鹿角及猪趾骨

图二　阜阳双古堆汝阴侯墓封泥出土位置
(据《阜阳双古堆西汉汝阴侯墓发掘简报》图三改绘)

---

① 南京博物院、盱眙县文化广电和旅游局:《大云山——西汉江都王陵 1 号墓发掘报告》,文物出版社,2020 年,第 307 页。

动物骨骸,植物类则以蔬菜和果实为主。四是礼器及乐器,如巨野红土山汉墓的"山阳祝长",该封泥出土于后室的棺室中部,其旁散落着玉璧、玉圭等物,推测是用来封存这些玉器入葬的。再比如洛庄汉墓 K14 发现了瑟与封泥共存,则埋葬时瑟是缄封过的。总的来说礼乐器所占比例较小,不是汉代封物随葬的主流形态。

第三,附带有封泥的随葬品出土位置一般位于墓葬的外藏、边厢或丛葬坑,极少在主墓室出现。这种现象形成的原因,笔者作如此推断:这些墓葬的等级较高,多为诸侯王、列侯,其墓葬规模一般较大,墓主的埋骨之所都有特定的空间,而其随葬品的数量、种类均极丰富,也都有指定的空间放置,故一般不会像中小型墓那样将多数随葬品堆放在狭小的墓室内。学界普遍认为,高等级墓葬的地下空间模拟死者生前的居所,因此,具有亲友赙赠性质的物品一般会置于其应该出现的位置而非棺室部位。

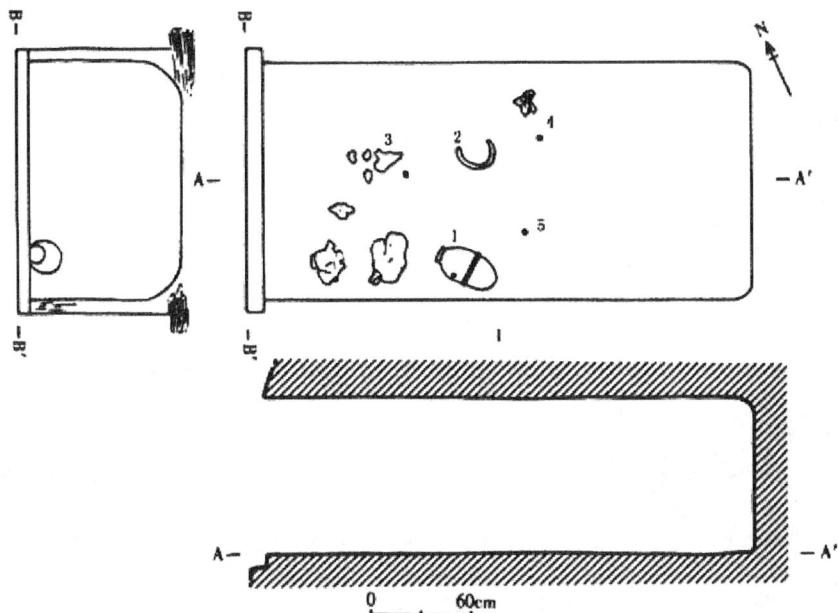

图三　蓝田支家沟汉墓封泥出土位置
(采自《陕西蓝田支家沟汉墓发掘简报》图一五)

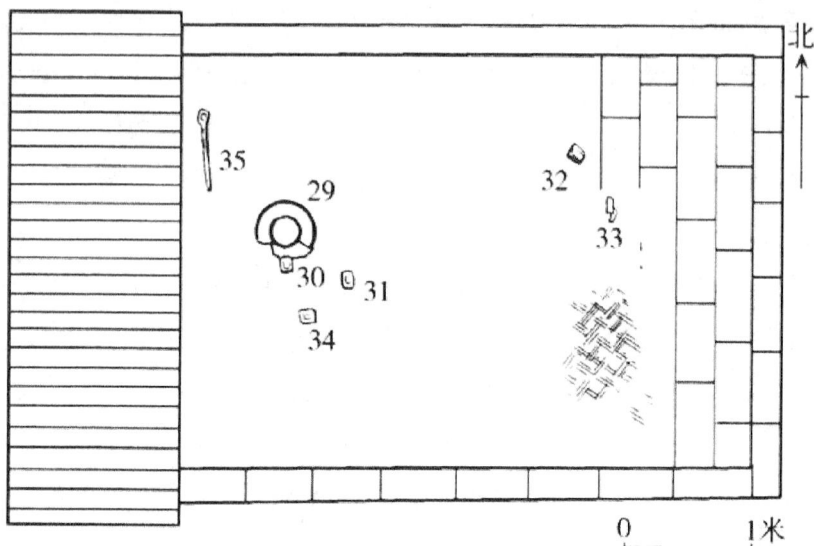

29.小陶盆　30~34.封泥　35.铁削

图四　西安理工大学壁画墓封泥出土位置
（采自《西安理工大学西汉壁画墓发掘简报》图六）

　　汉代王侯有自己的封地及赋税收入,死后得到的各种赙赠也较为丰厚,对于一般的阶层来说,丧礼中也存在着这一现象,尤其是通过封泥缄封随葬品更能直观反映该问题。限于墓葬的埋藏环境,目前发现留有封泥及封泥匣的汉墓主要集中于南方地区。如广西贺县高寨汉墓[1]、湖北云梦大坟头 M1[2]、湖南长沙伍家岭 M203[3]、江苏扬州邗江胡场五号墓[4]、扬州蒋巷 M14、扬州胡场（2015）M5[5]、扬州蚕桑砖瓦厂 M15[6]、徐州东甸子 M1[7]、山东莱西县岱墅 M1[8] 等。

---

① 广西壮族自治区文物工作队、贺县文化局:《广西贺县河东高寨西汉墓》,文物编辑委员会编:《文物资料丛刊(4)》,文物出版社,1981 年,第 38 页。

② 湖北省博物馆:《云梦大坟头一号汉墓》,文物编辑委员会编:《文物资料丛刊(4)》,文物出版社,1981 年,第 12 页。

③ 中国科学院考古研究所编著:《长沙发掘报告》,科学出版社,1957 年,第 124 页。

④ 扬州博物馆、邗江县图书馆:《江苏邗江胡场五号汉墓》,《文物》1981 年第 11 期。

⑤ 扬州蒋巷 M14 及胡场 2015 年新发掘的 M5 的相关资料,承扬州市文物考古研究所刘刚、闫璘二位先生惠准使用。

⑥ 刘松林:《扬州地区西汉墓葬研究》,安徽大学,硕士学位论文,2012 年。

⑦ 徐州博物馆:《徐州东甸子西汉墓》,《文物》1999 年第 12 期。

⑧ 烟台地区文物管理组、莱西县文化馆:《山东莱西县岱墅西汉木椁墓》,《文物》1980 年第 12 期。

这类墓葬均属于中小型级别,墓主具有一定社会地位和财力,这些墓内发现的封泥与王侯级别不同,最显著的特点就是封印大多为私印,官印极少见。如贺县高寨汉墓的"王行印"、邗江胡场五号墓的"王"字封泥、蒋巷 M14 的"陈□"、胡场(2015)M5 的"周子糸粟"、莱西县岱墅 M1 的"遂糜之印"等。笔者推断,正是因为这些墓主的身份地位与王侯相差太大,所以其很难得到官府或属地职官的赙赠,这些私印的姓名应为墓主的亲朋故旧,所缄封物品也是这些人所赠用以随葬的。至于封存的物品种类则大致为钱财、衣物以及食物之属,这与王侯墓中封物随葬的主流是一致、但也有因身份等级形成的差异存在。

三、余论

上文对西汉时期丧葬中的赙赠现象进行了初步讨论,特别是涉及高级别墓葬使用封泥缄封随葬品的行为,与当时的丧葬制度关系密切。钤有官署机构及职官名称的封泥,是墓主身份地位较高的具体体现,它与赙赠财物助丧的行为紧密相关,也可以说是西汉丧礼的一个组成部分,值得进一步细致探究。

综观上述材料,还有一个现象引起了笔者的注意,即迄今尚未见到一例明确为东汉墓葬出土封泥的报道。[1] 以上所举诸例均为西汉墓葬,这个现象值得思考。从汉墓封泥的流行趋势来看,王侯级别墓葬随葬的是属吏官印,一般的小墓多为私人印信,西汉早期开始流行封物随葬,至西汉中期稳定发展,到了西汉晚期直至新莽,墓葬中发现的封泥出现了新的品类,即"吉语印章"钤盖的泥团,典型的例子有西安理工大学壁画墓的"长承永福"[2]、湖北宜昌枝城市陆城下马墩 M1"长寿之印"封泥[3]等,这两处墓葬的时代均为新莽时期,印文不言自明均为吉祥用语,笔者推断,这与该时期神仙道教思想的盛行有一定关系,使用吉语印封缄物品随葬,也反映了丧家对逝者及自身将来生活的美好愿望。至于东汉墓

---

[1] 东汉墓葬出土封泥目前仅见徐州土山汉墓一例,但该墓出土的大批封泥均来自墓葬的封土之中,属于搬运而来的二次堆积,墓室内并未发现封泥。
[2] 西安市文物保护考古所:《西安理工大学西汉壁画墓发掘简报》,《文物》2006 年第 5 期。
[3] 同成:《枝城发掘两汉墓葬》,《中国文物报》,1991 年 4 月 14 日。

葬未见封泥出土的原因,目前尚未有较为合理的解释,从两汉墓葬发现的总量来看,不能以单纯的原因来判断这一现象。[①] 笔者此前在对贮存封泥的原料"泥箭"进行研究时,还发现一些东汉墓随葬有泥箭[②],且文献中还有邓训"好青泥封书"[③]的记载,说明封泥在东汉的使用仍然是普遍的。对于这个问题,目前只能作如下的推论:西汉武帝时期长时间与匈奴作战,致使天下户口减半、海内虚耗,尤其是再经历西汉晚期剧烈的社会动荡,东汉初期的社会经济尚未能恢复元气。这一原因导致葬俗在某些方面发生了细微的改变,具体到我们探讨的问题,即不再流行以大量的实物随葬,东汉时期的随葬品向明器化发展,而以封泥表示赗赠人的身份这种手段,也不再被继续采用,官方或私人的赗赠以其他手段得到了体现。[④]

本文作者吕健系南京师范大学文博系 2001 级本科生、2013 级博士研究生,现工作于江苏师范大学历史文化与旅游学院,刘琳是其研究生

---

① 目前全国发现的汉墓数量可谓庞大,东汉时期占有的比例也不小,故不能以被盗、发掘技术等原因来回避目前东汉墓葬不见封泥的现象。
② 吕健:《汉代青铜泥箭研究》,刘尊志主编:《考古学视角下的秦汉家庭与日常生活学术研讨会论文集》,科学出版社,2019 年。
③ (南朝宋)范晔:《后汉书》卷 16《邓训传》,中华书局,1965 年,第 608—609 页。
④ 做出这一推断也可谓无奈,因为目前很难回避东汉墓葬不见封泥的这一事实,又苦于得不到合理的解释。李银德先生曾经告诉笔者"说有易说无难",也许某次考古发现就会轻易推翻这个推测,但目前的推论或也可备一说。

偃师杏园壁画墓年代再考

李宏飞

洛阳朱村壁画墓 BM2 的发现,提出了汉代风格壁画墓的年代进入曹魏时期的问题[1],但由于迄今能够确定的曹魏墓葬数量极少,相关研究对其年代能否进入曹魏时期持有保留态度[2]。偃师杏园壁画墓 84YDT29M17[3](下文简称杏园 M17)是另一座面貌相近的壁画墓,过去将其年代判断为东汉晚期,但其年代下限应当在曹魏初年,故此试作探讨。

一、 杏园 M17 的时代特征

在缺乏自证文字的情况下,对于墓葬时代特征的判断,主要依靠墓葬形制和随葬器物两个方面进行考察。

(一)墓葬形制

杏园 M17 拥有较为宽大的斜坡墓道,上口保留长度 20、最宽处 6.8 米,斜坡的两侧自上而下内收 4 级台阶,墓道底部的斜坡宽 1.4 米,类似的侧方台阶斜坡

---

① 洛阳市第二文物工作队:《洛阳市朱村东汉壁画墓发掘简报》,《文物》1992 年第 12 期。

② 郑岩:《魏晋南北朝壁画墓研究(增订本)》,文物出版社,2016 年。

③ 中国社会科学院考古研究所河南第二工作队:《河南偃师杏园村东汉壁画墓》,《考古》1985 年第 1 期;中国社会科学院考古研究所:《杏园东汉壁画墓》,辽宁美术出版社,1995 年。下文分别将其称为《简报》《图录》。

墓道在东汉晚期已较为流行[①]，至曹魏、西晋时期仍然延续流行[②]。墓道与前甬道之间有两扇石门，其上饰浅浮雕铺首衔环，类似的石墓门亦见于洛阳 C5M483[③]、唐寺门 M1[④]、朱村 BM2[⑤] 和密县后士郭画像石墓[⑥]等东汉晚期墓葬，魏晋墓葬中仍有石墓门发现[⑦]。

　　墓室分为前室和后室(图一)。前室为以往所谓的"前横堂"，具体地说是侧方墓室与"前堂"合二为一，构成与墓道垂直的横向砖券堂室，侧方墓室底面高出前堂底面 18 厘米。长方形后室通过后甬道与前室相通。墓道、前甬道、后甬道、后室处于同一轴线上。前堂横列墓是洛阳地区东汉晚期墓葬的流行形制[⑧]，杏园 M17 是东汉晚期较为常见的合葬墓形制。

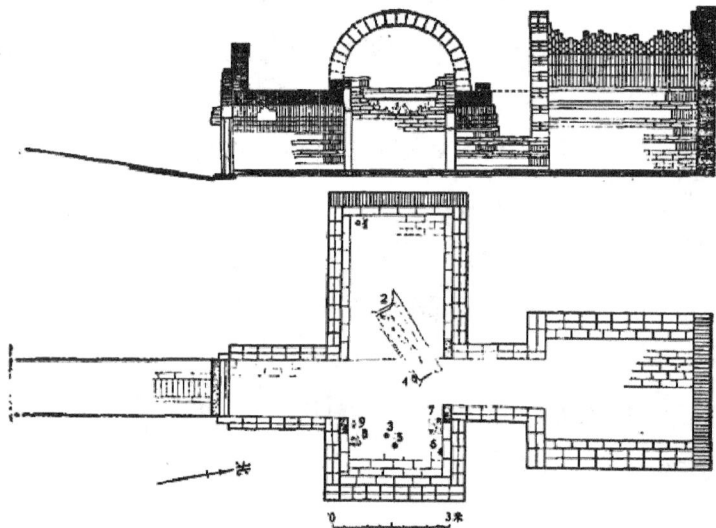

图一　杏园 M17 平剖面图

① 张鸿亮：《略论东汉至西晋时期的台阶式墓圹——以洛阳大中型墓葬为中心》，《洛阳考古》2016 年第 4 期。
② 吴桂兵：《两晋墓葬文化因素研究》，南京大学出版社，2017 年。
③ 洛阳市文物工作队：《洛阳机车工厂东汉壁画墓》，《文物》1992 年第 3 期。
④ 洛阳市文物工作队：《洛阳唐寺门两座汉墓发掘简报》，《中原文物》1984 年第 3 期。
⑤ 洛阳市第二文物工作队：《洛阳市朱村东汉壁画墓发掘简报》，《文物》1992 年第 12 期。
⑥ 河南省文物研究所：《密县后士郭汉画像石墓发掘报告》，《华夏考古》1987 年第 2 期。
⑦ 吴桂兵：《两晋墓葬文化因素研究》，南京大学出版社，2017 年。
⑧ 中国科学院考古研究所编：《洛阳烧沟汉墓》，科学出版社，1959 年。

发掘者将杏园 M17 的年代定为东汉晚期,从墓葬形制上看确实表现出了较为明确的东汉晚期特征。

(二) 随葬器物

残存的随葬品以陶器为主,计矮体陶罐 3、方盒 1、盘 2、碗 6、樽 1、案 1、圈厕 1(含玉石猪)、狗 1、鸡 2。另有铁镜 1 面和半两、五铢、剪轮五铢等铜钱近百枚。根据墓葬平面图,铁镜 M17∶2 发现于侧方墓室木棺内头骨之前,同出的还有"木盒、铜发饰等",陶碗 M17∶1 发现于侧方墓室西南角,陶碗 M17∶4 位于木棺附近,其他多件陶碗及圈厕、铁器(具体器型不明)、陶狗等发现于前堂东部。另据《简报》介绍:"由于墓室遭严重盗扰,随葬器物扰乱甚剧,除前横堂的几件陶器外,墓道堆放很多陶器碎片,经粘对,有瓮、盒、案、盘、碗、樽、猪圈、鸡、狗等。"[1]

杏园 M17 的随葬器物表现出以下两个较为突出的特点:

一是未见东汉晚期墓葬常见的大平底解注瓶等典型器物。

解注瓶是按照道教注鬼学说理论行解除注鬼术所用之器。[2] 大平底解注瓶是洛阳地区东汉晚期墓葬的常见随葬器物,在元嘉二年(152 年)李屯 M1[3]、永康元年(167 年)唐寺门 M1[4]、建宁二年(169 年)烧沟 M1037[5]、建宁二年(169 年)偃师南蔡庄 91YM3[6]、光和二年(179 年)东方红拖拉机厂 40 分厂 M1[7]、初平元年(190 年)烧沟 M147、初平二年(191 年)中州路 M813[8] 等纪年墓中皆有发现。根据目前可知的考古材料,洛阳地区年代最晚的大平底解注瓶出自中州路 M813,而迄今发现的曹魏、西晋墓葬中均未见此类器物。

此外,圆形陶仓、多棱圈足陶壶也是东汉晚期墓葬的常见器型。洛阳烧沟汉

① 洛阳市第二文物工作队:《洛阳市朱村东汉壁画墓发掘简报》,《文物》1992 年第 12 期。以下所用资料凡征引此著作处,不另注。
② 张勋燎、白彬:《中国道教考古》第 1 册,线装书局,2006 年,第 4 页。
③ 洛阳市文物工作队:《洛阳李屯东汉元嘉二年墓发掘简报》,《考古与文物》1997 年第 2 期。
④ 洛阳市文物工作队:《洛阳唐寺门两座汉墓发掘简报》,《中原文物》1984 年第 3 期。
⑤ 中国科学院考古研究所编:《洛阳烧沟汉墓》,科学出版社,1959 年。
⑥ 河南省偃师县文物管理委员会:《偃师县南蔡庄乡汉肥致墓发掘简报》,《文物》1991 年第 9 期。
⑦ 洛阳博物馆:《洛阳东汉光和二年王当墓发掘简报》,《文物》1980 年第 6 期。
⑧ 中国科学院考古研究所:《洛阳中州路(西工段)》,科学出版社,1959 年。

墓取得的考古认识是"瓦及瓦当在墓中或为垫棺及其他用途,并非实用于建筑"①。在洛阳地区,瓦当在东汉墓葬中普遍发现,但在迄今发现的魏晋墓葬中较少见到。在随葬器物并未被盗掘一空的情况下,东汉晚期墓葬常见的大平底解注瓶、圆形陶仓、多棱圈足陶壶、瓦当等典型器类在杏园 M17 中一概不见,应当不是盗掘所致,而应是原本就没有,这是墓葬年代较晚的侧面证据。

二是部分器物及其组合具有较晚特征。

矮圈足陶碗是东汉晚期墓葬的常见器型,内壁通常为素面。内壁饰密集篦点纹则是西晋墓葬随葬陶碗的常见特征。曹魏早期的孟津三十里铺 ZM44(曹休墓)②所出陶碗内壁也有密集篦点纹。杏园 M17 随葬陶碗可分为两型,一型为矮平底假圈足,腹部外鼓较甚,内壁素面,这是东汉晚期陶碗的常见形制,以标本 M17:24 为代表;另一型为甚矮的圈足,腹部略外鼓,"内壁有浅划纹七周",根据器物线图可见后者的内壁密布篦点纹,以标本 M17:4 为代表,这也是墓葬年代较晚的又一证据(图二)。

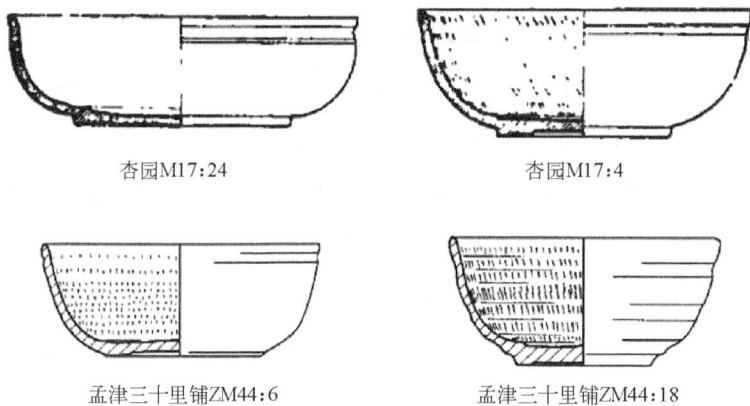

杏园M17:24　　　　　　　　　　杏园M17:4

孟津三十里铺ZM44:6　　　　　　孟津三十里铺ZM44:18

图二　陶碗对比

此外,杏园 M17 随葬矮体陶罐 3、碗 6、盘 2。矮体陶罐和浅腹碗、盘的数量较多,也更加接近魏晋时期的随葬陶器组合特征。在汉末魏初的安阳西高穴

① 中国科学院考古研究所编:《洛阳烧沟汉墓》,科学出版社,1959 年,第 84 页。
② 洛阳市第二文物工作队:《洛阳孟津大汉冢曹魏贵族墓》,《文物》2011 年第 9 期。

M2(曹操墓)①和曹魏早期的孟津三十里铺 ZM44(曹休墓)②、曹植墓③中,也均表现出了这样的随葬陶器组合特点。

杏园 M17 是二次合葬墓,加之由于遭到严重盗扰,已经无法彻底区分随葬陶器的早晚分组,仅能根据整体情况获知其与董卓之乱之前东汉晚期墓葬的陶器群具有较为明显的差别。根据时代特征最晚的器物推测,杏园 M17 的年代下限有可能进入曹魏初年。放宽来说,这座墓葬的年代大约在汉末魏初。

二、 洛阳东汉晚期壁画墓分组

洛阳地区是东汉晚期壁画墓发现较多的地域。通过与其他壁画墓的对比,可进一步把握杏园 M17 的年代。根据是否发现大平底解注瓶等典型器物,可将以往发现的年代定为东汉晚期(年代下限至曹魏初年)的壁画墓分为甲、乙两组。

甲组壁画墓:以洛阳 C1M120④、C1M3850⑤、C5M483⑥ 为典型单位。

洛阳 C1M120 的墓道未发掘,钻探长度约 20 米,斜坡状。墓室为横前堂,无后室,结构与杏园 M17 的前室相同。曾被盗扰。随葬陶器包括高体罐、矮体罐、解注瓶、方盒、圈厕、鸡、狗、板瓦、筒瓦、瓦当等,随葬铜钱有五铢钱和磨郭五铢。发掘者指出"甬道、墓顶和墓壁都绘有壁画",但仅有东壁和南、北壁的东半部分保存较好,东壁绘宴饮图,南壁东部绘出行图,北壁东侧绘主仆二人。

洛阳 C1M3850 具有斜坡墓道,长 19.6、宽 1.4 米。墓室与 C1M120 的形制基本相同,唯正对甬道、墓道的另一侧墓壁和前堂东侧各开一近方形的小耳室。随葬陶器包括矮体罐、解注瓶、三足尊、碗、瓦当等,随葬铜钱有五铢钱和剪轮五铢。甬道内壁和墓室四壁饰壁画,但仅有甬道内壁和墓室北壁的部分壁画保存较好,甬道两壁饰礼宾图,顶部饰青龙图像,墓室北壁饰宴饮图。

---

① 河南省文物考古研究院编著:《曹操高陵》,中国社会科学出版社,2016 年。
② 洛阳市第二文物工作队:《洛阳孟津大汉冢曹魏贵族墓》,《文物》2011 年第 9 期。
③ 东阿文化馆:《山东东阿县鱼山曹植墓发现一铭文砖》,《文物》1979 年第 5 期。
④ 洛阳市文物工作队:《洛阳西工东汉壁画墓》,《中原文物》1982 年第 3 期。
⑤ 洛阳市文物工作队:《河南洛阳市第 3850 号东汉墓》,《考古》1997 年第 8 期。
⑥ 洛阳市文物工作队:《洛阳机车工厂东汉壁画墓》,《文物》1992 年第 3 期。

洛阳东郊 C5M483 的墓道仅发掘墓门前的一段,宽 2.32 米。墓室结构为前、中、后室附带侧室、耳室的大型多室墓。地表有封土。墓门为两扇石门,其上饰浅浮雕铺首衔环。前室为纵向长方形,两侧各有一间长方形耳室。中室为一间"前堂"与侧方墓室相连构成的横向砖券堂室,东侧另接一小型侧室,东南角的南侧接一小型耳室。后室为横向长方形。前、中、后室及侧室、耳室皆以甬道相通。随葬陶器有解注瓶、瓦当,可辨器形还有"罐、瓮、鼎、盘、仓、奁、案、猪圈和畜禽俑等",随葬铜钱有半两钱和五铢钱。壁画"残存部分主要分布于门楣内侧、前室、中甬道及中室的石壁上",内容较为丰富,包含武士、侍者、骑者、艺人、云气、瑞禽、瑞兽等形象。

乙组壁画墓:以洛阳朱村 BM2、偃师杏园 M17 为典型单位。

朱村 BM2 的墓道长 9.6、宽 1.8 米,两侧内收 1 级台阶,底部斜坡宽 1.2 米。墓门为两扇石门,其上饰浅浮雕铺首衔环。墓室结构仅有横向砖券堂室,东侧接一耳室,与洛阳 C1M120、C1M3850 的墓室形制近似。随葬陶器有方盒、盘、勺、耳杯等,其中陶盘 BM2:10 为折沿、鼓腹,内底和内壁中部有两道突棱,具有相对较晚的时代特征,相似者如洛阳西朱村曹魏大墓所出陶盘 M1:355。墓室南壁饰出行图,墓室北壁西侧宴饮图。

杏园 M17 的基本情况不复赘述,从墓道形制、尺寸看,规格明显高于朱村BM2。壁画发现于前室的南、西、北壁,"壁画内容前后依次可以衔接,是一幅描绘墓主车骑出行的图画,前后长达 12 米。另在北壁东段出行图之下还发现一小幅作坊宴饮图"。

朱村 BM2 和杏园 M17 具有较多的相似之处。斜坡墓道两侧皆有台阶,前横堂皆饰长幅出行图,均未发现大平底解注瓶、圆形陶仓、多棱圈足陶壶、瓦当等东汉晚期墓葬常见器物,又都出现相对较晚的时代特征(朱村 BM2 壁画男仕所执麈尾、杏园 M17 篦点纹陶碗)。从这些因素考虑,乙组壁画墓的年代应当相对晚于甲组壁画墓。

三、 杏园 M17 的历史背景

《后汉书·孝献帝纪》记载:"(初平元年二月)丁亥,迁都长安。董卓驱徙京师百姓悉西入关,自留屯毕圭苑……(三月)己酉,董卓焚洛阳宫庙及人家……(初平二年)董卓遂发掘洛阳诸帝陵。"①根据已知的考古材料,洛阳地区年代最晚的两座东汉纪年墓是烧沟 M147、中州路 M813,年代分别是初平元年(190年)、初平二年(191年)。董卓之乱后的建安元年(196年),"秋七月甲子,车驾至洛阳,幸故中常侍赵忠宅。丁丑,郊祀上帝,大赦天下。己卯,谒太庙。八月辛丑,幸南宫杨安殿"②。可见,董卓之乱对东汉洛阳城造成了严重破坏。

正是由于存在这样的历史背景,以往通常认为东汉晚期洛阳城及其附近地区高规格墓葬的年代不会晚于初平年间。密县后士郭画像石墓的年代判断也基于这样的认识:"在这王朝末日,战乱纷纷,宫庙被焚烧,'发诸帝陵,收其珍宝'的情况下,不可能会有人还能够聚集工匠,建筑这样大规模的冢墓。因此我们认为这两座墓葬的年代下限,不会晚于献帝初平元年,即公元 190 年。"③上文划分的东汉晚期甲组壁画墓,与东汉晚期诸纪年墓具有较多的相似之处,存在大平底解注瓶、圆形陶仓、多棱圈足陶壶、瓦当等典型器物,其年代应当不晚于初平年间。

但需要特别指出的是,东汉王朝在董卓之乱后,距离曹魏政权建立尚有近30 年时间。在建安年间,东汉洛阳城得到了一定程度的恢复,并在国家重大事务上发挥作用。根据《三国志·魏书·武帝纪》记载:"(建安二十四年)冬十月,军还洛阳……王自洛阳南征羽……二十五年春正月,至洛阳……庚子,王崩于洛阳,年六十六。"裴松之注引《世语》曰:"太祖自汉中至洛阳,起建始殿,伐濯龙祠而树出血。"④又据《三国志·魏书·文帝纪》记载:"(黄初元年)十二月,初营洛

---

① (南朝宋)范晔撰,(唐)李贤等注:《后汉书》卷 9《孝献帝纪第九》,中华书局,2012 年,第 369—370 页。
② (南朝宋)范晔撰,(唐)李贤等注:《后汉书》卷 9《孝献帝纪第九》,中华书局,2012 年,第 379 页。
③ 河南省文物研究所:《密县后士郭汉画像石墓发掘报告》,《华夏考古》1987 年第 2 期。
④ (晋)陈寿撰,(南朝宋)裴松之注:《三国志》卷 1《魏书一》,中华书局,2013 年,第 52—53 页。

阳宫,戊午幸洛阳。二年春正月,郊祀天地、明堂。甲戌,校猎至原陵,遣使者以太牢祠汉世祖。乙亥,朝日于东郊。"①这表明,曹魏政权在建立之初的数月间已经能够将洛阳作为首都行使国家行政事务,显然并非废墟状态。与之对应,洛阳地区也应当存在汉末魏初时期的较高规格墓葬。

从上述历史背景考察,乙组壁画墓的年代当在董卓之乱以后的东汉建安年间,下限则可能进入曹魏初年。具体到偃师杏园 M17 的年代,结合该墓对壁画的特殊处理方式,可对其历史背景和年代下限展开进一步讨论。

杏园 M17 前堂曾经"二次加砌内壁,墙体直接压在铺地砖上",后甬道口"在二次加砌中改用了石券",前室的木棺"应为二次加砌后埋入"。该墓前室的壁画绘制于外墙内壁,又因二次砌筑内墙,壁画封存与内、外墙之间。这样将壁画藏匿于两墙之间的行为非常罕见。发掘者曾对杏园 M17 的特殊情况进行过推测:"可能是壁画所绘车骑导从仪仗,与墓主官职不符,有越制之处;或是两次下葬之间,墓主家庭地位发生了变大变故。"

值得注意的是,用于砌筑前室外墙的长条形砖,长 36、宽 12、厚 7.5 厘米,而二次砌筑的内墙则采用了长 45、宽 22、厚 10 厘米的条形砖。汉墓的墓砖尺寸与时代早晚、墓葬规格具有关联性,洛阳东关殉人墓②、铜加工厂 AM19③、机车工厂 C5M483、汉魏城西 88BDMS④以及密县后士郭⑤、打虎亭⑥发现的东汉晚期大型汉墓所使用的条形墓砖尺寸与杏园 M17 前室内墙条形砖的尺寸相当,皆属于规格较高的墓葬。如果是在二次下葬时"墓主家庭地位发生了重大变故",使用更大尺寸的墓砖无异于另一种欲盖弥彰的"越制"。

需要特别强调的是偃师杏园所处的特殊地理位置。曹魏黄初三年(222 年)冬十月甲子,魏文帝"表首阳山东为寿陵"⑦,并对汉代以来的厚葬封树之风予以

① (晋)陈寿撰,(南朝宋)裴松之注:《三国志》卷 2《魏书二》,中华书局,2013 年,第 77 页。
② 余扶危、贺官保:《洛阳东关东汉殉人墓》,《文物》1973 年第 2 期。
③ 洛阳市第二文物工作队:《洛阳涧滨东汉黄肠石墓》,《文物》1993 年第 5 期。
④ 中国社会科学院考古研究所洛阳汉魏城队:《汉魏洛阳城西东汉墓园遗址》,《考古学报》1993 年第 3 期。
⑤ 河南省文物研究所:《密县后士郭汉画像石墓发掘报告》,《华夏考古》1987 年第 2 期。
⑥ 河南省文物研究所:《密县打虎亭汉墓》,文物出版社,1993 年。
⑦ (晋)陈寿撰,(南朝宋)裴松之注:《三国志》卷 2《魏书二》,中华书局,2013 年,第 81 页。

了严厉批评。偃师杏园所处位置恰好位于首阳山南麓,应当是曹魏初年葬制改革的严格实行之地。将杏园 M17 墓内壁画特殊的处理方式放置于这样的历史背景之下便不难理解:杏园 M17 原本延续着东汉晚期葬制传统,但后续的合葬已经进入曹魏初年,为了适应当时的特殊情况,对墓室壁画采取了筑墙封存的处理措施。

如果杏园 M17 确实处于这样的历史背景,则具有更为重要的学术意义。以往的观点主要倾向于洛阳地区东汉晚期高规格墓葬的年代下限一般不晚于初平年间,而目前发现年代最早的曹魏墓葬是孟津三十里铺 M44,年代不早于曹魏太和二年(228 年)。杏园 M17 的最初建造年代应当在东汉末年,但其二次下葬的年代有可能晚至曹魏初年,可以作为汉末魏初墓葬的典型单位之一。杏园 M17 年代的再认识,表明洛阳地区存在汉末魏初的高规格墓葬,更能进一步从考古学研究视角探讨国家层面政策措施对物质文化产生的影响。

附记:时时谨记裴安平师教导,研究三代需要从史前至汉代的长时段着眼,方能更好理解三代的问题。裴师《中国的家庭、私有制、文明、国家和城市起源》即是从宏观视野出发,就关键问题立言的典范之作。立足洛滨,放眼北邙,特奉此文恭贺母校百廿周年志庆。

本文作者系南京师范大学文博系 2005 级本科生,现就职于中国社会科学院考古研究所

江苏溧阳果园东晋墓的新认识

徐 良

    1972年10月,南京博物院在溧阳县上兴公社(今溧阳市南渡镇)红旗大队新源生产队附近的果园内发掘了一座东晋时期的墓葬。[①] 关于该墓的墓葬形制、出土砖质铭文墓砖及墓主身份,简报中的论述较为简略,且存在可商榷之处。本文就这几个问题展开讨论,提出自己的新认识,不妥之处请学界师友批评指正。

一、 墓葬形制分析

    江苏溧阳果园东晋墓为单室结构,整体呈"凸"字形。砖室全长7.72、残高1.8米,四边券进式穹隆顶,由排水沟、前后甬道、墓室构成。其形制较为特殊,主要体现在两个方面。

    其一,墓室两侧壁外弧,后壁平直。考古材料显示,这类墓葬主要分布在安徽及江苏地区,如芜湖赭山咸康二年墓[②]、马鞍山东晋孟府君墓[③]、马鞍山东苑小

---

① 南京博物院:《江苏溧阳果园东晋墓》,《考古》1973年第4期。
② 王步艺:《芜湖赭山古墓清理简报》,《文物参考资料》1956年第12期。
③ 安徽省文物工作队:《安徽马鞍山东晋墓清理》,《考古》1980年第6期。

区 3 号墓[①]、无锡赤墩里东晋墓[②]、江苏句容陈家村东晋墓[③]、镇江谏壁陈家山 25
号墓[④]等均属此类。王志高先生曾指出,安徽地区发现的这类墓葬"是本地区此
前流行的后室侧壁外弧的双室墓演化的产物"[⑤],所见甚是,但未有具体论证。
从发掘情况看,西晋时期已有墓室两侧壁外弧,后壁平直的墓葬,但为多室墓和
双室墓。如宜兴周墓墩西晋 5 号墓[⑥]由甬道、前室、两侧室及后室组成,其中后
室两侧壁即是外弧呈腰鼓型,后壁平直。宜兴周墓墩西晋 4 号墓[⑦]、马鞍山盆山
六朝墓[⑧]、马鞍山桃冲村永嘉二年墓[⑨]则均前室方形,后室两侧壁外弧呈腰鼓型,
后壁平直。这些墓葬均属于西晋时期(表一)。由此可见,两晋时期,"墓室两侧
壁外弧,后壁平直"墓葬的一般演变趋势为:多室墓→双室墓→单室墓。这些墓
葬集中分布在太湖以西的江苏、安徽地区,可见江苏溧阳果园东晋墓应是本地多
室墓、双室墓演化的产物。

　　其二,该墓甬道分前后两段,前甬道长 0.43、宽 1.38 米,后甬道长 1.22、宽
1.06 米。笔者认为,这种前后甬道的设计很可能意在安设一道木门。如马鞍山
马钢花园小区东晋墓甬道前部即有一对左右对称的凹槽[⑩],应用于安置木门,但
门已朽坏无存。江苏溧阳果园东晋墓前甬道与后甬道之间无门槽,故其可能仅
是为了模仿带有木门形制的高等级墓葬,或是该墓前甬道与后甬道原可能存在
一道简易木门,但已朽坏无存。此外,该墓为四边进式穹隆顶,这是东汉以来的

① 马鞍山市文物管理所:《马鞍山东苑小区六朝墓清理简报》,《文物研究》第 11 辑,黄山书社,1998
　年,第 151—159 页。
② 无锡市博物馆:《无锡赤墩里东晋墓》,《考古》1985 年第 11 期。
③ 江苏省文物管理委员会:《江苏句容陈家村西晋南朝墓》,《考古》1966 年第 3 期。简报中称该墓时
　代为西晋晚期,但王志高先生认为该墓时代应不早于东晋中期,参见罗宗真、王志高:《六朝文物》,
　南京出版社,2004 年,第 128 页。
④ 镇江博物馆:《江苏镇江谏壁砖瓦厂东晋墓》,《考古》1988 年第 7 期。
⑤ 罗宗真、王志高:《六朝文物》,南京出版社,2004 年,第 127—128 页。
⑥ 南京博物院:《江苏宜兴晋墓的第二次发掘》,《考古》1977 年第 2 期。
⑦ 南京博物院:《江苏宜兴晋墓的第二次发掘》,《考古》1977 年第 2 期。
⑧ 马鞍山市文物管理所:《马鞍山市盆山发现六朝墓》,《文物研究》第 6 辑,黄山书社,1990 年,第
　153—157 页。
⑨ 马鞍山市文物管理所、马鞍山市博物馆:《安徽马鞍山桃冲村三座晋墓清理简报》,《文物》1993 年
　第 11 期。
⑩ 马鞍山文物管理所:《马鞍山市马钢花园小区东晋墓发掘简报》,《文物研究》第 14 辑,黄山书社,
　2005 年,第 354—356 页。

传统墓顶结构,而墓壁上设置桃形小龛、墓内设砖砌棺床则是东晋墓葬新出现的因素。由此可见,溧阳果园东晋墓在固守当地传统墓葬文化的同时,也融入了当时的新风尚。

表一　苏皖地区"墓室两侧壁外弧,后壁平直"的六朝墓葬

墓葬	长度(米)	时代	墓主身份	平面形制
江苏宜兴周墓墩西晋5号墓	11.26	西晋建兴四年(316年)	建威将军、吴兴太守周玘?	
江苏宜兴周墓墩西晋4号墓	11.5	西晋永宁二年(302年)	江宁令、关内侯	
安徽马鞍山盆山六朝墓	6.83	西晋		
安徽马鞍山桃冲村永嘉二年墓	6.85	西晋永嘉二年(308年)		
安徽马鞍山马钢花园小区东晋墓	5.78	东晋		
安徽马鞍山东苑小区3号墓	5.52	东晋		
江苏无锡赤墩里东晋墓	5.66	东晋		
安徽马鞍山东晋孟府君墓	6.25	太元元年(376年)	始兴相、散骑常侍孟府君	
江苏溧阳果园东晋墓	7.72	太元二十一年(396年)	溧阳令夫人王氏	

墓葬	长度（米）	时代	墓主身份	平面形制
江苏宜兴周墓墩6号墓	6.1	六朝		
江苏镇江谏壁陈家山25号墓	4.6	东晋		
江苏句容陈家村东晋墓	4.9	东晋		

二、砖刻铭文墓砖及墓志

该墓出土十几块铭文墓砖及一块长方形砖刻墓志，是深入分析相关问题的重要文字资料。但简报中的释读似乎存在进一步讨论的可能。铭文墓砖上之铭文均阳文隶书，发掘者释读为"阳夏县都乡""章州陈郡□溧阳令宁康二年""□阳章州陈郡"。据《晋书》卷14《地理志上》"豫州"条记载：

> 惠帝分汝阴立新蔡，分梁国立陈郡，分汝南立南顿。永嘉之乱，豫州沦没石氏。元帝渡江，以春谷县侨立襄城郡及繁昌县。成帝乃侨立豫州于江淮之间，居芜湖。时淮南入北，乃分丹杨侨立淮南郡，居于湖。又以旧当涂县流人渡江，侨立为县，并淮南、庐江、安丰并属豫州。宁康元年，移镇姑孰。孝武改蕲春县为蕲阳县，因新蔡县人于汉九江王黥布旧城置南新蔡郡，属南豫州。①

由此可见，两晋时期的陈郡属豫州，并非章州，溧阳果园东晋墓出土砖刻墓志上刻有"豫州陈郡"字样即是佐证。检索史料发现，汉六朝时期并未设置章州。可

---

① (唐)房玄龄等撰：《晋书》卷14《地理志上》，中华书局，1974年，第422页。

见铭文墓砖上应是"豫州陈郡溧阳令宁康二年""□阳豫州陈"。也就是说,"章"应是"豫"的简写或误写。除此之外,该墓还出土有"阳令宁康二年"铭文墓砖,"阳"字前无疑缺失"溧"。

还需讨论的是"□阳豫州陈"铭文墓砖。结合前文可知,该块铭文墓砖上的"陈"字后可能为"郡",但亦可能是陈姓人名。"□阳"字后连书"豫州"则较为特殊。六朝时期,政区内正式实行的是州、郡、县三级制,县以下则为乡里。[1] 从出土文字材料看,其叙述顺序一般是州—郡—县—乡—里,如湘州始安郡始安县都乡都唐里[2]、并州太原(郡)祁县都乡仁义里[3]。"□阳豫州陈"铭文墓砖上的"阳"字后连书豫州,故"□阳"应不是地名,需与"豫州"句读分开,其可能是造砖工匠之名,但亦存在"溧阳""阳夏"等地名误写的可能。

三、 墓主为溧阳令夫人王氏

依据砖刻墓志,发掘者及相关学者推测该墓是东晋溧阳令琰和其妻王氏同穴合葬之墓。[4] 但分析材料后发现,这一观点存在明显问题。

首先,从墓葬形制看,位于墓室左侧的砖砌棺床不能放置两具木棺。考古资料显示,东晋时期的木棺一般宽逾 0.5 米,如南京江宁下坊村东晋墓出土木棺宽 0.59—0.62 米[5]、南京仙鹤观东晋墓 M6 出土木棺宽 0.8 米[6]。也就是说,东晋时期墓室内如放置两具木棺,至少需要宽 1 米以上的棺床。而溧阳果园东晋墓中的砖砌棺床仅宽 0.92—0.96 米,并不能容纳下两具棺材,故应是单人葬。

再看出土器物。由于被盗,该墓仅出土青瓷碗、陶碗、陶耳杯、陶凭几及十片花形、心形金饰等少量文物。其中与墓主性别、身份等级直接相关的,当属十片花形、心形金饰。发掘者称其为"鸡心状金片和小金花",并推测是"器物上的贴

① 胡阿祥:《六朝政区》,南京出版社,2008 年,第 125 页。
② 黄增庆、周安民:《桂林发现南齐墓》,《考古》1964 年第 6 期。
③ 南京市博物馆:《南京市郭家山东晋温氏家族墓》,《考古》2008 年第 6 期。
④ 晓光:《江苏溧阳发现东晋墓志》,《考古》1973 年第 3 期。
⑤ 南京市博物馆、江宁县文管会:《江苏江宁县下坊村东晋墓的清理》,《考古》1998 年第 8 期。
⑥ 南京市博物馆:《江苏南京仙鹤观东晋墓》,《文物》2001 年第 3 期。

花"。但这类花形、心形金饰品,学界一般认为它们是东汉魏晋时期贵族妇女所戴步摇之构件。《晋书·舆服志》云:"步摇以黄金为山题,贯白珠为支相缪,八爵九华,熊、兽、赤罴、天鹿、辟邪、南山丰大特六兽,诸爵兽皆以翡翠为毛羽,金题白珠珰,绕以翡翠为华。"[1]这种首饰下设金博山状基座,上有枝条,枝上串白珠、花朵、叶片、鸟兽,所以"步则动摇"。花形金片显即步摇枝上所缀花朵,而心形金饰则是点缀其间的摇叶。可见溧阳果园东晋墓中葬有女性。换言之,该墓中葬有溧阳令夫人王氏。

除此之外,该墓出土的砖刻墓志亦提供了重要线索。考古发掘证明,六朝时期合葬的夫妇一般一人使用一方墓志,如王建之与刘氏[2],高崧与谢氏[3],李摹与武氏、何氏[4],谢球与王德光[5]等,只有少数如王兴之夫妇二人共用一方墓志。而且王兴之夫妇墓志显示,如若夫妇合葬共用一块墓志,其上必定刻有双方的姓名、卒年等信息。从该墓出土"豫州陈郡溧阳令宁康二年"墓砖看,溧阳令琰应死于宁康二年(374 年),但溧阳果园东晋墓所出墓志仅刻有溧阳令琰夫人王氏的卒年——"太元廿一年"。这类仅写女性墓主卒年,其丈夫仅介绍官职、字等,无卒年的墓志,应属女性,《王建之妻刘媚子墓志》即是此类。[6] 以此观之,该块墓志应属溧阳令琰夫人王氏,而非是溧阳令琰与其夫人王氏的合志。

需要注意的是,如溧阳果园东晋墓仅葬有溧阳令琰夫人王氏,那么其出土明显属于溧阳令琰墓的"阳夏县都乡""阳令宁康二年""豫州陈郡溧阳令宁康二年""□阳豫州陈"墓砖,又如何解释?从字样看,这些铭文均为隶书阳文模印而成,可见应是为造墓而专门批量烧造的墓砖,其所造之墓应大量使用这类铭文砖,如南京江宁孙吴"天册元年"墓所用墓砖即大多模印有"天册元年"文字。[7] 溧阳果园东晋墓仅出土十几块属于溧阳令琰墓的铭文墓砖,其余均为绳纹砖。可见这

① (唐)房玄龄等撰:《晋书》卷 25《舆服志》,中华书局,1974 年,第 774 页。
② 南京市博物馆:《南京象山 8 号、9 号、10 号墓发掘简报》,《文物》2000 年第 7 期。
③ 南京市博物馆:《江苏南京仙鹤观东晋墓》,《文物》2001 年第 3 期。
④ 南京市博物馆:《南京吕家山东晋李氏家族墓》,《文物》2000 年第 7 期。
⑤ 南京市博物馆、雨花区文化局:《南京司家山东晋、南朝谢氏家族墓》,《文物》2000 年第 7 期。
⑥ (唐)房玄龄等撰:《晋书》卷 25《舆服志》,中华书局,1974 年,第 774 页。
⑦ 南京市江宁区博物馆:《南京市江宁孙吴"天册元年"墓发掘简报》,《东南文化》2009 年第 3 期。

类铭文墓砖并非专为溧阳果园东晋墓所用。众所周知,六朝墓葬存在使用旧砖的情况,如南京石闸湖西晋墓使用了"太康九年"旧墓砖。[①] 因此,溧阳果园东晋墓出土少量属于溧阳令琰墓的铭文墓砖,应是移用了建造溧阳令琰墓剩下的部分旧砖。这样看来,江苏溧阳果园东晋墓出土属于溧阳令琰墓的墓砖也就不难理解了。

综之,溧阳果园东晋墓并非东晋溧阳令琰和其妻王氏同穴合葬之墓,其应仅葬有死于太元二十年(395 年)的溧阳令夫人王氏,其夫溧阳令琰墓应在其附近,或为同茔异穴合葬。

四、 结语

通过以上对考古及文献资料的分析,我们可以得到如下主要认识:

第一,江苏溧阳果园东晋墓"墓室两侧壁外弧,后壁平直"的特殊形制,应是本地多室墓、双室墓演化的产物,其在固守当地传统墓葬文化的同时,也融入了当时墓内设置棺床、壁龛等新元素。

第二,该墓并非东晋溧阳令琰和其妻王氏同穴合葬之墓,其应仅葬有死于太元二十年(395 年)的溧阳令夫人王氏,其夫溧阳令琰墓应在其附近,或为同茔异穴合葬。

除此之外,引人注目的还有溧阳令夫人王氏墓提供的东晋溧阳县治的线索。一般来说,古代各级官员葬地有在原籍、迁居地、都城附近及官宦地等几种情况。

---

① 南京市文物保管委员会:《南京板桥镇石闸湖晋墓清理简报》,《文物》1965 年第 6 期。该墓出土有"太康九年八月十三日""永宁元年七月十七日"两种纪年墓砖及永宁二年(302 年)铅质买地券。可见该墓使用了太康九年(288 年)的旧墓砖。除此之外,福建建瓯阳泽东晋墓出土"泰宁二年六月廿日""咸和六年八月五日"纪年墓砖,福建南安丰州东晋墓出土有"宁康三年八月甲子八月三日""太元三年七月"两种纪年墓砖,可见这两座墓亦利用旧砖造墓。而两广地区使用旧砖造墓的现象,明显多于其他地区,如"永嘉四年七月一日里"与"咸康十年"同出一墓、"咸康七年八月"与"永和三年七月十四日"同出一墓等等,这都说明六朝时期丧家使用旧砖造墓,各地应普遍存在(建瓯县博物馆:《福建建瓯阳泽晋墓清理简报》,《考古》1989 年第 3 期;晋江地区文物管理委员会、泉州市文物管理委员会:《福建南安丰州狮子山东晋墓》,《考古》1983 年第 11 期;单小英:《从广东出土的六朝砖铭看书体的发展演变》,《第五届中国书法史论国际研讨会论文集》,文物出版社,2002 年,第 205—213 页)。

溧阳令夫人王氏墓在今溧阳市西北一带发现,说明其附近可能为当时溧阳县治所在地。而且,今溧阳城西北的果园、旧县一带确实是六朝墓葬分布的集中地区。又据溧阳县旧志记载,今溧阳于唐武德三年(620年)由溧水县东境析置而来,其早期县治一直在今溧阳城西北22.5公里的旧县,直至唐天复三年(903年)才从旧县迁至今溧城镇。由此可以推测,东晋、南朝时期的溧阳县治可能已由今高淳固城镇迁至今溧阳市西北南渡镇北的旧县村一带。但关于溧阳县治具体位置情况,还需要更多考古工作的开展。希望本文的讨论,对今后这一问题的研究能够起到积极的推动作用。

附记:本文曾于2021年12月25—27日在溧阳市万豪酒店召开的"溧阳地域文明探源论坛暨六朝考古学术工作坊第四期"上交流讨论,在写作过程中得到业师南京师范大学王志高教授的悉心指导,谨此致谢!

本文作者系南京师范大学文博系2017级硕士研究生、2020级博士研究生,现为南京师范大学文博系教师

马鞍山盆山六朝墓出土七子镜考

左凯文

　　1988年8—9月,安徽马鞍山市文管所在盆山发现了两座孙吴西晋时期的砖室墓,其中盆山M1出土了一面七乳禽兽纹镜(图一、图二)。该镜镜钮为半圆形,由9个小乳钉所环绕,钮座外依次为卷草纹卷带和栉齿纹圈带。铜镜内区被7个乳钉所分割,各乳钉之间饰有青龙、白虎、朱雀、玄武等纹饰。每个乳钉外是两重圆圈组成的乳钉座,圆圈之间有对称的短弦纹。外区为平缘,其上饰有锯齿纹与卷草纹。该镜直径16.2、缘厚0.4厘米。

图一　马鞍山盆山M1出土七子镜(拓片)

图二　马鞍山盆山 M1 出土七子镜（照片）

　　杨泓先生在《七子镜》一文中，认为盆山 M1 出土镜是魏晋南北朝时有名的"七子镜"。[①] 不过，按照杨泓先生对七子镜所下的定义，盆山 M1 出土镜并不满足相关条件。事实上，随着笔者进一步收集相关资料，发现学界对于七子镜的形制界定不一，认识各异。笔者现拟结合相关考古与文献资料，就这一镜式的形制界定进行讨论，从而分析盆山 M1 出土镜是否为七子镜。

一、 学界对于"七子镜"的界定

　　在讨论盆山 M1 出土的这面铜镜是否为七子镜之前，首先有必要梳理、辨析学界对"七子镜"的认识。

　　"七子镜"之名，首见于梁简文帝萧纲的《望月》诗，诗云："形同七子镜，影类九秋霜。"[②]北周诗人庾信在他的《望月》诗中亦云："照人非七子，含风异九华。"[③]

---

① 杨泓：《七子镜》，《古物的声音：古人的生活日常与文化》，商务印书馆，2018 年，第 176 页。
② （唐）欧阳询：《艺文类聚》卷 1，上海古籍出版社，1965 年，第 8 页。
③ （北周）庾信撰，（清）倪璠注：《庾子山集注》卷 4，中华书局，1980 年，第 348 页。

这两首诗歌都是望月怀思的名篇,两位诗人不约而同将明月比拟为"七子镜",这是同时代其他镜型未有的殊荣。而关于诗中"七子镜"的形制,学界则众说纷纭,相关观点大致有以下四种:

"七子镜为镜台说"。该说主要出现在以《辞源》为代表的部分辞书中。1932年《辞源续编》的作者据曹操《上杂物疏》中"宫中有纯银参带镜台一,纯银七子贵人公主镜台四"[①]等语,认为"'参带'、'七子'皆镜台式样,'七子'谓七重,可函七镜者也"[②],第一次提出"七子镜为镜台说"。《辞源》修订本则直接指出"七子镜"就是"装有七面镜子的镜台"。[③] 另外,《中国古代名物大典》认为:"七子镜,镜名。因安装在饰有七子圆案的镜台上而得名。"[④]这种观点可视为"七子镜为镜台说"的衍生。"镜台说"早在 20 世纪 90 年代已为杨泓先生所驳斥[⑤],但他并未给出具体的依据。事实上,"七子"是汉代后宫嫔妃的名号,《汉书》卷 97 上《外戚传》载:"汉兴,因秦之称号,帝母称皇太后,祖母称太皇太后,适称皇后,妾皆称夫人。又有美人、良人、八子、七子、长使、少使之号焉。"[⑥]其中,"七子视八百石,比右庶长"[⑦]。另据《后汉书》卷 7《孝桓帝纪》:"冬十月甲午,尊皇母匽氏为孝崇博园贵人。"李贤等注曰:"贵人位次皇后,金印紫绶。"[⑧]由此可见,曹操《上杂物疏》中"纯银七子贵人公主镜台四",应当意指"七子""贵人""公主"等身份的女性所用之银制镜台,非镜台名为七子。

"七子镜为七铃镜说"。此说为日本学者喜田贞吉提出。[⑨] 铃镜,是一种古镜的形制,镜缘处附有铃铛。所谓七铃镜即镜缘处附有七个铃铛。不过目前学

① (清)张英等纂修:《渊鉴类函》卷 380《服饰部十一》,《景印文渊阁四库全书》第 992 册,商务印书馆,1982 年,第 351 页。

② 方毅、傅运森主编:《辞源续编》,商务印书馆,1932 年,第 10 页。

③ 广东、广西、湖南、河南《辞源》修订组,商务印书馆编辑部编:《辞源》修订本(第 1 册),商务印书馆,1979 年,第 23 页。

④ 华夫主编:《中国古代名物大典》,济南出版社,1993 年,第 178 页。

⑤ 杨泓:《七子镜》,《古物的声音:古人的生活日常与文化》,商务印书馆,2018 年,第 175—178 页。

⑥ (汉)班固:《汉书》卷 97 上《外戚传》,中华书局,1962 年,第 3935 页。

⑦ (汉)班固:《汉书》卷 97 上《外戚传》,中华书局,1962 年,第 3935 页。

⑧ (南朝宋)范晔:《后汉书》卷 7《孝桓帝纪》,中华书局,1965 年,第 288—289 页。

⑨ 《日本书纪补注》,转引自[日]樋口隆康:《武宁王陵出土镜和七子镜》,《史林》第 55 卷(1972 年)4 号。

界一般认为铃镜为日本所独有,日本学者原田淑人即称:"七铃镜,此则日本创意;周附以铃,非中国所有也。"①是故七子镜乃铃镜之说亦不为学界所认同。

目前,学界普遍认为所谓"七子镜",是东汉时开始流行的多乳禽兽镜②的一种。但关于"七子镜"的具体样式,则又有两种不同的观点。

以日本学者樋口隆康为代表的一批学者,将七乳禽兽镜皆视为七子镜。③有学者依据个别七乳禽兽纹镜上"七子九孙各有喜"等铭文,认为"七子九孙"分别代指内区和钮座内的乳钉。④ 此可看作"七子"指代乳钉之说的佐证。又因一些铜镜镜背铸有"六子大吉""八子九孙""八子十二孙""七子九孙"等铭文,另有学者进一步认为这些铜镜"东汉时期就叫'六子镜''八子九孙镜'(简称'八子镜')'八子十二孙镜'(简称'八子镜')'七子九孙镜'(简称'七子镜')",并称"我们完全有理由依据这些镜铭和史料恢复其原来的名称,将汉镜上的'乳钉纹'改称为'子孙纹'"⑤。

以杨泓先生为代表的另一种观点则认为,"七子镜"是一种特殊的七乳禽兽镜。杨泓先生对此有具体的分析,兹录于下(着重符号为笔者所加):

> 其实所谓七子镜,是东汉时流行的多乳兽带镜的一种,它的特征是除在镜钮周围分布有八个小乳以外,在镜的内区的兽纹带上又有七个较大的乳。这七个乳的形象与其他镜乳不同,中央有凸出的小纽,周围饰连弧纹,做成七面小的连弧纹镜的形象。这七个拟镜形的乳,就是大镜的七子,由是名为"七子镜"。⑥

---

① [日]原田淑人撰,钱稻孙译:《从考古学上观察中日古文化之关系》,1933年铅印本,第29页。

② 又称"多乳兽带镜",本文一律称之为"多乳禽兽镜"。

③ 持这一观点的学者有樋口隆康:《武宁王陵出土镜和七子镜》,《史林》第55卷(1972年)4号;周裕兴:《武宁王陵出土文物探析之二——以三枚铜镜为例》,《百济文化海外调查报告书V:中国江苏省、安徽省、浙江省》,(韩国)国立公州博物馆,2005年,第86—105页;中国社会科学院考古研究所编著:《中国考古学·三国两晋南北朝卷》,中国社会科学出版社,2018年,第634页等。

④ 周裕兴:《武宁王陵出土文物探析之二——以三枚铜镜为例》,《百济文化海外调查报告书V:中国江苏省、安徽省、浙江省》,(韩国)国立公州博物馆,2005年,第89页。

⑤ 陈小波:《汉代铜镜上"乳钉纹"考析》,广西博物馆编:《广西博物馆文集》第1辑,广西人民出版社,2004年,第115页。

⑥ 杨泓:《七子镜》,《古物的声音:古人的生活日常与文化》,商务印书馆,2018年,第176页。

孙机先生亦持相同的观点:"东汉晚期至六朝时流行的七乳禽兽带纹镜,由于其花纹内的七枚乳突之中央皆有小钮、周围且绕以连弧纹,好像在大镜子上又饰以七面小镜子,故又名'七子镜'。"[①]此外,日本学者富冈谦藏也认为,所谓"'七子'应为七个镜子形状的乳钉"[②]。

二、盆山 M1 出土镜是否为"七子镜"

以樋口隆康等学者的观点视之,似乎盆山 M1 出土镜绝属七子镜无疑。但这种观点对七子镜的定义似乎过于宽泛,且一些学者提出的佐证也并不完全成立。事实上,对相关资料稍加检索,就会发现多乳禽兽纹镜中"某子某孙"类铭文与镜上乳钉数量并不完全相合。如《中国铜镜图典》(下简称《图典》)所录"侯氏七乳禽兽镜"[③],铭文虽曰"七子八孙居中央",但镜纽外侧实际有九枚小乳钉。又如"张氏五乳禽兽镜"[④]上铸有"八子九孙居高堂兮"铭文,文字与乳钉数量亦不合。另外,"某子某孙"类镜铭在其他镜式上亦有出现。如《图典》所收"蔡氏神人骑马画像镜"[⑤]就铸有"七子九孙各有喜"铭文,且该镜仅有四枚乳钉。而《图典》所录"善铜四神博局镜"[⑥]、《洛阳出土铜镜》图 29"新莽鸟兽规矩镜"[⑦]以及《浙江出土铜镜》图 20"东汉规矩四神镜"[⑧],均铸有"八子九孙治中央"之语。这三面铜镜主纹区虽有 8 枚乳钉,但镜纽外有 12 个小乳。可见,"某子某孙"类铭文,应是镜铭中格式固定的吉祥语,与乳钉数量并无直接关系。而以此类镜铭为据,将所有七乳禽兽镜都视为"七子镜"的观点是存疑的。此外,汉镜上的乳钉常被用

① 孙机:《三子钗与九子铃》,《从历史中醒来:孙机谈中国古文物》,生活·读书·新知三联书店,2016年,第 367 页。
② [日]富冈谦藏:《日本出土的中国古镜》,转引自[日]樋口隆康:《武宁王陵出土镜和七子镜》,《史林》第 55 卷(1972 年)4 号。
③ 孔祥星:《中国铜镜图典》,文物出版社,1992 年,第 349 页。
④ 孔祥星:《中国铜镜图典》,文物出版社,1992 年,第 332 页。
⑤ 孔祥星:《中国铜镜图典》,文物出版社,1992 年,第 454 页。
⑥ 孔祥星:《中国铜镜图典》,文物出版社,1992 年,第 266 页。
⑦ 洛阳博物馆编:《洛阳出土铜镜》,文物出版社,1988 年,图 29。
⑧ 王士伦编:《浙江出土铜镜》,文物出版社,1987 年,图 20。

来分割内区纹饰,起装饰点缀作用。故不区分具体情况,将所有乳钉纹均视为"子孙纹",且仅依照铭文中只字片语就将铜镜命名为所谓"六子镜""八子镜"的做法,亦不可取。

近日笔者检得一条文献,或可为进一步认识七子镜提供新的线索。《全上古三代秦汉三国六朝文·全梁文》卷14《招真馆碑》中,有"明月蛟龙之骑,驱之使半;四铢七子之镜,引以成刀"①之句(按:《招真馆碑》又称《虞山招真治碑》,为梁简文帝萧纲所作)。该文称天监二年(503 年),东汉道士张道陵(世称"张天师")十二世孙张道裕前往海虞县(今江苏常熟)虞山,栖遁十余年后建招真馆。《招真馆碑》一文描绘了招真馆及周边环境,并记录张道裕的道教活动。据相关学者考证,《招真馆碑》可能是普通二年(521 年)萧纲就任南徐州刺史后为招真馆所作,至迟到北宋时,该碑已不复存在。②

那当如何理解文中"四铢七子之镜"中"四铢"与"七子"的含义?据《太平御览》卷 717 引《东方朔传》载:"郭舍人曰:'四铢籀文章,背有组索,两人相见,朔能知之为上客。'朔曰:'此玉之茎,石之精,表如日光,里如众星,两人相睹见,相知情,此名为镜。'"③"四铢"之语或由此而来。《太平御览》所引的《东方朔传》今已散逸,因此这段无铺垫的文献,读之使人感到迷惑,不知该如何理解。不过,今中华书局本《汉书》卷 65《东方朔传》中有这样一段记载,或可成为分析这段文献的钥匙:

> 上(汉武帝)尝使诸数家射覆,置守宫盂下,射之,皆不能中。朔自赞曰:"臣尝受《易》,请射之。"乃别著布卦而对曰:"臣以为龙又无角,谓之为蛇又有足,跂跂脉脉善缘壁,是非守宫即蜥蜴。"上曰:"善。"赐帛十四。复使射他物,连中,辄赐帛。

> 时有幸倡郭舍人,滑稽不穷,常侍左右,曰:"朔狂,幸中耳,非至数也。臣愿令朔复射,朔中之,臣榜百,不能中,臣赐帛。"乃覆树上寄生,令朔射之。

---

① (清)严可均校辑:《全上古三代秦汉三国六朝文·全梁文》卷 14,中华书局,1958 年,第 3030 页。
② 王晓东:《〈虞山招真治碑〉考论》,《郑州大学学报(哲学社会科学版)》1998 年第 5 期。
③ (宋)李昉:《太平御览》卷 717《服用部一十九·镜》,中华书局,1960 年,第 3177 页。

朔曰："是窭薮也。"舍人曰："果知朔不能中也。"朔曰："生肉为脍,干肉为脯;著树为寄生,盆下为窭薮。"上令倡监榜舍人,舍人不胜痛,呼謈……舍人不服,因曰："臣愿复问朔隐语,不知,亦当榜。"即妄为谐语曰："令壶龃,老柏涂,伊优亚,狋吽牙。何谓也?"朔曰："令者,命也。壶者,所以盛也。龃者,齿不正也。老者,人所敬也。柏者,鬼之廷也。涂者,渐洳径也。伊优亚者,辞未定也。狋吽牙者,两犬争也。"舍人所问,朔应声辄对,变诈锋出,莫能穷者,左右大惊。上以朔为常侍郎,遂得爱幸。①

根据这段记载,可知东方朔在汉武帝面前射覆无所不中,引起了倡人郭舍人的嫉妒。他先与东方朔射覆,失败后恼羞成怒,又要通过"隐语"与东方朔斗法。所谓"隐语",即不将要表达的意思明说出来,而借用别的话来表示,类似于谜语。

因此,《太平御览》中截录的这段对话,或许正是郭舍人所出之隐语以及东方朔的答案。故郭舍人所言"四铢"及后面的"籀文章""背有组索"等语看似难以理解,实际上应指代的是某种铜镜的突出特征。而东方朔盛赞这种铜镜有"玉之茔,石之精","茔"字疑为"莹"字之讹,意指该镜铸造精美,如玉石般光洁。"表如日光"指镜面可透日光。汉武帝至王莽时期流行一种日光连弧纹镜,镜上一般有"见日之光"铭文,意在赞美镜质之佳,能迎光透出背纹。"里如众星"则指镜背纹饰。携带有如此精美镜鉴之人,东方朔自然能"知之为上客"。

回到《招真馆碑》,简文帝将"七子"与"四铢"并列,除了说明在时人眼中,前者的精美程度绝不输于后者,亦可见"七子"与"四铢"一样,当为铜镜样式的一个重要特征。汉晋时期多乳禽兽纹镜中有七个乳钉的铜镜较多,因此乳钉的数量不应是"七子镜"得名的原因。此亦可见樋口隆康等学者的观点不确。

那么,"七子"究竟是怎样的特征呢?孙机先生曾指出:"汉、晋间人习惯于钱币'子母相权'的说法,常把一件器物上的小部件或小组成部分称为'子'。"②无独有偶,通过检索相关文献,笔者发现魏晋南北朝时有一种名为"七子樏"或"七

---

① (汉)班固:《汉书》卷65《东方朔传》,中华书局,1962年,第2843—2845页。
② 孙机:《三子钗与九子铃》,《从历史中醒来:孙机谈中国古文物》,生活·读书·新知三联书店,2016年,第367页。

子合(盒)盘"的餐具。《艺文类聚》卷 82 引《杜兰香别传》曰:"香(杜兰香)降张硕,赍瓦榼酒、七子樏。樏多菜而无他味,亦有世间常菜。"[1]《太平御览》卷 849 引晋人祖台之《志怪》云:"建康小吏曹著见庐山夫人,夫人为设酒嗽。金鸟啄䃂,其中镂刻,奇饰异形,非人所名;下七子合(盒)盘,盘中亦无俗中肴。"[2](按:杜兰香与庐山夫人皆为传说中的神女,杜兰香曾降临张硕家,并与之成婚,而庐山夫人则嫁给了建康小吏曹著。)关于两则文献中提及的"七子樏"与"七子盒盘",余嘉锡先生认为"所谓七子盒盘,亦即樏也",而七子樏"盖樏中有七隔,以盛肴馔,即今之食盒,一名攒盒者是也"。[3] 考古人员也在这一时期的墓葬中多次发现七子樏实物。如安徽马鞍山朱然墓曾出土一件漆七子樏(图三),为长方形,子口,壶门形足,内分为七格;四壁外侧及底部髹黑红漆,并用金、绿、黑漆绘蔓草纹和放鹰图;内部则在红漆地上用金、黑漆分别绘神禽或神兽。[4] 由实物可知,七子

图三　朱然墓出土七子樏
(采自王俊主编《马鞍山文物聚珍》)

① (唐)欧阳询:《艺文类聚》卷 82,上海古籍出版社,1965 年,第 1416 页。
② (宋)李昉:《太平御览》卷 849《饮食部七·食下》,中华书局,1960 年,第 3796 页。
③ (南朝宋)刘庆义撰,余嘉锡笺疏:《世说新语笺疏》,中华书局,2015 年,第 388 页。
④ 安徽省文物考古研究所、马鞍山市文化局:《安徽马鞍山东吴朱然墓发掘简报》,《文物》1986 年第 3 期。

楗中的"七子",即指内部七格,每一格的功能与整个七子楗相同,皆有存放菜肴之用。故笔者推测,被称为"子"者,应当与母体在功能或形状上有一定的相似之处。铜镜之于乳钉,差异较大,而与乳钉及乳钉座组成的图形十分相似。

综上,通过分析文献及类比相关文物的命名方法,可见杨泓与孙机先生对"七子镜"的总体认识较之于樋口隆康等学者的观点更为合理。不过,杨泓先生对于"七子镜"的定义,笔者认为还有进一步探讨的空间。

按照杨泓先生的定义,可称为"七子镜"者应当符合以下三种条件:1.属于多乳禽兽纹镜类;2.镜钮周围分布有八个小乳;3.镜的内区的兽纹带上有七个较大的乳钉,这七个乳钉的乳钉座为连弧纹,做成七面小的连弧纹镜的形象。但是检索《图典》,"善铜七乳神兽镜"(图四)[1]与"宜子孙七乳四神禽兽镜"[2]内区七枚乳钉的乳钉座均为连弧纹,但镜钮周围分布有九个小乳钉。

图四 善铜七乳神兽镜

---

[1] 孔祥星编:《中国铜镜图典》,文物出版社,1992年,第357页。
[2] 孔祥星编:《中国铜镜图典》,文物出版社,1992年,第352页。

　　而按照杨泓先生观点及上文的推论,七子镜之所以得名,是由于七枚乳钉及乳钉座组成的图案,可视为一面以乳钉为镜钮的小镜。按照这种认识,盆山 M1 出土镜七枚乳钉与乳钉座组成的图案完全符合这一条件。《图典》中亦收录有不少与盆山 M1 出土镜相近者,如"七乳四神镜"①"七乳禽兽镜"②及"七乳羽人禽兽镜"③等。另外,《图典》所收之"光耀七乳四神镜"(图五)④,各乳钉外环绕有两重圆圈,两圈之间有一对展翅及合羽鸟,纹饰精美,该镜亦当属"七子镜"无疑。因此,笔者认为可对杨泓与孙机先生对"七子镜"的定义稍加修整。即所谓"七子镜",应是七乳禽兽纹镜类中,内区乳钉与乳钉座能组成类似铜镜图案的一类镜式。以此观之,马鞍山盆山 M1 出土镜完全是一面名副其实的"七子镜"。

图五　光耀七乳四神镜
(采自孙华主编《中国美术全集·青铜器》第 4 卷)

---

① 孔祥星编:《中国铜镜图典》,文物出版社,1992 年,第 354 页。
② 孔祥星编:《中国铜镜图典》,文物出版社,1992 年,第 360 页。
③ 孔祥星编:《中国铜镜图典》,文物出版社,1992 年,第 361 页。
④ 孔祥星编:《中国铜镜图典》,文物出版社,1992 年,第 359 页;孙华主编:《中国美术全集·青铜器》第 4 卷,黄山书社,2010 年,第 989 页。

结语

通过对文献和相关实物进行分析,可见以往学界对于"七子镜"的认识或多或少均有一些局限。笔者认为七乳禽兽镜类中,内区乳钉与乳钉座能组成类似镜鉴图案的一类镜式,应当是文献中所载之"七子镜"。故马鞍山盆山 M1 出土镜当属"七子镜"。《招真馆碑》云"四铢七子之镜,引以成刀"。(按:《神仙传》卷4 河东人孙博"能引镜为刀,屈刀为镜"[①]。)故"引镜为刀"当指将铜镜融铸成刀。萧纲此句本欲体现宝刀的名贵,但也从侧面反映出当时七子镜铜质精良、较为珍稀。盆山 M1 出土镜造型精美,纹饰刻画精致,铜质优良,实属一面难得的宝镜。另外,从考古发现来看,东亚地区 4—6 世纪墓葬中"七子镜"鲜有出土,除马鞍山盆山 M1 外,目前仅在韩国武宁王陵中发现一枚。值得注意的是,盆山 M1 的墓主被发掘者推定为一位女性,而武宁王陵的七子镜则出土于王妃棺内。这一时期,七子镜与使用者性别的关系,以及在墓葬中的功能,是接下来需要进一步分析的问题。

附记:此文写作过程中,得到业师王志高先生的悉心指导与帮助,谨致谢忱!

作者系南京师范大学文博系 2017 级硕士研究生、2019 级博士研究生,现工作于淮阴师范学院历史文化旅游学院

---

① (东晋)葛洪:《神仙传》卷 4《孙博》,上海古籍出版社,1990 年,第 22 页。

丹阳吴家村南朝帝陵小考

阚　强

丹阳吴家村南朝墓为一座已遭盗毁的带甬道的长方形砖室大墓,砖室内长 8.2、最宽处 5.19、残高 5.1 米,墓内出土 28 件文物,发掘者认为此墓为南朝齐和帝萧宝融的恭安陵。[①] 此墓发掘于"文革"期间,又与同年 10 月发掘的丹阳建山公社管山大队的金家村南朝墓发表于同一篇考古发掘简报。该报告对两墓出土文物及墓葬形制交代得含混不清,且吴家村墓完整的画像砖资料至今未公开发表,给日后研究带来了较多不便。就吴家村南朝砖室大墓,罗宗真先生认为可能是齐宣帝萧承之永安陵或齐高帝萧道成泰安陵,与文献记载的地理位置相近,并有地面遗迹。[②] 徐苹芳[③]、邹厚本[④]等学者也附会此观点,但均未作详细论述。据笔者实地踏查及走访吴家村的老同志,吴家村大墓前未发现有陵墓石刻遗迹,极有可能是上述学者将吴家村大墓与狮子湾、赵家湾南朝陵墓相混淆。也有学者通过比较吴家村南朝墓与南京宫山南朝墓及金家村南朝墓的"竹林七贤与荣启期"(以下简称"七贤")拼砌砖画的差异来判定吴家村墓为南齐末代皇帝萧宝融的恭安陵。[⑤]

---

① 南京博物院:《江苏丹阳县胡桥、建山两座南朝墓葬》,《文物》1980 年第 2 期。
② 罗宗真:《六朝陵墓及其石刻》,南京博物院编:《南京博物院集刊》第 1 集,1979 年。
③ 徐苹芳:《中国秦汉魏晋南北朝时代的陵园和茔域》,《考古》1981 年第 6 期。
④ 邹厚本:《江苏考古的回顾与思考》,《考古》2000 年第 4 期。
⑤ [日]曾布川宽著,傅江译:《六朝帝陵——以石兽和砖画为中心》,南京出版社,2004 年,第 112—121 页。

一、墓葬位置及形制

吴家村墓位于经山山脉最北边，坐北朝南，方向 155°，背靠北山，东为庙山，西有西山，墓室整体呈一个长方八角形，长方形甬道为券顶，主室为穹隆顶。吴家村与金家村两墓的考古发掘简报开篇便指出吴家村与金家村两座墓葬的结构、壁画、时代等方面大致相同，又说金家村墓与过去发掘的修安陵（即仙塘湾南朝大墓）对照，其墓室结构、壁画内容等亦完全一样。① 据胡桥仙塘湾南齐大墓的考古发掘简报，该墓室为近椭圆形，尤其是后壁圆弧凸出厉害，与吴家村墓室规整平直的八边形差别较大。又如仙塘湾墓和金家村墓的"羽人戏虎"图像，其中不仅虎、羽人、天人的图像一样，甚至连细部也完全相同，也就是说它们可能是同范所制。② 金家村出土的"羽人戏虎"拼砌砖画宽 2.4、高 0.94 米，约占墓室西壁四分之一。既然"羽人戏虎图"为同模所制，则金家村墓室应当与仙塘湾墓室一样，墓室东西壁微弧才是。且金家村墓与仙塘湾墓相近，可知此二墓形制相似，但与吴家村墓室结构相比是有明显差异的。曾布川宽认为：吴家村墓壁本来应该如仙塘湾墓那样四壁外弧，全体近椭圆形，但是将四角切去，变成一八角形，很明显是仓促间建造的。③

从以往考古发掘的六朝帝陵来看，东晋初期的帝陵为带侧室的砖室墓、甬道中设两道木门，到东晋中后期及刘宋时期便流行长方形单室墓，到了南齐帝陵开始出现墓室左、右壁及后壁向外弧凸，四角被抹去的长方形墓室。萧梁帝陵仍然沿用这种形式，但墓室更加纵长、转角更加圆弧，整体上变成一椭圆形。④ 南朝后期帝王陵墓呈长椭圆形的特点更加突出，吴家村墓室这种长八角形更像是东晋向南朝时期过渡的帝陵形式，其形制表明墓葬年代要早于金家村和仙塘湾南朝大墓。笔者通过实地考察吴家村墓址，发现其面积及深度要大于金家村和仙

① 南京博物院：《江苏丹阳县胡桥、建山两座南朝墓葬》，《文物》1980 年第 2 期。
② ［日］曾布川宽著，傅江译：《六朝帝陵——以石兽和砖画为中心》，南京出版社，2004 年，第 109 页。
③ ［日］曾布川宽著，傅江译：《六朝帝陵——以石兽和砖画为中心》，南京出版社，2004 年，第 28 页。
④ 南京市考古研究所：《南京栖霞狮子冲南朝大墓发掘简报》，《东南文化》2015 年第 4 期。

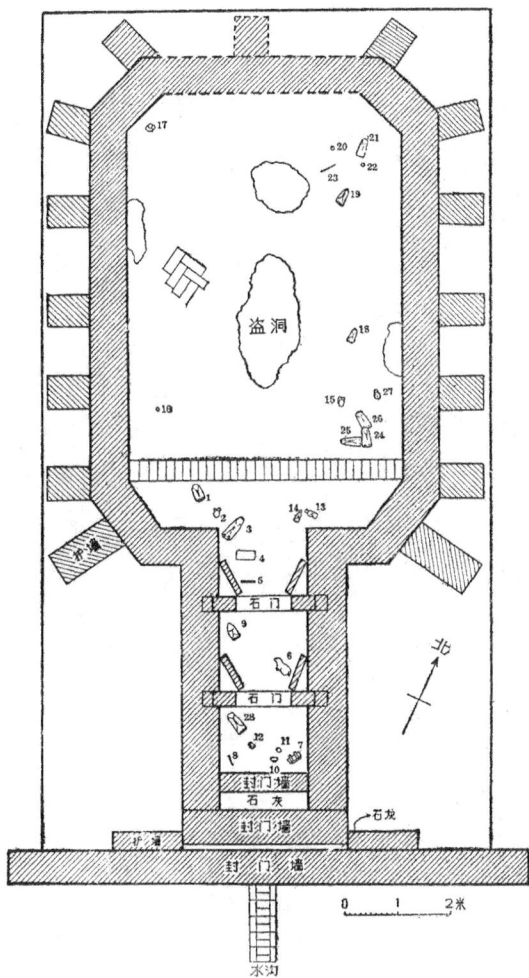

图一　吴家村墓室平面图

塘湾墓址,吴家村墓封土高达 8 米,墓室有 15 条护墙以及 3 道封门砖墙,仙塘湾墓封门墙为 2 道,而金家村墓仅 1 道封门墙,拼砌砖画的拼砌错讹也较少,可见吴家村墓室建造得较为精心。

　　对南朝帝王陵寝剖析表明,南朝帝王陵墓无论是陵区内各陵之间,还是每个陵园各墓之间,多以长者尊者居右为常。[1] 纵观分布于经山南侧的南齐帝王陵墓

――――――――――

① 王志高:《南朝帝王陵寝初探》,《南方文物》1999 年第 4 期。

前石兽位置,其墓葬均为坐北朝南,吴家村帝陵与赵家湾帝陵和狮子湾帝陵相距较近,似乎为一陵区。这样看来,目前吴家村墓的辈分及地位最高,而萧宝融作为南齐亡国之君禅位于梁武帝,后被废为巴陵王,他归葬如此尊贵的山陵的可能性较小。南朝时顾野王所著的《舆地志》卷15载:"泰安陵、景安陵、兴安陵在故兰陵东北金牛山。"金牛山即丹阳经山,乾隆《丹阳县志》卷2《山》记载:"经山,在县东北三十五里,昔有异僧讲经于此,故名。上有金牛洞,一名金牛山,一名金山。"顾野王未提到齐宣帝萧承之的陵墓,奇怪的是在《南齐书》中也没有记载齐宣帝的陵号,仅在卷20载:"高昭刘皇后讳智容……宋泰豫元年殂,年五十。归葬宣帝墓侧,今泰安陵也。"[1]出现"宣帝墓"字样,而齐宣帝陵号最早记载见唐李延寿撰《南史》卷4:"追尊皇考曰宣皇帝,皇妣曰孝皇后,陵曰永安。"[2]最早记载齐宣帝陵墓的位置,见唐代李吉甫所著《元和郡县图志》卷25:"南齐宣帝休安陵(实为永安陵),在县北二十八里。"[3]若按《元和郡县图志》记载,则齐宣帝陵墓与吴家村墓葬位置正合。

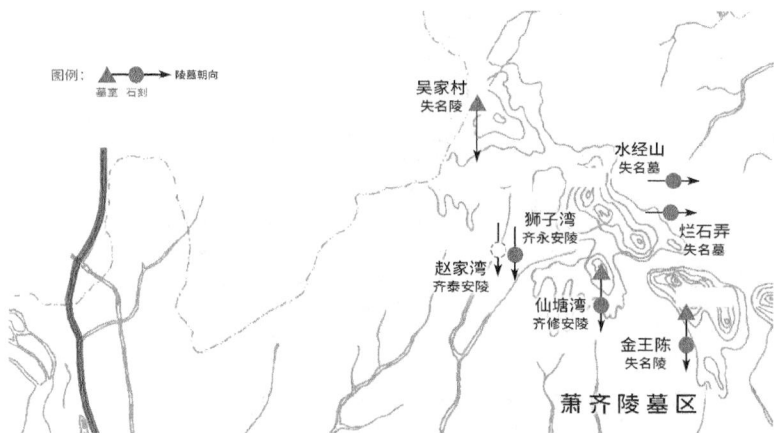

图二 丹阳南齐帝王陵墓分布示意图

吴家村南齐帝陵孤零零地位于经山一脉西北侧,除了其尊贵的身份,也与当时运输陵寝建筑材料的途径有关。《南齐书》卷2载:"四月庚寅,上谥曰太祖高

---

① (梁)萧子显:《南齐书》卷20,中华书局,1972年,第390页。
② (唐)李延寿:《南史》卷4,中华书局,1975年,第110页。
③ (唐)李吉甫:《元和郡县图志》卷25,中华书局,1983年,第591页。

皇帝。奉梓宫于东府前渚升龙舟。丙午,窆武进泰安陵。"[1]现公布为齐宣帝"永安陵"石刻所在的地名为狮子湾,毁于 20 世纪 60 年代的齐高帝"泰安陵"石刻所在的地名为狮子湾,现公布为齐景帝"修安陵"石刻所在的地名为仙塘湾等,都证明水运对于陵墓营建及运送石刻的重要性。2008 年在南京江宁发掘的赵家山遗址为南朝中晚期的一处石器加工场,其产品主要为小型石器,有生活用具如石磉、柱础等,有随葬用品如石座、器足等,石材均取自青龙山或附近山体。赵家山遗址西边还有数条源自青龙山的河流汇入秦淮河,交通便捷,加工场所生产的石制品可通过水路运往建康及其他相关地区。[2] 丹阳南朝帝王陵墓内的石质随葬品有可能来自建康地区类似于赵家山这样的石器加工场。丹阳经山一脉的西侧有大运河,北侧有长江,东侧有夹江,夹江西侧有王港、太平港、江港、包港、小港、柳泗港、超瓢港、龙门港等诸多港湾。光绪《丹阳县志》卷 2 载:"包港在县东七十里,北通大江,东连嘉山。"依托于经山周围便利的水道北通长江,可将在南京地区烧制好的画像砖、雕琢好的陵墓石刻以及随葬品运抵丹阳南齐帝陵区。

至今在吴家村墓周围还存有汪家湾、上湾、枫树湾、沙湾、毛湾、大塘里湾、小塘里湾等水湾。经山一脉正处于大运河与夹江之间,而南齐帝王陵墓集中分布于经山周围,除了考虑到风水因素,经山周围的水系起到了较大的作用,从萧港(即肖梁河)两岸巨大的梁代石兽以及其直通皇业寺,可以推测南齐帝王陵墓砖及石刻的运输并未舍近求远而绕道肖梁河,南齐帝陵的营建以及筑墓材料的运输仍依托于经山周围便利的水运条件。

二、 拼砌砖画

在南朝帝陵中最为瞩目的当属墓壁上的大幅拼砌砖画,这些砖画中的细节是研判墓葬年代的佐证材料。从以往出土有"狮子""羽人戏龙""羽人戏虎""七贤"拼砌砖画的南朝砖室墓来看,这些墓葬等级较高,一般为帝王陵

---

[1] (梁)萧子显:《南齐书》卷 2,中华书局,1972 年,第 38 页。
[2] 岳涌、徐华、陈大海:《南京江宁区发现南朝石器加工场遗址》,《中国文物报》,2008 年 12 月 10 日,第 2 版。

寝。从考古发掘出土的南朝帝王陵等级墓葬中的模印拼砌砖画可知,这些大幅的拼砌砖画演变应当是逐步修正与完善的过程,在此过程中匠师会根据原始粉本和主观意识对拼砌砖画的细节进行改动、增添或删减。值得注意的是,在南京地区的南朝墓中出土了部分不成体系的单幅砖画,如南京西善桥油坊村南朝大墓中仅出土有"狮子"砖画,南京西善桥宫山南朝大墓中仅出土了"七贤"砖画,这可能反映了各幅砖画的木模版分散保管,并未集中管理。又如金家村墓壁的"七贤"拼砌砖画的线条较浅显不凸出,这是由于"七贤"的墓砖的木模板字口雕刻得不深,而金家村墓其他的拼砌砖画的线条却凸出有力,有可能是金家村"七贤"的模板与其他砖画的模板不是同一批工匠所作。

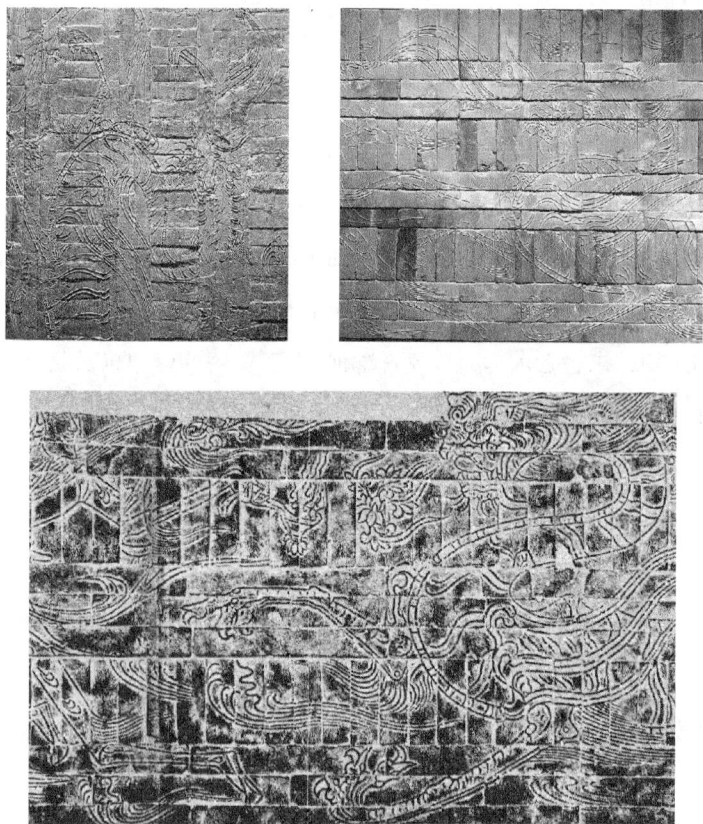

图三　仙塘湾墓(上左)、金家村墓(上右)、吴家村墓(下)"羽人戏虎"砖画"羽人"左手所持物比较

　　仙塘湾大墓"七贤"砖画一直未发表,但比较仙塘湾与金家村出土的"骑马乐队""甲骑具装""执戟侍卫""执伞盖侍从"砖画,可以发现二者的差距主要在人物脸部。仙塘湾人物脸面圆胖乏神,金家村人物脸庞清癯,显得更为精神,两墓中"甲骑具装"的弓弦方向不一致。此外,比较金家村与吴家村出土"七贤"的差异可知两墓中"七贤"砖画细节变动较多,而仙塘湾墓、吴家村墓和金家村墓中出土的"羽人戏龙""羽人戏虎"砖画之间的差距较小。细微之处见风范,毫厘之差定乾坤,以丹阳这三座南齐陵墓墓壁上都有的"羽人戏虎"砖画来分析,仙塘湾墓残存的前半段"羽人戏虎"砖画与金家村墓"羽人戏虎"为同模制作,几乎一致。吴家村墓与金家村墓中的"羽人戏虎"砖画有些微差别,两墓"大虎"身躯上方三位"天人"手持物品有所不同。

图四　金家村墓(左)与吴家村墓(右)虎尻后的莲花纹比较

图五　金家村墓(上)与吴家村墓(下)虎尾末端所占砖块数量比较

在吴家村墓中所出土的"羽人戏龙"和"羽人戏虎"拼砌砖画中,"大龙"与"大虎"前导的"羽人"皆左手持长柄勺,右手挥草束,但仙塘湾及金家村大墓乃至狮子冲梁昭明太子安陵中羽人手上的长柄勺消失了,这便使得未持长柄勺的羽人左手(右手)伸向虎口(龙口)显得突兀生硬。很显然,羽人手中本该持有长柄勺,只是在后续流传和制作过程中遗漏了,因而吴家村墓内的"羽人戏虎"砖画时代要早于仙塘湾墓和金家村墓。另外金家村与吴家村出土的"羽人戏虎"虎尻后均有一簇较大的莲瓣团花纹,其中金家村莲瓣团花纹占据 3 块顺砖,中间为一莲蓬,莲蓬外有 12 朵莲瓣,紧接着为一圆形界格,界格外有 8 朵盛开莲花,莲花外有一圆形界格。吴家村虎尻后的莲瓣团花纹呈放射状,占据 3 块顺砖和 4 块丁砖,中间为一莲蓬,莲蓬外有 8 朵盛开的莲瓣,莲瓣之间又向外伸开出 8 朵盛开的莲花,显得奔放大气;金家村墓最后一小截上翘的虎尾仅占据 3 块顺砖,同样最后一小截上翘的虎尾在吴家村墓却占据了 2 块顺砖和 5 块丁砖;金家村虎口前除了缺少长柄勺,还缺少一团飘拂的莲蕾纹。尽管吴家村"羽人戏虎"前部上方残缺了两批顺砖和一批丁砖,仍能看出两墓的虎头存有差异。金家村虎头较扁长,显得较为慵懒无神,而吴家村虎头布局紧凑得当,凸显出大虎的生猛威严。从上述"羽人戏虎"砖画可以窥豹一斑,吴家村"羽人戏虎"砖画的模板要优于金家村墓和仙塘湾墓,其砖画模板制作以及拼砌的难度均大于金家村墓和仙塘湾墓,绝非曾布川宽所言仓促间便能造就的大墓。

三、 石质随葬品

大幅拼砌砖画并非作为判定墓葬相对年代的唯一证据,墓内的随葬品在一定程度上更具有说服力,在吴家村墓第一重石门后发现一件残长 38、残高 14 厘米的陶犀牛,实为灰陶镇墓兽(穷奇)。其头两侧长两向后弯曲的尖角(实为双耳),背脊有三个向前曲的尖角,腹勒双角如鸟翼,圆形尾巴上翘,四肢屈伸作行走状,明显属于东汉以来独角类镇墓兽的谱系。[①] 吴家村帝陵出土的陶镇墓兽

---

① [日]吉村苣子撰,刘振东译:《中国墓葬中独角类镇墓兽的谱系》,《考古与文物》2007 年第 2 期。

类型与 1979 年南京黑墨营东晋墓出土的陶镇墓兽类似①,到南朝后期这种镇墓兽身上的角越来越多似鳄鱼的背鳍,吴家村的陶镇墓兽尚属南朝早期的类型。

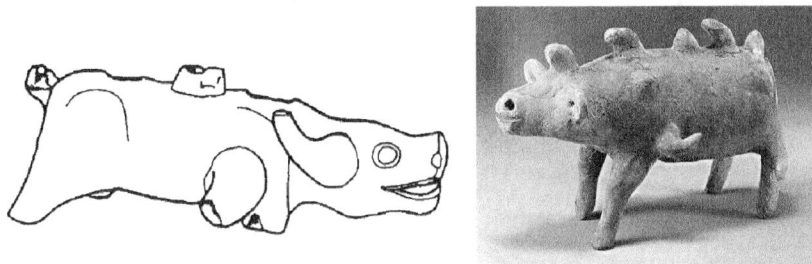

图六　吴家村墓(左)与南京黑墨营东晋墓(右)出土镇墓兽比较

南朝时期墓葬内开始使用大量的石构件和石制随葬品,早期的砖室墓中,石构件被用于砌筑墓门或者石棺床,随葬器物中也开始出现石俑、兽、灶、仓等器形。② 如南京隐龙山南朝 M1、M2、M3 均为凸字形墓室,3 座墓室结构和砌筑方法相同,都是带长甬道的单室券顶墓,棺木前有一长约 90、宽 70 厘米的石案,另出土石俑、石灶、石屋各 1 件。发掘者认为隐龙山 3 座南朝墓墓主可能就是葬于岩山陵区的刘宋皇室或陪陵的重要功臣贵族墓,而前者可能性更大。③《陈书》所载陈宣帝遗诏:"凡厥终制,事从省约。金银之饰,不须入圹,明器之具,皆令用瓦。"④可知到了陈朝,帝王陵寝中的随葬品大多为陶制品所取代。而吴家村墓葬中劫后所余的大量石质随葬品值得注意,由于石制随葬品的制作难度及量产都要比可复制和批量化生产的陶质明器更为耗时耗力,且石质随葬品更为坚固,保存时间更久,因此墓葬内的石质随葬品的数量、种类的多寡在一定程度上能反映出墓葬的等级。吴家村墓即使经过至少 5 次盗扰,除了两通石门,墓内仍出土了 10 件石俑。这些石俑集中分布于墓室东侧,其中文官石俑持笏板,武官石俑挂剑,女性侍俑结双髻。还出土有石臼 1 件、石马 1 匹、石马槽 1 件和石祭台 1

① 南京市博物馆:《六朝风采》,文物出版社,2004 年,第 273 页。
② 岳涌、徐华、陈大海:《南京江宁区发现南朝石器加工场遗址》,《中国文物报》,2008 年 12 月 10 日,第 2 版。
③ 南京市博物馆、江宁区博物馆:《南京隐龙山南朝墓》,《文物》2002 年第 7 期。
④ (唐)姚思廉:《陈书》卷 5,中华书局,1972 年,第 99 页。

块。这些石质随葬品均由整石圆雕而成，其中大的石俑残高有 50 厘米，仙塘湾墓残存 4 件石制随葬品，金家村墓内仅残存 3 件石制随葬品。韦正先生认为，南京隐龙山南朝墓、丹阳南齐帝王墓、南京萧象墓、南京花神庙南朝墓等墓葬中以小石案为中心的器物组合，在一定程度上替代东晋墓中以陶案或象征陶案榻的砖台，它与石墓门、石棺床以及地表陵墓石刻等同样具有等级因素。[①] 吴家村墓内出土的石质器物种类及数量均多于仙塘湾墓和金家村墓，可知其等级较高，且时代较早。

图七　吴家村墓出土的部分石俑

吴家村大墓前并未发现有陵墓石刻，在墓圹前 500 米有一东西长 25、南北宽 20 米的水塘。据笔者实地考察，水塘前的地势较为平坦开阔，似乎有神道存在。《南齐书》卷 22《豫章文献王嶷》载："上数幸嶷第，宋长宁陵道出第前路，上曰：'我便是入他冢墓内寻人。'乃徙其表、阙、骐骥于东岗上。骐骥及阙，形势甚

---

① 韦正：《魏晋南北朝考古》，北京大学出版社，2013 年，第 383 页。

巧,宋孝武于襄阳致之,后诸帝王陵皆模范而莫及也。"可知在南朝刘宋时期帝陵前便配套有表、阙、骐骥等石刻。按照吴家村墓葬等级来看,原先墓葬前应配置有类似于狮子湾帝陵一雄一雌石兽等石刻,但笔者询问多位吴家村老人,他们均未见闻墓前有石刻,而吴家村的建村史只有三四百年,可能墓前石刻早在建村前已经没入地下,这便有待于今后进一步的考古勘探了。

四、小结

关于齐和帝萧宝融恭安陵的记载见《南齐书》卷8"夏四月辛酉,禅至诏……戊辰,薨,年十五。追尊为齐和帝,葬恭安陵"[①],但并未说明恭安陵的具体地理位置。发掘者据清代朱孔阳《历代陵寝备考》卷23"萧衍军入建康,以太后令依海昏侯故事,追封东昏侯,冢在今镇江府丹阳县东三十一里"这一条时代较晚的记载而认定金家村墓为东昏侯萧宝卷的陵墓。在此基础上,又因为吴家村与金家村墓葬形制和随葬器物相似,以及萧宝卷与萧宝融的这层兄弟关系而判定吴家村为齐和帝萧宝融的恭安陵,却不曾考虑两墓所处的地理位置及距离,这实在是欠妥。吴家村南朝墓葬为帝陵等级毋庸置疑,墓内出土有数量丰富的石质随葬品,只是墓前配置的陵墓石刻尚未被发现。吴家村墓位于南齐帝王陵最西北处,等级相较于赵家湾和狮子湾南齐帝陵更为尊贵,其墓葬年代要早于已发掘的金家村及仙塘湾南齐帝陵,吴家村墓室营建也更为用心,故吴家村南朝墓不可能是亡国之君齐和帝萧宝融的恭安陵,更有可能是南齐早期的帝陵,不排除为齐宣帝与宣孝陈皇后的陵墓。

作者系南京师范大学文博系2014级硕士研究生,现工作于丹阳市文物保护与考古研究所、丹阳市博物馆

---

① (梁)萧子显:《南齐书》卷8,中华书局,1972年,第114页。

北魏迁洛后墓葬研究

——以纪年墓为主

佘永通

北魏道武帝在天兴元年(398 年)迁都平城,近百年后孝文帝希望加快北魏汉化进程以及出于政治局势的需要,于太和十七年(493 年)借南伐之名,迁都洛阳。洛阳成了北魏新的中心,国势亦正值极盛。然迁洛引起了当时社会生活的剧变。之后不过三十载,即爆发"六镇之乱",北魏的丧钟自此响起,帝国不可逆转地坠入分裂的局面。北魏迁洛深刻影响了北魏晚期的命运,乃至整个北朝晚期的历史走向。本文以纪年明确无争议的北魏迁洛后墓葬为切入点,希望对这一时期改革与反对改革、文化对立的社会面貌有更全面的认识。

一、北魏迁洛后墓葬的特征

目前考古发现的北魏墓葬材料以平城和洛阳地区最为丰富,但是平城地区发现的明确为北魏迁洛后的墓葬极为稀少,与定都平城期间的墓葬数量形成极大反差。在洛阳地区以外,发现的北魏迁洛后墓葬的数量同样不多,一些学者对部分北魏迁洛前后墓葬的断代也有所争论。梳理材料可发现北魏迁洛后的墓葬主要分布于洛阳及其外围地区、平城及其外围地区、关陇地区以及定、瀛、冀、齐、青等州地区。目前搜集到迁洛后纪年墓共 46 例,具体墓葬情况限于篇幅不再赘述。从墓葬类型上可分土洞墓、砖室墓、石室墓及竖穴土坑墓四类。其中土洞墓和砖室墓的墓道形式分为竖穴式与斜坡式,墓室形状分为方形与弧方形。

（一）洛阳及其外围地区墓葬的特征

此地区目前已公布的北魏迁洛后纪年墓葬有洛阳寇猛墓①、元邵墓②、元乂墓③、元暐墓④、侯掌墓⑤、元阇墓⑥、王温墓⑦、元怿墓⑧、郭定兴墓⑨、杨机墓⑩、吕达墓⑪、吕仁墓⑫、元遵墓⑬、元祖墓⑭、曹连墓⑮，孟县司马悦墓⑯，偃师杏园YDM4031⑰、元睿墓⑱、染华墓⑲、邴勖墓⑳，曲沃李诜墓㉑，榆社孙龙墓㉒，侯马裴经墓㉓，万荣薛怀吉墓㉔。

这些墓葬形制分为土洞墓和砖室墓两类，均有竖穴式墓道和斜坡式墓道，并一直共存于这一时期，没有明显变化。土洞墓和砖室墓均为单室，墓向基本朝南，墓室平面形状流行方形，砖室墓中存在弧方形墓室。土洞墓与砖室墓的延续

① 候鸿钧：《洛阳西车站发现北魏墓一座》，《文物参考资料》1957年第2期。
② 洛阳博物馆：《洛阳北魏元邵墓》，《考古》1973年第4期。
③ 洛阳博物馆：《河南洛阳北魏元乂墓调查》，《文物》1974年第12期。
④ 黄明兰：《西晋裴祇和北魏元暐两墓拾零》，《文物》1982年第1期。
⑤ 洛阳市文物工作队：《洛阳孟津晋墓、北魏墓发掘简报》，《文物》1991年第8期。
⑥ 310国道孟津考古队：《洛阳孟津邙山西晋北魏墓发掘报告》，《华夏考古》1993年第1期。
⑦ 洛阳市文物工作队：《洛阳孟津北陈村北魏壁画墓》，《文物》1995年第8期。
⑧ 徐婵菲：《洛阳北魏元怿墓壁画》，《文物》2002年第2期。
⑨ 洛阳市第二文物工作队：《洛阳纱厂西路北魏HM555发掘简报》，《文物》2002年第9期。
⑩ 洛阳博物馆：《洛阳北魏杨机墓出土文物》，《文物》2007年第11期。
⑪ 洛阳市文物工作队：《河南洛阳市吉利区两座北魏墓的发掘》，《考古》2011年第9期。
⑫ 洛阳市文物工作队：《河南洛阳市吉利区两座北魏墓的发掘》，《考古》2011年第9期。
⑬ 洛阳市文物考古研究院：《北魏淮南王元遵墓发掘简报》，《洛阳考古》2013第2期。
⑭ 洛阳市文物考古研究院：《洛阳北魏元祖墓发掘简报》，《洛阳考古》2017年第3期。
⑮ 洛阳市文物考古研究院：《洛阳北魏曹连石棺墓》，科学出版社，2019年。
⑯ 孟县人民文化馆：《孟县出土北魏司马悦墓志》，《文物》1981年第12期；孟县人民文化馆：《孟县出土北魏司马悦墓志》，《考古》1983年第3期。
⑰ 中国社会科学院考古研究所河南二队：《河南偃师县杏园村的四座北魏墓》，《考古》1991年第9期。
⑱ 中国社会科学院考古研究所河南二队：《河南偃师县杏园村的四座北魏墓》，《考古》1991年第9期。
⑲ 偃师商城博物馆：《河南偃师两座北魏墓发掘简报》，《考古》1993年第5期。
⑳ 偃师市文物旅游局、洛阳市文物考古研究院：《洛阳偃师两座北魏墓发掘简报》，《中原文物》2019年第6期。
㉑ 杨富斗：《山西曲沃县秦村发现的北魏墓》，《考古》1959年第1期。
㉒ 王太明、贾文亮：《山西榆社县发现北魏画像石棺》，《考古》1993年第8期。
㉓ 山西省考古研究院：《山西侯马虒祁北魏墓（M1007）发掘简报》，《文物》2021年第2期。
㉔ 山西省考古研究院、运城市文物保护中心、万荣县文化和旅游局：《山西万荣西思雅北魏薛怀吉墓发掘简报》，《文物》2023年第1期。

时间则有所不同。土洞墓年代最早为正始五年(508年)偃师杏园 YDM4031,最晚为太昌元年(532年)洛阳王温墓。砖室墓年代最早为太和二十三年(499年)李诜墓,最晚为孝昌二年(526年)元乂墓与薛怀吉墓。土洞墓贯穿了从北魏迁洛到北魏灭亡这一时段,砖室墓则在北魏晚期急剧衰落。

在土洞墓、砖室墓并存的时段中,墓葬类型具备等级差别意义。这期间砖室墓使用者均为贵族或官员,身份最低也为县令,而土洞墓使用者下至庶民,向上最高为中级官员。砖室墓中,墓室大小的等级差别则不是十分明显。除元怿与元乂情况特殊,墓室明显更为宏大外,元昞、元遵作为北魏宗室高级贵族墓室边长在5米左右,作为中高级官员的吕达、薛怀吉墓室边长也在5米上下,作为下级官员的裴经墓室边长也近5米。土洞墓墓室大小与等级的关系由于目前掌握材料的多样性不足,于此不敢妄言。砖室墓衰落后,墓葬类型间的等级差别也随之消失,土洞墓墓主身份骤然提高,出现了北魏宗室高等级贵族使用土洞墓的情况(图一)。这种变化的产生令人不难想到河阴之变,尔朱荣借祭天之名聚集洛阳公卿贵族后,纵兵将其屠戮一空,连太后和皇帝也不得幸免。[1] 原本适用砖室墓的人群在慌乱中也只能使用相对低等级的土洞墓,而愈演愈烈的政治动荡更是直接将砖室墓背后的等级秩序摧毁。

随葬品中,北魏迁洛后早期纪年墓中不见陶俑,随葬陶器为实用器,如罐、碗、灯等。最早发现陶俑的纪年墓年代为熙平元年(516年),陶俑种类以镇墓俑、武士俑、文吏俑、侍俑和动物俑为主。之后陶俑的种类和数量都逐渐增多,与此变化大致同步的还有模型明器。墓志形制上石质方形墓志成为主流,北魏迁洛后早期还可见纵长方形墓志,孝明帝时便全为方形墓志。

---

[1] (北齐)魏收:《魏书》卷74《尔朱荣传》,中华书局,1974年,第1648页。

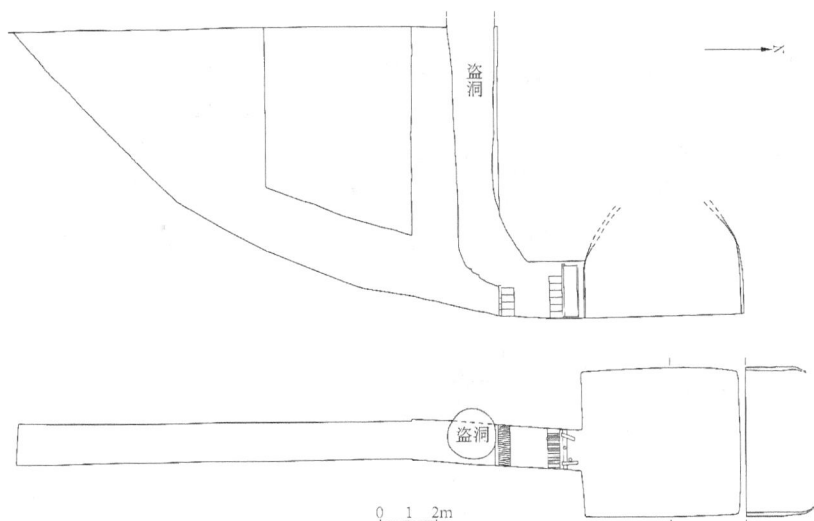

图一　河南洛阳北魏永安三年(530年)元祉墓

(二) 平城及其外围地区墓葬的特征

北魏迁洛后平城及其外围地区墓葬急剧衰退,目前发现的纪年墓仅有五座:包头姚齐姬墓[①],大同小站村花圪塔台北魏墓[②]、元淑墓[③],北京延庆张龙姬墓[④],太原辛祥墓[⑤]。其中三座均为迁洛后早期,而非纪年墓大部分的断代都有争议,这种现象显然是不正常的。即便北魏迁都带走了大量人口,但平城作为旧都不可能成为一座空城,必然留存部分人口和官吏,而且平城以北还有"六镇"存在,依然有军队和人口抵御柔然。所以,这种对平城及其外围地区迁洛后墓葬判断困难、发现稀少的情况,本身就说明了这一地区在迁洛后依然保持着大量平城时期的墓葬文化。

---

① 郑隆:《内蒙古包头市北魏姚齐姬墓》,《考古》1988年第9期。
② 大同市博物馆:《大同市小站村花圪塔台北魏墓清理简报》,《文物》1983年第8期。
③ 大同市博物馆:《大同东郊北魏元淑墓》,《文物》1989年第8期。
④ 北京市文物研究所、延庆县文物管理所:《北京市延庆县西屯墓地(Ⅰ区)考古发掘简报》,《北京文博文丛》第4辑,北京燕山出版社,2012年。
⑤ 代尊德:《太原北魏辛祥墓》,《考古学集刊1》,中国社会科学出版社,1981年,第197—202页。

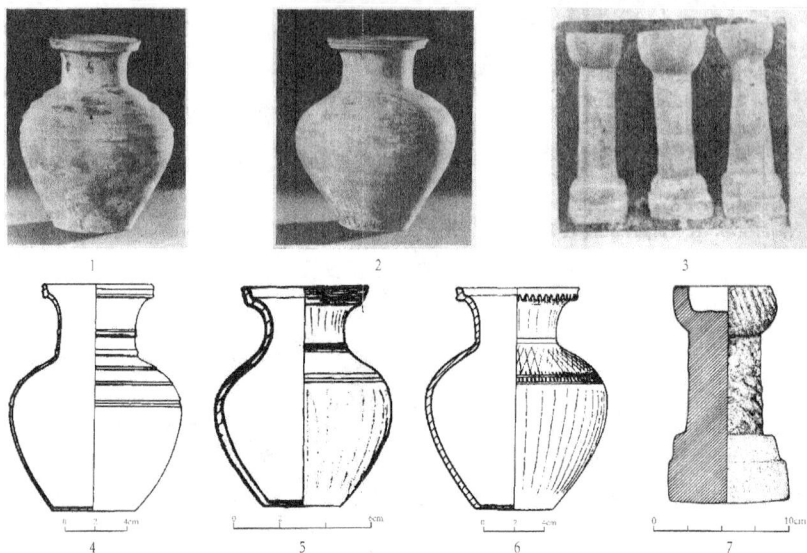

图二　山西大同北魏墓所出陶罐、石灯

[1. 元淑墓出土盘口陶壶;2. 元淑墓出土盘口陶壶;3. 封和突墓出土石灯;4. 大同南郊北魏墓群出土盘口陶壶(M23:1);5. 大同南郊北魏墓群出土盘口陶壶(M26:1);6. 大同南郊北魏墓群出土盘口陶壶(M124:4);7. 大同雁北师院北魏墓群出土石灯(M9:4)]

就这五座纪年墓来看,墓葬类型有土洞墓、砖室墓和竖穴土坑墓三种。砖室墓和土洞墓均为单室,墓向朝南,推测均为斜坡墓道。砖室墓墓室平面形状均为弧方形,唯一一例土洞墓的墓室平面形状呈方形。三座砖室墓的墓主身份囊括北魏宗室、中高级官员和庶民,一座土洞墓的墓主身份也为中级官员。墓葬类型间的等级差别不是很明显,但墓室大小似乎存在等级差别。平城发现的三座砖室墓可分三等:一等元淑墓,墓室边长 6 米左右,东西长度甚至接近 7 米,元淑身份为北魏宗室,高级官员;二等封和突墓,墓室边长在 4.5 米左右,封和突身份为中级官员;三等姚齐姬墓,墓室边长 3 米左右,姚齐姬为"廉凉州"之妻,身份应为庶人。辛祥夫妇合葬墓为土洞墓,墓室边长在 4 米左右,辛祥官至义阳太守,虽与封和突同属中级官员,但稍次于封和突,墓室大小上也略小一些。

随葬品方面,墓志形制以石质碑形墓志为主,此外还有砖志,这些都是北魏平城时期流行的墓志形制。其他随葬品的器型、纹饰也与平城时期类似,如陶壶、石灯,陶俑则没有发现(图二)。

（三）关陇地区墓葬的特征

此地区目前已公布的北魏迁洛后纪年墓葬数量较少,有西安邵真墓[①]、韦或夫妇合葬墓[②]、韦辉和墓[③]、韦乾墓[④]、韦鲜玉墓[⑤]、王都墓[⑥],华阴杨舒墓[⑦],固原戴双受夫妇合葬墓[⑧],张家川王真保墓[⑨]。

本地族葬之风盛行,墓葬类型分土洞墓和砖室墓两类,均为斜坡墓道、单室,墓向以南向为主。墓室平面形状上,砖室墓流行方形或弧方形墓,土洞墓则流行梯形墓(图三)。两类墓葬墓主身份从庶人到中级官员都有,在等级上似乎并无明显差别。

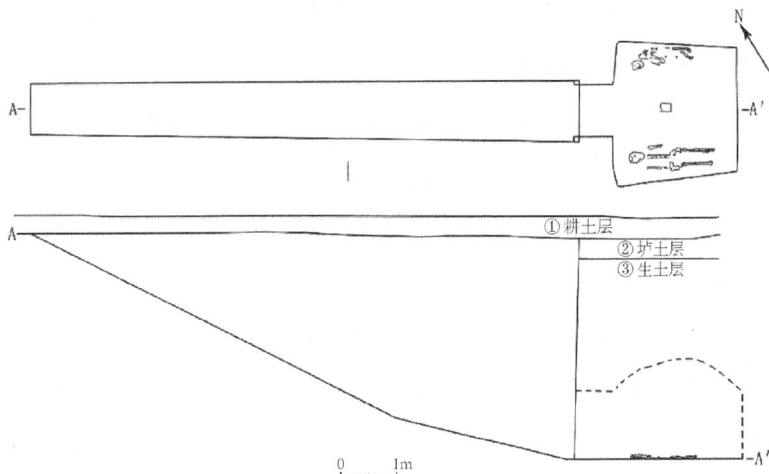

图三　陕西西安北魏永平四年(511年)王都墓

① 陕西省文物管理委员会:《西安任家口 M229 号北魏墓清理简报》,《文物参考资料》1955 年第 12 期。

② 田小莉、孙新民、穆晓军:《长安发现北朝韦或夫妇合葬墓》,《中国文物报》,1999 年 11 月 14 日,第 1 版。

③ 西安市文物保护考古所:《西安南郊北魏北周墓发掘简报》,《文物》2009 年第 5 期。

④ 西安市文物保护考古所:《西安南郊北魏北周墓发掘简报》,《文物》2009 年第 5 期。

⑤ 陕西省考古研究院:《西安南郊韦曲北塬北朝墓发掘简报》,《考古与文物》2015 年第 5 期。

⑥ 西安市文物保护考古研究院、北京联合大学:《西安市灞桥区江村北魏王氏家族墓地发掘简报》,《文博》2019 年第 1 期。

⑦ 崔汉林、夏振英:《陕西华阴北魏杨舒墓发掘简报》,《文博》1985 年第 2 期。

⑧ 宁夏回族自治区文物考古研究所:《固原南郊北魏墓发掘简报》,《中原文物》2020 年第 5 期。

⑨ 秦明智、任步云:《甘肃张家川发现"大赵神平二年"墓》,《文物》1975 年第 6 期。

随葬品方面,迁洛后早期墓葬中同样不流行陶俑与模型明器,而是随葬陶罐、陶壶这类实用器。熙平二年(517年)杨舒墓中出现了动物俑和模型明器,正光元年(520年)邵真墓中才出现了人物俑,但种类和数量较少,至北魏末期的韦辉和、韦乾墓中陶俑种类和数量已较为丰富。墓志上同样以石质方形墓志为主。

(四)定、瀛、冀、齐、青等州地区墓葬的特征

此地自魏晋以来长期为汉人高门士族纵横之地,发现的北魏迁洛后墓葬也基本为当地士族的墓葬,其中纪年墓有:景县封魔奴墓[①],吴桥封龙墓[②],河间邢伟墓[③],曲阳高氏墓[④],赞皇李仲胤夫妇合葬墓[⑤]、李翼夫妇合葬墓[⑥],德州高道悦夫妇合葬墓[⑦]、临淄贾思伯夫妇合葬墓[⑧]、崔鸿夫妇合葬墓[⑨]、崔猷墓[⑩]。

本地区亦盛行族葬,墓葬类型有土洞墓、砖室墓和石室墓三类,砖室墓为主,多为单室。墓道情况限于材料不是十分明确,推测应均为斜坡墓道,墓向以朝南为主。石室墓墓室平面形状均为圆形,具有家族特色(图四)。土洞墓与砖室墓墓室平面形状则多为方形或弧方形。墓葬类型间的等级差别不甚明显,墓主身份均为中级官员或其亲属,石室墓目前仅见清河崔氏家族成员使用。

随葬品中,北魏迁洛后早期墓葬依然不见陶俑和模型明器,纪年墓中至神龟二年(519年)高道悦墓才随葬陶俑,其出现时间与关陇地区相近,但直到北魏灭亡,陶俑和模型明器的种类、数量都远不如洛阳地区与关陇地区丰富。石质方形墓志占绝对的主流,迁洛后纵长方形墓志很快被方形墓志取代,墓志形制演变与洛阳地区相符。

---

① 张季:《河北景县封氏墓群调查记》,《考古通讯》1957年第3期。
② 卢瑞芳、刘汉芹:《河北吴桥北魏封龙墓及其相关问题》,《文物春秋》2005年第3期。
③ 孟昭林:《记后魏邢伟墓出土物及邢蛮墓的发现》,《考古》1959年第4期。
④ 河北省博物馆:《河北曲阳发现北魏墓》,《考古》1972年第5期。
⑤ 中国社会科学研究院考古研究所河北工作队:《河北赞皇县北魏李仲胤夫妇墓发掘简报》,《考古》2015年第8期。
⑥ 中国社会科学研究院考古研究所河北工作队:《河北赞皇县北魏李翼夫妇墓》,《考古》2015年第12期。
⑦ 赖非:《北魏高道悦墓地调查及其墓志补释》,李开玲、马长军主编:《德州考古文集》,百花洲文艺出版社,2000年,第1—7页。
⑧ 寿光县博物馆:《山东寿光北魏贾思伯墓》,《文物》1992年第8期。
⑨ 山东省文物考古研究所:《临淄北朝崔氏墓》,《考古学报》1984年第2期。
⑩ 淄博市博物馆、临淄区文管所:《临淄北朝崔氏墓地第二次清理简报》,《考古》1985年第3期。

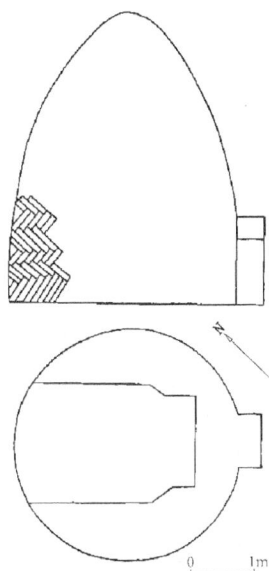

图四　山东临淄北魏孝昌元年(525 年)崔鸿夫妇合葬墓

二、 北魏迁洛后各地区内墓葬的差异

墓葬背后是不同的人群,墓葬本身也非千篇一律的流水线产品,甚至同样的表现形式下可能有着不同的内涵。"提炼特征—总结规律"的方法不可避免地会突出共性和选取代表性例子,相应地就会对墓葬文化的差异性关注不够,忽视一些少数的、相对微小的不同。而这些细微之处的差异,在主流演变规律背景下,则更能反映出墓主的价值取向与个性。

据上文所述各地区墓葬,可大体总结北魏迁洛后墓葬的特征:以土洞墓和砖室墓为主,多斜坡墓道,墓向基本朝南,单室,墓室平面形状多为方形或弧方形,墓葬形制间的等级差别不是十分明显;陶俑与模型明器在北魏迁洛后早期延续平城晚期以来的衰落势头,宣武帝后得到复兴;墓志以石质方形墓志为主流。但是,这种笼统的概括显然不具备强有力的普适性,有不少墓葬或多或少与此特征有所出入,而且这些不符合的情况绝非可以用例外、偶然解释的。因此,这一时期墓葬文化最大的特征其实就是新旧并存,各区域间墓葬文化存在较大差异,甚至区域内部墓葬间就存在差异。

（一）洛阳及其外围地区内墓葬的差异

在北魏迁洛后洛阳及其外围地区整体墓葬朝南的环境下，仍有墓向朝东的例子出现。墓室形状的差异则更为明显，梯形墓室的存在延续至正光年间，而且梯形墓墓主身份囊括庶人与中级官员，显示出梯形墓应是当时一个群体的选择，并非某个人的偏好。葬具中，虽然大部分墓葬内的都已无存，但至北魏灭亡前夕依然发现梯形棺的存在。梯形墓、梯形棺作为鲜卑墓葬旧俗由来已久，北魏早期多有发现梯形竖穴土坑墓，美岱村北魏墓还出现纵长梯形竖穴土坑砖室墓，之后双棺合葬甚至多棺合葬的需求将原本的纵长梯形墓室扩大成宽梯形。[1] 北魏迁洛后洛阳地区墓葬中，仍然存在梯形墓、梯形棺的现象表明此地延续着部分平城乃至更早期的鲜卑传统。

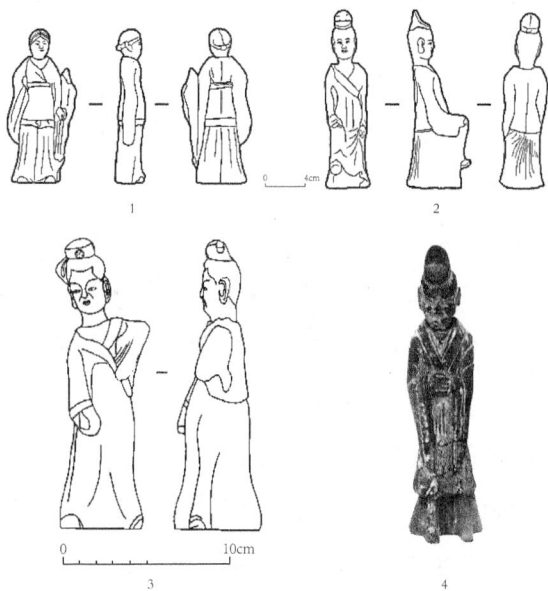

图五　北魏迁洛后洛阳地区出土部分陶俑
［1. 元祉墓出土牵手女俑（IM4034：104）；2. 元祉墓出土坐俑（IM4034：15）；3. 吕仁墓出土侍女俑（C9M279：20）；4.元睿墓出土文吏俑（M914：11）］

[1] 宿白：《东北、内蒙古地区的鲜卑遗迹——鲜卑遗迹辑录之一》，《文物》1977年第5期；韦正、吴娇：《从平城到邺城——聚焦于墓葬文化的变迁》，《故宫博物院院刊》2021年第1期；何培：《唐代以前的梯形棺》，暨南大学，硕士学位论文，2010年。

图六　李诜、裴经墓志
(1. 李诜墓志拓本；2. 裴经墓志)

随葬品中，陶俑复兴，但在汉式特点不断增多的背景下，仍存在陶俑为戴风帽、着窄袖衣的平城旧式。而文吏俑、女俑等类型的陶俑在服饰样貌变为汉式的同时，却还有左衽的情况出现。即便这一时期大部分陶俑服饰都为右衽，但也不能简单认为这些宽袍左衽的陶俑是个别现象（图五）。石质方形墓志在此地占绝对的主流，但北魏平城时期常见的砖墓志在山西南部继续存在（图六），而裴经墓中还发现漆盘内有狗的骨骼，极具鲜卑特色。这体现出北魏迁洛后洛阳地区墓葬文化对此处的渗透并不强。另外，邸勖墓中朱书陶罐的出现也表明这一时期此地墓葬文化还受到了东汉以来文化因素的影响。

（二）平城及其外围地区内墓葬的差异

北魏迁洛后平城及其外围地区的墓葬文化相似性较强，从墓葬形制到随葬品都延续着迁洛前的风格，甚至姚齐姬墓还使用牛、马头蹄殉葬（图七）。这在北魏迁洛后的其他地区，尤其洛阳地区，是难以见到的极其鲜明的北魏早期墓葬文化特征①，且这种传统一直坚守到北魏灭亡前仍被使用。北魏末年的雷绍为武

---

① 从黑龙江扎赍诺尔拓跋鲜卑早期墓地开始，便流行使用动物的头和蹄这种简化的殉牲办法。

川镇人,他就明说:"吾本乡葬法,必杀大马。"①这三座纪年砖室墓,若无明确纪年,根据墓葬形制和随葬品是难以准确断代的。太原辛祥墓为土洞墓,墓室平面形状呈方形,辛祥之妻李庆容墓志时代为永平三年(510年),形制还稍显纵长方形,神龟三年(520年)的辛祥墓志则为方形。此墓在墓葬和墓志形制上,表现出与洛阳地区墓葬文化的相似性。另外,平城地区的三座砖室墓中没有发现瓷器,辛祥墓中则出土了鸡首壶、茶托等青瓷器,也反映出辛祥墓与洛阳地区墓葬文化的接近。

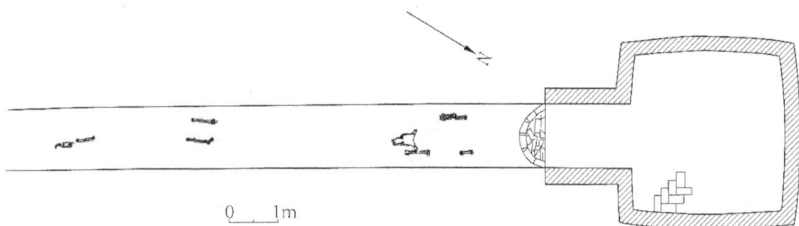

图七　内蒙古包头北魏太和二十三年(499年)姚齐姬墓

(三)关陇地区内墓葬的差异

北魏迁洛后关陇地区的墓葬有东向和西向的情况,不同的墓向在各自家族内保持统一。墓室形状上,既有方形、弧方形墓室,亦有梯形墓室,如韦氏家族墓直到北魏灭亡前仍使用梯形墓室。杨舒墓中出现了砖雕仿木构门楼,表现出对本地魏晋十六国时期传统的继承。葬具中存在鲜卑风格的梯形木棺。

随葬品中,动物俑和模型明器出现的时间与洛阳地区陶俑复兴的时间相近,但人物俑的出现时间较晚,表现出此地区对洛阳地区墓葬文化接受的迟滞性和选择性,而且人物俑亦有不少服装左衽的现象。石质方形墓志虽占主流,但明显不是唯一的选择。石质方形墓志与迁洛前流行的砖墓志共存,并表现出等级差别。在这些迁洛后关陇地区纪年墓中,石质方形墓志的志主均为官员,但也有官员使用砖墓志的发现,如宁夏彭阳出土的景明三年(502年)兖、岐、泾三州刺史、

---

① (唐)李延寿:《北史》卷49《雷绍传》,中华书局,1974年,第1807页。

新安子员标墓志①，而庶民均使用砖墓志。同时，此区域在北魏末年的石质方形墓志还稍显纵长，也表现出对洛阳地区墓葬文化接受的迟滞。值得注意的是此地墓志志文中甚至还有将北魏国号称为"代"的情况（图八）。墓向朝西、梯形墓、梯形棺、砖志的出现都体现出平城时期墓葬文化的影响在本地根深蒂固。

图八　戴双受墓志拓本

（四）定、瀛、冀、齐、青等州地区内墓葬的差异

北魏迁洛后定、瀛、冀、齐、青等州地区墓葬朝南较多，但东向的墓葬也不是个别现象。与洛阳地区类似的方形或弧方形单室砖室墓占主流的同时，崔氏家族的圆形石室墓则极具特色。李翼夫妇合葬墓是纪年墓中唯一的土洞墓，这可能与李翼死于河阴之变、六年后在北魏灭亡前才迁葬回乡的特殊背景有关。葬具中亦有梯形棺存在。

随葬品中，陶俑和模型明器在种类和数量上远逊于洛阳地区，但仅有个别陶俑服饰出现左衽现象，显示出此地区对汉文化较高的认知水平。相较关陇地区，此地受北魏迁洛前墓葬文化的影响较小，表现出与洛阳地区墓葬文化的相似性，但不能断言这便是受到洛阳地区的影响，或有可能是此地与洛阳地区有着趋同的文化取向。

三、 北魏迁洛后墓葬反映的社会面貌

北魏孝文帝所推行的包括迁都在内的"太和改制"深刻改变了整个北魏的社会进程，是这一时期绝大部分社会变迁的大背景。因此，墓葬文化演变的动因可以从孝文帝改革中寻找，而北魏迁洛后墓葬文化变动的背后实则便是当时人群对孝文帝改革的反应。这种大变革涉及各阶层、各人群的利益得失。在具体讨论这一问题的过程中，理应关注当时社会中不同的声音，各地区内与地区间墓葬

---

① 杨宁国：《宁夏彭阳县出土北魏员标墓志砖》，《考古与文物》2001年第5期。

的差异比共性更具有重要意义。从墓葬上看,大致在宣武帝后,洛阳地区墓葬在摆脱平城时期的影响,形成并壮大自己新的墓葬文化的时候,平城时期墓葬风格仍残存于庶民和中级官员两类人群的墓葬中。平城及其外围地区的南部虽然受到一些洛阳地区的影响,但作为这一区域主体的平城其实还在延续旧的传统,对此区域内北魏迁洛前后的墓葬难以准确断代便是明证。洛阳地区的新风很难影响这一区域,或者说这一区域的人群拒绝接受洛阳地区新的墓葬文化。关陇地区在延迟和有选择性地接受洛阳地区影响的同时,还继承着一些本地区的传统。而在这一区域的西部和庶民阶层中,对平城时期墓葬文化因素的保留则更为明显。定、瀛、冀、齐、青等州地区墓葬文化较为接近洛阳,可似乎又表现出一定的克制,与之相比家族特色则更为明显。关陇地区和定、瀛、冀、齐、青等州地区的墓葬在各个家族内部表现出较强的文化一致性,反映出这两地家族力量的强势及当地人群对家族的认同似乎比对国家的认同更为强烈。

从文献上看,孝文帝的改革其实从来就没得到大部分人的支持,迁都洛阳的决定更没有达成统治阶级内部的共识,以至于孝文帝借南伐之名,带着一些"哄骗""恐吓"的意味达成迁洛的事实。待迁都洛阳的决策传至平城,则是"众闻迁诏,莫不惊骇"[1]的场面。史料载迁都洛阳已经完成之后不少人还都没意识到这是迁都,即便意识到也仍有异议。[2] 正式迁都一年后,更是爆发穆泰、陆叡叛乱,参与者几乎囊括所有重要的代人家族,甚至包括晋室后裔司马徽亮。[3] 在有相当一部分代北保守人群对孝文帝迁都极度抗拒的情况下,显然不能指望这些人对孝文帝的其他改革政策有多少认同。

---

[1] 孝文帝在计划假借南伐行迁都之时,宗室成员拓跋澄直言不可。除此之外也有汉人士族表示反对,高闾便提出了十条反对意见。(北齐)魏收:《魏书》卷 19 中《任城王澄传》,中华书局,1974 年,第 464 页;(北齐)魏收:《魏书》卷 54《高闾传》,中华书局,1974 年,第 1206 页。

[2]《魏书》载:"迁京之后,北蕃人夷多有未悟。"(北齐)魏收:《魏书》卷 21 上《广陵王羽传》,中华书局,1974 年,第 546 页;《魏书》载:"及迁洛阳,人情恋本,多有异议。"(北齐)魏收:《魏书》卷 31《于烈传》,中华书局,1974 年,第 738 页。

[3] (北齐)魏收:《魏书》卷 27《穆泰传》,中华书局,1974 年,第 663 页;(北齐)魏收:《魏书》卷 31《于烈传》,中华书局,1974 年,第 738 页;(北齐)魏收:《魏书》卷 37《司马楚之传》,中华书局,1974 年,第 857 页。

（一）废西郊祭天与向西而葬

细察孝文帝改革的过程,对国家祭典的变革,具体来讲就是以南郊祭天取代西郊祭天,是孝文帝改革的起点。这一问题康乐在其《从西郊到南郊——北魏的迁都与改革》一书中已做全面系统的研究,在此仅简述其成果以支撑后文讨论。北魏早期输入大量中原汉式礼乐制度,整个国家祭典看似胡汉杂糅,其实真正的核心只有属于鲜卑的北方草原民族祭典,中原系统的祭典不过是作为统治中原的象征点缀而已。以西郊祭天为代表的北方草原民族祭典起着整合社会,维系代人团体情感的功能。[①] 于是,孝文帝迁都前还束手束脚,"仍省杂祀""省西郊郊天杂事",迁都后便大刀阔斧地"罢西郊祭天""罢五月五日、七月七日飨""诸有禁忌禳厌之方非典籍所载者,一皆除罢"[②],最终完成了以南郊祭天地为核心的中原祭典系统取代北方草原民族祭典的设想。

这部分改革内容在北魏迁洛后的墓葬中自然有所反映。北魏平城时期的墓葬以西向或南向为主,平城晚期朝南的墓葬比例逐渐增多,但在迁洛以后,南向墓葬占据了绝对的优势地位,朝西的墓葬几乎绝迹。然而以西郊祭天为代表的北方草原民族祭典曾在北魏国家祭典中具有极其重要的地位,并且还存在一批反对孝文帝改革的保守人群,这种情况决定了当时必然有人怀念和坚守旧的文化传统。正始五年(508 年)偃师杏园 YDM4031 和永平四年(511 年)西安王都墓的发现便提供了实物例证。这两座墓均西向,墓主身份均为庶人,且王都墓所在的家族墓葬均为西向(图九)。上层贵族、官员或许不敢如此明目张胆地展示自己的文化取向和政治立场,抑或对向西而葬这一传统的坚持已不强烈。但偃师杏园 YDM4031 和西安王都墓及其家族墓表明当时有一群人,特别是底层人群依然认同旧的北方草原民族传统,并未受到孝文帝所推行的中原汉式祭典影响。宣武帝时,任城王元澄在雍州试图举行七月七日飨,张普惠依据孝文帝已废除这一习俗反对元澄,而元澄认为:"今虽非公制,而此州承前,已有斯式,既不劳

---

① 康乐:《从西郊到南郊——北魏的迁都与改革》,北京联合出版公司,2020 年,第 154—192 页。
② (北齐)魏收:《魏书》卷 7 下《高祖纪下》,中华书局,1974 年,第 168—169、174、186 页。

民损公,任其私射,复何失也? 且纂文习武,人之常艺,岂可于常艺之间,要须令制乎?"[1]显然作为最支持孝文帝改革的北魏宗室贵族也对北方草原民族习俗的保留不以为然,同时这也是表明王都墓所在的雍州,深受北方草原民族传统影响的一大力证。孝明帝时期,"(灵太后)后幸嵩高山,夫人、九嫔、公主已下从者数百人,升于顶中。废诸淫祀,而胡天神不在其列"[2],"郊庙之事,多委有司"[3]。北魏当时的都城所在,最高统治者对这些杂祀的残留和已确立为正统的中原汉式国家祭典都毫不在意,那当时帝国边陲和保守势力更加强大的平城地区是什么情况则可想而知。韦正曾指出北朝墓葬中存在一种将棺置于墓室正壁下而墓主头朝向右壁即西方的安置方式,认为其在鲜卑墓葬文化中有着极其重要的意义。[4] 或许,这种棺木放置方式就是对北方草原民族传统的变通亦未可知。

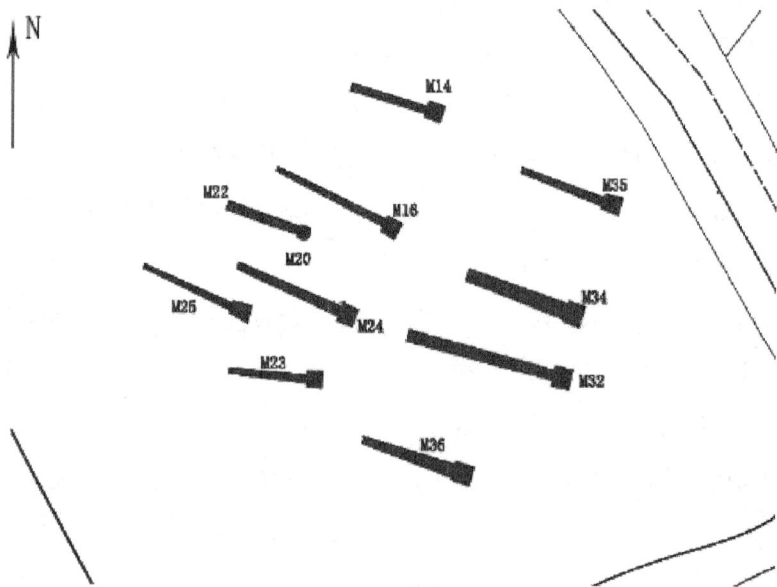

图九　陕西西安江村北魏王氏家族墓墓葬分布图

①(北齐)魏收:《魏书》卷78《张普惠传》,中华书局,1974 年,第 1729 页。
②(北齐)魏收:《魏书》卷13《皇后列传》,中华书局,1974 年,第 338 页。
③(北齐)魏收:《魏书》卷78《张普惠传》,中华书局,1974 年,第 1737 页。
④韦正、吴娇:《从平城到邺城——聚焦于墓葬文化的变迁》,《故宫博物院院刊》2021 年第 1 期。

（二）死葬河南与眷恋代北

太和十九年（495 年），孝文帝下诏"迁洛之民，死葬河南，不得还北。于是代人南迁者，悉为河南洛阳人"①，这明显是为了加强迁洛代人对新都的认同。北魏迁洛以后洛阳地区的墓葬数量急剧增多，并且代人的籍贯纷纷变为河南洛阳，相关考古证据非常丰富，于此无需赘言。这里试图讨论的是，难道当时所有迁洛代人都遵守了孝文帝的规定吗？在有相当一部分代人抗拒孝文帝改革的情况下，这几乎是不可能的。平城正始元年（504 年）封和突墓与永平元年（508 年）元淑墓为此问题提供了着眼之处。两座墓葬形制基本相同，虽南向，但也是继承了平城时期的墓葬特征。关键在于这两座墓葬的墓主都随孝文帝迁都去了洛阳，死后却顶着违抗皇帝禁令的风险葬于平城，这一做法本身就能够说明他们对平城的眷恋和对孝文帝改革的抵触。根据《魏书·官氏志》，封和突应属鲜卑是贲氏②，后来改为封氏。可即便已经改了姓氏，封和突墓志中依然明确称其为代郡平城人。更有意思的是，在当时方形墓志占据主流，纵长方形墓志都已少见的情况下，封和突与元淑墓志却皆为极具平城意味的碑形墓志（图十）。而元淑墓中侧板、头挡及足挡着地，底板悬空的梯形棺与早期鲜卑墓中的四角栽桩式梯形棺可谓如出一辙（图十一）。③ 此外，大同还发现有延昌三年（514 年）高琨墓，虽然墓葬情况没有详细公布，但可以确定的是使用了牛、马的头进行殉葬④，非常具有北魏早期和平城时期墓葬的特色。从上述三例考古材料可以看出，孝文帝改革显然没有得到全面的认同和执行，而且孝文帝并没有解决这个问题。即便洛阳地区的墓葬显示出有相当的人群逐渐接受了改革，但仍有一部分以代人为主体的人群在孝文帝之后持续地反对改革，甚至可能由于面对改革的压力，这部分人群坚持了更加传统的鲜卑习俗，变得愈加保守。

① （北齐）魏收：《魏书》卷 7 下《高祖纪下》，中华书局，1974 年，第 178 页。
② （北齐）魏收：《魏书》卷 113《官氏志》，中华书局，1974 年，第 3007 页。
③ 内蒙古文物工作队：《内蒙古扎赉诺尔古墓群发掘简报》，《考古》1961 年第 12 期。
④ 王银田：《元淑墓志考释——附北魏高琨墓志小考》，《文物》1989 年第 8 期。

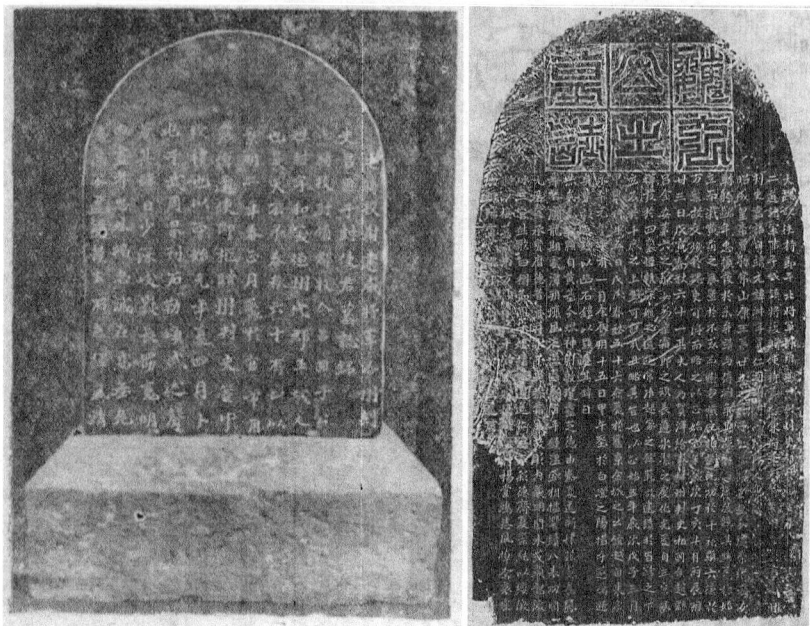

1

2

图十　封和突、元淑墓志
(1. 封和突墓志；2. 元淑墓志拓本)

　　北魏迁洛后墓志将国号依旧称为"代"的现象也值得注意。早在道武帝迁都平城时便曾专门议定国号，当时群臣都认为国号"若取长远，应以代为号"，但道武帝认为天下未定"宜仍先号，以为魏焉"，言语之间有待扫平天下后再改国号的意味。[①] 而后北魏平城时期墓志即多称国号为"代"，特别是高级官员的墓志中基本上以"代"为号，表现出对"代"的强烈认同。孝文帝迁洛后，情况为之一变，"代"作为国号在墓志中几乎一扫而空，无论是宗室贵族还是中下级官员，都选择了以"魏"为号。这是出于自身选择还是迫于当时环境暂不得而知，但熙平元年（516 年）戴双受夫妇合葬墓中，砖墓志内明确称国号为"大代"，这在北魏迁洛后的新环境中格外亮眼，体现出当时庶民对"代"的国家认同。王真保墓中出土"大赵神平二年"墓志，为关陇地区响应六镇起义的义军所赠，志文中记述北魏初据

---

① (北齐)魏收：《魏书》卷 2《太祖纪》，中华书局，1974 年，第 32—33 页。

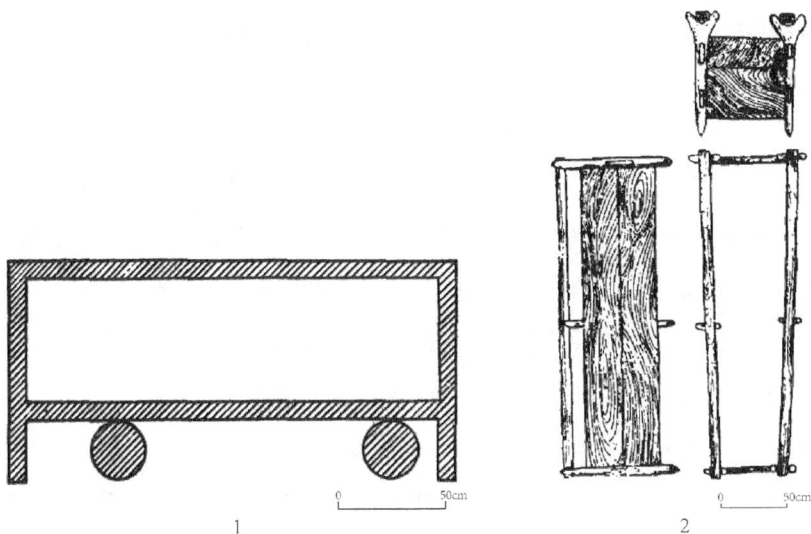

图十一　山西大同元淑墓与内蒙古呼伦贝尔扎赉诺尔墓群出土木棺
（1. 元淑墓出土木棺；2. 扎赉诺尔墓群 M27 出土木棺）

关陇时称其国号为"代"，之后国号则变为"魏"。但"代""魏"实为一国，且北魏占据关陇地区时的国号就是"魏"，与北魏迁洛之后并无变化。结合墓主和赠志者反魏的背景，似乎显示出他们对北魏的国家认同存在割裂。

（三）移风变俗与雅爱本风

太和十八年（494 年），孝文帝进一步移风变俗，"革衣服之制"[①]，"诏禁士民胡服。国人多不悦"[②]，次年"诏不得以北俗之语言于朝廷"[③]，将改革深入日常生活。但禁北语的政策只适于朝廷之上，还考虑了官员的年龄问题，改革已表现出相当的妥协性。在随葬品中，迁洛后早期墓葬延续平城末期以来陶俑完全衰落的趋势，极少发现随葬陶俑，而当陶俑在洛阳地区复兴的时候，其样貌与平城时期的陶俑已大为不一样。平城时期陶俑多戴风帽，穿左衽窄袖衣，迁洛后出现的陶俑则戴帻，着右衽广袖衣，但这并不能代表当时社会已接受了汉式服装。迁洛

① （北齐）魏收：《魏书》卷 7 下《高祖纪下》，中华书局，1974 年，第 176 页。
② （北宋）司马光：《资治通鉴》卷 139《齐纪五·高宗明皇帝上·建武元年》，中华书局，1956 年，第 4370 页。
③ （北齐）魏收：《魏书》卷 7 下《高祖纪下》，中华书局，1974 年，第 177 页。

后洛阳地区发现的陶俑中仍有戴风帽、穿左衽衣的现象,如熙平元年(516 年)元睿墓中文吏俑、女侍俑左衽;孝昌元年(525 年)元遵墓中有陶俑穿宽领广袖长衫却左衽;永安三年(530 年)元祉墓中风帽骑马俑、笼冠仕女俑、坐俑等多为左衽。这种陶俑服饰胡汉杂糅的现象说明孝文帝以禁胡服胡语为主的移风易俗政策并没有得到很好的落实。孝文帝在政策颁行数年后于洛阳城中仍"见车上妇人冠帽而着小襦袄者",并因此训斥中央高级官员,得到的回答为"着犹少于不着者"①,反映出当时可能除了孝文帝本人,绝大部分贵族、官员并不接纳风俗上的改革,或者说他们根本不在意这一点。到北魏末年更是"帝与从官皆胡服而骑"②,天子脚下尚且如此,其他地方什么情况自不用说。诸如西安永熙三年(534 年)韦乾墓、韦辉和墓中有大量戴风帽、衣服左衽的陶俑,河北正光五年(524 年)高氏墓中陶俑仍穿窄袖左衽衣,山东孝昌元年(525 年)崔鸿墓中文吏俑衣服左衽,这些考古发现便是明证(图十二)。

图十二　北魏迁洛后洛阳以外地区出土部分陶俑
[1. 西安韦辉和墓出土风帽俑(M4：16);2. 西安韦乾墓出土风帽俑(M5：35);3. 西安韦乾墓出土左衽小冠缚袴俑(M5：104);4. 临淄崔鸿墓出土左衽文吏俑(M1：18)]

北魏迁洛后不少墓葬中依然使用梯形墓、梯形棺,甚至有的墓葬中还继续存在殉牲现象。这几方面少有文献上的直接证据,在此难以断言这些延续着旧的平城时期特色的墓葬是对孝文帝改革的抗拒,还是仅仅出于传统习俗的强大惯性。但可以肯定的是孝文帝改革并没有得到全面、有力地落实,旧的传统依然深

---

① (北齐)魏收:《魏书》卷 19 中《任城王澄传》,中华书局,1974 年,第 470 页。
② (北齐)魏收:《魏书》卷 140《自序》,中华书局,1974 年,第 360 页。

入人心。从北魏迁洛后墓葬来看,当时社会在文化习俗上已然是分裂状态,大致分成了支持孝文帝改革、融入中原文化与坚守北魏旧的传统两大阵营。而且即便是执行了孝文帝改革的人群,心中也未必不怀念平城旧俗。正如拓跋丕一般"雅爱本风,不达新式,至于变俗迁洛,改官制服,禁绝旧言,皆所不愿"[①]。

在这种文化割裂的情况下,若能放缓改革,设法弥合洛阳与其他地区的差异,或许还有机会重新整合北魏社会,但洛阳地区没有停下步伐,反而在中原汉化的进程中越走越远,进一步拉大文化差异。例如北魏孝文帝大力提倡孝道,推行五服制,之后北魏上层统治阶级对这种礼法孝道的遵行甚至达到吹毛求疵的地步,比当时一些汉人士族还要讲究[②],已经全面倒向了中原汉文化。无独有偶,后秦姚兴也格外强调孝道,这正是一种通过强调文化特征来展示新的文化认同的表现。而在墓葬文化上也已有学者指出北魏迁洛后洛阳地区的墓葬文化更加追求与"晋制"的相似性。[③] 北魏迁洛后洛阳地区出现不少画像石棺便是生动的例子。这种外部雕刻大量孝子故事的石棺无疑是对汉代画像石棺的继承,而北魏当时除了可以选择将画像置于棺外的汉代画像石棺形式,还可接受河西地区魏晋十六国以来将画像置于棺内的形式。但相比画像置于棺内这种更关怀亡人的形式,北魏迁洛后洛阳地区人群显然更偏好于将画像置于棺外的这种"孝行的表演"。而"今人生为皂隶,葬拟王侯,存没异途,无复节制,崇壮丘垄,盛饰祭仪,邻里相荣,称为至孝"[④],正是对北魏迁洛后洛阳地区倒向汉化,推行礼法孝道后丧葬无度的准确描绘。

（四）都城与边地

在旧的文化认同已经消解、新的文化认同又没有成功建立的情况下,北魏迁洛后的一系列政策进一步加剧了社会裂痕。北魏迁洛损害最大的无疑就是旧都

---

① （北齐）魏收:《魏书》卷14《东阳王丕传》,中华书局,1974年,第360页。
② 康乐:《从西郊到南郊——北魏的迁都与改革》,北京联合出版公司,2020年,第242、255页。
③ 倪润安:《光宅中原——拓跋至北魏的墓葬文化与社会演进》,上海古籍出版社,2020年,第244—255页。
④ （北齐）魏收:《魏书》卷18《拓拔孝友传》,中华书局,1974年,第424页。

平城地区的人群。平城一夜之间从帝国核心变成了边陲,以往的经济、政治利益,与之伴随还有作为代人的心理自豪感都统统一扫而光。① 正光末年,魏兰根面对尚书令李崇时便已指出旧都平城及周围边镇政治利益与社会地位的落差,以及当地人群的不满:

> 缘边诸镇,控摄长远,昔时初置,地广人稀,或征发中原强宗子弟,或国之肺腑寄以爪牙。中年以来,有司乖实,号曰府户,役同厮养,官婚班齿,致失清流。而本宗旧类,各各荣显,顾瞻彼此,理当愤怨。②

代人是北魏的支柱③,孝文帝迁洛后还十分注意笼络代迁和留在代地的民众,诸如"诏六镇及御夷城人,年八十以上而无子孙兄弟,终身给其廪粟;七十以上家贫者,各赐粟十斛""优复代迁之户租赋三载""以代迁之士皆为羽林虎贲"④,到宣武帝以后"以苑牧公田分赐代迁之户"⑤,继续笼络紧靠中央的代迁之民,对旧都代地的优待便不存了。甚至皇帝也不再亲自北巡,仅派大臣"抚劳代都、北镇,随方拯恤"⑥。平城及边镇面对的境遇则是"边任益轻,唯底滞凡才,出为镇将,转相习模,专事聚敛。或有诸方奸吏,犯罪配边,为之指踪,过弄官府,政以贿立,莫能自改。咸言奸吏为此,无不切齿憎怒"⑦。而与旧都平城的变动相对应的是新都洛阳的日益奢靡,《洛阳伽蓝记·城西》云:

> 于是帝族王侯,外戚公主,擅山海之富,居川林之饶。争修园宅,互相夸竞。崇门丰室,洞户连房,飞馆生风,重楼起雾。高台芳榭,家家而筑;花林曲池,园园而有。莫不桃李夏绿,竹柏冬青。⑧

---

① 北魏都于平城时,代地贫民常可得到一些布匹、粮食之类的经济赏赐,代郡事同丰沛可免去成役,统治者常亲问疾苦,《魏书》中多有记载,如(北齐)魏收:《魏书》卷6《显祖纪》,中华书局,1974年,第128页;(北齐)魏收:《魏书》卷7上《高祖纪上》,中华书局,1974年,第138、146页。

② (唐)李延寿:《北史》卷56《魏兰根传》,中华书局,1974年,第2046页。

③ 直到河阴之变后,孝庄帝与尔朱荣激烈斗争时,还是需要依靠代人。"诏诸旧代人赴华林园,帝将亲简叙。"(北齐)魏收:《魏书》卷10《孝庄纪》,中华书局,1974年,第266页。

④ (北齐)魏收:《魏书》卷7下《高祖纪下》,中华书局,1974年,第174、176、180页。

⑤ (北齐)魏收:《魏书》卷8《世宗纪》,中华书局,1974年,第198页。

⑥ (北齐)魏收:《魏书》卷8《世宗纪》,中华书局,1974年,第196页。

⑦ (北齐)魏收:《魏书》卷18《拓拔渊传》,中华书局,1974年,第430页。

⑧ (北魏)杨衒之撰,周祖谟校释:《洛阳伽蓝记校释》卷4《城西》,中华书局,2010年,第148页。

曾经处于天子脚下的旧都人群对这翻天覆地的转变必然是难以接受的。孝文帝改革中"定族姓""分清浊"的政策又使军队中作为骨干的代人成为政治弃儿。洛阳孝昌二年(526年)染华墓出土墓志中载"君统基承绪,在于旧京。于时普选高门子,暂卫皇宫,乃出身应召,得为领表",但迁都洛阳后"料隔清浊,既凤厕混流,释褐乖分"[①],最终导致染华的仕途不其得意。

北魏迁洛后各地区、各阶级人群的文化认同已经消散,而平城及边镇在文化疏离的同时,经济、政治利益的丧失更加激化了与洛阳的矛盾。中央军事力量的衰败则为冲突的爆发提供了条件,"十五万众度沙漠,不日而还。边人见此援师,便自意轻中国"[②]的情况出现后,北魏的灭亡与分裂只是一个时间问题了。这种环境下,可以看到此时各世家大族纷纷迁葬回乡,如李伯钦由平城迁至邺城[③]、杨阿难墓由平城迁至华阴[④]、封魔奴墓由平城迁至脩县、李翼墓由洛阳迁至赞皇等。这可以说是对魂归故里传统的坚守,但也未必没有体现出一种政治站位上的选择。

四、 结语

北魏迁洛后,洛阳地区建立了新的墓葬文化,摆脱了平城时期的影响,但平城风格仍然残余在中下层人群之中。新的墓葬文化在洛阳地区内部都未能达成统一,更何况是全国。旧都平城依然延续北魏旧风。关陇和定、瀛、冀、齐、青等州地区在滞后接受洛阳文化的同时还有选择性,广大的庶民阶级和部分中高级官员墓葬仍体现出平城旧制,并有着浓郁的地方特色。作为都城的洛阳地区,其墓葬文化显然难以代表整个北魏迁洛后的墓葬文化。这种墓葬文化割裂的现状表明,北魏迁洛后的部分墓葬极有可能依然延续平城时期的传统,若无明确的纪年,是难以准确断代的。墓葬的文化样貌不仅是墓主的选择,更是余下生者的价

---

① 罗新、叶炜:《新出魏晋南北朝墓志疏证》,中华书局,2016年,第120—123页。
② (北齐)魏收:《魏书》卷18《拓拔渊传》,中华书局,1974年,第430页。
③ 罗新、叶炜:《新出魏晋南北朝墓志疏证》,中华书局,2016年,第58—59页。
④ 余华青、张廷皓主编:《陕西碑石精华》,三秦出版社,2006年,第9页。

值取向。北魏迁洛后的墓葬文化正表现出各地区、各人群的割裂状态。结合文献,北魏迁洛后倒向中原文化的国策并未得到全面认同,反而有许多人心念旧都。但北魏的礼制改革消解了作为国家支柱的代人的文化认同,经济、政治上的改革又极大损害了他们的利益,进一步扩大了国家裂痕。这种地域与阶级上的割裂在北魏迁洛后的墓葬文化中得到了鲜明映射。北魏的分裂与灭亡因此几乎成了定局。

孝文帝怀揣"苟能均诚,胡越之人亦可亲如兄弟"的心意,希望迁洛后能够"南荡瓯吴,复礼万国,以仰光七庙,俯济苍生……隆我魏室"[1]。但孝文帝可能忘记了他"既是北魏的皇帝,也是拓跋的可汗"[2]。作为北魏支柱的代人也不仅是国家的编户,更是"代人"这个地域团体中的一员,"代"是他们唯一的家乡。[3]最终,孝文帝和他的继任者也未能弥合北魏社会。道武帝在"离散诸部,分土定居"[4],将北魏早期的部落打散代之以"代"这个地域团体,并迁来四方之民的时候,不见得没有希望能塑造出一个广阔的"代人"群体的意味。北魏平城时期的墓葬大都显示出一种兼收并蓄的文化态度,假以时日或能成长出一个不属于汉、也不属于鲜卑,而是一个新的、独属于北魏的文化。或许对于移风变俗这等事,诚应如道武帝所言:"此等习俗,放散日久,有似园中之鹿,急则冲突,缓之则定。"[5]

本文作者系南京师范大学文博系 2015 级本科生,现工作于甘肃省文物考古研究所

---

[1] (北齐)魏收:《魏书》卷 7 下《高祖纪下》,中华书局,1974 年,第 185—186 页。
[2] 罗新:《黑毡上的北魏皇帝(修订本)》,上海三联书店,2022 年,第 55 页。
[3] 康乐:《从西郊到南郊——北魏的迁都与改革》,北京联合出版公司,2020 年,第 61 页。
[4] (北齐)魏收:《魏书》卷 83《贺讷传》,中华书局,1974 年,第 1812 页。
[5] (北齐)魏收:《魏书》卷 28《刘洁传》,中华书局,1974 年,第 687 页。

试析李日华的瓷器鉴藏观

葛　彦

　　明代中期以后，随着鉴赏风气于士大夫阶层中渐趋兴盛，古今名窑瓷器也终于成了一种世所公认的收藏品，跻身书画、玉器及青铜器等雅玩之列。不过，这一时期仍有文人对此不屑，譬如李日华即曾"戏为评古次第"，将各类古今雅玩划作二十三等，前十等均为书画，而"莹白妙磁，祕色陶器，不论古今"，均居末等。其甚至直言："若仅如俗贾以宣、成窑薄脆之品，骤登上价，终是董贤作三公耳"①；又言："其（柴窑）精祕可想，然亦瓦陶之属耳，宋元好奇者，拾其碎片，碾就嵌妆具，亦深惜其难得故尔，非此物也"②。李日华作为晚明天下闻名的"好古博物"者，其瓷器鉴藏观却始终不为世人所重。长期以来，学者仅关注其在书画鉴赏与文艺创作方面的成就。直至近年，方才见有王静灵先生专文探讨李日华的器物鉴赏观，对其瓷器鉴藏观亦有所涉及③；高杰先生则从李日华的瓷器鉴藏入手，分时玩、品次与流转三个方面探讨明代晚期江南文人的好古风气④。笔者拟在前人研究基础上系统梳理李日华之瓷器鉴藏观，并尝试以此作为切入点，通过与同时期主流观点比较异同，旨在重新审视晚明社会之瓷器鉴藏风气。

---

① （明）李日华著，叶子卿点校：《味水轩日记》卷 8，浙江人民美术出版社，2018 年，第 622 页。
② （明）李日华著，叶子卿点校：《味水轩日记》卷 2，浙江人民美术出版社，2018 年，第 86—87 页。
③ 王静灵：《论李日华对器物的鉴赏》，《史物论坛》2008 年第 8 期。
④ 高杰：《从李日华及其〈味水轩日记〉看明代晚期江南文人的好古风气——以陶瓷艺术为中心的观察》，《东亚文明》第 3 辑，社会科学文献出版社，2022 年，第 133—141 页。

一、李日华对于历代瓷器的品评

李日华,字君实,号竹嫩,别号九疑,室名紫桃轩、六砚斋、味水轩、恬致堂等,浙江嘉兴人;生于嘉靖四十四年(1565年),卒于崇祯八年(1635年),年七十岁;万历二十年(1592年)中进士,后历任江西九江府推官、河南汝州判官及太仆寺少卿等职;撰有《味水轩日记》《紫桃轩杂缀》《六砚斋笔记》及《恬致堂集》等著作,其中以前三本著作涉及其瓷器鉴藏观最多。尤其是《味水轩日记》一书系李日华自万历三十七年(1609年)至四十四年(1616年)的日记,记载了其在此期间鉴赏各类雅玩的详细情况,史料价值极高。钱谦益曾对李日华评价道:"一时士大夫风流儒雅,好古博物者,祥符王损仲、云间董玄宰为最,君实书画亚于玄宰,博雅亚于损仲,而微兼二公之长,落落穆穆,韵度颓然,可谓名士矣。"[①]李日华虽以书画及诗文创作闻名[②],不过其瓷器鉴赏水平亦十分高超,曾过手诸多古今名窑瓷器,并于著作中多有品评,可据烧造时代大致分为明代以前瓷器、明代早中期瓷器与明代晚期瓷器三类。

(一)明代以前瓷器

《味水轩日记》记载,李日华平日鉴赏的瓷器以明代以前瓷器居多,包括官窑香炉、哥窑笔洗、花定径尺盘、哥窑印池、哥窑香炉、官窑径尺盘、古龙泉双鱼洗、哥窑高足斗样印池、白定香橼橐、哥窑洗、哥窑白定等卮、白定盒、白定酒盏、青东

---

① (明)钱谦益辑:《列朝诗集》丁集第十六,上海三联书店影印本,1989年,第598页。此外,有关李日华生平之研究可参考李丹文:《李日华年谱》,上海大学,硕士学位论文,2011年。

② (明)罗炌修、黄承昊等纂:《(崇祯)嘉兴县志》卷14《人物志》:"生平无他嗜,惟有书淫……盖于书无所不窥,故所为诗文奇古奥博,骎骎直追秦汉文章家,推为主盟,一时莫及……更善书画,人得片楮珍为球璧。"(书目文献出版社影印本,1991年,第574页)

磁小香合①、白定入土罐盒、官窑花瓶、哥窑花瓶、绣花白定香盒、绣花白定果碟、官窑茨菇酒盏、白定宣磁、白定水中丞、青东磁夒纹小彝炉、青东磁花尊、白定小瓯等。② 而评价则有诸如"颇莹细可玩""形制古朴""稍可""甚好""俱佳""妙"及"俱妙"等。

李日华不仅长于瓷器鉴赏，且对诸名窑之历史背景也有所研究。他曾谈道："南宋时，余姚有秘色磁，粗朴而耐久，今人率以官窑目之，不能别白也。"③ 不少学者将李日华所谓的"南宋余姚秘色磁"与今日被称作"低岭头类型"的南宋越窑青瓷相联系，而任世龙先生则早已指出此句与陆游《老学庵笔记》中"耀州出青瓷器，谓之越器，似以其类余姚县秘色也，然极粗朴不佳，惟食肆以其耐久，多用之"④一句用词相近。⑤ 故笔者以为李日华对于"南宋余姚秘色磁"的认识应只是建立于其对陆游记载误读之基础上，无怪乎《四库提要》谓其"大抵工于鉴赏，而疏于考证"⑥。至于李日华认定的南宋秘色瓷究竟是何物，笔者尚难以判定。

此外，李日华还认为："柴窑者，柴世宗时吴越钱氏烧祕色窑以充贡献，后其法绝不传，即唐末诗人所咏'林烟漠漠越窑开，夺得千峰翠色来'者，其精祕可想，然亦陶瓦之属耳，宋元好奇者，拾其碎片，碾就嵌妆具，亦深惜其难得故尔，非此物也"⑦；"汝窑用玛瑙末作釉，当时止供御，绝难得"⑧。对于在当时地位甚高的

① 李日华对青东磁小香盒描述道："背底有'汪家盒子记'五字凸文"，此一特征与北宋时期的景德镇窑青白釉盖盒相符，湖田窑址即出土有多片模印"段家合子记""程家合子记"与"许家合子记"竖行印章款的盒底标本，而两宋时期其余窑口的瓷盒暂未闻有模印如此款识者，参见江西省文物考古研究所、景德镇民窑博物馆编著：《景德镇湖田窑址：1988—1999年考古发掘报告》，文物出版社，2007年，第431页；吴水存等：《古窑瓷片鉴真》，万卷出版公司，2004年，第21页。以往学者对于晚明文献中常见的"青东磁"类器物究竟属何窑产品尚且莫衷一是，而笔者据此推测其或为两宋时期的景德镇窑青白瓷，此备一说，以求后证。
② (明)李日华著，叶子卿点校：《味水轩日记》，浙江人民美术出版社，2018年，第9、35、63、87、89、112—113、127、147、160、255、261、285、290、305、332、485、489、516、608、652、668页。
③ (明)李日华著，郁震宏等点校：《六研斋二笔》卷2，凤凰出版社，2010年，第114页。
④ (宋)陆游著，柴舟点校：《入蜀记·老学庵笔记》卷2，上海远东出版社，1996年，第162页。
⑤ 任世龙：《继往开来话越窑——上林湖窑址调查发掘散记》，浙江省政协文史资料委员会、浙江省文物局编：《文物之邦显辉煌：考古发掘与文物保护纪实》，浙江人民出版社，2000年，第327—335页。
⑥ (清)永瑢等编：《四库全书总目提要》卷122《子部第三十二·杂家类六》，海南出版社，1999年，第638页。
⑦ (明)李日华著，叶子卿点校：《味水轩日记》卷2，浙江人民美术出版社，2018年，第86—87页。
⑧ (明)李日华著，薛维源点校：《紫桃轩又缀》卷1，凤凰出版社，2010年，第343页。

柴窑与汝窑瓷器,李日华认为其价值仅仅在于难得,本身并无甚特别之处,叙述中也未涉及任何美学价值,此与同时期其余文人之观点颇异。譬如曹昭言:"柴窑天青色,滋润细媚,有细纹,多足麄黄土,近世少见……汝窑出北地,宋时烧者淡青色,有蟹爪纹者真,无纹者犹好,土脉滋媚,薄甚,亦难得"①;谢肇淛言:"陶器,柴窑最古,今人得其碎片,亦与金翠同价矣,盖色既鲜碧而质复莹薄,可以妆饰玩具,而成器者杳不可复见矣"②;高濂言:"汝窑,余尝见之,其色卵白,汁水莹厚如堆脂然,汁中棕眼,隐若蟹爪,底有芝麻花细小挣钉"③。

值得注意的是,《味水轩日记》所载诸明代以前瓷器中,除哥窑洗系因友人盛德潜之子质押而无奈购买,青东磁花尊系受赠得来以外,对其余器物,李日华皆仅仅是过眼而未斥资购藏,可见其对于明代以前瓷器确实兴味索然,且并未追随当时文人好以名窑古瓷作日常用品之潮流风尚。④

（二）明代早中期瓷器

李日华鉴赏过的明代早中期瓷器亦不在少数,见于记载者即如成化窑水罐、成窑灯笼酒杯、成窑五彩把杯、成窑磬口敦盏、章窑弥勒⑤、红鱼白瓷杯、五彩钧州水盂、成窑碟等⑥;而其评价则与对古代瓷器一般多简洁而平淡,有"妙""古朴有致""亦古雅""俱妙"等。不过,李日华对于成化窑水罐之评价相对详细,作"朱色甚鲜,今不可复造矣",显示出其对于不同时期景德镇窑瓷器上的矾红彩或铜红釉之发色颇有研究。

李日华于万历四十四年(1616年)四月二十六日,"购得五采均州水盂,以养

① (明)曹昭:《格古要论》卷下,《影印文渊阁四库全书》第 871 册,北京出版社,2012 年,第 106 页。
② (明)谢肇淛:《五杂组》卷 12《物部四》,上海书店出版社,2009 年,第 245 页。
③ (明)高濂著,王大淳点校:《遵生八笺》卷 11《燕闲清赏笺上》,浙江古籍出版社,2017 年,第 543 页。
④ 王鸿泰:《闲情雅致——明清间文人的生活经营与品赏文化》,《故宫学术季刊》2004 年第 3 期。
⑤ 此类龙泉窑弥勒像传世见有多例,以往学者多将其时代定为元代,不过随着近年来龙泉大窑枫洞岩窑址的发掘,此类器物已被改定为明代产品,如北京故宫博物院收藏的一例,参见故宫博物院、浙江省博物馆:《天下龙泉:龙泉青瓷与全球化 卷一 千年龙泉》,故宫出版社,2019 年,第 219 页。
⑥ (明)李日华著,叶子卿点校:《味水轩日记》,浙江人民美术出版社,2018 年,第 34、86、285、394、414、641、668 页。

万年松良称"。一般认为,此处所谓的"五采均州水盂"应指官钧花器①,系当时士大夫阶层流行使用的一类高档花盆。屠隆曾言:"盆用白定、官、哥、青东瓷,均州窑为上,而时窑次之。"②高濂则言:"均州窑,圆者居多,长盆亦少,方盆、菱花、葵花制佳,惟可种蒲"③,"此窑(均州窑)惟种蒲盆底佳甚,其它如坐墩、炉、盒、方瓶、罐子,俱以黄泥沙为坏,故器质粗厚不佳,杂物人多不尚"④。而文震亨虽未提及钧窑器,但亦自雅俗之角度评述了各类花盆:"盆以青绿古铜、白定、官哥等窑为第一,新制者五色内窑及供春粗料可用,余不入品。"⑤反观李日华选用"五彩均州水盂"之理由则与高濂、文震亨不同,其所谓"养万年松良"似是从实用角度出发,强调该器宜用于栽培万年松。

此外,晚明瓷器鉴藏风尚的转向早已为学界关注⑥,"大抵吴人滥觞,而徽人导之"⑦。对于这一情况,当时士大夫间大体形成了两派意见。或顺应潮流,对以宣、成二窑为代表的明代早中期瓷器大加赞赏,譬如沈德符言:"本朝瓷器,用白地青花,间装五色,为古今之冠,如宣窑品最贵,近日又贵成窑,出宣窑之上,盖两朝天纵,留意曲艺,宜其精工如此"⑧;张应文言:"我朝宣庙窑器……几与汝、官窑敌"⑨;高濂言:"又等(宣窑)细白茶盏……虽定磁何能比方,真一代绝品,惜乎外不多见"⑩。而另一类文人虽对此时期瓷器本身并无偏见,但对其势头盖过明代以前瓷器之情况则有所不满,李日华即曾谈道:"若仅如俗贾以宣、成窑薄脆之品,骤登上价,终是董贤作三公耳";王世贞亦认为:"窑器当重哥、汝,而十五年

---

① 郭学雷:《"官钧"花器用途考》,《故宫文物月刊》2014年第11期。

② (明)屠隆著,秦跃宇点校:《考槃徐事》附录,凤凰出版社,2017年,第130页。

③ (明)高濂著,王大淳点校:《遵生八笺》卷7《起居安乐笺上》,浙江古籍出版社,2017年,第326页。

④ (明)高濂著,王大淳点校:《遵生八笺》卷11《燕闲清赏笺上》,浙江古籍出版社,2017年,第547页。

⑤ (明)文震亨原著,陈植校注、杨超伯校订:《长物志校注》卷2《花木》,江苏科学技术出版社,1984年,第97页。

⑥ 刘朝晖:《晚明瓷器鉴藏风尚转向探研》,中国古陶瓷研究会编:《中国古陶瓷研究》第4辑,紫禁城出版社,1997年,第237—241页;王鸿泰:《雅俗的辩证——明代赏玩文化的流行与士商关系的交错》,《新史学》2006年第4期。

⑦ (明)王世贞:《觚不觚录》,中华书局,1985年,第17页。

⑧ (明)沈德符:《万历野获编》卷26《玩具》,中华书局,1997年,第653页。

⑨ (明)张应文:《清秘藏》卷上《论窑器》,上海古籍出版社影印本,1993年,第7页。

⑩ (明)高濂著,王大淳点校:《遵生八笺》卷11《燕闲清赏笺上》,浙江古籍出版社,2017年,第548页。

来忽重宣德,以至永乐、成化价亦骤增十倍……俱可怪也"①。

(三)明代晚期瓷器

在李日华对于明代晚期瓷器的相关记述中,最值得关注的便是万历二十六年(1598年),其通过赋诗的方式向景德镇著名瓷匠昊十九订制流霞盏一事。②李日华对于这一事件应颇为重视,将其分别记载于《味水轩日记》《紫桃轩杂缀》及《恬致堂集》三种著作中,且叙述皆有不同,不过均强调了昊十九在诗文书画上的造诣。③ 不容忽视的是,李日华系以"选捡御用各色窑器"的督陶官身份向昊十九订制瓷器,反映了其对于代表当时景德镇窑最高水平的御窑瓷器应相当了解。如此情况下,仍强调"非十九不能也",故笔者推测或是因为其相信唯有文学修养近乎士大夫的昊十九方可烧造出合乎"新意"的作品。李日华曾评价王维道:"王摩诘玉砢才情,嫌于多伎,若非吟得数首诗,则琵琶伶人、水墨画匠而已。"④在李日华看来,被董其昌视作南宗鼻祖的王维与寻常画匠之间的区别仅仅在于会吟诗作赋。其又言:"绘事必须多读书,读书多,见古今世变多,不狃狭劣见闻,自然胸次廓彻,山川灵奇,透入性地时一洒落,何患不臻妙境?"⑤由此可见,其对于艺术家的文学修养十分之看重。

---

① (明)王世贞:《觚不觚录》,中华书局,1985年,第17页。

② 对于李日华向昊十九订制瓷器一事,吴同先生曾开展过颇为细致的研究,参见叶叶:《明末陶人昊十九考》,《大陆杂志》1979年第3期。而笔者尤为关注的是李日华向昊十九订制瓷器的方式,其不免使人联想到《五杂组》中"世传柴世宗时烧造,所司请其色,御批云:'雨过青天云破处,这般颜色做将来'"之记载,参见(明)谢肇淛:《五杂组》卷12《物部四》,上海书店出版社,2009年,第245页。近年来,已有诸多学者对于柴窑之有无提出过怀疑,王依农先生则在此基础上将柴窑相关文献之时代上限定于明初,参见王依农:《云散天青:"柴窑"的辨讹、否认及推拟》,《美成在久》2020年第6期。吕成龙先生则指出柴世宗通过吟诗的方式订制柴窑瓷器,这一故事最早即见于《五杂组》,参见吕成龙:《略谈引用古代文献研究柴窑应注意的几个问题》,《收藏界》2010年第11期。而笔者据此推断,通过吟诗之方式订制瓷器或是晚明士人的惯常做法,谢肇淛即是将自己所熟悉的订制方式套用到了五代。

③ (明)李日华著,叶子卿点校:《味水轩日记》卷2,浙江人民美术出版社,2018年,第97页;(明)李日华著,赵杏根整理:《恬致堂集》卷9,上海古籍出版社,2012年,第429页;(明)李日华著,薛维源点校:《紫桃轩杂缀》卷1,凤凰出版社,2010年,第268页。

④ (明)李日华著,赵杏根整理:《恬致堂集》卷38,上海古籍出版社,2012年,第1378页。

⑤ (明)李日华:《竹嬾墨君题语》,黄宾虹、邓实选编:《美术丛书 二集 第二辑》,神州国光社,1936年,第260页。

　　流霞盏以外，李日华还曾于万历三十七年（1609 年）购得万历初窑真言字茶杯二只，并称赞其"甚精雅可玩"，同时还指出近来景德镇窑瓷器之质量因匠人的懈怠而有所下滑，德化窑瓷器却"日以精良"之情况。[①] 万历三十八年（1610 年），其于苏州阊门一次性购得"精磁"四五十件，并写道："惠山空寒之泉，虎丘无色之茗，可以随意点试，其为幽栖宝秘多矣。"[②]万历四十年（1612 年）四月十七日，"徽贾处一白磁竹节簪，纤细巧妙之极，顶镂一寿字，仅如粟而楷整有法，中一卍字，如芝麻而毫发不失，且内外俱白釉莹然，殆类鬼工也"[③]。同年七月十五日，无锡孙氏出示"宣窑玉兰杯，重五六两，古朴有致，内莹白，外施薄紫，花蕚交错为底，

---

① (明)李日华著，叶子卿点校：《味水轩日记》卷 1："(万历三十七年八月)七日，雨时作时止，天气颇凉，购得万历初窑真言字茶杯二只，甚精雅可玩，近鄣善国告苏摩罗青已竭，而景德镇匠手率偷薄苟且，烧造虽繁，恐难复睹此矣，然近日建窑造白器物，日以精良，岂人事抟埏之工，亦随造物转移耶。"(浙江人民美术出版社，2018 年，第 32 页)值得注意的是，李日华提及苏摩罗青(应即是寻常所谓的"苏麻离青"或"苏勃尼青")近来方才告竭，此与《明神宗实录》卷 310"(万历二十四年闰八月癸未)，先是奏回青出土鲁番异域，去京师万余里，去加(嘉)峪关数十(千)里，而御用回青系西域回夷大小进贡，买之甚难，因命甘肃巡抚田乐设法召买解运，以应烧造急用，不许迟误"之记载相合，表明苏摩罗青即回青，其耗竭时间当在万历三十年(1602 年)前后，参见《明神宗实录》卷 310，(台北)"中央"研究院历史语言研究所校印本，1962 年，第 5650—5651 页。如此，则《长物志》《遵生八笺》及《考槃余事》等著作中出现的"苏麻离青盘"便极有可能是寻常所谓的"回青盘"。又明周梦旸《水部备考》卷 6："回回青，一名苏麻尼石青，出爪洼国、撒马尔罕等处地方，旧系中官并锦衣卫舍人差往西洋榜葛剌、渤泥国等处回还进到者，近俱吐鲁番夷人进贡。"(转引自温睿：《苏麻离青考辨》，《故宫博物院院刊》2017 年第 1 期)此句一方面亦证实了前述苏麻离青即回青之观点，另一方面又反映了回青之产地不仅包括爪哇国与撒马尔罕，或还有其他产地。而联系李日华于《紫桃轩杂缀》卷 3 中"而陶厂所藉苏摩罗青，其国已告竭久矣"一句及《潮州耆旧集》收录林熙春《请免入回采买回青疏》中"甘肃远界西陲，另是一天，其民不陶，青决不聚，即问其土产，则非吐鲁番回回国不可耳"一句，推测鄣善国，即吐鲁番回回国，或亦是回青产地之一，吐鲁番夷人进贡者即是本国土产，参见(明)李日华著，薛维源点校：《紫桃轩杂缀》卷 3，凤凰出版社，2010 年，第 303 页；(清)冯奉初辑，吴二持点校：《潮州耆旧集》卷 29《林尚书城南书庄集(一)》，暨南大学出版社，2016 年，第 418—419 页。果如此，则不难理解缘何明代宣德、正德、嘉靖、隆庆及万历御窑瓷器所用青料皆被称作"回青"或"苏麻离青"，实际发色却各异之情况。此外，李日华于前引《紫桃轩杂缀》之叙述中仍称"御器厂"作"陶厂"，此与景德镇御器厂遗址出土的《关中王老公祖鼎贻休堂记》碑中"我太祖高皇帝三十五年改陶厂为御器厂"一句似相悖，参见刘新园著，大隅晶子译：《明代洪武朝における用瓷と景德镇御器厂设置年代について》，陶瓷编：《三上次男博士喜寿纪念论文集》，平凡社，1985 年，第 129—137 页。笔者以为"陶厂"被改名为"御器厂"当是毋庸置疑的事实，不过"陶厂"一名作为"御器厂"之俗称，或在明初以后，长期为景德镇当地人所沿用。故而直至万历年间，李日华仍称"御器厂"作"陶厂"。

② (明)李日华著，叶子卿点校：《味水轩日记》卷 2，浙江人民美术出版社，2018 年，第 107 页。

③ (明)李日华著，叶子卿点校：《味水轩日记》卷 2，浙江人民美术出版社，2018 年，第 267 页。李日华并未交代此白釉竹节簪之时代与窑口，传世及出土物中亦未见同类作品。不过，笔者据描述推断，此或为晚明德化窑或景德镇窑之产品。

索价四十两",李日华对此感慨道:"瓦缶贵溢金玉,至此极矣。"①总体看来,李日华欣赏的明代晚期瓷器以具有文人气息、形制精巧且多有创新的器物为主。除此之外,其亦曾购藏仿古瓷器。

李日华曾致信杨榷部询问:"吴十九烧流霞杯、诸色宣窑器,曾持至乎? 若能分寄一二,尤感相念。"②这表明李日华向吴十九定制的瓷器不止流霞盏,尚有多种釉色品种的仿宣德御窑瓷器。此外,李日华还曾对吴十九烧造的"薄如鸡卵之幕,一枚重半铢"的卵幕杯与仿永窑、宣窑及成窑瓷器分别给予了"莹白可爱"与"皆逼真"之评价。蔡和璧女士曾推测所谓"卵幕杯"或与台北故宫博物院收藏的万历白釉暗花小杯相类③,而此类器物早在宣德年间即有烧造④,果如此,则所谓"卵幕杯"亦属一类仿古瓷器。李日华尝谓:"近代妙迹零落,得佳临本,亦自不可弃"⑤;"临本伪书画亦有不可尽弃者,大都气韵神采虽远不逮古人,而布置脉理自有可寻者"⑥。可见李日华并不排斥仿古器物,且对于吴十九烧造的仿古精品评价颇高。而此一现象于晚明士大夫阶层中十分普遍。姜绍书于《定窑鼎记》一文中即记载了周丹泉仿造的定窑文王鼎为唐鹤征以四十金之高价购藏的故事。⑦ 许次纾则谓:"宣、成、嘉靖俱有名窑,近日仿造,间亦可用。"⑧而高濂虽认为当时新烧的仿官哥窑器"去诸窑远甚",仿永乐压手杯"殊无可观",但均非出于主观偏见,而是就其形制分别指出了缺陷:"亦有粉青色者,干燥无华,即光润者,

① (明)李日华著,叶子卿点校:《味水轩日记》卷4,浙江人民美术出版社,2018年,第285页。
② (明)李日华著,赵杏根整理:《恬致堂集》卷31,上海古籍出版社,2012年,第1127页。值得注意的是,该句中李日华若非明确述及"诸色宣窑器"系吴十九所作,则此类器物极易被误会为宣德本朝瓷器,而这一粗率的命名方式则系晚明文人通病。故笔者推测前引诸多为李日华称作"成窑""白定""官窑"及"哥窑"的器物中或亦存后仿者,不过仅据其简单描述,笔者实无法对此明确区分,故在不见明显后仿特征的情况下,笔者对于器物的断代皆从李日华之意见。
③ 蔡和璧:《名留青史的陶工 兼谈故宫收藏的周丹泉与吴为的作品》,《故宫文物月刊》1984年第4期。
④ 景德镇市陶瓷考古研究所:《景德镇出土明宣德官窑瓷器》,鸿禧艺术文教基金会,1998年,第59页。
⑤ (明)李日华著,叶子卿点校:《味水轩日记》卷2,浙江人民美术出版社,2018年,第161页。
⑥ (明)李日华著,薛维源点校:《紫桃轩杂缀》卷3,凤凰出版社,2010年,第302页。
⑦ (明)姜绍书:《韵石斋笔谈》卷上,中华书局,1985年,第8—10页。
⑧ (明)许次纾:《茶疏》,中华书局,1985年,第7页。

变为绿色"与"规制蠢厚,火底火足,略得形似"。①

二、 李日华的瓷器鉴藏标准

(一) 古朴有致

在前引李日华对于古今瓷器的各种品评中,"莹白妙磁,祕色陶器,不论古今第廿三……若仅如俗贾以宣、成窑薄脆之品,骤登上价,终是董贤作三公耳"一句,无疑最能反映李日华的瓷器鉴藏观。其中"不论古今"之表述尤为引人注目,王静灵先生将其解作"陶瓷是古物与否对李日华而言显然并不是很重要"②。不过,细审李日华对于瓷器的评价,"形制古朴""亦古雅""古朴有致"等词显示出其与同时期其余鉴赏家一般,尤为注重瓷器的古意。

"古"与"今"一向是士大夫评判事物的重要标准,李日华对此亦尤为重视,尝言:"余性亦癖古。"③谭贞默亦谓其"独矢意学问,有敦古薄今之怀"④。而在雅玩鉴赏上,李日华也大体遵循了"敦古薄今"之原则,譬如其将历代书法之次第排作:"晋唐墨迹第一……苏、黄、蔡、米手迹第四……鲜于、虞、赵手迹第六……祝京兆行草书第九";历代绘画之次第也大体如此,作:"五代、唐、前宋图画第二……元人画第五……南宋马、夏绘事第七,国朝沈、文诸妙绘第八"⑤;各种器物之等第亦基本是依循年代次序,作:"汉秦以前彝鼎丹翠焕发者第十一,古玉珣璲之属第十二,唐砚第十三……五代宋精版书第十五"。故若依王静灵先生之解

---

① (明)高濂著,王大淳点校:《遵生八笺》卷11《燕闲清赏笺上》,浙江古籍出版社,2017年,第544、548页。

② 王静灵:《论李日华对器物的鉴赏》,《史物论坛》2008年第8期。

③ (明)李日华著,赵杏根整理:《戚不磷募刻竹箭编序》,《恬致堂集》卷16,上海古籍出版社,2012年,第681页。

④ (明)谭贞默:《明中议大夫太仆寺少卿李九怡先生行状》,(明)李日华著,赵杏根整理:《恬致堂集》,上海古籍出版社,2012年,第11页。

⑤ 李日华将"元人画"排于"南宋马、夏绘事"之前,主要是因为其对于元四家绘画的偏好,参见吴雪杉:《从〈味水轩日记〉、〈六研斋笔记〉看李日华绘画史观之转变》,《故宫博物院院刊》2006年第2期。

读,李日华唯有对于瓷器"不论古今",显然不甚合理。

而前述诸多为李日华鉴赏过的瓷器中,唯有哥窑印池、章窑弥勒及宣窑玉兰杯三器之评价明确提及了"古"字,分别为"形制古朴""古雅"及"古朴有致"。哥窑印池对于李日华而言本身即是古代瓷器,此自不待言;章窑弥勒时至今日仍常被视作宋元时期龙泉窑的产品,故李日华谓其"古雅"亦属情理之中;至于宣窑玉兰杯,笔者怀疑其并非古物,所以李日华给予其"古朴有致"之评价,颇令人不解。传世瓷质玉兰杯以德化窑白釉器居多,其年代上限一般被定为晚明;《遵生八笺》又载周丹泉曾作玉兰花杯[1],而周氏之制瓷作坊即设于景德镇[2]。既然玉兰杯这一器形流行于晚明德化窑与景德镇窑[3],那么李日华谓其"古朴有致"之原因便绝非器形,笔者猜测或是玉兰杯"内莹白,外施薄紫"之釉色使李日华联想到了紫定[4],也未可知。不论如何,"古朴有致"与"古雅"应是李日华对于明代以前瓷器,尤其是青瓷的重要鉴赏标准。

既然瓷器之古今于李日华而言是截然有别的,又"评古次第"中的"莹白妙磁,祕色陶器"应分别指代瓷器中最具代表性的两个釉色品种——白瓷与青瓷,故笔者推断"不论古今"一词系古今所有瓷器之义,即但凡是瓷器,不论年代与釉色品种,均居末等。而位列瓷器之前的甚至包括"老松苍瘦,蒲草细如针杪,并得佳盆者第十七,梅竹诸卉清韵者第十八,舶香蕴藉者第十九……精茶法缊者第廿一,山海异味第廿二"。其中,前两者在观赏时需配以"佳盆",香料、茶叶及美食在享用时则需分别搭配香具、茶具及食器,而瓷器无疑是上述器皿的主流选择。不过,即便如此,瓷器终究只是"配角",不能喧宾夺主,故而位次上自然也不如作为"主角"的前五者,这恐怕是李日华如此排名之原因所在。再联系前引"其(柴窑)精祕可想,然亦瓦陶之属耳,宋元好奇者,拾其碎片,碾就嵌妆具,亦深惜其难

---

[1] (明)高濂著,王大淳点校:《遵生八笺》卷11《燕闲清赏笺上》,浙江古籍出版社,2017年,第546页。

[2] (清)姜绍书:《韵石斋笔谈》卷上:"吴门周丹泉,巧思过人,交于太常,每诣江西之景德镇,仿古式制器。"(中华书局,1985年,第8页)

[3] 蔡玫芬女士亦认为瓷质玉兰杯系16世纪以后方才盛行的器形,参见蔡玫芬:《苏州工艺家周丹泉及其时代》,国立台湾大学艺术史研究所编:《区域与网络 近千年来中国美术史研究国际学术研讨会论文集》,台北台大艺术史研究所,2001年,第269—297页。

[4] (明)曹昭:《格古要论》卷下:"有紫定色紫。"(《影印文渊阁四库全书》第871册,北京出版社,2012年,第107页)

得故尔,非此物也"与"瓦缶贵溢金玉,至此极矣"两句,则可充分说明即便是精致的柴窑瓷器,于李日华眼中,本身亦无甚价值,更遑论其余明代以前瓷器,均远不及青铜器及玉器。

瓷器在价值上逊于青铜器及玉器,此乃晚明文人之普遍看法,不足为怪。不过,将瓷器视作古今各类雅玩之末等,在地位上与玉器、青铜器相差悬殊,却是李日华独树一帜的见解,与同时期主流观点颇异。屠隆尝谓:"诸玩器,玉当较胜于瓷,惟印色池以磁为佳,而玉亦未能胜也。"[①]文震亨于论述中,则往往将瓷器与玉器、青铜器并提。纵然是时代稍早的曹昭,其虽将瓷器置于古铜器、古琴、古砚、珍奇之后,似与李日华之排序相近,但漆器、锦绮、异木与异石则又位居瓷器之后。

(二)精雅可玩

王世襄先生曾据李日华对王叔远作桃核舟之评价,总结出其"精工而雅"的工艺品鉴赏观。[②]而前引诸多李日华对瓷器的评价中,与"精工而雅"含义相近者不在少数,诸如其评价花定径尺盘为"莹细可玩",万历初窑真言字茶杯为"精雅可玩",白磁竹节簪为"纤细巧妙之极",而昊十九的作品则被整体评价为"妙绝人巧",其中卵幕杯为"莹白可爱"。上述器物均为白瓷或青花瓷器,此类器物普遍胎体轻薄,釉色莹润,纹饰纤细精致,与前述明代以前青瓷迥然有别,故李日华对此的鉴赏标准自然也有所不同,强调莹、细、精、妙等项。这其中尤当注意的是定窑瓷器,其虽然在烧造年代上属明代以前瓷器,不过装饰风格则与后来的景德镇窑、德化窑白瓷一脉相承,故李日华并未将此类器物置于"古朴有致"的明代以前瓷器之列,而是视作"精雅可玩"之器。至于李日华评判此类瓷器时是否严格遵守前述"敦古薄今"之原则,笔者以为大体如此,却不尽然。其固然于"评古次第"中明确批判了俗贾炒作"宣、成窑薄脆之品"的情况,却评价个别白瓷为"可玩",似是脱离了实用器的范畴,而被视作赏玩器,前述明代以前青瓷尚无一获此评价。

除此之外,李日华评价瓷器时的用词也颇值关注。柯律格先生曾指出"古

① (明)屠隆著,秦跃宇点校:《考槃馀事》卷3《文房器具笺》,凤凰出版社,2017年,第74页。
② 王世襄:《文人趣味与工艺美术》,故宫博物院编:《故宫博物院刊 建院七十周年纪念专辑》,紫禁城出版社,1995年,第134—140页。

雅""精雅"及"可玩"等词系晚明文人对古董颇为常用的评价①,这显示出李日华对于瓷器的鉴赏标准与当时主流鉴藏观之间并无明显分歧。

三、 余论

如前所述,李日华对于各种瓷器的记载与评价均颇具价值,却鲜少为世人所注意。《六砚斋笔记》与《紫桃轩杂缀》两书虽于天启、崇祯年间已有刻本问世②,但直至康熙时期方才见有王士祯引述了《紫桃轩杂缀》中有关吴十九作流霞盏的记载③,在此后形成一定影响。除此之外,则再未见有任何书籍引述李日华有关瓷器的其余论断。

考李日华瓷器鉴藏观未能名世之原因,不容忽视的一点当在于收录其瓷器相关论述最为丰富的《味水轩日记》一书直至清末民国方经刊印,在此之前只见抄本传世④,故长期以来影响甚微。另外,其对于瓷器的品评也未能形成如曹昭、文震亨及高濂等人一般的系统论述。这一方面固然与其对于瓷器鉴藏之轻视不无联系;另一方面,即便是其对于后世影响相对较大的书画鉴藏观,亦是散见于不同著作之中,后人不易全面了解。但在笔者看来,最为关键之原因则是瓷器鉴藏于晚明已然蔚为风气,李日华作为"潮流的逆行者",势单力薄,故终为潮流所吞没,其瓷器鉴藏观自然也乏人问津。

其实,瓷器的鉴藏之风于宋代已经兴起,譬如蔡襄即偏好使用建窑黑釉盏饮茶⑤,而玉牒防御使仲楫则藏有数种景德镇窑窑变瓷⑥。到元代,文献中开始出现鉴藏家收藏古瓷之记录,《至正直记》载:"义兴王仲德老先生,平日诚实喜静,

① [美]柯律格著,高昕丹译:《长物:早期现代中国的物质文化与社会状况》,生活·读书·新知三联书店,2015年,第76—78页。
② 陈心蓉等:《嘉兴历代进士藏书与刻书》,黄山书社,2014年,第226页。
③ (清)王士祯:《居易录》卷17,《影印文渊阁四库全书》第869册,北京出版社,2012年,第521页。
④ 吴雪杉:《〈味水轩日记〉卷次及内容检讨》,《故宫博物院院刊》2004年第5期。
⑤ (宋)蔡襄:《茶录》卷下《论茶器》:"茶色白,宜黑盏,建安所造者绀黑,纹如兔毫,其坯微厚,燖之久热难冷,最为要用,出他处者,或薄或色紫,皆不及也,其青白盏,斗试家自不用。"(中华书局,1985年,第4页)
⑥ (宋)周煇著,秦克点校:《清波杂志》卷5,上海古籍出版社,2012年,第92页。

惟好蓄古定、官窑、剔红、旧青古铜之器。"①但该书作者孔齐直言"窑器不足珍",此与李日华之观点乍看之下颇为相近,而原因实有所不同,其一在于传世太多,其二在于真伪难辨。② 入明以后,曹昭于《格古要论》中专章讨论古今诸窑瓷器的鉴赏,开创性地对瓷器之胎釉特征展开详细描述,并注重辨别真伪,反映了其对于瓷器的鉴赏远较前人细致且系统,瓷器鉴藏也从此进入了一个全新的时代。迄至晚明,以高濂、张应文及文震亨为代表的一众鉴藏家于曹昭基础上将瓷器鉴赏的内容进一步多样化与细致化,强调不同釉色品种瓷器之使用需适得其所,否则不入文人清玩。③ 而晚明瓷器鉴藏时尚之更迭速度及价格涨势亦十分惊人,王世贞尚且谓:"十五年来忽重宣德,以至永乐、成化价亦骤增十倍";至明末,徐树丕则言:"迩来忽重宣德、成化,以至嘉靖,亦价增十倍"④;沈德符亦谓:"杯盏之属,初不过数金,余儿时尚不知珍重,顷来京师,则成窑酒杯,每对至博银百金"⑤。几十年间,成窑瓷器在地位上已然与宣窑并列,成窑酒杯之价格竟从数金涨至百金,嘉窑瓷器也终被列入了雅玩之列,显示出瓷器鉴藏于当时社会之兴盛。故李日华对于瓷器鉴藏之消极态度于如此形势下更是显得尤为独特。

李日华曾短暂担任过景德镇御窑督陶官,据常理推断,其对于瓷器鉴藏应倍加推崇。但事实上,其虽然在瓷器鉴藏上大体遵循了"古朴有致"及"精雅可玩"两项鉴赏标准,与张应文、高濂及文震亨等主流瓷器鉴藏家之观点相近,却将瓷器视作古今各类雅玩之末等,在著作中对于瓷器之细节特征亦着墨甚少,并对当时公认的名窑瓷器之美学与经济价值均予以否认,而更关注实用性,此显然与当时主流观点相悖。

黄专先生曾评价李日华之绘画思想是不合时宜且有悖时风的,所以未能产生

① (元)孔齐:《至正直记》卷4《莫置玩器》,中华书局,1991年,第87页。
② (元)孔齐:《至正直记》卷4《莫置玩器》,中华书局,1991年,第89、110页。
③ 谢明良:《晚明时期的宋官窑鉴赏与"碎器"的流行》,《贸易陶瓷与文化史》,生活·读书·新知三联书店,2019年,第386—408页;余佩瑾:《形色之古——晚明〈遵生八笺〉的陶瓷鉴赏》,台北故宫博物编:《古色:十六至十八世纪艺术的仿古风》,台北故宫博物院,2003年,第298—309页。
④ (明)徐树丕:《识小录》卷1,《丛书集成续编》第89册,上海书店出版社影印本,1994年,第913页。
⑤ (明)沈德符:《万历野获编》卷24《畿辅》,中华书局,1997年,第613页。

应有的社会影响。① 但在笔者看来，与其瓷器鉴藏观相较，李日华绘画鉴藏观的影响已然深远，这一方面固然与李日华对此的论述远较瓷器丰富有关，另一方面则是其对于元四家乃至本朝文徵明、沈周等人之推崇恰顺应了当时潮流。② 吴其贞言："雅俗之分，在于古玩之有无，故不惜重值，争而收入"③；孙枝蔚言："时之名士所谓贫而必焚香，必啜茗，必置玩好"④；王士性言："苏人以为雅者，则四方随而雅之；俗者，则随而俗之"⑤；范濂言："习俗移人，贤者不免"⑥。在晚明，瓷器鉴藏已是当时上流社会的流行风尚，而古玩之有无则俨然成了一种区分社会阶级的标准。对普通士人与富裕商人而言，追随一种世所公认的鉴藏观以组建自身收藏，既是其向世人展示生活趣味的一种方式，同时也是维持或提升自身社会地位的手段之一⑦，有时甚至是一种被动无奈之举。何良俊即记载了当时松江与苏州市民"回青碟子无肉放"⑧的荒诞行径，陆深亦谓："近时江南人家有好古玩物至于败家亡身者。"⑨相较于文震亨、高濂及屠隆等人，李日华非但未在著作中指引世人如何通过瓷器鉴藏以展现自身品位，并借此提升社会地位，还屡次三番否定瓷器作为一种收藏品之价值，在当时瓷器鉴藏风气愈加兴盛、主基调已然固定的大背景下逆势而行，自然难以吸引时人追随其观念。而入清以后，瓷器鉴藏于社会上进一步普及，李日华之瓷器鉴藏观与现实需求愈发不符，故其终为世人所遗忘，也属大势所趋。

本文作者系南京师范大学文博系 2013 级本科生，现工作于上海博物馆、上海市文物保护研究中心

---

① 黄专：《如何评价李日华的绘画思想》，《美术杂志》1988 年第 11 期；《董其昌与李日华绘画思想比较》，《朵云》编辑部：《董其昌研究文集》，上海书画出版社，1998 年，第 873—891 页。
② （明）王世贞：《觚不觚录》："画当重宋，而三十年来忽重元人，乃至倪元镇，以逮明沈周，价骤增十倍。"（中华书局，1985 年，第 17 页）
③ （清）吴其贞著，邵彦点校：《书画记》卷 2，辽宁教育出版社，2000 年，第 62 页。
④ （清）孙枝蔚：《溉堂文集》卷 3《记·埘斋记》，上海古籍出版社，2010 年，第 690—691 页。
⑤ （明）王士性：《广志绎》卷 2《两都》，中华书局，1981 年，第 33 页。
⑥ （明）范濂：《云间据目钞》卷 2《记风俗》，《丛书集成三编》第 83 册，艺文印书馆，1973 年，第 393 页。
⑦ ［英］柯律格著，高昕丹译：《长物：早期现代中国的物质文化与社会状况》，生活·读书·新知三联书店，2015 年，第 126—142 页；王鸿泰：《雅俗的辩证——明代赏玩文化的流行与士商关系的交错》，《新史学》2006 年第 4 期。
⑧ （明）何良俊：《四友斋丛说》卷 35《正俗二》，中华书局，2007 年，第 323 页。
⑨ （明）陆深：《俨山外集》卷 12《玉堂漫笔卷中》，上海古籍出版社影印本，1993 年，第 66 页。

地域历史文化

周至隋唐时期塔里木盆地
北缘墓葬考古研究述评

李春长

　　塔里木盆地位于新疆维吾尔自治区天山以南,昆仑山以北,帕米尔高原以西,是中国面积最大的内陆盆地。其中部为世界最大的流动性沙漠——塔克拉玛干沙漠所覆盖;发源于南、西、北三面山体的多条河流汇聚成塔里木河自西向东横穿盆地中北部,与北部天山共同构成了塔里木盆地北缘东西向绿洲带。

　　塔里木盆地北缘为塔里木盆地在漫长的地质构造时期向天山造山带俯冲消减而形成的盆山耦合地带。从地理上看,其东起库鲁克山西端,西抵托什干河上游,包括今巴音郭楞蒙古自治州焉耆盆地、库尔勒——轮台绿洲、阿克苏地区渭干河——库车河三角洲、阿克苏绿洲、拜城盆地、乌什谷地等地区。[①] 从行政区划上看,涵盖了巴音郭楞蒙古自治州除尉犁、婼羌和且末的其他五县一市、阿克苏地区以及克孜勒苏柯尔克孜自治州除阿克陶县外的其他两县一市。[②]

　　塔里木盆地北缘蕴藏着丰富的自然矿产和水资源[③],使这些绿洲成为生活于塔克拉玛干沙漠边缘的古代人的乐园,创造了独具特色的绿洲文明。多年来,考古工作在此地带发掘的众多古墓葬揭开了绿洲文明的神秘面纱。这些墓葬年代最早可上溯至公元前 1000 年左右(新疆考古学界认为其为青铜时代与铁器时代的界限),下至唐中期。内涵丰富的墓葬资料不仅仅包含埋葬习俗和墓葬制度

---

① 党志豪:《塔里木盆地北缘汉唐时期城址的发现与研究述评》,《吐鲁番学研究》2022年第2期。
② 邵会秋:《新疆史前时期文化格局的演进及其与周邻文化的关系》,科学出版社,2018年,第23页。书中将克孜勒苏柯尔克孜自治州归为塔里木西南缘区。
③ 李斌:《干旱的塔里木盆地北缘蕴藏地下"三峡水库"》,新华网,2002年1月6日。

本身,往往还在一定程度上反映该地区社会政治、经济、生产、生活、风俗、宗教、观念等方面的情况。故古代墓葬被看作当时社会的缩影,对于探讨古代社会具有特殊的重要意义。[①] 此外,还能通过研究墓葬里反映环境的遗存,恢复古代人类的生存环境,分析自然环境对人类文化的影响,探讨人类适应、利用自然环境过程中形成的地域特色文化,对古代自然环境的变迁史和人类文化的发展史之间的关系作出全面的解释。[②] 因此,对塔里木盆地北缘古墓葬的研究一定程度上有助于阐释塔里木盆地周缘社会政治经济的发展。

一、 塔里木盆地北缘周至隋唐时期墓葬考古发掘与研究回顾

中华人民共和国成立以来,从中央到地方各级政府高度重视该地区文物事业发展,先后组织了多次不同规模的文物普查,特别是第二次全国文物普查和第三次全国文物普查。据目前统计,在塔里木盆地北缘地带共发现夏至唐时期古墓葬群 1 044 处,其中已发掘的墓葬在 3 195 座以上。

对塔里木盆地北缘古墓葬的考古发掘与研究主要经历了三个阶段。

(一)遗址中的古墓葬

19 世纪末 20 世纪初,该地区墓葬主要发现于宗教遗迹中,并未形成专题研究。此时的外国探险家在新疆盗掘文化宝藏刺痛了中国学者的心。[③] 塔里木盆地北缘的古墓葬也在劫难逃。始作俑者则是斯坦因。他于 1908 年在焉耆硕尔楚克明屋遗址中发现可能是僧侣墓葬的拱顶圆形墓室。[④] 值得庆幸的是 1928年以后,该地区古墓葬的调查和考古发掘则由参加中瑞西北科学考察团的几位中国学者独自承担,典型代表即是黄文弼先生。他与龚元忠先生在 1928 年,从

---

① 张宏彦:《中国考古学十八讲》,陕西人民出版社,2010 年,第 261 页。
② 张宏彦:《中国考古学十八讲》,陕西人民出版社,2010 年,第 98 页。
③ 黄文弼遗著,黄烈整理:《黄文弼蒙新考察日记(1927—1930)》前言,文物出版社,1990 年,第 1 页。
④ [英]奥雷尔·斯坦因著,巫新华等译:《穿越塔克拉玛干》,广西师范大学出版社,2000 年,第 152 页。虽然未见人骨和祭祀物品,但是该墓室与交河故城外部的阔什拱拜孜发现的佛塔完全相同,可以确定它们都是用于埋葬。

吐鲁番西行到阿克苏开展考古工作①,在焉耆锡克沁佛寺遗址发现了埋葬僧侣的处所,以及在旧城南约5公里处发现了土孜诺克古墓群②。

(二)区域考古学文化的发现与历史考古的重大发现

新中国成立后,在党和政府的关心下,1953—1957年在西北地区组织了两次较大规模的文物普查。③1957—1958年,黄文弼先生又来到焉耆,在日孜和田古城北10公里处发现古墓葬,在阿克墩附近发现了8世纪前后的墓葬。④1975年,在克斯勒塔格遗址发现了埋葬僧侣的两个舍利罐。⑤

改革开放至"十八大"召开,全国基本建设力度加大,新疆也不例外。为了配合道路、水库、厂矿等基础建设项目,新疆文博单位开展了大量考古调查和抢救性发掘工作,主要包括古墓葬。塔里木盆地北缘地区是重要区域。当然,也偶有涉及灾害性抢救的考古发掘。

如1978年,新疆社会科学院考古研究所(新疆文物考古研究所前身,文中均简称"新疆所"⑥)在库车苏巴什遗址对昭怙厘西大寺塔葬墓进行了抢救性发掘。⑦该墓葬属于魏晋时期的僧人。

20世纪80年代以后,在该区域开展了众多调查和发掘。主要有1983年,发现察吾呼一、二、三号墓地。同年至1984年,中国社会科学院考古研究所新疆队(简称"新疆队")率先对三个墓地的部分墓葬进行了两次大规模发掘,共计

---

① 袁复礼:《三十年代中瑞合作的西北科学考察团》,《中国科技史杂志》1983年第3期。
② 黄文弼:《塔里木盆地考古记》,科学出版社,1958年,第4—6页。在泉水南端小庙中发现有绘画之墙壁、残木器片及残陶罐与牙骨灰,怀疑此建筑为僧侣所住,或埋藏僧侣骨灰之所。第三次全国文物普查时锡科沁佛寺遗址被命名为"七个星佛寺遗址"。
③ 穆舜英、王明哲、王炳华:《建国以来新疆考古的主要收获》,新疆社会科学院考古研究所编:《新疆考古三十年》,新疆人民出版社,1983年;穆舜英:《新疆考古三十年》,《新疆社会科学》1985年第3期。
④ 黄文弼:《新疆考古发掘报告(1957—1958)》,文物出版社,1983年,第26页。
⑤ 阿克苏地区文管所:《阿克苏地区柯坪、乌什县文物调查》,《新疆文物》1986年第2期。
⑥ 新疆文物考古研究所前身为新疆社会科学院考古研究所,成立于1979年,后于1986年变更为现名,划归自治区文化厅领导。
⑦ 新疆博物馆、库车县文管所:《新疆库车昭怙厘西大寺塔墓清理简报》,《新疆文物》1987年第1期。

140 座①；1985 年，阿克苏地区文管所在色日克托格拉克古墓群发现了 93 座墓葬②；1985—1987 年，新疆队又在轮台县群巴克镇发现了三片墓地，发掘其中 I和 II 号墓地共计 56 座③。1986 年，新疆所开始接手察吾呼沟考古发掘工作直至1989 年，在一号、二号、四号墓地发掘墓葬共计 428 座。④ 1989 年，中央和地方政府的文物管理部门以及考古机构组织了第二次全国文物普查⑤，发现了大量夏至唐时期的古墓葬，其中，在巴州北部四县发现 91 处⑥，在阿克苏地区发现 16处⑦，在克州发现 63 处（阿克陶县除外）⑧，并发掘了开都河南岸 16 座石围墓⑨。

进入 90 年代，该地区的抢救性发掘和配合基本建设项目基本由新疆所承担。主要有 1990 年，配合克孜尔水库工程建设，在克孜尔吐尔墓地和喀日尕依

① 中国社会科学院考古所新疆队、新疆巴音郭楞蒙古自治州文管所：《新疆和静县察吾乎沟口一号墓地》，《考古学报》1988 年第 1 期；《新疆和静县察吾乎沟口二号墓地发掘简报》，《考古》1990 年第 6期；《新疆和静县察吾乎沟口三号墓地发掘简报》，《考古》1990 年第 10 期。三号墓地东片有 12 座，西片有 8 座。
② 阿克苏地区文管所：《阿克苏地区柯坪、乌什县文物调查》，《新疆文物》1986 年第 2 期。
③ 中国社会科学院考古研究所新疆队、新疆巴音郭楞蒙古自治州文管所：《新疆轮台群巴克古墓葬第一次发掘简报》，《考古》1987 年第 1 期；《新疆轮台县群巴克墓葬第二、三次发掘简报》，《考古》1991 年第 8 期。一号墓地共发掘 43 座，先后进行 3 次：第一次 4 座，第二次 26 座，第三次 13 座；二号墓地共 30 余座，发掘 13 座。三号墓地，目前公开的资料中没有提及在此地发现墓葬的数量。
④ 新疆文物考古研究所编著：《新疆察吾呼——大型氏族墓地发掘报告》，东方出版社，1999 年，第153 页。文中数据包含该所 1983 年在此试掘的 8 座。新疆文物考古研究所、和静县文化馆：《新疆和静县察吾乎沟二号墓地》，《新疆文物》1989 年第 4 期。1986 年 9—10 月，第一次发掘 18 座；1988 年 11—12 月，第二次发掘 6 座，两次共计发掘 24 座。新疆文物考古研究所：《新疆和静县察吾乎沟口四号墓地一九八六年度发掘简报》，《新疆文物》1987 年第 1 期。1986 年发掘 41 座。新疆文物考古研究所、和静县文化馆：《新疆和静县察吾乎沟口四号墓地 1987 年度发掘简报》，《新疆文物》1988 年第 4 期。此次公布整个墓地共有古墓 270 余座。新疆文物考古研究所编著：《新疆察吾呼——大型氏族墓地发掘报告》，东方出版社，1999 年，第 19 页。此次编号至 250，实际发掘 248座。新疆文物考古研究所、和静县文化馆：《和静县察吾乎沟五号墓地》，《新疆文物》1992 年第2 期。
⑤ 第二次全国文物普查巴州地区的工作时间为 1989 年 8 月—1991 年 4 月。
⑥ 自治区文物普查办公室、巴音格楞蒙古自治州普查队：《巴音格楞蒙古自治州文物普查资料》，《新疆文物》1993 年第 1 期。
⑦ 自治区文物普查办公室、阿克苏地区文物普查队：《阿克苏地区文物普查报告》，《新疆文物》1995年第 4 期。
⑧ 新疆维吾尔自治区文物普查办公室、克孜勒苏柯尔克孜自治州文物普查队：《克孜勒苏柯尔克孜自治州文物普查报告》，《新疆文物》1995 年第 3 期。
⑨ 周金玲：《开都河南岸石围墓葬的发掘及相关问题》，《西域研究》2000 年第 3 期。

墓地发掘 68 座[①];同年 8 月,在阿克奇县库兰萨日墓地抢救性发掘 10 座[②]。1990—1992 年,在乌拉斯塔沟南哈布其罕Ⅰ号墓地发掘墓葬 42 座。[③] 1993 年,在拜城县拜勒其尔墓地发掘墓葬 8 座。[④] 1999 年,新疆队又在拜城县多岗墓地发掘墓葬 100 座[⑤];同年,新疆所在温宿县博孜墩发掘墓葬 9 座[⑥]。2004 年,在察汗乌苏南、北两侧台地发掘墓葬 160 余座。[⑦] 2007 年,在库车县友谊路地下街发掘墓葬 10 座砖石墓葬[⑧],并入选"2007 年度全国'十大'考古发现"。2007 年和 2010 年,在库尔勒市小山口Ⅱ、Ⅲ号墓地先后两次共发掘 593 座。[⑨] 2010 年,又在库车县[⑩]的友谊路发掘晋十六国砖室墓 5 座。[⑪] 2011 年,抢救性发掘阿尔夏一号墓地墓葬 5 座。[⑫] 2011—2012 年,在莫呼查汗水库工程建设区域发掘墓葬 250

---

① 新疆文物考古研究所:《拜城县克孜尔水库墓地第一次发掘》,《新疆文物》1999 年第 3—4 期。此次共发掘 27 座。克孜尔吐尔墓地为克孜尔水库建设首批发掘的墓地,其他 2 处为喀日尕依墓地和麻扎古加木墓地。新疆文物考古研究所:《新疆拜城县克孜尔吐尔墓地第一次发掘》,《考古》2002 年第 6 期;新疆文物考古研究所:《拜城县克孜尔吐尔水库墓地第二次发掘简报》,《新疆文物》2004 年第 4 期。喀日尕依墓地是克孜尔水库建设第二次考古发掘的墓地,发掘了 40 座,其他 2 处为克孜尔吐尔墓地和麻扎古加木墓地。

② 新疆文物考古研究所:《阿合奇县库兰萨日克墓地发掘简报》,《新疆文物》1995 年第 2 期。

③ 新疆文物考古研究所、和静县民族博物馆:《和静哈布其罕Ⅰ号墓地发掘简报》,《新疆文物》1999 年第 1 期。

④ 新疆文物考古研究所、和静县民族博物馆:《和静拜勒其尔石围墓发掘简报》,《新疆文物》1999 年第 3—4 期。

⑤ 中国社会科学院考古研究所、新疆维吾尔自治区阿克苏地区文物局、拜城县文物局编著:《拜城多岗墓地》,文物出版社,2014 年,第 309 页。

⑥ 新疆维吾尔自治区博物馆考古部等(艾尼瓦尔·艾山等):《2008 年温宿县博孜墩古墓发掘简报》,《新疆文物》2008 年第 3—4 期。博孜墩又称包克东。

⑦ 新疆文物考古研究所:《和静县察汗乌苏古墓群考古发掘新收获》,《新疆文物》2004 年第 4 期。

⑧ 新疆文物考古研究所:《2007 年库车县友谊路魏晋十六国时期墓葬考古发掘简报》,《新疆文物》2013 年第 3—4 期;《新疆库车友谊路魏晋十六国时期墓葬 2007 年发掘简报》,《文物》2013 年第 12 期。

⑨ 新疆文物考古研究所:《和静县小山口二、三号墓地考古发掘新收获》,《新疆文物》2010 年第 1 期;田小红:《和静县小山口墓地汉晋时期墓葬的考古发现与研究》,《新疆文物》2015 年第 2 期。

⑩ 库车县于 2019 年 12 月 30 日撤县建市,更名为"库车市"。

⑪ 新疆文物考古研究所:《库车县友谊路魏晋十六国墓葬 2010 年考古发掘简报》,《新疆文物》2013 年第 3—4 期;新疆文物考古研究所、库车县文物局:《新疆库车县发现晋十六国时期汉式砖室墓》,《西域研究》2008 年第 1 期;新疆文物考古研究所:《新疆库车友谊路魏晋十六国墓葬 2010 年发掘报告》,《考古学报》2015 年第 4 期。

⑫ 新疆文物考古研究所:《和静县阿尔夏一号墓地考古发掘报告》,《新疆文物》2013 年第 2 期。

座。^① 2012 年,在和硕县那音克发掘墓葬 52 座^②;在察吾呼八号墓地及其附近的重工业园区发掘墓葬 13 座及相关遗迹^③。

（三）"十八大"至今,配合基建的考古发掘项目稳步推进

党的"十八大"以后,新疆考古翻开了新篇章,配合基本建设的墓葬考古工作稳步推进。

2013 年,新疆所在拜城多岗墓地发掘墓葬 210 座^④;7—8 月,在大西沟 1 号墓地和大西沟 4 号墓地发掘 7 座;在那仁哈布其罕沟墓地发掘 5 座;在乔恩恰克勒德克墓地发掘 15 座;在熊库勒乌兰墓地发掘 29 座;在大布斯台阿门墓地发掘 4 座。^⑤ 2013—2014 年,先后两次在巴仑台-伊尔根铁路沿线考古发掘墓葬 121 座^⑥;2015—2016 年,在和硕县红山墓群发掘墓葬 38 座^⑦,2015 年 10 月,在拜城县木扎提河三级电站墓地发掘 10 座。2016 年,在乌什县卡拉亚尕其艾肯沟口墓地发掘墓葬 20 座^⑧,另外在阿合奇县塔热勒萨依墓群也发掘了一些。^⑨

截至 2021 年,塔里木盆地北缘考古发掘的墓葬主要集中于先秦,汉唐时期的墓葬发现较少。早期考古学文化研究主要集中于察吾呼(沟)文化研究,截至 2010 年,在察吾呼沟及其附近发现墓地 10 处,墓葬总数近 2 000 座,发掘 700

---

① 新疆文物考古研究所:《新疆和静县莫呼查汗墓地发掘简报》,《考古与文物》2014 年第 5 期。
② 新疆文物考古研究所、和硕县文物管理所:《和硕县那音克墓地考古发掘收获》,《新疆文物》2012 年第 3—4 期。
③ 新疆文物考古研究所:《新疆和静县重工业园区古遗址考古发掘报告》,《新疆文物》2015 年第 1 期。
④ 田小红、吴勇:《新疆拜城多岗墓地考古新收获》,《西域研究》2013 年第 3 期。
⑤ 新疆文物考古研究所:《新疆和静哈布其罕萨拉墓群 2013 年发掘简报》,《文物》2014 年第 12 期。
⑥ 阿里甫江·尼亚孜、王永强:《2012 年和静县重工业园区古遗址考古发掘报告》,《新疆文物》2015 年第 1 期。
⑦ 侯知军:《2015 年新疆和硕县红山墓群的考古发现》,《西域研究》2016 年第 3 期。
⑧ 段朝玮:《乌什县卡拉亚尕其艾肯沟口墓地出土青铜饰件修复报告》,《新疆文物》2018 年第 3—4 期。介绍了墓葬数量。
⑨ 新疆文物考古研究所等:《2015—2016 年新疆考古收获》,《西域研究》2017 年第 2 期。资料尚未公布。

座。[①] 后者主要有包孜东隋唐墓葬、察吾呼墓群三号墓地、莫乎察汗西汉墓地、多岗墓地 M275 西汉墓葬及Ⅲ号墓地、小山口的汉晋墓、红山墓群东汉时期 4 座墓葬和那音克墓葬 M5,友谊路魏晋十六国砖室墓 15 座和彩虹桥魏晋墓。

综上所述,该区域古墓葬的考古发掘工作主要是为配合国家的基本建设,或为避免自然灾害而采取的抢救性发掘,唯有察吾呼(沟)古墓群的考古发掘工作是主动性的。发掘墓葬以周至秦较多,汉至唐时期墓葬较少。这些考古发掘成果绝大多数以简报的形式公布在《新疆文物》《文物》《考古》《考古学报》等期刊上,还以新收获的形式发表在《西域研究》上,以及收录于《新疆考古三十年》《新疆文物考古新收获(1979—1989)》《新疆文物考古新收获(续)(1990—1996)》。只有极少数出版了考古报告,如《新疆察吾呼——大型氏族墓地发掘报告》《拜城多岗墓地》,前者是新疆考古学史上的第一部,是新疆考古工作者取得的重大科研成果。[②]

二、 塔里木盆地北缘青铜时代至早期 铁器时代古墓葬的考古学研究

(一)考古学年代、文化定名及类型,以及分布范围研究

随着塔里木盆地北缘早期墓葬发掘资料的不断积累,以及区系类型学等考古学理论研究的不断深入,学界提出了该区域的考古学文化。该地区考古学文化研究集中于察吾呼文化。

1985 年,陈戈先生在铁器时代文化中首次提出了察吾呼沟口文化。[③] 1987 年,新疆所在发掘简报中将察吾呼沟口四号墓地年代定为青铜时代。1988 年,

---

① 2010 年为第三次全国不可移动文物普查时间。新疆文物考古研究所:《新疆和静县察吾乎沟口四号墓地一九八六年度发掘简报》,《新疆文物》1987 年第 1 期,发现近 2 000 座。新疆维吾尔自治区文物局:《新疆维吾尔自治区第三次全国文物普查成果集成 巴音郭楞蒙古自治州卷》,科学出版社,2011 年,第 100 页。

② 张文彬:《新疆察吾呼——大型氏族墓地发掘报告》序,新疆文物考古研究所编著:《新疆察吾呼——大型氏族墓地发掘报告》,东方出版社,1999 年。

③ 陈戈:《关于新疆远古文化的几个问题》,《新疆文物》1985 年第 1 期。

新疆队在察吾呼沟口一号墓地发掘简报中总结了6个特征将年代定为青铜时代至早期铁器时代,相当于西周至汉;并提出了"察吾呼沟口文化"概念,认为轮台县群巴克墓葬也属于该文化。[①] 1990—1992年,发掘者将察吾呼五号墓地也归属察吾呼文化。1994年,在察吾呼文化中,刘学堂先生提出了应该存在稍晚出现的不同类型的考古学文化。[②] 1995年,美国学者陈光祖先生将察吾呼沟古墓群和群巴克古墓群均归为金属时代,并认为二者有差别。[③] 1999年,发掘者提出克孜尔水库墓地年代为青铜时代,并定名为克孜尔水库文化类型,其与察吾呼时代相当,有联系也有区别。[④] 2012年,郭物先生将群巴克类型分离出来,并命名"群巴克文化"。[⑤]

该段时期考古学年代及分期、类型学及谱系讨论在学界引起热议。1994年,刘学堂先生将二号墓地排除在该文化之外。[⑥] 1995年,陈戈先生将察吾呼文化分为四期。[⑦] 1996年,安志敏先生将察吾呼文化分三期,前二期归入青铜时代,三期暂用早期铁器时代。[⑧] 但1996年,刘先生认为,公元前6世纪—前4世纪,察吾呼沟二号墓地进入了铁器时代。[⑨] 1999年,吕恩国先生与安先生观点一致,但认为四期应该进入了早期铁器时代。[⑩] 同年,《新疆察吾呼——大型氏族墓地发掘报告》出版,将其分为四期六段。[⑪] 陈先生又于2001年提出三种类型,

---

① 中国社会科学院考古所新疆队、新疆巴音郭楞蒙古自治州文管所:《新疆和静县察吾乎沟口一号墓地》,《考古学报》1990年第1期。

② 刘学堂:《察吾乎沟石围石室墓与石堆石室墓的比较研究》,《新疆文物》1994年第1期。吕恩国:《察吾呼文化研究》,《新疆文物》1999年第3—4期。四期铁器出现较多,其被称为"后察吾呼文化"。

③ [美]陈光祖著,张川译:《新疆金属器时代》,《新疆文物》1995年第1期。

④ 新疆文物考古研究所:《拜城县克孜尔水库墓地第一次发掘》,《新疆文物》1999年第3—4期。

⑤ 郭物:《新疆史前社会晚期考古学研究》,上海古籍出版社,2012年,第162页。

⑥ 刘学堂:《察吾呼沟石围石室墓与石堆石室墓的比较研究》,《新疆文物》1994年第1期。

⑦ 陈戈:《新疆远古文化初论》,《中亚学刊》第4辑,中国中亚文化协会,北京大学出版社,1995年,第54页。

⑧ 安志敏:《塔里木盆地及其周围的青铜文化遗存》,《考古》1996年第12期。

⑨ 刘学堂:《察吾呼四号墓地墓葬制度研究》,《新疆文物》1996年第4期。

⑩ 吕恩国:《察吾呼文化研究》,《新疆文物》1999年第3—4期。

⑪ 新疆文物考古研究所编著:《新疆察吾呼——大型氏族墓地发掘报告》,东方出版社,1999年,第277—284页,表二三;周金玲:《新疆察吾呼沟古墓发掘及其研究》,《西域研究》1998年第2期,后收录于殷晴主编:《吐鲁番学新论》,新疆人民出版社,2006年,第340—346页。

即察吾呼沟口类型、群巴克类型和扎滚鲁克类型。① 2003 年,陈先生又将其归入早期铁器时代。② 2007 年,韩建业先生将察吾呼文化归为早期铁器时代晚期,或者新疆地区青铜时代—早期铁器时代第二段第四期至第三段;分类上与陈戈先生前两者一致,第三类为包孜东类型,且时代到两汉。③ 2012 年,郭物先生分为六期十二段。④ 2018 年,邵会秋先生将察吾呼文化分为三期,三类,即察吾呼类型、群巴克类型和克孜尔类型,将包孜东排除在外⑤;此外,借鉴前人研究,将该区域融入新疆此段时期考古学时空框架建设中⑥。

塔里木盆地北缘被作为一个地理单元来研究,主要集中于察吾呼文化的分布范围。学者们几乎都将焉耆盆地及周围地区作为一个区域看待⑦,有的进一步划分。例如,郭物先生将其分解成一个盆地和两个地区。⑧ 但是,众多学者认为,察吾呼文化分布范围基本集中于塔里木盆地北缘的天山山体南麓的山地、山间盆地和山前地带。⑨

(二)丧葬制度、习俗及社会发展研究状况

在丧葬制度和习俗及社会发展研究方面,只在早期有所涉及。羊毅勇先生比较了察吾呼文化中的合葬现象与国内外史前资料,提出了家庭或者血缘关系

---

① 陈戈:《察吾呼沟口文化的类型划分和分期问题》,《考古与文物》2001 年第 5 期。
② 陈戈:《中亚通史第一编:史前时期的西域》,中州古籍出版社,2003 年,第 22—23 页。
③ 韩建业:《新疆的青铜时代和早期铁器时代文化》,文物出版社,2007 年,第 40—97 页。
④ 郭物:《新疆史前社会晚期考古学研究》,上海古籍出版社,2012 年,第 142 页,表 3—8。
⑤ 邵会秋:《新疆史前时期文化格局的演进及其与周邻文化的关系》,科学出版社,2018 年,第 168—202 页。
⑥ 邵会秋:《新疆史前时期文化格局的演进及其与周邻文化的关系》,科学出版社,2018 年,第 164—203 页。
⑦ 陈戈:《关于新疆地区的青铜时代和早期铁器时代文化》,《考古》1990 年 4 期。水涛:《新疆青铜时代诸文化的比较研究》,《中国西北地区青铜时代考古论集》,科学出版社,2001 年,第 22 页;《对于新疆早期文化定性问题的基本认识》,《中国西北地区青铜时代考古论集》,科学出版社,2001 年,第 53 页。韩建业:《新疆的青铜时代和早期铁器时代文化》,文物出版社,2007 年,第 4 页。邵会秋:《新疆史前时期文化格局及其与周邻文化的关系》,科学出版社,2018 年,第 22 页。
⑧ 郭物:《新疆史前晚期社会的考古学研究》,上海古籍出版社,2012 年,第 111—169 页。
⑨ 安志敏:《塔里木盆地及其周围青铜文化遗存》,《考古》1996 年第 12 期。丛德新:《新疆察吾呼沟文化若干问题研究》,《考古求知集:考古研究所中青年学术讨论会文集》,科学出版社,1997 年,第 380 页。郭物:《新疆史前社会晚期考古学研究》,上海古籍出版社,2012 年,第 138 页。邵会秋:《新疆史前时期文化格局的演进及其与周邻文化的关系》,科学出版社,2018 年,第 170 页。

存在的可能性，羊仅仅是食用，而头颅钻孔可能是为便于死者灵魂出入。[①] 吕恩国先生认为察吾呼墓群属于不同的氏族，还注意到四号墓地祭坛建构。[②] 周金玲先生认为该文化处于原始社会阶段，已有家族观念，实行对偶婚，墓地为氏族公共墓地。[③]

（三）与周边地区的交往交流交融

塔里木盆地北缘作为丝绸之路中的一条重要线路，在开通前后，是东西方文化交通的重要通道，也是西域都护府在此建立的先决条件。

学者们发现尖底器与卡拉苏克文化有相似之处，以及缸形器具有安德罗诺沃文化共同体中典型陶器的特征。[④] 所以，察吾呼文化可能吸收了卡拉苏克文化和安德罗诺沃文化因素。他们还发现其几何形纹样与甘青彩陶有联系。同时，他们认为察吾呼文化对吐哈盆地同时期的彩陶纹的产生和发展有一定的影响，也有草原文化因素的影响风格。[⑤] 肖小勇先生认为群巴克墓地和上户村古墓葬焚烧墓室的火葬现象是从青铜时代向早期铁器时代流行火葬和火祭的过渡，具有安德罗诺沃文化特点。[⑥] 邵会秋先生认为，察吾呼五号墓地与安德罗诺沃文化存在一定的关系。[⑦] 龙静瑶认为该地区此段时期的石构墓葬是察吾呼文化典型墓葬形制，后来墓葬保留了该石围特征，并吸收了吐鲁番苏贝希文化和哈密焉不拉克文化的因素。[⑧]

---

① 羊毅勇：《试析新疆古代葬俗》，《新疆社会科学》1990年第4期。
② 吕恩国：《察吾呼文化研究》，《新疆文物》1999年第3—4期。
③ 周金玲：《新疆察吾呼沟古墓发掘及其研究》，《西域研究》1998年第2期，后收录于殷晴主编：《吐鲁番学新论》，新疆人民出版社，2006年，第340—346页。
④ 郭物：《新疆史前社会晚期考古学研究》，上海古籍出版社，2012年，第112页。
⑤ 邵会秋：《新疆史前时期文化格局的演进及其与周邻文化的关系》，科学出版社，2018年，第408页。
⑥ 肖小勇：《新疆早期丧葬中的用火现象》，《西域研究》2016年第1期。
⑦ 邵会秋：《新疆史前时期文化格局的演进及其与周邻文化的关系》，科学出版社，2018年，第408页。
⑧ 龙静瑶：《新疆天山南麓青铜时代末期至早期铁器时代石构墓葬的类型及演变》，《四川文物》2019年第3期。

（四）体质人类学、病理以及分子遗传学研究

塔里木盆地北缘体质人类学及病理学研究成果有限。仅对察吾呼四号墓地和多岗墓地进行了人种学研究，较多地认为该段时期的人种早期倾向于欧罗巴人种，混杂了其他种族的成分。[1] 张君先生认为，察吾呼四号墓地和多岗更多地接近古欧洲类型，而克孜尔属于地中海东支类型。[2] 在病理学上，研究者较多地关注于察吾呼墓地发现的头骨穿孔为古人死后利用金属工具切割而成，不具有治疗的目的[3]，有人为宗教避邪之物之说[4]；也有的认为是因为族群之间的械斗或者家族内部的械斗发生后，家族成员对战斗或者复仇中丧生成员的精神崇拜。[5] 分子遗传学研究通过对察吾呼文化人群与圆沙古城附近古墓葬人群古DNA检测对比，证实了两个文化人群之间存在最近的亲缘关系，再次证实了两个考古学文化之间的联系。[6]

（五）科技考古

该地区的科技考古主要集中于冶金考古、动植物考古和环境考古学，以及生业形态研究等。

因墓葬中出土金属器物有限，众多学者主要集中于铜、铁等金属制品、冶炼方法和来源地的分析，并结合金属矿藏和冶炼遗址的发现，揭示古龟兹地区生产青铜器物，指出其与周邻地区青铜文化存在一定的联系和交流。[7] 梅建军先生

[1] 新疆文物考古研究所：《新疆察吾呼——大型氏族墓地发掘报告》，东方出版社，1999年，第331—332页。
[2] 张君：《新疆拜城县多岗墓地人骨的种系研究》，《边疆考古研究》第12辑，科学出版社，2012年，第397—421页。
[3] 韩康信：《新疆古代头骨上的穿孔》，《吐鲁番学研究——第二届吐鲁番学国际学术研讨会论文集》，上海古籍出版社，2006年，第230—239页。
[4] 新疆文物考古研究所：《新疆察吾呼——大型氏族墓地发掘报告》，东方出版社，1999年，第335—336页。
[5] 刘学堂：《考古发现的头骨穿孔现象研究》，《新疆文物》1998年第2期。
[6] 杨亦代：《新疆圆沙古城遗址古代人群线粒体DNA多态性研究》，吉林大学，硕士学位论文，2001年，第38页。崔银秋、高诗珠等：《新疆塔里木盆地早期铁器时代人群的母系遗传结构分析》，《科学通报》2009年第19期。
[7] 张平：《从克孜尔遗址和墓葬看龟兹地区的青铜文化》，《新疆文物》1999年第1期。

指出，早期铁器时代，铁器从费尔干纳楚斯特文化传到该地区直至东疆，到达河西走廊。[①] 李刚先生证实了张先生观点。[②]

动植物考古及古环境研究目前仅局限在个别墓地。例如多岗墓地近百座墓葬，学者们指出早期铁器时期的多岗墓地人群的食物结构不同，其食肉程度较高，植物类食物中粟或黍的比例相对较低，麦类的比例相对较高。植物类食物中，间接食用成分较高。此外，学者们指出了两个不同区域间气候环境、资源条件的差异，以及不同群体之间文化背景等的差别相互关联。[③] 安家瑶和袁靖二位先生对察吾呼一号和三号墓地的随葬动物进行研究，发现随葬马、牛和羊为年轻的家畜，占据绝大多数，当时人们还有"将动物的头部和一部分躯干葬在一起，以代表一个动物整体"[④]的观念。"完整的马"可能象征墓主人生前坐骑，可能与当时一种灵魂骑着马走向来世的原始信仰有关。[⑤]

三、 塔里木盆地北缘西汉至唐古墓葬研究

察吾呼古墓群三号墓地的墓葬形制及出土物与一、二、四号墓地有着本质区别，因而，并未纳入察吾呼文化范畴。[⑥] 关于察吾呼三号墓地年代，众多学者将其归为西汉末至东汉时期的墓葬，并将其与匈奴相联系。[⑦] 特别是文献记载的

---

① Jianjun Mei, "Cultural Interaction between China and Central Asia during the Bronze Age", *Proceedings of the British Academy*, 2002, 24, Oct.

② 李刚：《新疆古代青铜器及铜矿资源的分布》，《早期中国研究》第 2 辑，文物出版社，2016 年，第101—115 页。

③ 张雪莲、仇士华、张君、郭物：《新疆多岗墓地出土人骨的碳氮稳定同位素分析》，《南方文物》2014年第 3 期。

④ 安家瑶、袁靖：《新疆和静县察吾呼沟口一、三号墓地动物骨骼研究报告》，《考古》1998 年第 7 期。刘学堂：《察吾呼四号墓地研究》，《新疆文物》1996 年第 4 期。切但库兹米娜在《丝绸之路史前史》中描述的"以部分代表整体(Pars pro toto)"原则。[俄]叶莲娜·伊菲莫夫纳·库兹米娜著，梅维恒英文编译，李春长译：《丝绸之路史前史》，科学出版社，2015 年，第 20 页。

⑤ 刘学堂：《察吾呼四号墓地研究》，《新疆文物》1996 年第 4 期。

⑥ 新疆文物考古研究所编著：《新疆察吾呼——大型氏族墓地发掘报告》，东方出版社，1999 年，第253—276 页。

⑦ 中国社会科学院考古研究所新疆队、新疆巴音郭楞蒙古自治州文管所：《新疆和静县察吾呼沟口三号墓地发掘简报》，《考古》1990 年第 10 期。

"西域三十六国"。目前,侯知军先生认为红山墓群4座石堆石室墓为《汉书·西域传》中记载的危须国的遗存[①],塔里木盆地北缘其他古国的墓葬考古学研究尚未展开。

关于库车友谊路墓葬的年代,发掘者根据砖雕门墙墓葬年代特征推定为晋十六国时期[②],而韦正先生认为在前凉早期[③]。也有学者认为M3号墓年代应当晚于晋十六国,隋唐时期的可能性大。[④] 而苏巴什佛寺的昭怙厘大寺塔葬墓的研究尚无进展。

多学科结合分析,科研人员发现库车M15出土的捻金线是一种无芯无衬捻金线,这种用捻金线装饰的工艺被称为"蹙金绣",也是目前所见年代最早的。[⑤]

两汉时期的墓葬发现如此之少,与《史记》《汉书》等文献记载的西域情况很不相称。该区域历史时期墓葬研究几乎为空白。

四、 关于塔里木盆地北缘古墓葬考古研究的思考

因我国史书对夏商周三代和边疆古代人群的文献记载很少,对他们进行研究,主要依靠的是田野考古得到的资料。[⑥] 塔里木盆地北缘尽管从西汉开始见诸文献记载,但仍非常有限。构建和完善该地区的历史仍需考古学研究,其中重要的一点就是古墓葬研究。

1. 梳理出历史时期墓葬的发现和研究。特别是识别出两汉时期的墓葬,掌握西域都护府设立前后该区域古墓葬特征变化,勾勒出社会发展概貌。

2. 构建区域考古学文化框架和谱系。在缺乏叠压、打破等地层关系的情况

---

① 侯知军:《2015年新疆和硕县红山墓群的考古发现》,《西域研究》2016年第3期。

② 新疆文物考古研究所(于志勇等):《新疆库车友谊路魏晋十六国墓葬2010年发掘报告》,《考古学报》2015年第4期。

③ 韦正:《试探库车友谊路古墓群的难带和墓主人身份》,《边疆考古研究》第12辑,科学出版社,2012年,第277页。

④ 刘宵:《新疆库车友谊路墓葬M3的年代问题》,《重庆科技学院学报(社会科学版)》2011年第12期。

⑤ 杨军昌、于志勇、党小娟:《新疆库车魏晋十六国墓(M15)出土金线的科学分析》,《文物》2016年第9期。

⑥ 冯恩学:《田野考古学》,吉林大学出版社,2008年,第1页。

下,注重碳十四测年,在沿用时间较长、规模较大、墓葬形制多样的古墓群发掘中,倚重于小区域内考古学年代框架的建立,构建区域考古学文化谱系。

3. 综合研究相关遗迹。突破墓葬单体研究,注重墓葬与相关聚落、城址以及岩画之间的关系,特别是沿用较长时间的古墓群,勾勒区域内社会生业形态面貌和社会发展脉络。

4. 注重多种文化研究中相互印证。研究金属器物制作技术,小麦、大麦、青稞等种植技术,以及大量动物驯化技术等传播路径,体现古代新疆在东西方交往交流交融中的地位和作用。

5. 注重多人葬中个体间的血缘关系研究。借助 DNA 等分子生物技术对单个墓葬多人葬的个体进行分析,弄清墓葬中成员之间的关系,以及与其他墓葬个体的社会关系等。

6. 地理上将该区域看作绿岛——天山山地系统的一部分。该区域墓葬主要集中于天山山体的山地、山间盆地及山前倾斜平原。地理学家认为,天山山体是荒漠地面上的一个山地自然地理综合体。[①] 通过山间的达坂、河流两岸和山前倾斜地带发现的古墓葬勾勒该区域内丝绸之路网状形态。

五、 结语

塔里木盆地北缘是《汉书》中"北道"所经区域。在史前时期,社会经济的发展为西汉政府在此设立西域都护府治理西域提供了必要的物质基础。两汉时期这里是中央政府治理西域的机构——西域都护府所在地。盛唐时期这里是中央政府治理西域的机构——安西都护府以及"安西四镇"之一焉耆镇所在地。因此对该地区古墓葬的研究是研究丝绸之路北道以及汉唐中央政府治理西域的不可或缺的内容。

本文作者系南京师范大学文博系 2001 级本科生,现工作于新疆文物考古研究所

---

① 胡汝骥:《中国天山自然地理》,中国环境科学出版社,2004 年,第 2—4 页。

丹水县治地望及相关问题考辨

——以考古材料为中心

高庆辉

  丹水县是沟通关中与南阳盆地的城邑要地,具有重要的军事地理地位。因此,其地望向来为研究者所注意。目前关于丹水县治的传统说法,主要以《括地志》所云"故丹城(又作丹水故城)在邓州内乡县(今西峡县)西南百三十里"的记载为基础①,《嘉靖邓州志》和《咸丰淅川厅志》因袭其说,又参考区划建置情况,将其拟定在淅川城(今淅川县老城镇)以西的上白亭保②。《嘉庆重修一统志》记"故丹城"在淅川县西,余略同。③ 之后的《明嘉靖南阳府志校注》与《河南第六行政区疆域沿革考稿》也都采信明清地志的说法。④ 谭其骧先生主编《中国历史地图集》进一步将丹水县治标注在淅川老城西北的大石桥乡⑤,但没有提供支撑其

---

① 唐李泰编撰的《括地志》在南宋即已亡佚,今中华书局点校本中有关丹水县治的记载,主要采自唐张守节在《史记》中的注文。他在注《史记·五帝本纪》"嗣子丹朱开明"中引《括地志》称"丹水故城",又在注《史记·高祖本纪》"至丹水,高武侯鳃、襄侯王陵降西陵"中引《括地志》称"故丹城"。然称"丹水故城"与"故丹城"的意涵实在完全不同,而丹水县在《括地志》编纂前就已被撤废,因此称"故丹城"显然更加合适。今中华书局点校本亦采此说。参见贺次君:《括地志辑校》卷4,中华书局,1980年,第195页。

② (明)潘庭楠纂修:《嘉靖邓州志》卷8《舆地志》,《天一阁藏明代方志选刊》,上海古籍书店影印本,1963年;(清)徐光第纂修:《咸丰淅川厅志》卷1《舆地志》,《中国方志丛书》华北地方第477号,台北成文出版社,1976年,第66—67页。

③ (清)穆彰阿等撰:《嘉庆重修一统志》卷211《南阳府》,中华书局影印本,1986年,第10363页;(清)杨守敬、熊会贞疏:《水经注疏(上)》卷20,《杨守敬集》第3册,湖北人民出版社,1988年,第1263页。

④ 张嘉谋:《明嘉靖南阳府志校注》第3册上,南阳地区史志编委总编室翻印本,1984年,第41页;张嘉谋:《河南第六行政区疆域沿革考稿》,南阳张氏铅印本,1938年,第17页。

⑤ 谭其骧:《中国历史地图集》第1册,中国地图出版社,1982年,第43—44页。

说的佐证。

由于传世文献存在地理认知方面的不足^①，出土材料成为确定古城地望的重要补充，而城址的历史变迁遂成为相关研究中必不可少的内容。徐少华先生认为，《水经·丹水注》（以下简称《丹水注》）所述"丹水县故城"是汉晋丹水城，并推定古黄水为今淇河，遂依据《丹水注》中"丹水县故城"在黄水之前的文本叙述顺序，结合"故丹城"在上白亭保的记载，提出淇河以西的寺湾古城即为"丹水县故城"所在地，北魏丹水城则在丹水、淇河之间的寺湾一带。^② 晏昌贵先生将丹水县分作汉丹水县和汉之后的丹水县，并认为寺湾党岗遗址是汉丹水县——"丹水县故城"的治地所在，而汉以后的丹水县城当不出寺湾至淅川老城的丹水沿岸。^③

但其中论述也有不妥之处。比如丹水县的沿革情况就与诸多史料不合；而徐、晏二文早出，也未及利用近出的考古资料；且在北魏至《括地志》成书的贞观十六年（642 年）的时段内，丹水县本已几经废置，因此，《括地志》所载"故丹城"是否可以直接当作《丹水注》之"丹水县故城"，是存疑的。尽管后来的地理史志有将"故丹城"与秦汉所置丹水县同列"丹水（城）"条下的，但也只是"缉而缀之"，与"故丹城"本身的沿革无关。与此情形类似，陈昌远先生也以《丹水注》为据来推考"故丹城"的位置，不过他主张"故丹城"在淅川老城，并认为"故丹城"若在上白亭保，就处于"内乡县"的正西，而不是西南方向。^④ 然而古代地志对于方位的记录本就不甚精准，西与西北、西南往往并用，其说不确。此外，当代编著的《淅川县治》认为丹水县城在大石桥乡柳家泉村，北魏时迁至今张湾村^⑤，可惜书中未提出令人信服的凭据。还有一些新近著作如《水经注疏补》也提到丹水县城的

① 相关研究可参看蓝勇：《文献与田野三视阈：中古州县治城位置考证方法研究——以唐代昌州治所变迁及静南县治地考辨为例》，《历史地理研究》2020 年第 1 期。

② 徐少华：《〈水经注·丹水篇〉错简考订——兼论古析县、丹水县的地望》，《中国历史地理论丛》1988 年第 4 期。

③ 晏昌贵：《丹江口水库区域古代城址的沿革和地望考述》，《江汉考古》1996 年第 1 期。

④ 陈昌远：《〈上都府箧〉与都国地望考——河南古国史研究之二》，《中原文物》1991 年第 4 期。

⑤ 淅川县地方史志编辑委员会：《淅川县志》，河南人民出版社，1990 年，第 532 页。

位置[①],但也都承袭旧说,而无新的观点。

综上可见,学界关于丹水县治的地望仍旧众说纷纭。不过随着考古工作的开展和新资料的不断公布,已有条件在之前研究的基础上,对丹水县的治地问题作进一步探索。

一、 文献所见丹水县的历史变迁

要考察丹水县治的地望,首先需澄清其沿革变化,这关系出土材料的辨识问题。关于丹水县设立的时间,一般认为是在秦,如《史记·高祖本纪》载秦二世三年(公元前207年),刘邦"引兵西,无不下者。至丹水,高武侯鳃、襄侯王陵降西陵"。《正义》引《舆地志》云"丹水,秦为丹水县也"[②]。《读史方舆纪要》卷51也称:"秦置丹水县,属南阳郡。"[③]据研究,自秦昭襄王元年(公元前306年)至三十五年(公元前272年),秦国曾攻取楚国在丹淅流域、南阳盆地与江汉平原的析、宛、邓、郢,并设置析县、宛县、邓县和南郡。[④] 丹水县作为沟通关中平原与南阳盆地的交通要地,很可能亦在此间被秦占领、设县。

两汉、西晋及南朝宋、齐沿置丹水县,相关史志对此载之甚详。但在丹水县首次的废置时间方面,尚存在不同说法。《丹水注》载:"丹水又迳丹水县故城西南,县有密阳乡,古商密之地,昔楚申息之师所戍也。春秋之三户矣。杜预曰:县北有三户亭……丹水东南流至其县南,黄水北出芬山黄谷,南迳丹水县,南注丹水。"[⑤]可见丹水县治至迟到北魏已经移至别地,然未言明相关之时间。值得注意的是《太平寰宇记》记载:"(丹水)永嘉乱后废。后魏时复置,属顺阳郡。"[⑥]晏昌贵先生认为,丹水县治若废弃于永嘉乱后,就无法解释《宋书·地理志》与《南

---

① (清)杨守敬、(清)熊会贞疏,杨甸宏、杨世灿、杨未冬补:《水经注疏补(中编)》,中华书局,2014年,第748页。

② (汉)司马迁:《史记》卷8《高祖本纪》,中华书局,1959年,第360页。

③ (清)顾祖禹撰,贺次君、施和金点校:《读史方舆纪要》,中华书局,2005年,第2420—2421页。

④ 后晓荣:《秦代政区地理》,社会科学文献出版社,2009年,第274、267—268、396页。

⑤ (北魏)郦道元著,陈桥驿校证:《水经注校证》,中华书局,2007年,第487页。

⑥ (宋)乐史等撰,王文楚等点校:《太平寰宇记》卷142《山南东道一》,中华书局,2007年,第2758页。

齐书·地理志》有丹水县的记载,他据何承天《志》丹水县"魏立"一说,认为丹水县治的废置时间在东汉末三国初。① 这一观点值得商榷。

众所周知,《宋书》是沈约在前人基础上删改、补续而成的。其中《州郡志》乃如胡阿祥先生所言,主要参考何承天与徐爰两家旧本。② 史载何承天《志》止于元嘉二十年(443 年)③,徐爰《志》"讫于大明之末"④。而《宋书·州郡志》所记"大较以孝武大明八年为正,其后分派,随事记列。内史、侯、相,则以升明末为定焉"⑤。但在《永初郡国志》与何承天《志》中,顺阳郡并未领丹水县。⑥ 按,《永初郡国志》反映的是刘宋初年(420—422 年)的政区状况。也就是说,刘宋丹水县是在元嘉二十年(443 年)后重新设立的。从当时的南北局势看,自元嘉二十二年(445 年)始,雍州成为刘宋经略关、河的前线基地⑦,不仅派遣宗王出镇,还割荆州之襄阳、南阳、新野、顺阳、随五郡,促成了雍州的实土化。在之后的元嘉北伐中,刘宋曾两次由雍州发兵进击关中。因此,丹水县的复立应与刘宋经略关中有关,可以借此控制交通要地,强化其对关中的军事部署。

由此可见,丹水县治在永嘉乱后废置的可能性并不能被排除。前揭《太平寰宇记》提及"后魏"也复立"丹水",考虑到《丹水注》有关两座丹水县城的叙述,颇疑刘宋复立丹水县后仍沿用原本的旧城⑧,而后魏当是指北魏,其所设置的应该是新丹水城,时间在太和二十二年(永泰元年,498 年)北魏攻没萧齐沔北五郡以后。《资治通鉴·齐纪七》"永泰元年"条:"三月,壬午朔,崔慧景、萧衍大败于邓城。时慧景至襄阳,五郡已陷没",胡三省注曰:"五郡,谓南阳、新野、南乡(顺

---

① 晏昌贵:《丹江口水库区域古代城址的沿革和地望考述》,《江汉考古》1996 年第 1 期。
② 胡阿祥编著:《宋书州郡志汇释》代序,安徽教育出版社,2006 年,第 4 页。
③ (南朝梁)沈约:《宋书》卷 37《州郡志三》,中华书局,1974 年,第 1126 页。
④ (南朝梁)沈约:《宋书》卷 100《自序》,中华书局,1974 年,第 2467 页。
⑤ (南朝梁)沈约:《宋书》卷 35《州郡志一》,中华书局,1974 年,第 1028 页。
⑥ (南朝梁)沈约:《宋书》卷 37《州郡志三》,中华书局,1974 年,第 1138 页。
⑦ (南朝梁)沈约:《宋书》卷 6《孝武帝纪》,中华书局,1974 年,第 109 页。
⑧ 《晋书》卷 81《桓宣传》载:"庾翼迁镇襄阳,令宣进伐石季龙将李罴,军次丹水,为贼所败。"(唐)房玄龄等:《晋书》卷 81《桓宣传》,中华书局,1974 年,第 2117 页。顾祖禹将此条列在"丹水城"下。(清)顾祖禹:《读史方舆纪要》,中华书局,2005 年,第 2420 页。如果此说不误,则东晋桓宣北伐时,丹水城尚存。

阳)①、北襄城并西汝南、北义阳二郡太守也。"②但因为史料阙如,已经难以确知北魏丹水城的建置详情。可以补充的是,萧梁时因避梁武帝父萧顺之讳,曾改顺阳为从阳,故《南齐书·州郡志》记丹水县隶属从阳郡,《魏书·地形志》则仍记顺阳郡领丹水县。③

丹水县最终废置的时间在唐初。欧阳忞《舆地广记》卷8:"(内乡县)丹水镇,汉丹水县也,属弘农郡,后汉属南阳郡,晋属顺阳郡,后置丹川郡,后周郡废,隋属淅阳郡,其后废焉。"④《太平寰宇记》称丹水县"(隋)大业十三年省。(唐)武德三年再立,七年又废。其城南临丹水"⑤。前揭《括地志》也有"丹水故为县"之句⑥,因此有关丹水县废置于唐初的记载是可信的。

根据以上梳理可知,丹水县治有丹水县故城与北魏丹水城之分,与《丹水注》的记载相合。其中,丹水县故城的年代上限起于秦,西晋永嘉乱后遭到废弃,刘宋元嘉二十年(443年)后又被重新启用。太和二十二年(498年),丹水县没入北魏,北魏别置丹水新城。丹水县最终废置于唐初。但在北魏至唐初的这一时段内,丹水县也曾几经兴废,其间是否发生县治之迁移,由于文献不足征,现已无从稽考。那么,丹水县故城、北魏丹水城位于何处,丹水县故城与《括地志》所述"故丹城"是否存在关联? 在文献记载难以深掘的情况下,要回答这些问题,唯一可行的方法只能是参照相关考古发现。

二、 从考古发现看丹水县治的位置

众所周知,作为丹水县治,其人口密度和土地开发程度相较于县域内其他地区要高。相应地,其遗址所在地及周围一般都有城址、墓葬等类的代表性遗存

---

① 此处"南乡"指"顺阳"。《南齐书·地理志》无南乡郡,只有南乡县。南乡郡在西晋时改称顺阳郡。
　 参见(唐)房玄龄等:《晋书》卷15《地理志下》,中华书局,1974年,第454页。
② (宋)司马光等:《资治通鉴》卷141《齐纪七》,中华书局,1956年,第4420页。
③ (清)钱大昕著,方诗铭、周殿杰校点:《廿二史考异》(附《三史拾遗》《诸史拾遗》),上海古籍出版社,2004年,第423页。
④ (宋)欧阳忞:《舆地广记附札记》卷8,中华书局,1985年,第86页。
⑤ (宋)乐史等撰,王文楚等点校:《太平寰宇记》卷142《山南东道一》,中华书局,2007年,第2758页。
⑥ 贺次君:《括地志辑校》卷4,中华书局,1980年,第195页。

（图一）。有学者认为，丹水县故城在寺湾镇党岗村。[①] 但据公布的资料，党岗遗址其实是汉代遗址[②]，与丹水县故城的历史沿革不符，因此党岗遗址与丹水县故城无关。前营遗址、胡家沟遗址等则是新石器时代、商周时期遗址[③]，情形大致相同。此外，寺湾北面还有一座春秋战国时期的古城，周围散见汉魏六朝时期遗物。[④] 但丹水县治与寺湾古城是否有着必然关联？[⑤] 事实上，从文献记载看，寺湾古城也可能是丹水县西北的三户城。

《丹水注》载："丹水又东南迳一故城南，名曰三户城。昔汉祖入关，王陵起兵丹水，以归汉祖，此城疑陵所筑也。"[⑥]结合前文可知，郦道元认为此"三户城"乃"商州上洛县南三十一里"的汉王陵城，《春秋》之"三户"在丹水县密阳乡。但《水经注疏》已经指出郦氏此注存疑，郦注参考的《荆州记》中并未提到三户城，而《春秋》之"三户"也与密阳乡无关。[⑦]《嘉庆重修一统志》以及杨守敬主张三户城在淅川县西南[⑧]，《嘉庆南阳府志》和《咸丰淅川厅志》进一步认为三户城在县（西）南的淤村保[⑨]。此说影响甚广，杨伯峻《春秋左传注》亦采其说。[⑩] 然该说法颇乏依据。首先，三户城在淅川县西南一说仅见于清代及之后的文献，唐、明代史籍一般将三户城记在"内乡县"西南。如唐李贤在《后汉书》注中提到，三户城"故城在今邓州内乡县西南也"[⑪]。《明一统志》亦载其说[⑫]，《嘉靖邓州志》卷8记三户

---

① 晏昌贵：《丹江口水库区域古代城址的沿革和地望考述》，《江汉考古》1996年第1期。

② 国家文物局主编：《中国文物地图集·河南分册》，中国地图出版社，1991年，第554页。

③ 国家文物局主编：《中国文物地图集·河南分册》，中国地图出版社，1991年，第553—554页。

④ 张西显：《浅说楚都丹阳在淅川》，《中原文物》1983年（特刊）。

⑤ 徐少华：《〈水经注·丹水篇〉错简考订——兼论古析县、丹水县的地望》，《中国历史地理论丛》1988年第4期。

⑥ （北魏）郦道元著，陈桥驿校证：《水经注校证》，中华书局，2007年，第487页。

⑦ （清）杨守敬、（清）熊会贞疏：《水经注疏（上）》卷20，《杨守敬集》第3册，湖北人民出版社，1988年，第1263页。

⑧ （清）穆彰阿等撰：《嘉庆重修一统志》卷211《南阳府》，中华书局影印本，1986年，第10374页；（清）杨守敬、（清）熊会贞疏：《水经注疏（上）》卷20，《杨守敬集》第3册，湖北人民出版社，1988年，第1264页。

⑨ （清）孔传金纂修：《嘉庆南阳府志》卷1《舆地》，《中国地方志集成·河南府县志辑》第56号，上海书店出版社，2013年，第37页；（清）徐光第纂修：《咸丰淅川厅志》卷1《舆地志》，《中国方志丛书》华北地方第477号，台北成文出版社，1976年，第65页。

⑩ 杨伯峻：《春秋左传注》，中华书局，1990年，第1628页。

⑪ （南朝宋）范晔：《后汉书》卷42《任城孝王尚传》，中华书局，1965年，第1444页。

⑫ （明）李贤等撰：《大明一统志》卷30《南阳府》，巴蜀书社，2017年，第1453页。

城在淅川县西①。其次,此说下之注解除提到性质不明的城址外,余下皆是沿袭三户城在"内乡县"西南一说的材料。其三,两部志书既言丹水县城在淅川县西北的上白亭保,又说县西南的三户城即丹水县北之三户亭。互不一致,令人费解。故疑"淅川县"或是"内乡县"之误,因而都将三户城记在西南方向。熊会贞指出,"此三户城在丹水县西北,'北'可以该'西北',与杜预言'县北有三户亭者'颇合,疑此即《春秋》之'三户'"②。这是有关三户城位置中最为接近文献记载的看法。

图一　淅川县丹水北岸遗址、墓葬分布示意图

实际上,《丹水注》等引杜注说"丹水县北有三户亭"的表述也不精准。《春秋经传集解》和《春秋左传正义》均显示杜预注文为"三户,今丹水县北三户亭"③。尽管两者仅几字之别,传达的信息却截然不同。前者只能说明丹水县北有三户亭,后者却直接指明丹水县北之三户亭即春秋时期三户城的所在地。而在确定

---

① (明)潘庭楠纂修:《嘉靖邓州志》卷8《舆地志》,《天一阁藏明代方志选刊》,上海古籍书店影印本,1963年。

② (清)穆彰阿等撰:《嘉庆重修一统志》卷211《南阳府》,中华书局影印本,1986年,第10363页。

③ (晋)杜预:《春秋经传集解:哀公四年》,上海古籍出版社,1988年,第1733页;(唐)孔颖达等:《春秋左传正义:哀公四年》,上海古籍出版社,1990年,第1000页。

三户城位置上,相较于《丹水注》出现前后两座三户城的含糊性认识,魏晋时期的杜预本注显然更具可信度。由此可知,春秋时期的三户城就在丹水县西北,魏晋之际其地设有三户亭,表明仍有一定数量的编户民在此活动。这与寺湾古城和其邻近遗存的年代是能够契合的。进言之,寺湾古城也可能是三户城,而不必然是丹水县治。但目前主流的观点忽略了此种可能性。值得一提的是,《中国历史地图集·秦蜀》将三户城拟定在寺湾镇郭湾与高湾村一带[①],疑其所指与郭湾遗址有关。然而郭湾遗址的性质还不十分明了,一般认为它是龙山时代、商周时期遗址[②],与三户城的发展沿革存在落差,其说存疑。

再看淅川县丹水北岸的墓葬分布情况。为配合南水北调工程,我国调动文博考古界的主要力量支援淅川地区,至今已取得丰硕成果。现有资料显示,淅川县丹水北岸墓葬主要集中在寺湾镇、大石桥乡和老城镇。不过,寺湾镇的夏湾墓群、寺坡崖墓群是汉代墓葬[③],老城镇裴岭墓群、狮子岗墓群的年代在战国两汉,与丹水县的历史沿革不符。唯有大石桥乡,不仅有战国两汉时期的西岭墓群、东湾墓群和张湾墓群[④],还分布有柳家泉汉唐墓群[⑤]、杨营魏晋南朝唐代墓群[⑥]以及大石桥汉晋墓群[⑦]。从这一线索看,汉唐时期大石桥一带的人口聚集和活跃程度明显高于其他地区,大石桥乡更可能是丹水县治所在地。

但要推定丹水县治在大石桥乡何处,还需更为具体的证据。柳家泉墓群的考古发现提示了思考方向。柳家泉墓地的汉唐墓葬,可以按其形制大致分为:"凸"字形砖室墓、刀形砖室墓、长方形和梯形砖室墓三类。[⑧] 其中,"凸"字形砖

---

① 谭其骧:《中国历史地图集》第1册,中国地图出版社,1982年,第43—44页。
② 国家文物局主编:《中国文物地图集·河南分册》,中国地图出版社,1991年,第553页。
③ 南阳地区文化局编:《南阳地区文化志》,南阳地区文化局,1989年,第173页;刘先琴:《河南淅川惊现汉代崖墓》,《光明日报》,2010年1月10日,第4版。
④ 国家文物局主编:《中国文物地图集·河南分册》,中国地图出版社,1991年,第555页。
⑤ 河南省文物局:《淅川柳家泉墓地》,科学出版社,2013年,第12—151页。
⑥ 咸宁市博物馆、河南省文物局南水北调文物保护办公室:《河南淅川杨营墓群发掘简报》,《江汉考古》2015年第1期。
⑦ 甘肃省文物考古研究所、河南省文物局南水北调文物保护办公室:《河南淅川大石桥汉晋墓发掘简报》,《考古与文物》2017年第4期。
⑧ 除这三类外,还发现一座土坑瓮棺墓,但由于数量少,出土器物又不典型,报告中没有过多描述,本文亦不纳入讨论。

室墓除 M14 是南朝晚期墓葬,其余年代在三国至西晋;刀形砖室墓中有 2 座出土刘宋"大明四年作"的铭文砖,其年代在南朝早期;长方形和梯形砖室墓都是南朝晚期至唐初墓葬。报告指出,这几类墓葬之间没有打破关系,平面分布上也互不干涉,各代表着一个历史时期。换言之,柳家泉墓群经历了四个阶段的变化:汉晋时期的持续发展、东晋时期的突然隐没、刘宋早期的逐渐恢复以及唐初以后的彻底沉寂。可以发现,这一兴衰历程与丹水县,特别是丹水县故城的历史变迁正相契合。

不仅如此,柳家泉墓群的墓葬规模也大得多。大石桥墓群和杨营墓群的 30 座汉晋墓葬皆为单室砖墓,其中规模较大者如:大石桥 II M2,墓室长 4.4、宽 2.8—2.86 米;杨营 M42,墓室长 3.8、最宽处 3.3 米。二者面积约为 12.5 平方米。余下墓葬中有 16 座是规格简单、面积狭小的长方形或梯形砖室墓,如大石桥 I M2,砖室长 2.56、宽 0.8—0.88 米,面积不足 3 平方米。[①] 而柳家泉墓群的 33 座汉晋墓葬中,墓室面积在 10 平方米以上的有 18 座,还包括 M15、M67 两座大型双室砖墓。[②] 可见相比于大石桥墓群和杨营墓群,柳家泉墓群的墓葬主人普遍具有相对较高的经济、社会地位,从一个侧面表明这里就是汉晋时期丹水北岸发展程度相对较高的地点,亦即学界苦觅未得的丹水县故城所在地。而西杨营村处于柳家泉村的东南,又是丹水北岸除柳家泉村外发现南朝、唐代墓葬的唯一地点,报告指出杨营墓群的南朝墓葬年代在南朝中期,与北魏丹水城的建置年代相近。这些迹象表明,北魏丹水城很可能就在西杨营村附近。

需要补充的是,由于丹水北岸南朝、唐代墓葬只分布在柳家泉村与西杨营村两个地点,也说明在北魏到唐初的这段时间内,丹水县虽然几经兴废,其县治却未曾移至第三地。那么《括地志》所谓"故丹城"究竟是何处?笔者以为,此"故丹城"也是指丹水县故城。

前面提到,"故丹城"在上白亭保。据《淅川直隶厅乡土志》卷 6 载,上白亭保

---

① 甘肃省文物考古研究所、河南省文物局南水北调文物保护办公室:《河南淅川大石桥汉晋墓发掘简报》,《考古与文物》2017 年第 4 期;咸宁市博物馆、河南省文物局南水北调文物保护办公室:《河南淅川杨营墓群发掘简报》,《江汉考古》2015 年第 1 期。
② 河南省文物局:《淅川柳家泉墓地》,科学出版社,2013 年,第 255 页。

"在城之西北距城自五十里至一百二十余里",又说"城西北五十余里有汉丹水城址"。① 以此道里推算②,"故丹城"在今寺湾镇。但如上所述,寺湾镇虽然多见汉代及之前的遗址、墓葬,却罕见魏晋至唐初遗存,缺乏印证丹水县故城和北魏丹水城沿革的实物材料。颇为重要的是《嘉靖邓州志》中的一条信息:"丹水城,在上白亭保,近鲇鱼崖侧大水泛出有汉灵帝时丹水县丞陈宣功勋碑。"③《肇域志》卷29亦记此事。④ 可见鲇鱼崖也在上白亭保,或者相去不远。而《咸丰淅川厅志》载:"鲇鱼崖,城西三十里。"⑤《淅川直隶厅乡土志》则说:"鲇鱼崖,在城西三十里下白里内。"⑥由此来看,尽管无法确定鲇鱼崖是否在上白亭保,但两者之间的距离断不会有二十里,不然明清代地志也不会以鲇鱼崖附近泛出汉碑一事作为"故丹城"在上白亭保的主要凭证。若此,则上白亭保当在"城西三十里"的不远处。

从相对位置与距离而言,柳家泉村在今老城镇西北三十余里,完全有可能在明代地志提及的上白亭保内。而西杨营村距老城镇约略二十里,已经脱离了上白亭保的范围,隶属当时的张陂保。《咸丰淅川厅志》卷1载:"五岳观,城西北十五里,上张陂保","圣岳观,在城西十五里,张陂保","滔河街,在下张陂保,城西三十里"。⑦ 综上,所谓"故丹城"当为丹水县故城。

不过,既然丹水县治已由丹水县故城迁至北魏丹水城,那么唐初丹水县被撤

---

① 佚名:《淅川直隶厅乡土志》卷6《地理》,北京图书馆藏清抄本。
② 从淅川地区的明清地志看,《淅川直隶厅乡土志》所述上、下白亭保的界线或是以前代地志中个别地点进行推定的结果。如《咸丰淅川厅志》卷1《舆地志·寺观》载:"清泉寺,城西三十里,下白亭保。"同卷《建置志·集镇(旧各店)》:"石庙湾店,在(上)白亭保,去城西五十里。"又《近今集镇》:"白亭街,在下白亭保,城西三十里。"其中"城西三十里""城西五十里",正是《淅川直隶厅乡土志》中上、下白亭保与淅川老城的距离。与此情形相似,徐少华先生也以石庙湾作为上、下白亭保的界线。
③ (明)潘庭楠纂修:《嘉靖邓州志》卷8《舆地志》,《天一阁藏明代方志选刊》,上海古籍书店影印本,1963年。
④ (清)顾炎武:《肇域志》,上海古籍出版社,2004年,第1197—1198页。
⑤ (清)徐光第纂修:《咸丰淅川厅志》卷1《舆地志》,《中国方志丛书》华北地方第477号,台北成文出版社,1976年,第59页。
⑥ 佚名:《淅川直隶厅乡土志》卷6《地理》,北京图书馆藏清抄本。
⑦ (清)徐光第纂修:《咸丰淅川厅志》卷1《舆地志》,《中国方志丛书》华北地方第477号,台北成文出版社,1976年,第78—79、123页。

废后,《括地志》所述"故丹城"似更应指北魏丹水城,而非丹水县故城。对此,较为合理的解释是:在北魏至隋唐的几次政区调整中,丹水县治又从北魏丹水城迁回丹水县故城,到唐李泰编撰《括地志》时,北魏丹水城可能已经废置许久。这应当也是北魏丹水城见载于《水经注》,其后史籍却只字未提的重要原因。

此外,水患是丹水沿岸城址的重要威胁。据《丹水注》记载,晋顺阳郡治酂城在永嘉中被丹水淹没,而兴宁末年王靡之所筑之南乡城,也是"城北半据在水中,左右夹涧深长。及春夏水涨,望若孤洲矣"[1]。由于丹水县故城紧邻丹水,《史记正义》引《括地志》称其"南去丹水两百步"[2],因此也不排除其城遭遇丹水溢毁的可能性。明代地志中提及的鲇鱼崖侧大水泛出汉丹水县丞陈宣碑,可能正是因为丹水县故城浸沉于丹水。

三、结论

总之,根据文献记载与考古发现提供的线索,笔者认为丹水县治在大石桥乡。其中,丹水县故城在柳家泉村,北魏丹水城则在西杨营村附近。寺湾镇虽然发现多处遗址,但分布较分散,遗址年代偏早,大都属新石器时代、商周或者两汉时期。而大石桥一带尽管较少发现早期遗址,但丹水北岸的魏晋南北朝、唐代墓葬基本在这里。寺湾镇多早期遗址且分布松散的特点与大石桥乡多汉唐墓葬且群聚分布的情形,也大致反映出秦设丹水县后,淅川丹水以北沿岸的人口流向与地区发展形势的消长变化。

本文作者系南京师范大学文博系 2013 级硕士研究生、2017 级博士研究生,现就职于江西科技师范大学旅游与历史文化学院

---

[1] (北魏)郦道元著,陈桥驿校证:《水经注校证》,中华书局,2007 年,第 487—488 页。
[2] (汉)司马迁:《史记》卷 8《高祖本纪》,中华书局,1959 年,第 361 页。

东晋溧阳县迁治及相关问题考

王志高

众所周知,秦汉六朝时期的溧阳县域涉及今南京市高淳区、溧水区及常州的溧阳市三地。关于溧阳县治所,目前可以确认者仅知东汉时期在今高淳区固城遗址,而秦、西汉及六朝时期均不知所在。至唐天复三年(903年),溧阳县治由位于今溧阳城西北45里的南渡镇北的旧县村一带迁至今溧城镇(街道)。现在的问题是,溧阳县治是何时因何由高淳的固城镇迁至今溧阳境内?这是高淳、溧阳早期历史上的一件大事,我们需要将这个问题搞清楚。

一、 汉、晋、南朝时期溧阳县建置沿革

一般认为,秦统一全国后,全面推行郡县制,曾以楚平陵邑地改置溧阳县,其辖域涵括今高淳区、溧水区、溧阳市三地,置县年代今人多作秦始皇二十六年(公元前221年)。[①] 汉沿秦制,仍设溧阳县,范围不改。西汉建昭元年(公元前38年),还一度分封梁敬王刘定国之子刘钦为溧阳侯。其子刘毕嗣爵,后因事免爵,复为溧阳县。[②] 溧阳侯国虽仅历两代而终,但其历史过去鲜为人知,值得今后加以关注。

东汉建安末年,孙权废溧阳县,在其西境改设县级屯田行政区,置溧阳屯田

---

① 参见中国人民政治协商会议南京市高淳区委员会编(王志高总纂):《高淳历史文化大成》,南京出版社,2013年,第50页。

② (汉)班固:《汉书》卷15下《王子侯表第三下》,中华书局,1962年,第504页。

都尉,以主导域内大量湖田的开垦。[①] 其主官屯田都尉统管屯田和农桑,兼领民事,集军务、屯务、民事于一身。三国孙吴永安三年(260年),都尉严密围垦丹杨湖田,修筑浦里塘,疑与此相关。[②] 溧阳屯田都尉的设置,既是孙吴建国江东的需要,亦有力促进了当地农业经济的发展,有效保障了首都建业(今南京)的军民粮食供给。

与此同时,孙吴还析分溧阳东境置永平县。[③] 西晋太康元年(280年),晋武帝废除溧阳屯田都尉,复设溧阳县,更永平县名为永世县。晋惠帝永兴元年(304年),又分永世县置平陵、永世两县。平陵县辖域推测主要在今溧阳市西部,或达今高淳区东部。其建置至东晋不改。刘宋元嘉九年(432年),复以平陵县并入永世、溧阳二县。[④]

开皇九年(589年),隋灭陈后废永世县。开皇十一年(591年),割溧阳县之西境、丹阳县之东境新置溧水县。[⑤] 至明弘治五年十二月十八日(1493年1月5日),又正式获准以溧水县西南境7乡72里析置高淳县。[⑥] 此后,溧阳、溧水、高淳三县之建置至清代及民国年间迄无太大改变。

---

① 《宋书》载:"溧阳令,汉旧县。吴省为屯田都尉。晋武帝太康元年复立。"(南朝梁)沈约:《宋书》卷35《州郡志一》,中华书局,1974年,第1030页。关于孙权设置溧阳屯田都尉的时间,文献没有明确记载,《南京建置志》认为或在建安二十六年(221年),姑存其说,以备参考。南京市地方志编纂委员会编纂:《南京建置志》,海天出版社,1994年,第2页。

② (晋)陈寿撰,(南朝宋)裴松之注:《三国志》卷48《吴书·孙休传》,中华书局,1964年,第1158页。

③ 关于孙吴析置永平县,《宋书》《景定建康志》的记载大致相同,"吴分溧阳为永平县",但未载明具体时间。值得注意的是《三国志》卷55《吴书·凌统传》的记载:"父操,轻侠有胆气,孙策初兴,每从征伐,常冠军履锋。守永平长……人夏口,先登,破其前锋,轻舟独进,中流矢死。"同卷《甘宁传》裴松之注引《吴书》曰:"权讨祖,祖军败奔走,追兵急,宁以善射,将兵在后,射杀校尉凌操。"(晋)陈寿撰,(南朝宋)裴松之注:《三国志》,中华书局,1964年,第1296、1292页。按:凌统曾驻守永平长,后于建安八年(203年)从征江夏,被甘宁射杀,故孙吴析置永平县当不晚于建安八年(203年)。

④ (南朝梁)沈约:《宋书》卷35《州郡志一》,中华书局,1974年,第1030页。

⑤ (唐)李吉甫:《元和郡县图志》卷28《江南道四·宣州》"溧水"条,中华书局,1983年,第684—685页。

⑥ 参见中国人民政治协商会议南京市高淳区委员会编(王志高总纂):《高淳历史文化大成》,南京出版社,2013年,第273页。

二、 东晋溧阳县迁治之年代分析

关于汉、晋、南朝时期的溧阳县治，就目前的资料，仅可确认东汉时期在高淳区的固城镇。史载南宋绍兴十三年（1143 年），溧水县尉喻仲远在固城湖滨发现东汉溧阳校官碑，并运置溧水县衙中。[①] 此碑全称是"汉溧阳长潘乾校官之碑"（图一），简称"校官碑"或"潘乾碑"，主要记述溧阳县长潘乾任期内兴办学校、宣扬教化的品行和德政。汉制郡国置学，县学曰校，校官即官立县学，可知此碑系溧阳县属官为颂扬潘乾兴学功绩而立，故原来应立于溧阳县学。

图一 校官碑拓本

---

① （宋）周应合：《景定建康志》卷 20《城阙志一·古城邦》"古固城"条，南京出版社，2009 年，第 483 页；（元）张铉：《至正金陵新志》卷 12《古迹志·城阙 官署》"古固城"条，南京出版社，1991 年，第 385 页。

固城湖滨东汉溧阳校官碑的发现,证明今高淳固城镇是东汉溧阳县治所在地。此城址至今犹存,因城池坚固,俗称固城。城有内、外两重,外为罗城,内为子城。城址规模,各种文献记载稍有出入:《景定建康志》记为"周回七里余,故址尚存,亦名平陵城";《六朝事迹编类》云"高一丈五尺,罗城周回七里二百三十步,子城一百('一百'为衍文)一里九十步";《太平寰宇记》记"(罗)城广二千七百五十步"(按:一里长三百六十步,亦合七里二百三十步);《至正金陵新志》云"高一丈五尺,罗城周七里二百三十步,子城二里九十步";明《嘉靖高淳县志》云"罗城周七里三百三十步,子城一里九十步"。[①] 概而言之,其城高一丈五尺,罗城周长有七里二百三十步、七里三百三十步两说,子城周长有一里九十步、二里九十步两说。

固城城址是南京地区现存规模最大、保存最为完整的汉代城址,已于2013年5月公布为全国重点文物保护单位。根据调查,城址位于固城镇北,南濒胥河,平面呈不规则多边形,分外城和内城两重,均为土筑(图二)。外城周长3 900余米,东西长约1 450米,南北宽约600米。除城南及西南角遭破坏800余米外,其余城垣轮廓大体清楚。保存较好的北城垣城基宽41、残高4—6米,外有护城坡,顶宽25米左右。城垣四面均有豁口,应为城门所在。城内东南高,西南低。北城外的护城壕宽约18米,其他地段城外有环状低田,宽度不等,应是护城壕残遗;内城位于外城中轴线偏西,高于外城地表约4米,平面略呈长方形,南北长190米,东西宽120余米。四周亦环绕护城壕,现已干涸为田,宽约13.5米。根据外城东墙发现的西汉绳纹板瓦、筒瓦和灰砖判断,其修筑时代不会早于西汉,很可能是西汉后期或东汉时所筑。城址内外发现有多处汉代建筑遗迹,如内城东南有一面积约20亩的台形高地,俗称"鸡鸣议事堂",相传是清晨官吏议事之处,其地表散见不少汉代残砖碎瓦和陶片;用于练兵的教场位于外城,面积40多亩,附近曾出土汉代陶器残片和纺轮等遗物;外城内东侧和城外东南角还发现过

---

① (宋)周应合:《景定建康志》卷20《城阙志一·古城邦》"古固城"条,南京出版社,2009年,第482页;(宋)周敦颐:《六朝事迹编类》卷3,南京出版社,2007年,第53页;(宋)乐史:《太平寰宇记》卷90《江南东道二·升州》,中华书局,2007年,第1793页;(明)刘启东、(明)贾宗鲁等纂修:《嘉靖高淳县志》卷3《古迹》"古固城"条,《天一阁藏明代方志选刊》,上海古籍书店景印本,1963年。

10 余口汉代水井,井壁用几何纹砖或板瓦砌成。①

此外,高淳境内以今固城镇为中心还分布有大量的高等级两汉墓葬。② 因为城址中春秋战国时期的遗物多出土于内城及其以西,而内城以东尚未发现汉代之前遗物,故有关专家推测春秋时期吴筑濑渚邑城位于今固城城址内偏西,汉代溧阳县城在旧濑渚邑城基础上向东进行了扩建和改筑。③ 至孙吴时期,高淳境内仍有高淳化肥厂等大型孙吴砖室墓葬(图三)④,而东晋、南朝墓葬则较罕见,且其规模都不太大,故笔者早年推测至少从东晋开始,溧阳县政治中心已不在今高淳境内⑤。

图二　固城遗址北城门豁口

① 濮阳康京:《江苏高淳固城遗址的现状与时代初探》,《东南文化》2001 年第 7 期。
② 江苏省文物管理委员会:《江苏高淳县赵村汉墓清理简报》,《考古》1961 年第 6 期;镇江博物馆:《江苏省高淳县东汉画像砖墓》,《文物》1983 年第 4 期;南京市博物馆:《江苏高淳固城东汉画像砖墓》,《考古》1989 年第 5 期;南京市博物馆:《江苏高淳固城汉墓发掘简报》,《东南文化》1992 年第 5 期。
③ 参见王志高:《春秋时期吴国所置濑渚邑及相关问题浅析》,《南京学研究》第 4 辑,南京出版社,2021 年,第 61—74 页;也有研究认为固城子城之西是濑渚邑城,罗城是在其基础上扩建的汉代城址,但未明确汉代城址的性质,参见濮阳康京:《江苏高淳固城遗址的现状与时代初探》,《东南文化》2001 年第 7 期;还有学者认为周长 1 里 90 步的固城子城是濑渚邑城,参见李蔚然:《金陵邑治所辩》,《南京晓庄学院学报》2000 年第 1 期。溧阳历代城址概况,可参见史毅:《溧阳历代城址概说》,《长江文化论丛》第 9 辑,南京大学出版社,2013 年,第 208—212 页。
④ 镇江博物馆:《镇江东吴西晋墓》,《考古》1984 年第 6 期。
⑤ 参见中国人民政治协商会议南京市高淳区委员会编(王志高总纂):《高淳历史文化大成》,南京出版社,2013 年,第 90—91 页。

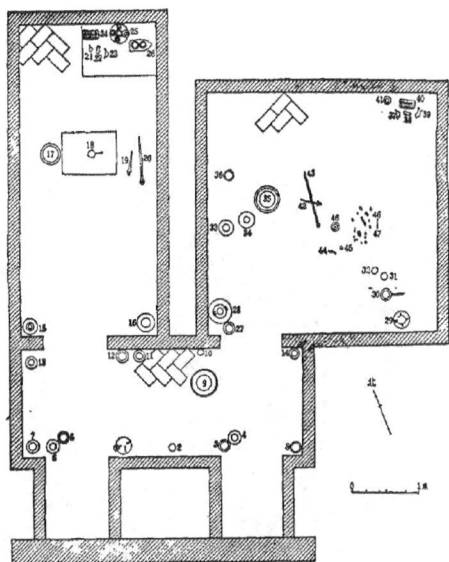

图三　高淳化肥厂孙吴墓平面图

东晋时期的溧阳县治所究竟在哪里？考古发现为我们提供了这方面的线索。1972年10月，溧阳城西北25公里上兴公社（今属溧阳市南渡镇）红旗大队新源生产队附近的果园内发现一座砖室古墓。墓葬为单室结构，砖室全长7.72米，残高1.8米，由墓门、甬道、墓室三部分构成。部分墓砖上有模印花纹及文字，铭文均阳文隶书，有"阳夏县都乡""豫州陈郡溧阳令宁康二年"等字样。墓葬早年被盗，仅出土青瓷碗、陶碗、耳杯、凭几及花形、心形金饰等少量文物，其中最重要的是一方长方形砖刻墓志（图四、图五）。墓志个别文字已遭侵蚀，但大部分可辨，主要内容是：晋故豫州陈郡阳夏县都乡吉迁里驸马都尉、奉朝请、溧阳令、给事中、散骑常侍谢琰，字弘仁，夫人司徒左长史太原晋阳王濛（字仲祖）之女，葬太元二十一年（396年）七月十四日。遗憾的是，涉及墓主姓名的关键两字部分笔画不很清晰，但发掘者仍据残存笔画，以及其籍贯为陈郡阳夏县都乡吉迁里、夫人为司徒左长史王濛之女推断，墓主名为谢琰或谢锬，葬于东晋宁康二年（374年），享年仅20多岁，其夫人王氏葬于太元二十一年（396年）。发掘者认为，《晋书》等文献记载中有一陈郡谢氏谢琰，字瑗度，是东晋名相谢安次子，历任会稽内史、尚书右仆射、护军将军、卫将军、徐州刺史等职。但此谢琰死于隆安四年(400年)五月会稽附近的千秋亭,卒赠侍中、司空,谥忠肃①,其历官、字号均与墓主不同,故应是同名的两个人②。虽然墓主姓名不能最终确定,但据墓志及墓砖铭文,他生前担任溧阳县令的身份则是毋庸置疑的。

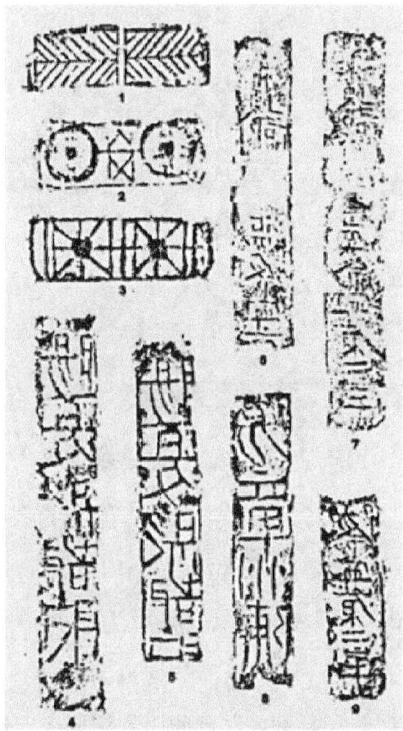

图四　溧阳果园东晋墓出土的铭文砖及花纹砖

一般来说,古代各级官员葬地有在原籍、迁居地、都城附近及官宦地等几种情况。溧阳令谢琰墓在今溧阳市西北一带发现,说明其附近可能为当时溧阳县治所在地。而且,今溧阳城西北的果园、旧县一带确实是六朝墓葬分布的集中地区。又据溧阳县旧志记载,今溧阳于唐武德三年(620年)由溧水县东境析置而来,其早期县治一直在今溧阳城西北45里的旧县,直至唐天复三年(903年)才

① (唐)房玄龄等:《晋书》卷79《谢安传附谢琰传》,中华书局,1974年,第2077—2079页。
② 南京博物院:《江苏溧阳果园东晋墓》,《考古》1973年第7期。

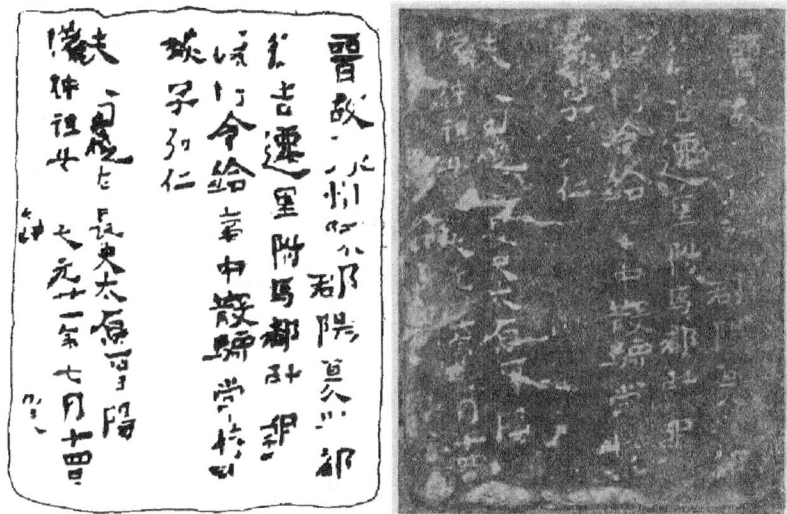

图五　溧阳果园东晋墓出土的砖志

从旧县迁至今溧城镇。① 由此可以推测,东晋、南朝时期的溧阳县治可能已由今高淳固城镇迁至今溧阳市西北南渡镇北的旧县村一带。

那么,东晋时期的溧阳县又在何时迁治?所幸文献中保留了与迁治相关的关键史料。据《太平御览》所录山谦之《丹阳记》记载:"晋车骑将军王舒令其子曰:'甚爱溧阳(原文误为漂阳)县,死则我欲葬焉。'故王死之后,徙县治今处,而以昔解(通'廨')为墓。"②山谦之是南朝刘宋人,他所说的"徙县治今处"指的是南朝刘宋时期的溧阳县治,已在今日溧阳西北的旧县,而迁治时间就是"王(舒)死之后"。下面我们就来分析东晋车骑将军王舒死亡之年代。

按:王舒,字处明,出身豪门琅琊王氏,东晋初年大名鼎鼎的丞相王导和权臣王敦是其从兄。西晋永嘉元年(307年),琅琊王司马睿渡江移镇建邺,王舒亦与家族一同南迁。他先任镇东军事,又出建康补任溧阳令。③王舒出补溧阳令期间的具体事迹,文献没有记载,但可以推定在永嘉末年,且在任时间不会很长。

---

① (清)李景峄等修,史炳等纂:《嘉庆溧阳县志》卷1《舆地志》,《中国方志丛书》华中地方第470号,台北成文出版社,1983年,第29页。

② (宋)李昉等编纂:《太平御览》卷556《礼仪部三十五·葬送四》,中华书局,1960年,第2514页。

③ (唐)房玄龄等:《晋书》卷76《王舒传》,中华书局,1974年,第1999页。

因为此后的西晋建兴初年,他已获任为东中郎将司马绍(后为晋明帝)的司马。东晋建国后,他历任车骑将军司马衷司马、北中郎将、少府、廷尉等职。在其后平定王敦、苏峻的两场动乱中,王舒都立有大功。咸和年间,苏峻攻占建康后,王舒积极响应王导以太后诏谕为名的密令,率先在吴地起兵勤王,以讨伐苏峻,扭转了战争的形势。在苏峻堕马被杀后,他又派兵继续剿灭苏逸等残余力量。苏峻乱平后,王舒因功封彭泽县侯。咸和八年(333年)六月甲辰日,王舒病逝,朝廷追赠为车骑大将军、仪同三司,谥穆侯。[①] 要之,王舒病逝的东晋咸和八年(333年)就是溧阳的迁治时间,从那时起至今1 690年。

三、 秦、西汉时期的溧阳县治问题

需要说明的还有,关于汉、晋、南朝时期的古溧阳县治所在,目前可以确认者,除了东汉、孙吴、西晋、东晋早期治所所在的高淳固城镇,及东晋、南朝治所所在的溧阳西北旧县村,秦、西汉时期均不知所在,颇疑文献记载的高淳境内的皇姥城与此相关。据《嘉靖高淳县志》卷3,皇姥城在“(高淳)县东□□里(据《江南通志》卷30,此处所缺二字应为‘六十’),在大山南,周城五里七步,子城周一里一百一十四步,高、厚皆五尺,有庙,未详,今废”。又有竹城,在“县东南六十里,环二里,高五尺,有庙,未详……今皆废焉”[②]。

关于竹城和皇姥城,最早见载于南宋《景定建康志》卷20:“竹城在溧水县东南七十里,环地二里,高五尺,有庙,未详”,“皇姥城在溧水县南一百一十里,大山南,高五尺,有庙,未详”。[③] 元代《至正金陵新志》卷12亦有记载,关于竹城与《景定建康志》相同,关于皇姥城则更加详细:“在溧水州南一百一十里大山南,高五尺,有庙,未详。城周五里七步,子城周一里一百一十四步,上阔五尺,下八

---

① (唐)房玄龄等:《晋书》卷76《王舒传》,中华书局,1974年,第2001页。

② (明)刘启东、(明)贾宗鲁等纂修:《嘉靖高淳县志》卷3《古迹》,《天一阁藏明代方志选刊》,上海古籍书店景印本,1963年。

③ (宋)周应合:《景定建康志》卷20《城阙志一·古城邦》,南京出版社,2009年,第491页。

尺。"①显然,《嘉靖高淳县志》有关记载都是引自宋、元二志,但内容不及元志详细。《民国高淳县志》又载高淳县东三十里有废寺竹城庵,尚存石像。② 不过其道里、方位有别,应与"竹城"无关。尽管以上地方文献没有说明这两座城址的时代和性质,但其位置明确,可知当时二城虽已毁弃,但遗址尚存。至晚清、民国年间,甚至其位置也不敢肯定了,故《民国高淳县志》卷15推测皇姥城在"(高淳)县东安兴乡(桠溪镇)大山之侧",而竹城"其地亦无考。今按固城渡南有竹城圩,疑即此"。③

北宋著名诗人、溧水知县周邦彦有《竹城》一诗,诗云:"竹城何檀栾,层翠分雉堞。王封尽四堙,同此岁寒节。"说明竹城始建年代至少在北宋之前,且从诗中"雉堞""四堙"的用词看,当时城垣保存尚好,四周应有壕堑。④ 而竹城得名原因,《至正金陵新志》认为"似以有竹名也",所论不虚。至于《民国高淳县志》怀疑竹城在固城渡南之竹城圩,因明代《嘉靖高淳县志》并未见竹城圩之记载,故此说还有待确认。查《民国高淳县志》卷首附"高淳县四境图",在高淳东北安兴乡(今桠溪镇)境内有大山、苦竹山两座山,或许二城就在此两山附近。⑤ 从二城的规模看,竹城较小,周长仅2里,应该属于军事堡垒一类的性质。而皇姥城不仅规模大,且有两重城垣,外城周长超过5里,子城周长超过1里,无疑属于地方治所一类的性质。这两座城池特别是皇姥城有无可能与早期溧阳治所相关呢?希望今后的考古工作能够解决这一问题。

① (元)张铉:《至正金陵新志》卷12《古迹志·城阙官署》,南京出版社,1991年,第388页。
② (民国)刘春堂修,吴寿宽纂:《民国高淳县志》卷14《寺观》,《中国地方志集成·江苏府志辑》第34号,江苏古籍出版社,1991年,第211页。
③ (民国)刘春堂修,吴寿宽纂:《民国高淳县志》卷15《古迹》,《中国地方志集成·江苏府志辑》第34号,江苏古籍出版社,1991年,第220页。
④ 周邦彦知溧水一事,《宋史》本传、《嘉庆溧水县志》和宋强焕《片玉词序》(一作《题周美成词》)均提到是在"元祐癸酉春中",即宋哲宗元祐八年(1093年)。《景定建康志》则进一步指出是在其年二月,绍圣三年(1096年)三月何愈接任,故周邦彦在任三年。(宋)周应合:《景定建康志》卷29《溧水县厅题壁记》,南京出版社,2009年,第728页。在此三年中,周邦彦所作诗词可考者颇多,《竹城》即是其中之一,惟年月不能确定,参见(宋)周邦彦著,罗忼烈笺注:《清真集笺注》,上海古籍出版社,2008年,第654页。
⑤ (民国)刘春堂修,吴寿宽纂:《民国高淳县志》卷首《图纪》,《中国地方志集成·江苏府志辑》第34号,江苏古籍出版社,1991年,第13页。

四、东晋迁治之原因

现在我们将进一步讨论溧阳县治为什么在东晋咸和八年（333 年）由今高淳固城镇迁移至今溧阳西北的旧县村。据前引山谦之《丹阳记》记载，乃因曾经出补溧阳令的东晋车骑将军王舒"甚爱溧阳县"，故在病逝之前遗令其子死后葬此。王舒死后，其子遵令"徙县治今处，而以昔廨为墓"。"徙县治今处"，我们前文已析，是指迁移溧阳县治至溧阳旧县村新址，而"以昔廨为墓"则是指葬王舒于今高淳固城遗址的旧县廨。

以上这个东晋迁治的原因，显然还只是表象，真实的背景或许并不这么简单，我们认为可能与东晋咸和年间苏峻之乱对以今高淳固城为中心的旧溧阳城及周边地区的大规模破坏有关。

史载咸和二年（327 年）十月，执掌东晋朝廷大权的庾亮不顾群臣劝阻，强行征召手拥强兵的历阳（今安徽和县）内史苏峻到建康（今南京）任大司农，借以削夺其兵权。苏峻不从，遂联合豫州刺史祖约共同起兵讨伐庾亮。次年二月，苏峻率乱军攻占建康宫城，纵兵大掠，驱役百官负担登蒋山，又令裸剥士女，仅以破席和苦草遮身，无草者坐地以土自覆，哀号之声，震动全城。四月，温峤、庾亮在寻阳拥立陶侃为盟主，起兵讨伐苏峻。五月，陶侃率四万大军直趋建康。苏峻闻讯，逼迁晋成帝于石头城，以仓屋为宫。被困城中的司徒王导暗中以太后遗诏的名义，密令各地官兵勤王。

于是，吴兴太守虞潭与庾冰、王舒等于三吴举义兵响应。九月，苏峻率众八千出城迎击晋军，因醉仅与数骑突围，于白木陂坠马，为陶侃部将彭世、李千等斩首，脔割之，焚其骨。苏峻余部乃立其弟苏逸为主，死守石头城。第二年二月丙戌日，晋军建威长史滕含以精锐之卒进攻石头城，苏逸等大败。甲午日，苏逸率万余人计划由延陵湖窜逃吴兴境内。次日，扬烈将军王舒之子王允之受父命追袭穷寇，与苏逸大战于溧阳，俘斩苏逸，终于平定了苏峻之乱。[1] 而王允之也因

---

[1] （唐）房玄龄等：《晋书》卷 100《苏峻传》，中华书局，1974 年，第 2628—2631 页。

此功,被封番禺县侯,食邑 1 600 户。[①] 尽管王允之与苏逸大战溧阳的具体地点和有关细节,史籍未见明确记载,但从王允之追击叛将韩晃等于长塘湖(今溧阳市长荡湖)、于湖(今安徽当涂)的线索看,此战事范围至少涉及今高淳、溧阳、当涂三地,而影响最大者无疑是当时溧阳的政治中心今高淳固城一带。[②]

总之,东晋咸和年间的苏峻之乱对溧阳旧县治的大规模破坏才是其迁治的根本原因,而主持迁治的王舒之子应该就是以上文献记载的斩杀叛将苏逸的王允之(字渊猷)。

附记:本文是在 2013 年出版的笔者总纂主笔的《高淳历史文化大成》一书相关词条的内容基础上整理补充而成,其提要曾于 2021 年 12 月 25—27 日在溧阳市万豪酒店召开的"溧阳地域文明探源论坛暨六朝考古学术工作坊第四期"上交流讨论。本次又在 2021 年会议发言稿基础上修改完善,其间得到高庆辉博士协助,特此致谢!

本文作者系南京师范大学文博系教师

---

① (唐)房玄龄等:《晋书》卷 76《王舒传附王允之传》,中华书局,1974 年,第 2002 页。
② 参见中国人民政治协商会议南京市高淳区委员会编(王志高总纂):《高淳历史文化大成》,南京出版社,2013 年,第 88 页。

南通历代佛寺初探

魏睿林

　　佛教，与伊斯兰教、基督教并称世界三大教，自汉代开辟西域后传入中国，初时被视为神仙方术的一种。经过与道教、儒教的碰撞与融合，在漫长的本土化进程中逐渐成为一种具有鲜明中国特色的宗教，也成了中国传统文化中不可或缺的一部分。东汉永平十一年(68年)，明帝因天竺僧人用白马驮经来华，为其修建了中国第一座官办佛寺——白马寺。自此，佛教在中国拥有了专门活动场所。白马寺中的"寺"之名来自"鸿胪寺"这一负责接待外宾的官署，也是天竺僧人来华后入住之地。隋唐以后，"寺"的官署含义越来越弱，最终演变成佛教建筑在中国的专用名称。[①]

　　佛寺是佛教在物质形态上的体现，也是佛教的重要载体和传播发展之地。一般而言，凡是供奉佛像、舍利且有僧侣信众进行宗教活动和居住的处所均可定义为佛教寺院。本文探讨的佛寺主要是指今南通市境内(包括崇川区、通州区、海门区)历代以来修建的汉传佛寺建筑。

一、 南通佛寺发展概况

　　南通地处东南沿海，境内成陆最早的西北部为扬泰岗地的外缘，5 000多年前就有人类活动。但其余地区大多为近2 000年间海中沙洲逐步涨接而成。今

[①] 唐房玄龄等撰写的《晋书》卷95《艺术·佛图澄传》载王度上石虎奏章曰："佛，外国之神，非诸华所应祠奉。汉代初传其道，唯听西域人得立'寺'都邑，以奉其神，汉人皆不出家，魏承汉制，亦循前规。"(中华书局，1974年，第2487页)可见"寺"作为供奉祭祀佛像的功能。

南通市区一带直至南朝齐梁年间(479—557年)才形成陆地,史称"胡逗洲"。唐武德年间(618—626年)方有"流人"生活于此,以"煮盐为业"。与南通城市形成的历史相比,佛教传入南通的时间并不算晚。

据传,被隋炀帝赐为"智者大师"的智顗,作为中国佛教天台宗的创始者,在隋开皇十一年(591年)应邀赴扬州参加千僧会时,曾途经如皋,并创建了定慧寺。[①] 这也是南通大市境内第一座有记载的寺院。可见至少在隋之前,南通就已经具备了一定的佛教基础。

唐代,高僧僧伽在江淮一带弘法布道,传闻唐总章二年(669年),僧伽来到狼山传法建寺,也就是今天狼山上的广教寺。因此,僧伽也被奉为广教寺的开山祖师。唐天宝年间(742—756年),扬州大明寺高僧鉴真第五次东渡日本,因遇风浪曾滞留在狼山弘法。《唐大和尚东征传》记载,鉴真于天宝七年(748年)过狼山:

> 六月二十七日,(鉴真)发自崇福寺,乘舟下至常州界狼山。[②]

《入唐求法巡礼行记》记载,唐开成三年(838年),遣唐使日僧圆仁入唐求法,是从今南通如东掘港登陆,在国清寺居住并与寺内众僧交流佛法。[③] 唐咸通年间(860—874年),僧人藻焕堂创建了天宁寺,初名光孝寺,位于今南通市区一带,天宁寺的建造比南通城的创建还要早一百多年。

唐末五代,因战乱斗争,佛教受到较大冲击。但南通地区由于地处偏僻沿海之地,没有大的战乱,佛教仍得到了一定程度的发展。

南通佛寺发展的鼎盛期是明至清初。明代不仅重修了大批被损毁或自然坍毁的佛寺建筑,还因为僧侣享有税赋、差役减免的政策,大量民众私自剃发、购买度牒。至明朝晚期,仅南通军山上就有寺房数千间,寺院几十座。整个南通地区"僧徒之众不下几万人",庙宇"大小私砌者凡八百所"。但是《万历通州志》也表明:

> 佛老之徒,圣世所弗容也。缁黄之说,君子所弗道也……故寺观微妙

---

① (唐)释道宣:《续高僧传》卷17,(梁)慧皎等撰:《高僧传合集》,上海古籍出版社,1991年,第246页。

② [日]真人元开:《唐大和尚东征传》,中华书局,2000年,第62页。

③ (唐)圆仁:《入唐求法巡礼行记》,广西师范大学出版社,2007年,第6页。

矣,亦载志中。[①]

可见虽有大量佛寺兴起,但佛教仍不是官方倡导的主流思想。南通地区的佛寺也极少为官办佛寺,大多还是由僧人和民众私人募捐而成的地方性寺庙。其运营及僧众生活所需等皆依赖当地信众,经济来源较为简单,如募资购买田地以供养僧人等。目前发现的佛寺碑文中亦有捐购"寺田"的记录。《通州兴化教寺新置佛灯油田碑记》载:

> 凡招提之有田,田为皈依者常住之所需,此曰佛灯油田者何? 盖做五灯相传之义而设为灯供,历昼夜当□□灯以量油之所费成计之铢也,有田则有常供矣……足价银柒拾两,系善男子顾智量所鬻。[②]

另外,《都司堂山田碑记》也记载:

> 盖闻此庙自乾隆己卯年创建,虽有住持,实无山田。香火之费,曷以绵绵……共买顾万礼楼子港中田叁千贰百柒拾伍步……自施之后,田系山田,不得私自荡费。[③]

而这些佛寺在古代城市生活所承担的功能角色亦较单一,如作为短期的居所和聚会之地、依托优美风景形成游览胜地、作为庙会赶集的村镇商业中心等。

清朝晚期,南通佛教呈衰败态势,尤其是自"同治之乱"起,在救亡图存的急迫形势下,佛教几乎被视为无用之物,南通禅门仅有临济和曹洞二宗延续。清光绪二十四年(1898年),清廷更是决定废庙兴学,将众多佛寺建筑改为他用。民国初期,中国早期现代化的先驱、缔造了近代南通的张謇对佛教颇为关心,从清末提倡庙产兴学到民初佛学复兴开始以在家居士的身份礼佛、修复寺院、鼓励佛法入世,对南通佛教的发展提出了诸多合理的改造建议。

新中国成立后,出于对佛寺建筑的保护开发与利用,对较为有名的寺庙进行扩建,较小或知名度较低的寺庙则听之任之,缺乏全面系统的统计与规划。1958年的

---

① (明)林云程、(明)沈明臣等:《万历通州志》卷5《寺观》,上海古籍书店天一阁藏明代方志选刊影印本,1963年,第296页。
②《通州兴化教寺新置佛灯油田碑记》拓本。
③《都司堂山田碑记》拓本。

"献庙""献堂"政策对南通佛寺和佛教都造成了极大的冲击,至 1984 年后才有了一定程度上的恢复。据统计,1987 年,南通大市正式开放的寺庙有 20 座,念佛堂和活动点有十多处,在寺僧尼有 373 人。[1] 2005 年,南通大市佛教活动场所有 148 处,在寺僧尼有 589 人。2018 年,经政府批准的佛教宗教活动场所有 97 处。[2]

二、 历代所建佛寺的数量和分布

(一)南通境内古寺旧庵

南通境内历代以来建造的佛寺繁多,但随着时间的推移、史料散佚,许多佛寺甚至未曾留下任何只言片语就已经被湮没于历史的长河中。据笔者目前搜集到的各类史料统计,今南通市境内自唐代始建佛寺到新中国成立前,先后出现过 257 所佛寺庵堂(表一)。

当然,真实的数量应不止于此。民国年间张謇所撰《重修兴化禅寺记》云:"志所载,一州大小寺观,四百七十所是也。"[3]这一数字可能为虚指,但也表明了古代通州境内佛寺数量之多。期待在后续的工作能有更多发现。

表一　南通市境内历代有名可录的佛寺一览表

现所在区	佛寺名称
崇川区	始建于唐:慈航院(广教寺)、光孝寺(天宁寺)、太平寺; 始建于宋:兴化教寺(西寺)、福田禅寺、兴国禅寺(东寺)、地藏殿; 始建于五代:青莲庵(后梁); 始建于明:五福寺、军山普陀别院、普贤寺、乃粒庵、振秀阁、宋兵庵、水月阁、镇海寺、静业庵(宝峰庄)、世灯庵、慧光楼(济善堂)、法轮寺、紫薇院、逸斋庵、祭祀坛、东望江楼、惠民坊、佘佛寺、千佛寺、州城东北街观音堂、碧云阁、碧霞元君阁(福田寺)、罗汉院(西净庵)、西净院、洞一庵、闻自庵、光草庵、慈航庵、接引庵、慧觉庵、旭半庵、灵新庵、幻著庵、水观庵、浮杯庵、一枝庵、水月庵、法空塔、六和塔、玄帝殿、回龙庵、吉祥庵、观音大士院、大圣殿、江海神殿、朝阳庵、堰头庙;

① 南通地方志编纂委员会:《南通市志》下册,上海社会科学院出版社,2000 年,第 2426 页。
② 南通地方志编纂委员会:《南通市志:1983~2005》下册,中华书局,2014 年,第 2009 页。
③ (清)张謇:《重修兴化禅寺记》,张孝若编:《张季子九录·文录》卷 4,上海书店影印版,1991 年,第 94 页。

现所在区	佛寺名称
崇川区	始建于清:大悲庵、延寿庵(通明宫、龙华禅院)、法华庵、准提庵、白衣庵、川至庵、梵行庵、福慧庵、福兴庵、法聚庵、文峰阁、福音堂(三座)、王灵官殿(二座)、将军巷观音堂、文殊院、都司堂; 始建于民国:唐闸居士林、南通居士林、牟尼阁、弥勒院、马鞍山圆觉精蓝; 建年不详:松贞庵(净宝庵)、城西观音堂、城南观音堂、马家区观音堂、冯家园观音堂、三官殿、文殊院(药师庵)、放生庵(万寿庵)、井栏庙、群家庙、大势至庙、八和尚庙、清凉庵、鸠柴庵、善应庵、三明庵、崇报禅院、世灯庵、延寿阁、吉祥庵、柏紫庵、七佛庵、法华社、利民坊、德通庵、净居庵、三妙庵、拱山庵、白云庵、水云庵、净居庵、普利庵、圆通庵、元丰庵、海云庵、碧霞庵、翠屏庵、兴兴庵、石悟庵、护生庵、云泉寺、弥陀庵、万寿庵、遂善庵、火星佛殿。
今通州区	始建于唐:永德庵、石港广惠寺、三禅广惠寺、西禅寺、东岳庙; 始建于宋:天竺山禅寺、慈云寺、丰利寺; 始建于明:南山寺、大悲阁、普昭寺、大慈阁; 始建于清:白龙禅寺、五印庵; 始建于民国:禹稷寺、香光莲寺; 建年不详:跑灶庙、灶君庙、黄堰湾观音堂、永兴乡观音堂、西城乡观音堂、金沙场观音堂、石港场观音堂、文峰阁、北极阁、柏子林、准提庵、法华庵、普济庵、真静庵、回觉庵、西来庵。
今海门区	始建于唐:开福寺 始建于宋:太平山庙、绍隆寺; 始建于明:佑圣院、法轮寺、法光寺、天佛寺、四甲庙、会圣寺、七佛楼、东岳庙、七佛楼; 始建于清:海宁寺、静修庵、宝光寺、法华庵、关帝庙、关岳庙、慈仁寺、广福寺、竹林寺; 建年不详:会圣寺、定海山庙、牧童山庙、三甲庙、十甲庙、九甲庙、八甲庙、五甲庙、复兴寺、大皇庙、大圣殿、同缘寺、开福寺、净莲寺、上真殿、大王庙、火星殿、王家庙、南楼、关帝庙、七佛楼、王灶庙、竹林庵、旰庙、沈灶庙、大悲殿、弥陀山、北三官殿、靖庆寺、海山庙、三甲庙、京邗寺、普提庙、登记庙、西安寺、唐灶庙、曹家佛堂、三圣庙、七甲庙、六甲庙、大圣庙、华王庙、通海寺、安庆寺、土地堂、道教庵、东林寺、竹林寺、佛成寺、净土庵、静修庵、西方院。

(二) 兴建与毁废

从建造时间上看,南通历代所建的佛寺最早起于唐代,明朝进入建寺爆发期。

明朝南通佛寺发展迅猛,其原因大致有三。一是政治考量。明朝统治者鉴于元朝对藏传佛教崇拜产生的流弊转而支持汉传佛教。曾当过数年僧人的明太祖朱元璋也对佛教有特别的感悟,故而提倡支持佛教的发展。此外,明朝也建立了较为完善的管理僧众与佛寺的制度法令,并配套设有僧籍制度。二是经济基础。虽然明朝限制寺院占有大量的土地,但不少寺院还是通过信众施舍、僧人募化及购买等方式扩充寺田。此外,由于明朝南通土布业兴盛,商业的繁荣为佛寺的存在和发展打下了坚实的基础。三是人口因素。人口增多,城市外扩发展。民众对佛教信仰的需求旺盛,故而新建、扩建或重修了大批佛寺等佛教活动场所。

不过,《明嘉靖海门县志》也曾特别提及"缙绅家多行文公礼不作佛事"[1]。一是表明当时佛教的兴盛,做佛事已是普遍现象,体现了佛教文化在人们生活中的渗入及影响。二也说明当时统治者对佛教的管理与限制及儒学这一主流思想对佛教的排斥冲击。

当然,在漫长的历史过程中,南通寺庵一方面在兴建和维修,另一方面也在不断被损毁。其原因大多为自然因素,或是木质结构易燃而毁于火,或是年久失修风雨侵蚀而坍塌,还有今海门区在清代曾一度淹没于海,佛寺也随之不存。而人为因素主要是战乱,如明朝中后期,南通饱受倭寇侵扰之苦,在与倭寇斗争中佛寺建筑被损毁。还有抗战时期,南通遭遇日军及国民党军队轰炸,大量建筑被拆毁。"文革"期间也有大量佛寺内的佛像、法器、文物被损毁,失踪。可以说,南通境内历代的佛寺古建经多次浩劫,已经千不存一。目前仅南通天宁寺、广教禅寺、太平兴国教寺、文峰塔、静业庵(今南通风筝博物馆所在)、兴化禅寺等有些许遗存。

(三) 空间分布特点

纵观各时期南通佛寺的分布可见,南通市所建的佛寺有很大一部分是位于

① 海门市地方志编纂委员会:《海门县志》卷38《宗教》,江苏科学技术出版社,1996年,第944页。

当时的盐场。这与南通早期的支柱产业——盐业是分不开的。南通本身就是海中沙洲逐渐涨接而形成,自古以来就是天然的产盐场所。"州上多流人,煮盐为业",可以说煮盐是南通最早的生产产业。今南通境内金沙、西亭、石港、四甲等地皆沿海而被择为盐场。盐业的兴盛使南通逐渐人丁兴旺,渐成聚集,且极度依赖天气、风浪等自然因素的盐业也促使人们对佛教等宗教信仰更加虔诚,精神需求随之增多。光绪年间《通州直隶州志》中所绘石港场等六张地图内就标注了部分佛寺的位置。

图一　石港场部分佛寺位置图
(据《光绪通州直隶州志》卷首图《石港场图》所绘)[①]

　　除盐场外,南通佛寺大多还选址于沿河地带,如海门区的开福寺、法轮寺等。南通城周边的佛寺也大多选址于护城河濠河两侧。如东北濠河北侧的静业庵、东南濠河侧的五福寺等,这皆因南通拥有发达的水系与便利的水路运输条件。选址于河边可便于信众游人朝拜往返,在古代亦是便捷的取水生活之地,与水相映,塑造出生机勃勃的环境和佛境虚幻的气氛。[②]

---

① (清)梁悦馨等修,(清)季念诒等纂:《光绪通州直隶州志》卷首图《石港场图》,成文出版社有限公司影印本,1970年,第42—44页。
② 王建成、雷会霞:《我国佛寺与城市空间关系发展演变研究》,中国城市规划年会会议论文,2012年。

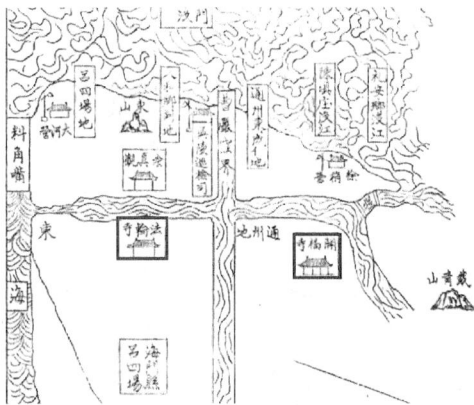

图二　法轮寺、开福寺位置图
（《万历通州志》海门新旧县志总图）

　　不过,南通佛寺聚集之地还是在山林之中。如今南通最大、香火最旺的广教寺就是位于南通狼山。唐代狼山山脚建有慈航院,以佑来往船只的平安。唐宋时期,又以慈航院为基础新建了山门、大雄宝殿、方丈室等,逐渐形成了如今的广教寺。[1] 除狼山外,军山、马鞍山、剑山、黄泥山等也都有大小不一的寺庵分布,可以说是南通佛寺的聚集之地。在南通城北,明嘉靖、隆庆年间由人工堆筑而成的钟秀山,亦称"北土山",其上也建有福田禅寺等寺庵。选址于秀丽山林中,不仅有利于营建优美的景观吸引游人,更适合僧侣参禅修行。

　　值得一提的是,在明万历扩建通州城前,南通城内的佛寺仅有天宁寺一座,"在州西北隅"[2]。其实,天宁寺的建造时间比南通城的营建还早100多年,南通地区一直有"未有城、先有寺"之说。可见,除了已有的天宁寺,南通城在规划中并未预留其他佛寺的位置。这也许是因为南通地处东南沿海,佛教至隋唐方开始兴盛,故北方长安等地在汉末至南北朝时期兴起的"舍宅为寺"等风气未曾传入南通;亦可能是古代南通城池面积较小,在已有衙署、书院、文庙、武庙、城隍庙、市街、民居等建筑后,无法再为佛寺预留;抑或因佛寺选址大多遵循静修奥

---

[1] 南通市地方志编纂委员会办公室编:《五山志》,江苏人民出版社,2011年,第181页。
[2] （明）陈沂撰,（明）闻人诠修:《南畿志》卷31《郡县志》28《方外》,书目文献出版社,1991年,第1440页。

义,力求远离世俗喧嚣。明万历二十六年(1598 年),为避倭祸、护佑百姓、方便驻扎军队等,南通城以原南望江楼为南门扩建了新城区。至此,南濠河成为城内之河,原南门"澄江门"外的兴国寺、兴化禅寺等才被纳入城内。①

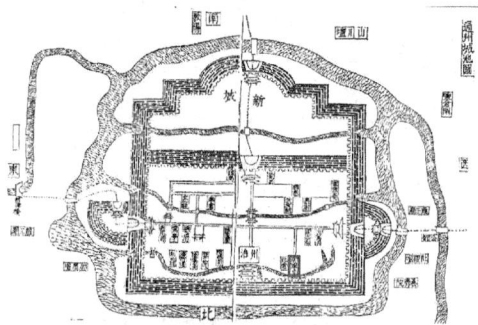

图三　天宁寺位置图
[明万历二十三年(1595 年)《扬州府志》通州城池图]

城外佛寺多位于距民居聚集较近之地。一是佛寺的存在与发展需要信众,故不可太过偏僻。二是佛寺建筑需要较大空间进行布置。据今南通观音山太平禅寺藏清乾隆十九年(1754 年)邑人张章及其子张新铎所立之残碑云:"通郡有九寺,城东观音山古名太平寺,其一也……庙宇之翰筑、林树之荫蘙、人口之繁衍,岂唯村镇驻锡难以媲美;即城市古刹不堪比肩,洋洋乎大观也。"②可见太平禅寺选址于城东观音山一带大规模营建庙宇时的繁荣景象。若是选址于城内,定无此广袤之地。

综上,在空间选址上,南通地区佛寺大多聚集于山林之上。尽管南通为沿海平原地带,山丘较少,但南五山及人工土筑的钟秀山、天竺山等均有寺庵聚建。其次多选河海附近交通便利之地,方便建材运输、信众往来、僧众生活等。此外,位于南通城内的佛寺极少,大多选址于城外村落民居聚集之地附近,既可有开阔空间安置建筑亦方便信众参拜。

---

① (明)陈沂撰,(明)闻人诠修:《南畿志》卷 31《郡县志》28《方外》,书目文献出版社,1991 年,第 1439 页。
② 南通佛教网:《南通太平禅寺史》,南通佛教网站,2018 年 7 月 28 日,http://www.ntfjw.com/nd.jsp?id=594。

三、 南通佛寺发展现状与特色文旅开发初探

据不完全统计,截至 2012 年,国内登记在册的佛教寺院有 3.3 万余座。[①] 佛教旅游不仅资源丰富,前景也大有可望。如何充分开发提升南通佛教资源,找出发展痛点难点,打造市场知名度高、受欢迎的产品,使其能更好满足游客需求,以此提高南通文旅吸引力和竞争力,是当下亟待解决的问题。

（一）南通现存佛寺资源及特征

目前南通市内对外开放的佛寺有 57 家（表二）。该数据主要来自中国佛教协会登记表单、南通市各区佛寺统计及笔者的实地考察所见。除表内所列外,南通境内亦有不少暂未登记的小寺、庵堂、居士林等佛教活动场所,下文暂不将其纳入讨论范围。

表二　南通市目前登记在册且对外开放的佛寺一览表

序号	现所属区位	寺名	位置	创建时间	备注
1	崇川区	广教禅寺	狼山镇 188 号	唐总章二年（669 年）	原名慈航院
2	崇川区	天宁寺	中学堂街 11 号	唐咸通四年（863 年）	僧藻焕建,旧名光孝寺,有光孝塔五级,宋政和中赐额曰"大雄之殿"。淳祐中郡人印应雷奏改今名,明天顺元年僧法恩募修
3	崇川区	太平寺	观音山街道太平南路 198 号	唐咸通七年（866 年）	原名观音庵,亦称雁沙寺,有残碑,乾隆十九年（1754 年）邑人张章所立,载唐懿宗颁召敕建太平寺

[①] 中国佛教协会:《中国佛教协会简介》,中国佛教协会网站,2017 年 7 月 14 日,https://www.chinabuddhism.com.cn/e/action/ListInfo/? classid＝540。

序号	现所属区位	寺名	位置	创建时间	备注
4	崇川区	兴化教寺	西寺路与健康路交叉口	宋乾道元年(1165年)	在州城南一里。又名西寺,宋乾道元年建,元至正十八年(1358年)毁,明洪武十五年(1382年)重建,设僧正司于此,嘉靖中复毁,康熙十八年(1679年)修。有顾懋贤撰《通州兴化教寺新置佛灯油田碑记》、江一山撰《重建兴化寺装塑佛菩萨像碑》、民国十年(1921年)《重修兴化禅寺记》等。现为南通市佛教文化馆
5	崇川区	五福寺	三元桥东	明万历四十六年(1618年)	原名文峰禅院,州东南濠河侧。由张元芳创建,西南有文峰塔五级,郡人白文粹建,嘉庆中郡人孙士俊修,改今名
6	崇川区	福田禅寺	育爱村十六组29号	宋	又名钟秀山寺、碧霞元君阁,明隆庆三年(1569年)续修。民国十一年(1922年)改今名,现为南通市烈士陵园
7	崇川区	普贤禅寺	唐闸镇街道新园村17号	明	相传隋末曾建大殿"金銮宝殿",唐高宗四川峨眉僧人拜见僧伽大师曾宿于此殿,亦称峨眉山大殿。宋真宗二年(999年)定为普贤寺,明代建寺庙时规模较大,后几经修缮,是全国八小峨眉之一,有赵朴初亲笔题名

续表

序号	现所属区位	寺名	位置	创建时间	备注
8	崇川区	观音禅院	狼山北麓	明万历年前	原名观音大士院,民国三年(1914年)张謇修观音禅院
9	崇川区	军山普陀别院	山水路	明	有董其昌撰明崇祯二年(1629年)《军山普陀别院碑记》
10	崇川区	剑山文殊院	剑山路1号	明	原名药师庵,民国十五年(1926年)张謇改建题楹联"无慧剑,有慧剑;非灵山,即灵山",2000年重修
11	崇川区	延寿庵	延寿巷13号	清康熙六十一年(1722年)	又称通明宫、龙华禅院
12	崇川区	崇福禅寺	钟秀街办中心村(中新二路)		南通市佛教居士林,惯称"老和尚庙",张謇书:"崇川福地。"
13	崇川区	刘雀观音堂	荣盛路67号		
14	崇川区	福德禅院	三桥社区六组		
15	崇川区	翰林禅寺	钟秀街道生建村二组		
16	崇川区	井栏庙	钟秀东路31号		
17	崇川区	隆福禅寺	城北大道与瑞安路交叉口		
18	通州区	广慧寺	石港镇广慧路	唐咸通六年(865年)	传为李世民所建之行宫,"通州九大寺"之一
19	通州区	西禅寺	西亭镇西禅寺村4组	唐咸通年间	后殿仍存
20	通州区	天竺山禅寺	兴东街道杨世桥村5组	南宋理宗宝庆三年(1227年)	据《通州志》载,文天祥逗留南通期间常拜访天竺山禅寺
21	通州区	慈云寺	东社镇银杏村3组	北宋年间	原名唐洪灶庙,位于古金沙场煎地唐洪灶

序号	现所属区位	寺名	位置	创建时间	备注
22	通州区	南山寺	盆架桥村3组金桥路	明	以药师佛为尊，以琉璃净土为宗，始建于明朝，清嘉庆重修，80年代中期将金沙双皮桥头总庵更名为南山寺，1994年选址开发区盆架桥村易地南迁，2006年易地扩建
23	通州区	南山庙	人民东路	明	原为道观，五帝观，明代建筑前殿、中殿和部分附属用房保存下来，惯称南山寺。1949年道士还俗，佛教信众对殿宇修缮整理改为佛寺，即今南山寺下院
24	通州区	普昭禅寺	兴仁镇太阳殿村29组	明末清初	仍存明代青石狮一对
25	通州区	白龙禅寺	东社镇白龙大道	清同治十一年（1872年）	2006年重建
26	通州区	禹稷寺	通州湾示范区三余镇三兴路	民国十四年（1925年）	2006年移入江谦故居
27	通州区	香光寺	二甲镇新市村4组	民国二十二年（1933年）	原为地方信士创建的居士林
28	通州区	西社寺	金沙镇平桥镇村56组	始建时间不详，1983年恢复	
29	通州区	白衣庵	高新区复兴村8组	1993年	
30	通州区	观音庵	平潮镇平西村48组	2002年增设	
31	通州区	江心寺	五接镇开沙岛	2002年增设	
32	通州区	普陀寺	十四总东路		
33	通州区	东五里庙	东城公路与九总路		

序号	现所属区位	寺名	位置	创建时间	备注
34	通州区	双林庵	朝霞东路		
35	通州区	接引庵	平潮镇颜港村36组		
36	通州区	弥勒净寺	平潮镇赵甸居8组		
37	通州区	福兴寺	东社镇新街村7组		
38	通州区	十总大圣寺	双墩村3组		
39	通州区	大圣禅寺	油港村六组		
40	通州区	灵峰寺	先锋镇三圩头村通甲路16号		
41	通州区	贞洁院	金沙镇七房桥村8组		
42	通州区	三圣寺	刘桥镇慎修村测震7组		
43	通州区	福慧寺	桃园村		
44	通州区	普缘寺	刘桥镇渔场村14组		
45	通州区	江海禅寺	石港镇江海村		
46	通州区	东岳庙	新地北路		
47	通州区	群家庙	兴仁镇戚桥村27组		
48	通州区	玉佛寺	四安镇酒店居委会		
49	海门区	太平山寺	包场镇河塘村25组	宋	供奉观音,2010年开始重建
50	海门区	绍隆寺	正余镇桥闸村6组	始建时间不详	原名王灶庙,沿海渔民、灶民为祈求佛祖皇岸护佑,遂在岸头修建王灶庙,元代英宗至治元年(1321年),易地重建,更名为绍隆寺

续表

序号	现所属区位	寺名	位置	创建时间	备注
51	海门区	天佛寺	悦来镇	明嘉靖四十一年(1562年)	原名红庙,清乾隆年间更名。"文革"期间被拆除,2016年恢复重建
52	海门区	法光寺	余东镇城河路1号	明万历年间(1573—1620年)	原为吴氏宗祠。东岳庙是其中的天王殿
53	海门区	开福寺	富江路、北海路	明代	
54	海门区	海宁寺	大港路、苏州路	清嘉庆四年(1799年)	2001年复建
55	海门区	静修庵	余东镇殷忠村	清道光十五年(1835年)	原名王家庙,由俞家宅和王家宅的群众共同出资建造
56	海门区	宝光寺	四甲镇四甲村	清初	内有宝光寺古井
57	海门区	兴隆寺	四甲镇货隆村		

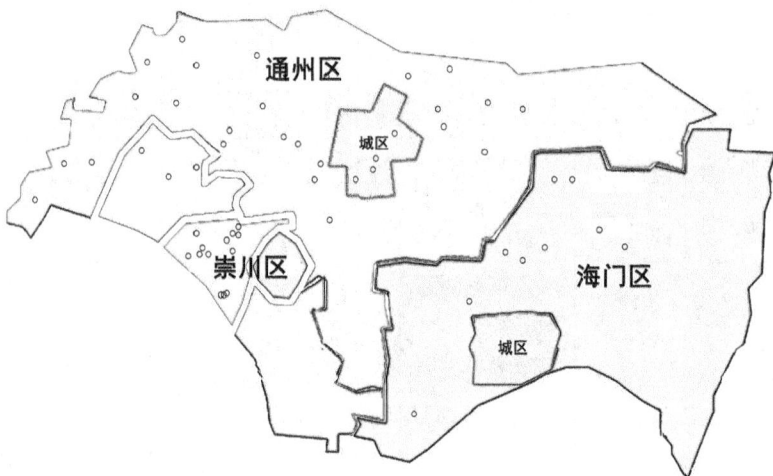

图四　南通市目前对外开放的佛寺点位示意图

南通目前对外开放的佛寺有以下5个特征。

1. 分布较为分散,且多为单体建筑或建筑群,集中分布的很少。市区有17

座,通州区有 31 座,海门区有 9 座,这些佛少有相邻。

2. 除广教寺、南山寺等少数佛寺外,其余佛寺规模较小,寺内建筑亦规格不大。

3. 佛寺建筑保存不完善,目前多为 2000 年左右重建的仿古建筑,部分甚至已被改为博物馆、展览馆等,降低了佛寺与古建筑本身的文化吸引力。

4. 佛寺内保留或展示的古代遗存较少,缺乏古典韵味与文化气息。

5. 存在"因寺成街"现象。如南通市区围绕天宁寺而形成的寺街,其内的街道、民居较好地保留了明清及民国时期的建筑风格。

（二）南通佛教旅游当前存在的问题及建议

具备神秘特质、深厚历史文化底蕴、景观审美价值的佛寺一直很受游客的喜爱。对佛寺旅游资源进行开发不仅可以促进本地旅游业的发展,亦可引导佛教健康发展,保护历史文化遗存。本文通过文献搜索和实地走访,了解部分省市佛教文化旅游开发的典型案例,并结合南通地区实际情况,初步总结如下。

从整体上看,南通地区佛教文化氛围浓厚,尤其是狼山广教寺,每年新年期间祈福上香的游客络绎不绝。佛教节庆活动参与人员亦有很多,如福田寺每年年底举办的福田文化节,融合慈善文艺晚会、各类展览、灯谜活动等多种形式,参与人数可达数万。但是政府主推的旅游产品集中在江风海韵、张謇、文博之城、乡村游等方向,几乎没有将佛寺纳入旅游线路的,故而投入资金较少,政策倾斜力度不足。而且南通市佛寺数量不少,只是知名度差距较大,分布也非常分散,难以进行整体包装设计,不利于形成便捷完整、具有特色的宗教旅游线路。

此外,对南通本地佛教及佛寺建筑的研究不算深入,暂未能挖掘发扬出其特色。佛寺与其他类别的景点配合度亦不够,广教寺位于狼山,寺院建筑遍布山上山下,是依山而立的寺庙园林群。本可以形成一处兼具自然风景与人文底蕴的游览胜地,但事实上,游览人数及评价皆不尽人意。

从单体来看,南通地区的佛寺大多为自主运营,观念较为陈旧,从上文可见,对佛寺的发展主要集中于建设新的院落、殿堂、佛塔等设施。佛寺运营也局限于依靠参观建筑、参拜佛像等表面活动来吸引游客,缺乏相配套的游览设施和服务,无法调动游览者的兴趣。目前,南通大多佛寺仍仅配有各类简陋的小卖部。商业设施甚至挤压了佛寺的生存空间,致使佛寺的欣赏价值和休闲价值大大降低。

另外,南通佛寺虽然重视僧人的培养,但大多还是集中于佛法的钻研上,很少外聘专业团队公司来应对佛寺的世俗经营。

其实佛寺旅游至少可以有观光庙貌、参观寺藏、聚餐饮酒、观戏买物、观灯赏月、品茶闲话和纳凉避暑七项。[①] 名山、建筑、艺术文物、佛教节庆等都可以提炼为宣传品牌。南通寺街就是因天宁寺而逐渐发展起来的,是南通城内为数不多保留较为完整的历史街区。"因寺成街"就是吸引市民游客前来参观的品牌。完全可以以此为基础,对标上海城隍庙、南京夫子庙、苏州观前街等,整合资源,打造精致、惬意的休闲文化场所。设计"体验型""参与型"的游览配套项目,如佛学班、讲经堂、佛教文化展览等丰富佛教旅游的文化内涵。除了对佛寺建筑的新建,也要注重对原有古建筑的保护,通过配套的设施和服务营造佛寺文化空间的氛围感、佛教特征的鲜明度,提高佛寺的形象定位,使游客能达到内心的净化和惬意闲适的文化感受。

值得注意的是,如无锡灵山寺,这一公司加入佛寺经营的先驱者,虽然近年来灵山胜境的热度持续上升,为灵山寺带来了较好的旅游经济效益,但佛教文化底蕴也受到了极大的冲击。佛教旅游不同于其他娱乐旅游,传统佛教的清修理念才是吸引游客的关键之处,而旅游业的经济属性不可避免地会影响到佛寺的正常生活秩序,"入世"与"出世"的平衡把握是发展佛教旅游之前必须解决的问题。

四、 结语

纵观历史,宗教作为一种特殊的社会文化现象,一直不断地渗透在人们的生活中,深刻影响着人们的精神生活。佛教传入中国后,在世俗化的进程中不断融

---

① 段玉明:《中国寺庙文化》,上海人民出版社,1994 年,第 691—692 页。

入我国传统主流思想。新中国成立以来,随着宗教信仰自由政策的落实,不仅入教、信教的人数有所增长,人们对佛教的关注度也在不断提升。佛寺在人们的日常生活中所承担的角色也不再是初传入时单一的僧侣信众修行处所,兼备教化、研究、旅居、聚会、休闲等多种功能。佛教也随之逐渐走向世俗化。

在这漫漫历史长河中,南通历代所建设的百余所佛寺逐渐湮没,现存的佛寺也面临着极大的发展困境。笔者认为,在不影响佛寺正常宗教生活秩序的前提下,深度挖掘南通佛寺特色,致力开发南通佛教旅游,不仅有利于保护佛寺原有的历史文化遗存,为佛寺的延续与运营带来必备的经济基础,还能给游客带来全新体验,提升人们对佛教的认知,进而有利于打造全新的城市旅游名片,为城市发展带来新的活力。

本文作者系南京师范大学文博系 2015 级硕士研究生,现工作于南通博物苑

关于北京雍和宫早期历史的梳理

范雯静

雍和宫坐落于紫禁城的东北方向，是首都北京颇负盛名的藏传佛教寺院，也是我国藏传佛教信众心目中的圣地之一。走进这里的人无不被它恢宏壮丽、富有民族特色的古建筑吸引，无不为它保藏的瑰丽庄严、精巧神秘的藏传佛教文物折服。佛教文化和民族文化在这交相辉映，构筑成攘攘都市中一隅清净灵性的空间。

雍和宫是雍正、乾隆皇帝生活过的潜邸，历经祯贝勒府、雍亲王府、行宫等发展阶段，可惜史书关于府邸早期的记载十分有限。本文在前人的研究基础之上，对其早期历史进行梳理。

一、地理位置

康熙年间清王朝平定南方的"三藩之乱"后，开始把注意力转向北部边疆，对内采取"以培养元气为根本要务"①的方针。康熙二十年（1681 年），为提高满、蒙八旗兵的军事素质，加强对漠北、漠南、漠西等蒙古三大部的抚绥，康熙皇帝亲自率八旗将士出喜峰口，北上踏勘，设置木兰围场。为进一步加强统治，康熙皇帝在宗室内部也加快了分封授爵的步伐。

---

① 清政府认为"中国安宁则外衅不作，故当以培养元气为根本要务耳"（《清圣祖实录》卷 160，康熙三十二年十月丁酉）。

　　康熙皇帝第四子爱新觉罗·胤禛,受封于康熙三十七年(1698 年),得封爵位"多罗贝勒",所分宅邸在皇城东北角,人们称之为"禛贝勒府"。关于禛贝勒府的位置,此前以清光绪末年进士金梁(1878—1962 年)所著《雍和宫志略》中"前明内宫监官房"①之说流传最广。金梁,字息侯,号小肃,晚号瓜圃老人,满洲正白旗人,系出瓜尔佳氏,浙江杭县(今属余杭)驻防旗人。据《民国人物大辞典》②,他生于 1878 年(清光绪四年),1902 年壬寅科中举人,1904 年甲辰科中进士。历任京师大学堂提调、内城警厅知事、民政部参议、奉天旗务处总办、奉天新民府知府、奉天清丈局副局长、奉天政务厅厅长、辽宁省洮昌道道尹、蒙古旗副都统等职。民国成立后,曾任清史馆《清史稿》校对。1931 年"九一八"事变后,任伪满奉天博物馆馆长,续任奉天通志馆总纂、奉天四库全书馆(文溯阁)坐办。1962 年逝世,终年 84 岁。著有《四朝佚闻》《清帝后外传外纪》《满洲秘档》《黑龙江通志纲要》等。③《雍和宫志略》成稿于中华人民共和国成立后,当时他已年届八旬。《雍和宫志略》采集多种史料,参考了《钦定大清会典》《日下旧闻考》《畿辅通志》《清宫述闻》《宸垣识略》等,故而内容丰富,但是书中存在不少舛错和欠缺,此点有关专家早有发现。

　　"前明内宫监官房"的内宫监实为内官监之误,内官监是明代宦官十二监之一,明朝初期内官监的地位在司礼监之上,是明朝初期内廷第一大机构。据明史记载,内官监"掌成造婚礼奁冠舄伞扇、衾褥帐幔仪仗及内官、内使贴黄诸造作,并宫内器用、首饰、食米、上库架阁文书、盐仓、冰窖"④。明代内官监直接服务于皇宫,位置在紫禁城景山以北。《钦定日下旧闻考》卷 41《皇城三》记载"原北安门内黄瓦西门之里,则内官监也。过北中门迤西,则白石桥。万法等殿至大高元殿,则习学道经,官之所居也。其北则里冰窖也",即后来的地安门以内黄化西门以里。从明万历崇祯年间北京城平面图来看,内官监东临尚衣监,西临太液池,

---

① 金梁编纂:《雍和宫志略》,中国藏学出版社,1994 年。
② 徐友春主编:《民国人物大辞典》,河北人民出版社,1991 年。
③ 陈家瓒:《雍和宫志略》序言,中国藏学出版社,1994 年。有些错误,例如"清文局"实为"清丈局"等,笔者已更正。
④ 郑天挺、吴泽、杨志玖主编:《中国历史大辞典·下卷》,上海辞书出版社,2000 年。

与雍和宫实际位置直线距离约 2.5 公里。显然,雍和宫为明代内官监官房之说缺乏可信度。

清朱一新撰《京师坊巷志稿》曰:"京师坊巷,大抵袭元明之旧。"明代雍和宫位于都城北京的东北角,地处明北京五城诸坊之北居贤坊,位于北居贤坊与崇教坊交界处,东临柏林寺,西临文庙、国子监。明代初年,北平仓储供军用,设 37 卫仓。永乐十八年(1420 年)迁都北京后设官仓,以前的卫仓分别隶属于各官仓。南居贤坊有新太仓、海运仓和北新仓。北居贤坊有不少京卫,坊内有寺观庙8 所。

雍正三年(1725 年),八旗都统、前锋都统、护军统领等,议定八旗界址,雍和宫处于满洲官兵地界。据清《内务府满文奏销档》康熙四十一年(1702 年)四月初三日记载,四阿哥府邸建在"驼馆地方"[①]。此时,雍和宫位置已经建成驼馆。骆驼力大,耐饥渴,适合远程驮运。在清代,驼运是除漕运外,另一种重要的运输形态和商业形式,在新疆、蒙古地区逐渐发展为集贸易与运输为一体的行业,并演进为行商群体的一部分。[②] 进京的驼队运来的主要是煤炭、水果、山货、皮毛等。出京的驼队驮运的货物有煤油、盐、布匹、药材、茶叶、粮食等。雍和宫地处京城东北,紧靠北城墙,东侧是东直门,西侧是安定门。于此处建立驼馆,方便往来驼队休息调整,具有合理性。因此虽然史料为孤例,但包括雍和宫 270 周年陈列展览在内,都采信了驼馆这一说法。

二、 始建年代

关于雍和宫的始建年代,流布最广的当属金梁《雍和宫志略》提出的雍和宫始建于康熙三十三年(1694 年)。《雍和宫志略》引用《清宗人府事例》原文"康熙三十二年十二月谕宗人府:皇二子允祉、皇四子允禛、皇五子允祺、皇七子允祐、皇九子允禟、皇十子允䄉……等,俱已分别册封分府,唯允禛、允祐二人是贝勒,

---

① 郭美兰:《雍和宫始建年代考》,《明清档案与史地探微》,辽宁民族出版社,2012 年。
② 马星宇:《行业中的地方社会:清末民国以来归绥地区驼运行业的组织与结构》,《中国社会经济史研究》2020 年第 2 期。

而所分之府,是亲王府邸,规模违制,着由官方租库,将前明内宫监官房拨给允禵,鹁鸽市向导处衙门拨给允祐,另将宫门口,张永贵抄产改为向导处……",并据此推论:其一,"清雍正帝胤禛初受封时,是康熙三十二年(1693)十二月,他的爵号是'多罗贝勒'";其二,"他迁出皇宫阿哥所居住新府时,是在康熙三十三年(1694)五月。这时他的府邸,不叫雍和宫,也不叫雍亲王府,而叫'禛贝勒府'。又因他是康熙帝玄烨的第四子,故此他的府邸,又叫'四爷府'"。

实际上,上述《清宗人府事例》引文存在颇多疑点或曰谬误。一是《清宗人府事例》所载康熙谕旨,不见于《康熙起居注》《清圣祖实录》《钦定大清会典事例》,且该书目前不见于中国第一历史档案馆、中国国家图书馆等馆藏检索平台,实在难睹其真容。二是允祉排名应是皇三子。此处不排除金梁先生因笔误将"三"写作了"二"。三是皇四子允禛应名为胤禛,其他皇子原名首字也为"胤",只因胤禛登基后,为避其讳,其他皇子才改用"允"字,此处实为不严谨。四是根据《钦定大清会典事例》记载,"皇子生十五岁,由府(宗人府)请封,其爵级出自钦定"。清代皇子年满 15 岁,自动晋升为贝勒,而康熙三十二年(1693 年),允祐、允禊、允禵均不到 15 岁,不可能"册封分府",况且,册封与分府出宫不存在必然同时性。此处引文中的"……等,俱已"存在歧义,如果省略号处没有省略,也许可有另一番解读。五是康熙三十二年(1693 年),胤禛已年满 15 岁,的确可称作贝勒,但允祐生于康熙十九年(1680 年),此时年方 13 岁,引文中称之为"贝勒"是否合适呢? 再看推论,胤禛受封为"多罗贝勒"是在康熙三十七年(1698 年)三月,与他一起受封为多罗贝勒的还有皇五子允祺、皇七子允祐、皇八子允禩,因此金梁先生的第一个推论"康熙三十二年(1693)十二月,他的爵号是'多罗贝勒'"是错误的。

关于雍和宫的始建年代,另一种说法是 1985 年人民出版社出版的冯尔康所著《雍正传》,书中"雍正年表"讲道"康熙三十八年(1699),胤禛二十二岁,是年,康熙为诸皇子建府,胤禛府邸在其中,为后日之雍和宫"。但可能由于表述简洁,不曾讲明立论依据,故而少见引用。

康熙四十一年(1702 年)四月初三日,内务府奏请康熙帝定夺贝勒分府,谕旨"位于(驼馆)西边者拨给四阿哥"胤禛,康熙四十二年(1703 年)五月初四日,内务府奏称"四贝勒于本月初六日移住新居"①,因此金梁先生的第二个推论"居住新府时,是在康熙三十三年(1694)五月"也是错误的。由此,可知金梁推论的雍和宫始建年代为康熙三十三年(1694年)实在站不住脚。考虑到施工工期,分府后改造饭茶房及马厩等花去数月时间,雍和宫的始建年代可以推至康熙四十年(1701年)。②

三、 府邸的建造和分封

康熙皇帝第四子爱新觉罗·胤禛,出生于康熙十七年(1678年)十月,母亲孝恭仁皇后乌雅氏。《清史稿》记载,他"生有异征,天表魁伟,举止端凝"。康熙三十七年(1698年),胤禛被康熙皇帝赐封多罗贝勒。康熙四十八年(1709年),胤禛晋升为"和硕雍亲王"。虽然皇子受封与分封出宫并无直接关系,但是康熙一生所育皇子多达 35 位,除年幼夭折者,长大成人者有 23 位,及至康熙四十年(1701年),已有多位皇子封爵并婚娶,因此将皇子分府出宫势在必行。根据清代档案,康熙四十年(1701年)前后修建的王府有 7 座,每座规模在百余间房屋,每座府邸耗资约 6 万两白银。③

王府修建用地有的是官房,有的是征地而来。清太祖努尔哈赤第二子代善的后嗣康亲王就曾献出地方供皇帝修建王府。康熙四十年(1701年)正月,内务府奏称"康亲王所献地方,建王府一处,包括马厩在内"④。但所献地方的具体位置史书无载。

根据记载来看,王府修建之初,尚未指定由哪位皇子入住。康熙四十一年(1702年)四月初三日,内务府奏称,"驼馆地方修建两处房屋,哪一处分给哪位

---

① 中国第一历史档案馆藏:《内务府满文奏销档》,内务府奏。
② 近年来,这一观点正逐渐成为雍和宫历史研究者的共识。
③ 郭美兰:《雍和宫始建年代考》,《明清档案与史地探微》,辽宁民族出版社,2012年,第 230 页。原刊于第八届清宫史研讨会论文集《清代宫史探析》,2007年。
④ 转引自中国第一历史档案馆郭美兰所著《雍和宫始建年代考》,刊载于《清代宫史探析》和《明清档案与史地微探》,详见注释第二条,中国第一历史档案馆藏:《内务府满文奏销档》,康熙四十一年六月初七日,内务府奏。

阿哥之处,谨此请旨。等因奏入,奉旨:位于西边者拨给四阿哥,位于东边者拨给八阿哥"。说明四子胤禛和八子允禩的府邸是在原来清代驼馆的地方修建,两座府邸东西相邻,均位于紫禁城东北方向。据前文所述,这两座府邸应是康熙四十年(1701年)左右修建的,从建成到入住,新建的两座府邸均处于空置状态。获赐府邸后,胤禛、允禩考察了即将入住的府邸,并提出"饭茶房及马厩均皆狭窄,亦无囤积草料及秣秸之处"。内务府因此进行调查,发现"四贝勒府邸前有正白汉军旗伊斯津牛录下子伯辉之房屋一处,此房原为赏赐房屋,地方长三十六丈五尺,宽二十九丈,有瓦房一百五十五间半,土房三十一间,亭一座。八贝勒府邸前有镶黄汉军旗刘元彻牛录下子刘俊杰之房屋一处,地方长四十九丈五尺,南宽十七丈,北宽二十丈,有瓦房一百五十二间,土房三十一间",故而拟将"贝勒等之饭茶房移出,以马厩为饭茶房。取伯辉、刘俊杰此二人之房屋为马厩,并修囤草之院"。① 记载表明,内务府为了进一步完善两位皇子的府邸,将胤禛、允禩府邸南面三百六十九间半房屋和一座亭子买下,为两座府邸分别修建了新的马厩和囤草院,同时将原来的马厩拆除,扩建了饭茶房。

清代贝勒府的建筑规模为百余间房屋,包括正房、厢房、饭茶房、马厩、囤草院等生活应有设施。关于贝勒府的规制,崇德和顺治年间的会典都分别有规定。《钦定大清会典》卷130规定:"贝勒府,台基高六尺,正房一座,厢房二座。内门盖于台基上,用平常筒瓦,朱漆。余与郡王同。"② 贝勒府邸使用寻常筒瓦,建筑可用朱漆。装饰方面,只能贴金彩画花草纹样。营造中的6尺近2米。雍和宫的八进院落中,处于中间位置的永佑殿台基最高,需要拾级而上,且设有东西两厢房,符合会典之制。永佑殿的殿内外装饰花草纹,少见龙纹。说明它是禛贝勒府时期的建筑,历史最为悠久。

据《雍和宫》一书记载,禛贝勒府"基高二尺正门一重启门一。缭以崇垣。堂屋五重。各广五间。筒瓦压脊。门柱红青油漆。梁柱贴金。彩画花草。翼楼五间,前墀环石栏",是三进三出"大四合式"的院落,主室建筑的檐顶无琉璃瓦件装

---

① 转引自郭美兰:《雍和宫始建年代考》注释第五条。中国第一历史档案馆藏:《内务府满文奏销档》,康熙四十一年四月二十六日,内务府奏。
② 来自中国第一历史档案馆电子档案检索。

饰;宅院内的门、室、阁、翼楼、群房等,均未漆朱绘彩;仅在宅院东侧辟一花园式跨院,设建有廊、室、亭、舍,植栽上松、柏、桑、榆、兰、竹、梅、菊等繁花茂树,以供贝勒读书阅典,贝勒福晋赏月观花。因此园傍宅东侧,称"东花园"。①

四、 正式迁府出宫

康熙四十一年(1702 年)四月初三日的内务府奏折中,康熙帝除了为两位皇子选择府邸,还择定了两位皇子的迁居之日。"四阿哥本年为本命年,相应不可迁居,明年再迁即可。八阿哥于本年由木兰返回后,再行移居。"②但是因为府邸仍需改造,八皇子允禩并未如期入住。

府邸改造和扩建结束后,胤禛和允禩在内务府的安排下,分别迁入各自的府邸。关于迁居的时间,康熙四十二年(1703 年)五月初四日内务府奏称"四贝勒于本月初六日移住新居,八贝勒于十五日迁居"。可见,胤禛最终的入住时间是康熙四十二年(1703 年)五月初六,略早于允禩。

康熙四十二年(1703 年)五月初六,内务府为胤禛举行了隆重的乔迁仪式。"照先前诸阿哥迁居之例,查核内务府所属年长结发夫妇,于贝勒等之前,其男先行迁入。所有护送大臣、侍卫及官员等,备饭桌二十、饼桌二十,赏作克食。"同时,内务府安排了专门人员负责贝勒府的安全保卫和卫生清洁工作,"守护内门、扫地,额定太监十五名,其中划入贝勒处现有扫地太监等,其不足额数,则拨给掌司仪太监至额满,并设首领各一名。看守大门、巡守外院及随扈,则由分给诸贝勒之人等看守随扈"。

迁府后,贝勒府的日常饮食开销和使唤奴仆等,《内务府满文奏销档》亦有详细记载,而我们能获知这些材料均得益于郭美兰女士的翻译。据记载:"自迁居之日起,贝勒、福晋等每日所食猪、乳猪、鹅、鸡、笋鸡,贝勒之子女所食猪肉、鹅,婢女等所食猪,照现在所食之例,交付广储司,给至一年。其奶牛,交付庆丰司支

---
① 牛颂主编:《雍和宫》,当代中国出版社,2001 年,第 262 页。
② 转引自郭美兰:《明清档案与史地探微》,辽宁民族出版社,2012 年。

给。逢诸贝勒入宫之日,在宫内所食分内猪肉、鹅、鸡、鸭、笋鸡,由膳房备办;遇不进餐之日,不必备办。"奶妈、妈妈里、奶公、哈哈珠子、太监等所食肉,均不再支给。""其饭茶人等,由分给诸贝勒之人等内选取。新招之人,不谙劳作,相应敕令饭茶头目,酌派现在贝勒等处原有饭茶人等前往,教习半年。"对于内务府的奏折,除太监因人数不足而不再拨给贝勒外,其余事项康熙皇帝均给予了恩准。

迁居后,这座府邸被世人尊称为"禛贝勒府"或"四爷府"。自康熙四十二年(1703年)五月初六迁居,至康熙四十八年(1709年)十月晋升雍亲王府,禛贝勒府一共延续了6年有余。

五、 升格为雍亲王府

康熙四十八年(1709年),宫内庆贺"复位允礽为太子"盛典,朝内文武百官均获加封。当年十月,诸皇子又获恩封,皇四子胤禛,由"多罗贝勒"爵升"和硕雍亲王",其贝勒府随之改称为"雍亲王府"。禛贝勒府的规模也得到扩张,在永佑殿前增建更高级别的宫殿,即后来的雍和宫殿,用于会见大臣等访客。原先的永佑殿功能转向为书房。雍亲王府在原贝勒府邸的基础上,增建了一座大殿、两座厢房、一座两层楼房等建筑。主殿东侧的东花园,四周兴建有亭廊房屋,史称东书院。

自康熙四十二年(1703年)五月初六迁居府邸,至康熙六十一年(1722年)十一月十三日先帝薨逝继承皇位,爱新觉罗·胤禛在这座府邸居住了整整19年零6个月。

乾隆皇帝在这里出生并度过了他宝贵的童年时光,直到12岁才离开这里,因此对这里感情至深。后来,乾隆皇帝在御笔《雍和宫碑》中将皇考居住雍邸的时间夸大至30年,"迨绍缵大统,正位宸极,爰命旧第曰'雍和宫'""念斯地为皇考藩潜所御,攸跻攸宁,几三十年"[1],实际上是不严谨的。

---

[1] 雍和门前东西两座八角御碑亭内《雍和宫碑》,东碑亭内碑文为满汉文对照,西碑亭内碑文为蒙藏文对照。

　　雍亲王府东书院优美的环境和父亲的教诲常令乾隆皇帝感怀不已,他在《朗吟阁法帖·御制跋》中提到,其父居潜邸时常以图书翰墨自娱,雅好临池,陶镕晋、唐、宋、元以来名家墨宝,历年所积,充牣琅函。乾隆皇帝登基后,每年到地坛祭地,到孔庙祭孔,都会到雍和宫瞻礼、休憩,留下关于雍和宫的诗篇多达30篇。

　　以上为笔者在撰写《雍和宫志》时针对禛贝勒府有关历史问题进行的简单梳理,如有不当之处,恳请方家指正。

　　本文作者系南京师范大学文博系2003级本科生,现工作于北京雍和宫管理处研究室

博物馆、文化遗产与公众考古

体育文化资源开发数字藏品的模式与风险探析

黄　洋　应燕燕

随着新一代数字技术的快速发展,数字化、区块链、"元宇宙"、数字藏品等新词汇频频出现,数字技术与各行业深度融合,加快了各行业的数字化变革。在体育领域,数字化同样被视为体育产业转型升级的必经之路。近两年,运用体育文化资源开发数字藏品成为体育行业新潮流。数字藏品依托区块链技术,凭借相对成熟的解决方案与易实现的变现路径,展示出特有的收藏和传播优势,不仅改变了传统体育的消费模式和产品,也为体育 IP 开拓衍生价值提供了新模式。但也应当意识到,数字藏品行业本身仍处于起步阶段,底层架构仍不完善,体育文化资源开发也有其特殊性,存在风险。因此,研究体育文化资源开发数字藏品的运转模式,厘清各主体的角色定位及其相互关系,识别潜伏其中的风险,从而找到应对政策,对更好满足人民群众日益增长的体育文化需求,促进体育行业在数字化时代增强行业发展活力和竞争力具有理论价值和指导意义。

一、 体育文化资源与数字藏品概念辨析

(一)体育文化资源

目前学术界并未对体育文化资源有统一的定义,但已有不少文章对其进行讨论。大致可以分为三类,一是从体育文化资源创造过程的角度,认为体育文化资源是人们通过对身体的认识和体育实践,用文化创造、积累和延续构建的文化

资源。^① 二是从体育文化生产或体育文化活动所需要的资源角度,认为体育文化资源是人们从事体育文化生产或体育文化活动所利用或可资利用的,综合了自然资源和社会资源的因素或条件。^② 第三是结合上述两种定义,认为体育文化资源是由体育文化所创造,被体育文化所利用的一种资源形式。^③

为方便研究,本文所称的体育文化资源采取第三类说法,即所有与人们从事体育文化活动相关的物质文明和精神文明的总称。具体来说,既包括体育非物质文化遗产、历史时期的体育文物(可移动文物与不可移动文物),也包括近现代以来体育赛事及其相关衍生品、体育明星 IP、体育用品品牌等所有含有体育文化元素的文化资源。

(二)数字藏品

数字藏品是指一种限量发行的虚拟文化商品,包括数字形式的图片、音乐、视频等形式,通过区块链技术对其发行、购买、使用等流程进行记录,使其具有了唯一性、不可复制、不可篡改、永久存证的特征,又称为"数字艺术品""虚拟数字商品"。^④

有不少说法将数字藏品与NFT(全称为 Non-Fungible Token,即非同质化代币)这两个概念等同,但需要明确的是两者紧密相关但又不完全相同。NFT 是部署在区块链上的,用于表示数字资产的唯一加密货币,它可以将艺术品、视频、3D 模型等物加密编码,凭借区块链技术不可篡改、记录可追溯等特点记录数字资产的所有权,保证真实性与唯一性,具备交易属性,可以买卖。进入国内市场后,NFT 弱化了交易和金融属性,对象更多为收藏品、艺术品,并且受到监管,因此更名为数字藏品。这也就是说,数字藏品源于国外的 NFT 技术,最本质不同之处在于国内数字藏品不能随意进行市场买卖,发行和交易受到监管,且部

---

① 赵广涛:《体育文化资源价值初步考察》,《河南教育学院学报(哲学社会科学版)》2015 年第 2 期。
② 吴明、陈颖川:《论民族传统体育文化资源的价值考察与开发策略》,《山东体育学院学报》2006 年第 6 期。
③ 许文龙:《方志中的鲁西体育文化资源研究》,南京体育学院,硕士学位论文,2019 年。
④ 锁福涛、潘政皓:《元宇宙视野下 NFT 数字藏品版权保护问题》,《中国出版》2022 年第 18 期。

署于各平台自己的联盟链中（NFT 则是基于去中心化的公链发行，因此允许跨链交易），无法实现跨平台流通，体现出更多的收藏属性。关于数字藏品与 NFT 异同可见表一。基于此，本文所论及的国内数字藏品与国外 NFT 是同一研究对象。

表一　数字藏品与 NFT 异同

数字藏品			
差异性	1. 区块链基础不同	建立在各自联盟链之下	基于公链发行
	2. 属性不同	不是一种代币	非同质化代币
	3. 流通性不同	只能在发行平台使用，不支持跨平台	可跨平台流通
	4. 二级市场开放程度不同	极少数开发二级市场，大部分不支持	价值由市场决定，可自由交易
	5. 所有权不同	暂未达成购买即版权授权的共识，无商业活动使用权	购买即拥有所有权，可进行商业活动，可二次创作
共同性	1. 唯一性。凭借区块链技术不可篡改、不可复制，确保唯一性		
	2. 可追溯。可通过区块链技术对铸造、发行、交易等过程进行追溯		
	3. 收藏性。相当于资产数字化，且具备唯一凭证，有收藏价值		
	4. 稀缺性。都是限量发售		

二、 体育文化资源开发数字藏品的运转模式

（一）数字藏品运转模式

数字藏品开发与传统互联网产品有基本共同点，搭建互联网平台，为不同用户行为提供相应服务。数字藏品开发不外乎如是，搭建数字藏品平台，交易双方在平台上完成交易，项目发行方对铸造出的数字藏品项目开发衍生应用。数字藏品产业链可以分为内容创作链、技术转化链与产品应用链，包括以下主体：数字藏品版权方、数字藏品服务商、用户。其中数字藏品版权方指拥有版权使用权的主体，可以分为品牌持有者、IP 创作者与 IP 运营者；数字藏品服务商包括数字藏品基础设施技术提供方（区块链技术提供方）、数字藏品发行平台方、项目发行方。运行模式可见图一。

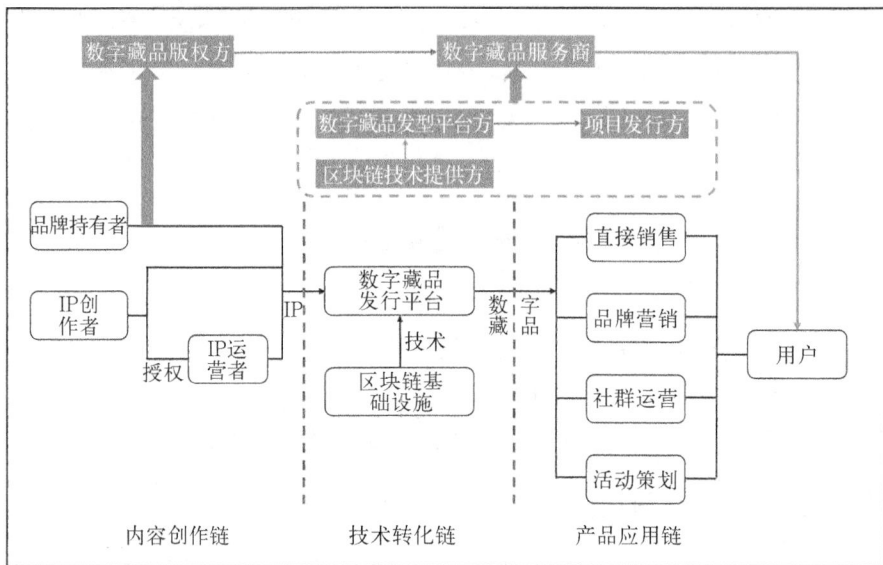

图一　数字藏品产业链图

内容创作链是当前整个产业链的核心。目前我国限制二级市场交易,数字藏品本身较难产生投机行为以外的价值增量,因此数字藏品本身的内容价值是决定其最终价值的直接因素。在内容创作链中有两种基本模式,版权直接持有者与间接持有者,后者是指通过知识产权授权方式获得版权使用权的 IP 运营者。

技术转化链作为底层架构,是整个产业能够稳定发展的基石。技术转化链包括区块链基础设施和数字藏品发行平台。区块链基础设施主要指为数字藏品铸造、发行和交易提供区块链和存储技术。而数字藏品发行平台则是铸造数字藏品后进行发行、交易并提供可追溯、永久存证的平台。

产业应用链则是数字藏品拓展商业场景的重要环节。由于数字藏品本身价值增量受到二级交易市场监管限制而基本固定,通过数字藏品进行的品牌营销、活动策划、社群运营等产业应用将变成促进价值增量的关键,这也将直接决定数字藏品行业的发展上限。目前主要经营模式仍以直接向用户出售数字藏品为主。

（二）体育文化资源开发数字藏品运转模式

体育文化资源开发数字藏品的运转模式建立在数字藏品产业链基础上,是数字藏品技术在体育行业的具体应用。

首先,体育文化资源本身属于内容创作链中的基础内容,在这一过程中会涉及品牌与 IP 授权。比如安踏得到中国冰雪国家队品牌授权开发数字藏品。

随后区块链技术提供方提供技术开发数字藏品发行平台。体育文化资源较为丰富的版权方会与区块链技术提供方协商开发版权方专属数字藏品发行平台,比如美国国家橄榄球联盟(National Football League,简称 NFL)和国家冰球联盟(National Hockey League,简称 NHL)均在开发自己的 NFT 平台。但也可能是版权方直接在已运作成熟、拥有一定用户基础的数字藏品发行平台发行交易,比如国内支付宝"鲸探"小程序上曾发售《仕女蹴鞠图》、首届北京马拉松纪念奖牌和杭州亚运会吉祥物等体育数字藏品。

数字藏品生成后,由项目发行方直接销售给用户或者进行品牌营销等其他应用。目前体育文化资源开发数字藏品的应用大部分仍属于前者,但一些国内外体育运动品牌已经开始联动数字藏品进行品牌营销的尝试。国外的有阿迪达斯(Adidas)以旗下运动经典系列 Adidas Originals 推出其首个 NFT 系列,持有者不仅能够得到可在元宇宙游戏 The Sandbox 中穿戴的虚拟设备,还将收到与之匹配的同款运动套装、连帽衫等实体产品;国内的有李宁在发布为美国职业篮球联盟(National Basketball Association,以下简称 NBA)球星麦科勒姆(CJ McCollum)定制的 CJ1 篮球鞋新品时,为消费者附赠数字藏品,以数字藏品带动实体产品销售。

在这一过程中,各方角色并不固定,互相可能会有交叉。比如体育文化资源版权方可能也同时是数字藏品发行平台方与项目发行方,数字藏品发行平台方可能同时拥有区块链技术团队,并进行项目发行等。各方的参与程度也不尽相同。这些都取决于体育数字藏品发行的不同商业模式。

(三)体育文化资源开发数字藏品价值

1. 传播体育文化、发扬体育精神的新途径

对传统体育文化来说,体育文物开发数字藏品是拓展传统体育活动文化内涵,促进传统体育文化传播的新途径。2022 年 7 月中国体育博物馆配合"双奥之路"展览携中体产业集团发布系列数字藏品,对于博物馆来说,这一活动不仅

仅是配合展览推出的特别传播与营销方式,也是围绕博物馆藏品进行文创产品开发的新模式。它生动诠释了中华武术、蹴鞠、围棋等传统体育活动的文化内涵,进一步凸显中国体育文物的艺术价值与收藏价值。

对现代体育文化来说,体育赛事 IP、体育明星 IP 开发数字藏品是进一步推动民众关注体育赛事,传播现代体育精神,实现竞技体育成果全民共享的新方式。以 2022 年杭州亚运会官方授权阿里巴巴旗下的"鲸探"发布的亚运会相关数字藏品为例,范围不仅涵盖亚运会的吉祥物,也包括历届亚运会会徽,引发数字藏品的"收藏热"。这不仅为亚运会开办进行了良好的预热宣传,也是推动民众了解亚运精神、亚运传承与其背后故事的新媒介。

2. 提升品牌影响力、布局新业态的新方式

对于体育赛事主办方、俱乐部、体育明星与体育品牌等项目发行方来说,体育文化资源开发数字藏品是 IP 开辟新的收入来源、品牌增强用户粘性、提升影响力的新方式。[①] 以体育明星 IP 开发数字藏品来看,前有 2020 年 NBA 与区块链技术公司 Dapper Labs 共同推出 NBA Top Shot 平台,供用户购买、交易 NFT 球星卡或以明星球员的招牌动作为核心内容的 NFT;后有在 NFT 传入国内后,以中国篮球职业联赛(China Basketball Association,简称 CBA)总冠军辽宁队为原型开发的"烽火辽原"数字藏品,均大获成功。

3. 体育产业与数字藏品行业跨界交融的新案例

体育文化资源开发数字藏品是数字藏品技术的又一次新应用,实现了与体育产业融合的新发展。比如意大利足球甲级联赛职业联盟(Serie A,简称"意甲")与范特西足球游戏平台 Sorare 达成合作,在游戏中发行 NFT 球星卡,将数字藏品带入游戏应用中;北京冬奥会举办期间国际奥委会官方授权发售冰墩墩数字盲盒,借冬奥会之"风"间接带动了国内体育 IP 开发数字盲盒的新玩法。同时国内数字藏品发行平台虽然不支持二级市场交易,但大部分平台支持转赠,展现出数字藏品发行满足社交需求的附加价值。

---

① 李沛沛:《Web3 全面"入侵"体育圈准备好了吗?》,《每日经济新闻》,2022 年 8 月 9 日。

三、 体育文化资源开发数字藏品的风险

（一）政策法律法规缺位

数字藏品进入国内后得到迅速发展，但平台退场、炒作盛行等行业乱象也随之而生。意识到行业乱象后，数字藏品行业协会、权威机构等纷纷以自律要求、倡议、宣言等方式开启了合规之路。截至 2022 年 10 月，与 NFT、数字藏品直接相关的行业规范文件有 10 份（见表二）。

表二　截至 2022 年 10 月已出台的数字藏品行业规范文件

序号	文件名	发布时间	发布单位
1	《关于防范 NFT 相关金融风险的倡议》	2022 年 4 月 13 日	中国互联网金融协会、中国银行业协会、中国证券业协会联合发布
2	《关于规范藏品产业健康发展的自律要求》	2022 年 4 月 26 日	中国移动通信联合会元宇宙产业委员会与中国通信工业协会区块链专业委员会联合发布
3	《促进数字藏品健康发展，推动数字经济元宇宙产业落地宣言》	2022 年 5 月	中国民协元宇宙工作委员会联合共 17 家机构发布
4	《数字藏品行业自律发展倡议》	2022 年 6 月 30 日	中国文化产业协会等发布
5	《数字藏品应用参考》	2022 年 7 月 6 日	国家新闻出版署科技与标准综合重点实验室区块链版权应用中心
6	《关于再次规范数字藏品产业健康发展的自律要求》	2022 年 9 月 4 日	中国移动通信联合会元宇宙产业委员会联合中国通信工业协会区块链专业委员会、中关村大数据产业联盟元宇宙智库委员会发布
7	《数字藏品合规评价准则》	2022 年 9 月 4 日	中国商业股份制企业经济联合会联合《中国经贸》杂志社、出版融合发展（辽宁）重点实验室、北方国家版权交易中心等机构共同编制

序号	文件名	发布时间	发布单位
8	《数字藏品通用标准 1.0》	2022 年 9 月 6 日	中国通信工业协会区块链专业委员会牵头,中国通信工业协会归口,共计 40 个单位起草
9	《促进数字藏品脱虚向实健康发展的宣言》	2022 年 9 月	国家数字内容服务贸易平台、当代社会服务研究院数字藏品研究中心、中国民营科技实业家协会元宇宙工作委员会等 13 家全国相关协会牵头
10	《发行 NFT 数字藏品合规操作指引》	2022 年 10 月 17 日	广东省互联网协会区块链专业委员会、广东中科智能区块链技术有限公司、泰和泰律师事务所等组织机构

从倡议、自律要求到合规评价准则、通用标准,从几个组织到数十个组织联合,从全国到地方,不难看到行业对于数字藏品的认识在不断深化。其中《数字藏品通用标准 1.0》明确了基本原则、构建设计等基本通用性要求,不再只是模糊禁止,而是明确做法,真正详尽地进行了规范引导。最新的文件《发行 NFT 数字藏品合规操作指引》更是明确了各方主体责任义务、发行数字藏品需遵循的相关规范,告知违反相关规定需承担的法律责任,进一步为发行行为提供合法有序的指引。但应当看到的是当前的规范属于多元主体制定,相互间难免存在矛盾。

但行业自律仍无法替代政府的监管和规范。自数字藏品进入国内以来,政府陆续出台了与数字化有关的利好政策。上到国家层面两办出台的《关于推进实施国家文化数字化战略的意见》(中办发〔2022〕27 号),下到地方层面上海市政府发布的《上海市数字经济发展"十四五"规划》(沪府办发〔2022〕11 号)明确"支持龙头企业探索 NFT 交易平台建设"①。但遗憾的是国家层面暂未出台有关数字藏品行业的规范,既缺少对数字藏品的明确定性,也没有明确的监管政策,尚缺专门的法律法规对数字藏品进行合规保护。具体到体育行业开发数字

---

① 上海市人民政府办公厅:《上海市人民政府办公厅关于印发〈上海市数字经济发展"十四五"规划〉的通知》,2022 年 7 月 12 日,https://www. shanghai. gov. cn/gwk/search/content/d3f5206dec5f4010a6065b4aa2c1ccc。

藏品,国家体育总局《十四五体育发展规划》(体发〔2021〕2 号)明确"支持大数据、区块链等新技术在体育领域的创新运用"①。国务院印发《全民健身计划(2021—2025 年)》(国发〔2021〕11 号)要求推进体育产业数字化转型②等相关政策推动了体育产业数字化发展。但体育行业层面也并未出台开发数字藏品的直接规范。政策法律法规的缺位导致体育文化资源开发数字藏品面临潜在风险。

(二)数字藏品权利有争议

在体育文化资源开发数字藏品过程中,数字藏品的权利问题几乎涉及各个环节。权利不明确将带来大量侵权纠纷,不仅导致权利方利益受损,更会造成整个行业的混乱。相比其他行业来看,体育行业超级 IP 多、影响力大,版权授权行为更为普遍,面临的风险也更高。

一是数字藏品开发过程中涉及多方主体参与时的权利确认。典型的以体育类博物馆开发体育文物为例,大多数博物馆会选择授权文创公司将体育文物转成数字化图像,或在原物基础上进行创造。这与实体文创产品不同,此时的产品属于数字化产品,版权涉及国家、体育类博物馆、文创公司三个主体以及包含所有权、使用权、经营权和收益权的新产权。虽然体育文物本身由于年代久远,绝大多数已不受著作权保护,但新开发的产品原则上已与原文物脱离,受著作权保护,因此厘清各方权利至关重要。我国目前对这一问题并未给出明确的版权划分,仍旧依据传统著作权授权方式,以当事人意思自治为原则,以合同优先,由双方协商,但在合同没有明确规定或未订立合同的情况下,版权归属受托人(即文创公司)。③相比明确版权归属的欧美国家,我国的做法显然更具灵活性,但同时也更容易因版权划分不清而引发纠纷。

二是数字藏品开发过程中涉及知识产权侵权问题时,开发出的数字藏品权

---

① 国家体育总局:《体育总局关于印发〈"十四五"体育发展规划〉的通知》,2021 年 10 月 25 日, https://www.sport.gov.cn/zfs/n4977/c23655706/content.html。
② 国务院:《国务院关于印发全民健身计划(2021—2025 年)的通知》,2021 年 8 月 3 日,http:// www.gov.cn/zhengce/content/2021-08/03/content_5629218.htm。
③ 廖欣、阮好喆:《数字藏品的版权归属问题研究》,《文化产业》2022 年第 22 期。

利归属仍不明晰。比如假设某公司未经某篮球联盟授权，即以该联盟旗下的球星使用过的球鞋、球衣等物品为基础开发一系列数字藏品在某数字藏品平台上进行发行销售。应当明确的是该侵权公司不应当拥有数字藏品相关权利，但若此时该球星的球迷作为用户已与平台方通过合法程序完成交易，获得了该产品。此时用户能否援用民法中"善意相对人"制度保护自身对于该数字藏品的权利？该侵权公司与篮球联盟能否通过补充授权许可协议使整个流程合法？篮球联盟若仍希望保留该数字藏品，该侵权公司能否请求版权方支付发行该数字藏品的合理费用？这些问题目前仍给不出统一的答案，司法层面也暂未出现相关案例提供借鉴，但是是实践层面亟待解决的问题。

三是用户购买体育文化资源开发的数字藏品后究竟拥有什么权利并不明晰。一方面以体育文化资源开发的数字藏品是数字资产无争议，但是该数字资产属不属于"物"？它的权利究竟属于民法上的物权还是债权？在民法中，物权属于绝对权，具有排他性，高于债权。明确数字藏品的属性将是数字藏品被一"物"多卖时权利归属纠纷解决的关键。如果认为数字藏品权利转移属于债权，则只需看谁先支付费用成立交易；但如果将数字藏品视为"物"，将用户收到数字藏品的过程视为物权法中交付行为并以此作为物权转移标志的话，先接收到此产品的即为数字藏品所有权人，而不在乎交易时间先后。另一方面用户购买体育数字藏品是否算得到体育文化资源版权方的授权？用户购买到的数字藏品只是数字藏品本身的所有权而不是数字藏品上所承载的体育文化资源的版权，该版权仍属于体育文化资源版权方，购买的完成不意味着授权行为的自动产生，而需要根据发行平台与用户交易时的声明条款判定。用户不能使用该数字藏品擅自进行商业用途从理论层面来看是比较明确的。可能引发风险的地方在于实践中此种商用权利的声明往往是平台的格式条款，平台往往会疏忽提示说明义务而导致用户默认交易即授权，从而产生纠纷。

（三）知识产权保护有漏洞

一般来说，体育文化资源版权方与数字藏品发行平台合作进行数字藏品的发行是体育行业发布数字藏品比较常见的做法，在这一过程中存在体育数字藏品来源未经授权的问题,当前数字藏品开发机制对侵权行为的防范仍有漏洞。

一是技术层面仍有限制。主要表现在体育文化资源开发数字藏品是否系侵权行为,在上链前平台几乎无法利用技术自动审查。各平台建立在各自的联盟链中,相对分散,链上数据各平台不共享,无法避免在不同平台进行侵权开发的行为。更甚,在同个平台中,用户若将购买的数字藏品(比如体育球星头像)加边框作为原始内容开发数字藏品,基于区块链技术的唯一性,平台同样不会判定侵权。

二是对于数字藏品侵权行为的认定本身暂未形成统一规范。如果用户将购买的体育数字藏品进行再创作,运用的版权内容相似度达到多少将被认定为构成侵权?如果售卖各大体育运动品牌商品的公司以某品牌的商品开发数字藏品以兑换平台上实体产品,是否属于侵犯了原品牌公司的商标权?后一问题在国外运动品牌耐克(Nike)和美国购物平台 StockX 的商标侵权纠纷中得到了体现。StockX 开发了 Vault NFT,用户购买后可用于兑换其平台上的 Nike 实体球鞋。Nike 认定该平台在未获得品牌授权的情况下,违规使用了其公司的商标、商誉和 9 款球鞋的图片开发 NFT。但 StockX 认为 Vault NFT 基本上等同于实体球鞋的"购买票据",不属于独立商品,该行为不属于商标侵权。[①] 该案也表明了在传统体育文化资源版权保护中即较棘手的侵权问题转化成数字资产后会愈发复杂,因此迫切需要根据数字藏品与体育文化资源的特性制定认定侵权的标准。

四、 体育文化资源开发数字藏品的应对策略

(一) 以行业自律规范行业发展

数字藏品行业的发展仍属于新兴事物,国内市场也尚不完善,不论是数字藏品行业的法律制定还是相关行业的法律修改由于法律本身固有的滞后性都不可

---

① 懒熊体育:《耐克与 StockX 这场官司,或将成 NFT 市场的风向标》,2022 年 5 月 31 日,https:// baijiahao. baidu. com/s? id=1734352015357945640&wfr=spider&for=pc。

能在短期内完成。因此先通过行业协会制定一整套行业标准,推动行业自律是目前较为可行的办法。[①] 在已制定的行业标准基础上,未来行业仍然需要在不断的经验教训总结中规范行业发展。

第一,确保数字藏品行业标准的协调统一。目前的标准虽然有一定指导意义,但是由于制定主体的多元化,难免存在相互矛盾之处,需加快行业一体化进程,制定统一标准,避免因标准间相互矛盾而陷入无所适从的困境。第二,建立统一的行业监管平台。一方面数字藏品发行平台本身加强对其用户的管理,加大投机炒作的打击力度,进行平台"自净";另一方面行业层面尽快建立行业监管平台,制定监管标准,减少行业无序现象。第三,除了数字藏品行业需进一步规范市场发展,体育行业的行业协会、体育联盟、体育类博物馆等组织机构也要在开发数字藏品过程中制定相应规范,组成体育文化资源数字藏品开发联盟,促进经验交流,防范可能产生的风险。

(二)制定统一的数字藏品权利认定标准

第一,数字藏品行业、法律行业与体育行业合作研究数字藏品权利认定指南,以防范可能出现的纠纷。一方面提醒多方主体参与数字资产开发时明确权利归属。针对上文提出的多方主体参与体育数字藏品开发时的权利归属问题,在现行法律下,为防范可能出现的权利纠纷,提醒各方主体在开发数字藏品前,需订立明确各个主体所拥有权利的合同,确认权利边界。另一方面推动用户购买数字藏品时的平台版权声明规范化,尤其要防范体育文化资源版权方自行开发平台进行数字藏品发售时可能存在经验不足导致不规范的情况,在协议中明确表明数字藏品的知识产权的授权情况,减少用户侵权风险。

第二,法院在数字藏品相关司法案例中积累经验,并以内部研讨会等形式讨论研究数字藏品争议解决路径,为法律层面制定数字藏品法律法规与体育行业开发数字藏品的实践层面提供借鉴。一方面明晰知识产权侵权开发的数字藏品权利归属。明确侵权后的处理路径,以打入地址黑洞或其他方式阻断传播;研究

---

① 刘彦华、袁凯:《为数字藏品发展撑起"法制伞"》,《小康》2022 年第 22 期。

保留该数字藏品后双方可以通过何种方式协商此权利的归属以及侵权方需要承担的法律责任;确定"善意第三人"制度是否适用侵权数字藏品以及此过程中用户的权利保障方式。另一方面,研究确认数字藏品的法律属性,讨论数字藏品平台一"物"多卖时的权利归属。

(三)建立知识产权侵权审核监管机制

第一,产业主体在产业活动中提高版权保护意识,抵制侵权行为。一是体育文化资源版权方要确保版权的真实性,明确各参与主体的责任义务,同时避免一个 IP 多个平台授权的做法。二是体育数字藏品发行平台需认识到自身作为特殊的网络服务提供商,有着更高的审查注意义务。一方面在发行上链前审核版权方的身份以及版权权属证明材料的真实性,将侵权行为扼杀在摇篮里;另一方面在数字藏品发行后建立完善的侵权投诉处理机制,对平台内的侵权行为及时进行处理。三是用户需要助力防范知识产权侵权行为。一方面加强甄别,选择可信赖的平台,购买数字藏品时仔细研读权利声明,明确自身权利;[1]另一方面提高警惕,避免数字藏品被盗,对于侵权行为坚决抵制、及时举报。

第二,数字藏品行业与体育行业在传统的版权保护基础上,加快探索新的版权保护机制,防范侵权行为。加强行业协作,以协会牵头,各方主体参与的形式,探索数字藏品在铸造、发行、交易等各个环节的版权认定标准以及相关的侵权维权机制。同时探索新的技术以突破联盟链和私有链在版权保护上的限制。

第三,政府加快出台数字藏品领域的侵权责任规范,明确侵权边界。一是以版权侵权要素为基础,借鉴传统版权判定侵权的方法,建立数字藏品领域的侵权行为认定标准,规范各方主体行为。二是具体到体育行业,针对国内外数字藏品与体育行业的融合所可能产生的侵权行为,推动主管部门制定体育行业发行数字藏品的侵权认定规范。

---

[1] 郑佳:《数字藏品交易中的知识产权问题》,《服务外包》2022 年第 10 期。

五、 结语

体育文化资源开发数字藏品是行业发展的新亮点,对各方主体都产生了新的价值。但要意识到其中所存在的政策法律法规缺位、数字藏品权利有争议、知识产权保护有漏洞的风险,推动各方以行业合规、制定统一的数字藏品权利认定标准与知识产权侵权审核监管机制的方式,探索出一条体育产业数字化创新的可行之路。

本文作者黄洋系原南京师范大学文博系教师,现就职于上海大学文化遗产与信息管理学院,应燕燕为其硕士研究生

东风夜放花千树，夜市千灯照碧云

——南通环濠河博物馆群首次夜开放的回顾与思考

徐 宁

2020 年初，一场突如其来"新冠疫情"使得各地博物馆相继闭馆，多项原定在春节期间推出的文化展览也临时取消。疫情过后，博物馆如何满足更多人群的精神文化需求，将展品"活"起来，让历史"走出去"，把人气"聚起来"，成为各博物馆思考的首要问题。白天，成年人要上班，未成年人要上学。而博物馆夜开放成为一种不错的选择，一是延长了开放时间，最大程度地发挥了博物馆的效用；二是弥补了大多数家庭没有时间参观公共文化场所的遗憾，晚饭后陪着家人孩子到博物馆去看看，散步之余可以接受文化的熏陶。

目前国内北京、上海、江苏、陕西、四川等省市的博物馆陆续尝试了博物馆夜间开放。在开放中，不少博物馆表示博物馆夜开放面临人手不足、文物安全、内容不丰富、户外灯光照明不够等方面的问题。

2020 年 9 月，以南通博物苑为龙头的环濠河博物馆群在"2020 中国南通江海国际文化旅游节"举办期间，为大力发展夜间文旅经济，展现"江海明珠·文

图一　南通博物苑新馆

博南通"博物馆旅游优质资源,营造浓郁的博物馆文化旅游氛围,丰富南通市民精神文化生活,首次举办"濠博有约·欢乐秋夜"夜游博物馆专场活动。整个活动共有 3 个主题,持续 5 个周末假日,贯穿了整个 9 月。

一、 博物苑夜开放与文创相结合

9 月 12 日,首个与通城市民见面的夜集市的主题是——"把博物馆带回家·文创夜集市"。"夜集市"设在南通博物苑新馆区域,由展览夜开放、文创夜集市、艺术表演等组成。现场聚集了环濠河博物馆群联盟单位和相关文化创意产品商铺近 40 家,进行产品展示与销售,丰富、满足公众不同层次文化消费的需求。

下午 4 点多,参展单位工作人员就来到了现场,摆好产品,有茶具、拼图、小算盘、中药香囊、剪纸画、帽子、钥匙扣等,静待顾客的到来。

天色未黑,就有很多市民来到了现场,"夜集市"也迎来了开张第一个买卖……

夜幕降临,南通大学乐团、参展单位和两位小朋友分别为大家进行了打击乐器、茶艺、街舞等艺术展演,精彩的表现赢得在场市民阵阵热烈的掌声。

图二 南通环濠河博物馆群点夜集市

接下来，"夜集市"也迎来了客流和购物高峰。

本次"夜集市"由腾讯新闻 App 和南通电台进行全程直播。共有 16 万人次观看了直播。

"夜集市"的成功举办，不但发展了夜间文旅经济，还让市民朋友体验了精致的文博夜生活。南通市民连呼"原来博物馆还可以这么玩儿"！

二、 博物馆夜开放与民俗特色相结合

第一次夜集市的成功举办，吸引了广大市民的目光，在活动结束时，不少市民纷纷打听下一次夜集市的时间、地点。

9 月 19—20 日 15:00—20:00,南通环濠河博物馆群联盟的第二场夜开放活动如约而至,这次的主题是"濠博有约欢乐秋夜·非遗游园会"。

整个活动分为南通非遗技艺、南通特色小吃和文创产品联合发布会三部分。现场共有 30 家展示销售摊位,众多南通地区极具特色而又充满回忆的非遗活动和特色美食,集中精彩亮相,吸引了众多市民体验消费。

非遗,承载文明的记忆;美食,让生活更加有滋有味。现场非遗技艺有板鹞风筝制作、色织土布、红木雕刻、灯彩、木板年画、烙画、剪纸、面塑、棕编、糖画、锅

图三　夜集市上的民俗表演

瓷、鸟笼制作等。与此同时,众多南通市特色小吃为市民呈现舌尖上的美味,唇齿留香的狼山烧鸡、长寿之乡的萝卜皮、香甜松酥的林梓潮糕、绵甜醇厚的花露烧、肥而不腻的猪头肉……市民朋友们纷纷驻足购买。

晚上,现场还举办了南通博物苑—博公司和祥生地产联名文创产品——"宝光嘉禾勋章纹"丝巾的发布活动。发布会上,南通环濠河博物馆群馆长集体亮相,依次向市民朋友推介各馆,欢迎大家走进博物馆,走进环濠河博物馆群。

"博物馆好吃、好看、好玩儿"是第二次夜开放留给通城市民最深的印象。

三、 博物馆夜开放与陈列展览相结合

在9月的最后一个周末,南通博物苑结合正在举办的"玉见你——古代与当代关于玉的对话"这一精品展览,于9月26日特邀该展览的主策展人、参展设计师作客博物苑"一博讲坛",举办"玉见你"展览相关讲座活动。

图四 "玉见你"策展人现场导览

晚上6点半,展览的参展设计师、主创人员一行,于南通博物苑的多功能报告厅连续举办4场专场讲座。

讲座首先由策展人王佳月为大家带来《何以"玉见你"》。她主要从"为什么选择玉作为主题""怎么讲玉的故事""源流运动和'玉见你'"三方面,讲述了本次

图五 "玉见你"专题展夜开放

"玉见你"展览的策展过程与思考。她尤为详细地解读了展览"玉中藏礼""君子美德""玉汝于成""玉见·过去与未来"四个单元的构成。

接着，中央美术学院设计学院副教授张凡为大家讲述了《什么是传统艺术设计原理》。她结合自己的实际工作和本次展览，向大家讲述了中央美术学院"传统艺术设计"课程是如何择取中国传统艺术精髓、让古代艺术瑰宝穿越到当代、助力当代艺术设计的。

然后，南京艺术学院设计系副教授王克震为观众带来《金之六齐玉之九德》。他结合自己从事金属工艺专业的实际经验，分享了他对"艺术从视觉探究到物质研究""物性思维在创作中的表达"等时下热门话题的理解。

最后，广东工业大学艺术与设计学院副教授曹毕飞分享了《承袭传统——个人叙事下的身份认同探索》的讲座。他结合"非首饰空间"工作室的作品，分享了作为社会文化实践的当代首饰，如何既做到承袭传统，又能打破传统思维，创造性地进行设计。

晚上8点半，现场观众跟随4位专家学者，一起到展厅参观了"玉见你"展览。虽是夜晚，但现场观众热情不减，认真听讲，不时拍照，还陆续就观展中遇到的问题进行请教，几位专家学者一一进行了解答。

此外，一些博物馆还举办夜间特色活动作为"博物馆之夜"的延伸，将一些展览的开闭幕式、专题活动时间选在晚上，开展音乐演奏、舞蹈表演、博物馆夜宿、博物馆探险等活动，在夜间唤醒博物馆更大的潜能。原本寂静的博物馆一下子热闹起来,这对博物馆、观众以及举办方是三方共赢。

博物馆是特殊的场所,必须在做好相关安保和文物保护工作的前提下才能进行夜间开放。这就需要博物馆方面采取各项软硬件措施确保文物的安全。这一举措后增加的管理成本,相关主管部门应该给予补贴。

此外,夜间开放必然给博物馆的管理增加工作量,博物馆可以招募一些志愿者来分担。广大市民应该注意自己的言行举止,做到文明参观。

博物馆是温暖而宁静的。此次"博物馆夜开放"系列活动的成功举办,是南通博物苑在市委市政府全面提升博物馆群服务水平的要求下做出的有益尝试,是博物馆公共文化服务的有效延伸。

活动让市民、游客感受到历史与现代、传统与时尚在博物馆的完美结合。夜开放让广大市民在博物馆里放慢脚步,聆听历史的声音,欣赏传统的技艺,品味高雅的文化,感受文化的底蕴,体会古今的变迁,感悟文化传承,将文物带回家,让文物活起来⋯⋯

本文作者系南京师范大学 2000 级本科生徐宁,现工作于南通博物苑

连云港古代海防遗存调查报告

张 勇

连云港，古称"海州"，城市海岸线长达 161 千米。由于海中云台山与陆上锦屏山隔海对峙的特殊地理位置，其海防地位十分重要。

随着社会经济的不断发展及城市化进程的加速推进，越来越多的古代文化遗存遭受破坏或面临灭失的风险，古代海防遗存作为历史文化遗存的重要组成部分，亦因自然与人为双重因素影响正逐渐消失。为了对连云港市古代海防遗存有更全面、更清楚的认识，我们对这类遗存进行了全面的调查工作。已调查勘测的海防遗迹类型多样，主要有城址、烟墩、船画石刻、营寨等。

一、城 址

连云港市境调查发现的海防城址有 5 处，分别是：盐仓城遗址、龙苴城遗址、海州城城墙遗址、孔望山古城遗址、南城城墙遗址。其中海州城城墙遗址包括宋海州城及明清海州城城墙遗址。

（一）盐仓城遗址

盐仓城遗址位于赣榆区海头镇盐仓城村，现为江苏省文物保护单位。调查勘探表明，盐仓城城址平面近方形，总面积约 60 万平方米。城墙为版筑夯成，东城墙长 800 米，底径宽 27 米；南城墙长 750 米，底径宽 30 米。城内现存东西宽 500 米、南北长 700 米的台地，大部分区域被现代民居覆盖。勘探仅发现南城门,其他城门情况不明。城外侧有护城河。因基本建设及自然因素影响,西、北城墙破坏殆尽,东、西护城河基本淤塞,北护城河不存。

连云港地区依山滨海,自古有渔盐之利。春秋战国时期,先民已经利用沿海之利,煮海为盐,捕鱼为食。盐仓城在春秋时期是莒国盐官驻地,汉代亦在此筑城,是赣榆县县治所在地。盐仓城最初虽为盐官驻地,但盐业生产向为地方财政收入的重要保障,地位当较一般城邑更为重要。

图一　盐仓城遗址

（二）龙苴城遗址

龙苴城遗址位于灌云县龙苴镇古城村,现为江苏省文物保护单位。调查勘探表明,城址为南北走向,分内外城。外城平面近长方形,南北长 440 米,东西宽 380 米,总面积约 170 000 平方米,外城城墙地表已不存。内城位于外城内北侧,现为一台地,高出周边地表 3 米左右,平面呈方形,面积约 10 000 平方米,与外城共用北城墙,其余城垣清晰可见。北护城河尚存,其余三面护城河皆淤塞为农田。内城城墙亦遭平整,地表遍布绳纹、印纹陶片。

据史料记载:“龙苴故垒,在海州西南六十里,有大小二垒。故老云韩信下齐,项羽遣龙苴筑垒于此,后因名龙苴镇。”[1]萧衍在龙苴置东彭城郡(今灌云县

---

① (明)张峰等:《隆庆海州志》卷 8《古迹》,上海古籍出版社,1962 年,第 17 页。

龙苴镇),领龙沮、彭城、清河三县。南梁太清三年(549 年)四月,青、冀二州刺史明少遐、北青州刺史王奉伯举州附于东魏,改名海州,治龙沮(今灌云县龙苴镇)。州治迁至朐山南靠海边的龙沮县,领东彭城、东海、海西、沭阳、琅琊、武陵六郡。东彭城郡成为海州首郡,驻龙苴,领龙苴、安乐(由彭城县改)、渤海(由清河县改)三县。龙苴城成为海州的州治。龙苴古城遗址,对研究连云港地区汉魏六朝的政治、经济、军事、文化等有着重要价值。

图二　龙苴城遗址

(三)海州城城墙遗址

海州城城墙遗址位于海州区,现存城墙可分为两部分:一为南宋海州城城墙,一为明清海州城城墙。南宋海州城城墙建于南宋隆兴元年(1163 年),为海州知州魏胜筑城抗金。其中南城墙残余三段:第一段位于海州区海州街道双龙社区,现存城墙长约 230 米,城墙基础尚存,局部遭受现代民居破坏,该段城墙处于海州明清城墙遗址南约 40 米处,与明清城墙基本平行;第二段位于海州街道中环中路南大岭与观音庵交界处,现存城墙长约 550 米,城墙基础保存较为完整,顶部被现代民居局部破坏;第三段位于海州原第四人民医院东墙老南楼处,东接白虎山山根,现存城墙长约 3 米,城墙基础尚存,因取土破坏严重。

据《隆庆海州志》记载:"海州城西南枕孤山,敌至,登山瞰城中,虚实立见,故西南受敌最剧。胜筑重城,围山在内,寇至则先据之,不能害。"①孤山今名白虎山,此三段城墙将白虎山围在城内,与史册的记载相吻合,当为南宋隆兴元年(1163年)海州知州魏胜抗金时所筑。宝祐三年(1255年),李璮据海州时又加修筑。

元末,海州城池毁于战火。明洪武二十三年(1390年),淮安卫千户魏玉在海州西城故址修筑土城,是为明海州城。设东、西、南、北四门,分别命名为"镇海""通淮""朐阳""临洪",四门皆有瓮城。明海州城高二丈五尺,周长九里一百三十步,西偏北有水关门。嘉靖年间,为了抵御倭寇重修州城城墙,至隆庆时才竣工。清嘉庆年间,知州师亮采又重修城墙。1956—1959年海州城墙被拆除殆尽,仅东门瓮城、东南角以及南门向西百米处尚存三段城墙,现介绍如下。

东门瓮城遗址:海州东门距海最近,为海州海防首要关隘,历史上曾有"镇海门"与"望孔门"。瓮城为半圆弧状,城门开口向南,今在西南角尚有一段残存瓮城,长约7.5米,墙基残高1.2—1.9米,瓮城墙体残高3.5—4米。

东南角土墙遗址:在海州城东南角,今存一段较长的土城墙,墙外包砖已无

图三 海州明清城墙遗址

---

① (明)张峰等:《隆庆海州志》卷6《名宦》,上海古籍出版社,1962年,第8页。

存。残墙东西长约 75 米,残高 8—10 米,西侧建有一道石墙,城墙截面轮廓清晰,底宽约 30 米,城墙顶部最宽处约 10 米。

南城墙遗址:在海州老南门西约 100 米处,尚残存有一段土城墙。残高 4—5 米,残长 38 米,顶部最宽处约 10 米,最窄处 1.7 米。

(四) 孔望山古城遗址

孔望山古城遗址位于海州区孔望山与凤凰山之间,平面不规则,略呈箕口向东的簸箕形。城墙东西长约 640 米、南北宽约 550 米,总面积约 290 000 平方米。目前城垣基本形制尚存,墙体大多为土筑,其中西城墙保存最好,现存宽度约 10 米,高度均在 4 米以上,最高处达 8 米。建于山脊上的北城墙和南城墙西段可见墙基和残存墙体,内外两侧由石块垒砌而成,南墙中段因凤凰山开山采石被破坏,仅剩零星隆起的土墩,东城墙北段尚存部分墙体。

西城墙位于孔望山西南部和凤凰山西北部中间的山岗顶部,中部现有缺口,应为西城门遗址,有一条道路从门中通过,呈东西走向。西门南、北侧城墙在距城门 30 米处均向东内收,形成了两处半月形地带。西门北侧城墙保存状况较好,在半月形地带的北侧有一处马面,向北至孔望山摩崖造像西南约 50 米处又有一处土筑马面。南侧城墙有一处平台,在半月形地带的西南角有一处马面。从该马面南端起,西墙呈直线折向东南的凤凰山,与南墙相连。

北墙位于孔望山山脊之上,城墙自孔望山摩崖造像西南处马面始,向东折向孔望山西坡,随着山的走势逐步沿山脊向东北延伸,断续分布在西主峰西侧嶙峋怪石群之中,至孔望山东南山麓与东墙相连。

东城墙分布在孔望山东南山麓及山脚平地上,两侧底部用不规则的石块砌成挡土墙,中间填土夯实。孔望山山脚段城墙以基岩为基础,在平面上形成一个方形台基,其东、南两侧均保存人工加工过的平整坡面,应为东城门遗址。台基南有一土墩,高于周围地面。此段城墙大致呈正南北向,与南城墙垂直连接。

南城墙沿凤凰山山脊直达山顶,再沿西坡而下与西城墙相接,堆筑方法与孔

望山山脊上的北城墙一致。^①

　　从采集和出土的瓷片、青砖等遗物来看,孔望山古城应为一处保存较为完整的宋代军事城堡。城堡三面环海,背倚海州城,与云台山和南城隔海相望,是极为重要的海防要塞。

图四　孔望山城墙马面

(五)"东海城"(南城)城墙遗址

　　南城城墙遗址位于海州区南城街道。刘宋泰始六年(470年),侨置青、冀二州于郁洲,青州下设东海郡,领东海县,南城为东海郡治,称为"东海城"。南朝宋元徽二年(474年),青、冀二州刺史刘善明于东、西凤凰山之间垒石为城,驻兵据守。南宋时有大、小二城,南宋宝祐二年(1254年),贾似道献捷,重修南城,并将大、小二城相衔接,使东、南二面连为一城。西北控海,东北抵山,周13里,皆砌以石,有东、南、北3门,使其成为重要的海防屏障。明清时期,相继在南城设东海巡检司、守御东海千户所、备倭指挥厅、东海营都司衙门等军事指挥机构,承担云台山地区的防务重任。清咸丰年间,海州知州黄金韶修缮城墙及城门,更改城

---

① 中国国家博物馆田野考古研究中心等编著:《连云港孔望山》,文物出版社,2010年,第12—20页。

门匾名为"古凤凰城",至今尚存。

南城城墙遗址现存东、西两面城墙,大多沿山坡自然走势砌筑。其中西城墙位于凤凰西山,由南至北呈弧形,走向从西南山脚沿山脊向上至山顶折北数里,再折向东,沿山势而下至山脚,目前破坏严重。东城墙现存五处残段:其一位于南城东山玉皇阁西南方约130米处,城墙残宽10米,残高4—5米,受现代坟墓影响,城墙结构有所改变,只保留夯土部分,砌石已不存;其二位于通往城隍庙的盘山路南侧约100米处,残长15米,残宽7米,残高6.5米,城墙底部有大石基础,上部存有夯土城墙,石基础现存高度2—2.5米;其三位于城隍庙东南侧约62米处,残长约108米,宽5米,高2.5—4米,城墙南部只保留夯土部分,砌石已不存,北部砌石尚存,石墙与山体之间填土;其四位于城隍庙东侧约60米,残长约50米,残宽4.8米,残高3米,该段城墙依据自然山势在山体外侧用块石砌筑,石墙与山体之间填土,遭现代开山采石破坏严重;其五位于城隍庙东北侧约90米,残长约25米,残宽约11米,残高5米,该段城墙依自然山势在山体外侧用块石砌筑,石墙与山体之间填土,遭现代开山采石破坏严重。

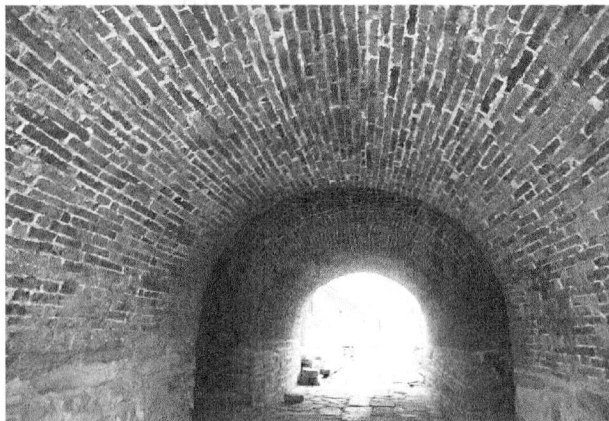

图五　东海城南城门

二、营寨遗址

调查发现的古营寨遗址有一处:田横岗遗址。

据唐李吉甫《元和郡县图志》记载,海州东海县北 50 里有田横国,即田横岛。[①] 今南云台山的小隔峰有一座田横岗,位于中云街道隔村西南,即李吉甫记载的田横岛。汉时,田横冈上建有田横祠一座,直到明代才毁,祠基尚存。《云台补遗》记载:"隔村南山田横岗东岭上有古墩数亩,相传为五百义士冢,土人呼为姑姑台。据樵夫云,往往天阴云雾之中,闻鬼哭喊杀之声。"[②]

田横岗遗址总面积约 44 800 平方米,分为大、小城。大城南墙西段设有一门,西城北段亦有一门,南墙与东墙结合部设有一座瞭望台,南城墙也因此而略作外扩,并留有关口、踏步,通向南城墙南面的涧沟,北墙损毁严重。田横墓、田横祠位于城内正中位置,另三处房基位于城内东北隅附近。

小城位于鹰嘴崖顶部,西南距田横岗大城约 560 米,修筑时间跟大城相同,与大城互为犄角,是大城的前哨。由于鹰嘴崖顶部西、南二面为悬崖,所以城墙呈北斗星形,构筑在山顶东、北二面,将鹰嘴崖顶部围住,城内面积约 4 500 平方米。东部山脊可通行,所以朝东开城门。

按所处位置,田横岗分为左、中、右、前四个营寨,均面向北面的大海,寨墙大部分用块石垒砌,其中中寨面积最大,位于隔峰山顶最高处的"小龙头",有四条小道联系其他各营寨。中寨东、西、北三面都是悬崖绝壁,只在南面用块石砌成高 3 米的寨墙,寨墙上只留有 1 米宽的门道,可谓"一夫当关,万夫莫开";右寨设于与中寨一涧相隔的"鹰嘴顶";左寨设于"狼牙顶",呈环形;前寨则筑在 100 米外的"条山顶",这里恰有两块巨石以为门户,远可眺望大海,近可防山麓渡口,是中寨的前卫。据调查,田横岗的石城墙高 2—3 米,宽 1—1.5 米,总长 200 多米。另外,田横岗东、西、北三面绝壁陡坡的隙缝处还有断断续续的用作封堵的石墙,总长度超过 200 米。

---

① (唐)李吉甫:《元和郡县图志》卷 11《河南道七》,1983 年,中华书局,第 302 页。
②《云台补遗》原书已佚,此处转引自张学瀚:《云台导游诗钞》,1935 年铅印本,第 123 页。

图六　田横岗遗址

三、烽燧遗址

烽燧又称烟墩，是用于点燃烟火传递重要信息的高台，是重要的军事防御设施。明清时期，为巩固海防、加强防卫，连云港地区布置了城池、炮台、烽堠、烟墩、路墩等大量的海防设施，其中烽燧为该时期重要的海防遗存。它们主要分布在连云区、海州区、赣榆区等地，通过对烽燧的分布位置调查，我们能够清晰地了解连云港明清海防的总体部署，为印证连云港重要的海防军事地位提供支撑。

（一）云台山沿海烽燧

明洪武中，倭寇与海盗交讧，分中所守御东海，中前所守御西海。东海所有南、北二城，云台山烽燧沿海共有十四座，后增筑四墩，共十八墩，计有危尖墩、北固墩、南固墩、朱吾墩、巨平墩、东墩、平山墩等。西海所沿海十三墩，后增筑三墩，共十六墩。目前南固山烽燧、北固山烽燧、紫阳岭烽燧、炮台顶烽燧等保存较为完好。

南固山烽燧位于连云区墟沟街道南固山北侧断崖，东北临海，由三层人工台地构成,外围有护墙。遗址一层台以外层的护墙为界,东西最长处约45米,北最宽处约40米,周长约130米,残高0.2—2.8米。外围护墙东南侧开有一门,宽约1.2米,西墙内侧有建筑残存,建筑近方形,面积约25平方米。遗址二层台基为不规则五边形,土石砌筑,边长8—16米,周长约58米,墙基残高0.2—2米。遗址三层台顶部平面西北侧为椭圆形,东南侧为梯形,土石砌筑。椭圆形台基外长径约6米、短径5.3米,内长径约3米、短径2.5米,残高约05米,梯形台基东西通长4米,西侧边长4.9米,东侧边长3.1米,残高0.2—0.7米。

北固山烽燧位于墟沟街道玉枕山北侧顶部,其北部、东部面向大海。该墩上部小下部大,有三层台地。南北通长21.3米,东西通宽18.9米,通高约4.6米,依自然山势用土石堆砌而成。第一层为方形台基,东、西、南三侧石砌墙基尚存;第二层为梯形台基,南北通长约10.2米,南端宽约3.6米,北端宽约6.1米,残高0.1—0.5米,梯形台基墙宽0.6—0.7米;第三层为圆形台基,外径约4.8米,内径约2.6米,残高0.2—0.8米。

紫阳岭烽燧位于墟沟街道北固山紫阳岭西山顶上,其北部、东部为大海。该烽隧利用自然山势用土石砌筑而成,现仅保存底部基础部分。遗址东西长13.7米,南北宽10米,高约5米,由长方形、圆形两个台基组成。长方形台基位于遗址东部,东西长约8.4米,南北宽3.1—4.3米,残高0.1—1.3米。圆形台基位

图七 云台山烽燧

于遗址西部,直径约 7.1 米,残高约 1.3 米,圆形台基上现存圆形防御工事"碉楼",外径约 4.6 米,内径约 3.1 米,残高约 1.7 米。

宿城炮台顶烽燧位于连云区宿城街道虎口岭东炮台顶,形状为不规则四边形,分上、下二层,皆用土石砌筑而成。下层为台基,上层为在下层台基顶部构筑的三个小型建筑遗迹。下层台基外包石砌护墙,北墙长约 18.3 米,东墙长约 16.6 米,南墙长约 16.8 米,西墙长约 18.6 米,台基石砌护墙宽 1.1—2 米,残高 0.2—2.2 米。

(二)赣榆沿海烽燧

赣榆为海防的重要区域,海岸线长达 40 余千米。明清时期,赣榆沿海一带派戍兵守卫,沿海每隔五里设一墩,遇到敌匪入侵,墩兵即在烽燧上点烟报警,墩墩相传,即可将警报传至县城。赣榆沿海岸无山,烽燧都建在沿海的平地上,由于年代久远,许多烽燧破坏严重,几乎不存,目前仅遗存韩口、宋口、兴庄三座较为完整的烽燧。

图八 宋口烽燧

韩口烽燧位于连云港市赣榆区石桥镇韩口村东南角,大少村东,周围为鱼塘,东边为海滨大道,高约 5 米,保存完好。宋口烽燧位于赣榆区青口镇宋口村东北角田野中,残高约 3 米,方形,新中国成立后被开挖并建成现代防御工事碉堡,当地人称作大墩,四周为农田。兴庄烽燧位于赣榆区海头镇兴庄村北,高约3米,周围为农田。

表一 连云港市现存明清烽燧一览表

序号	烽燧名称	保存情况	所处位置	海拔	时代
1	南固山烽燧	较好	烟墩山山顶北侧	195米	明清
2	北固山烽燧	较好	玉枕山北侧	166米	明清
3	炮台顶烽燧	较好	虎口岭东炮台顶	273米	明清
4	紫阳岭烽燧	较好	紫阳岭西顶	237米	明清
5	桅尖烽燧	一般	大桅尖	604米	明清
6	平山烽燧	一般	平山西南顶	101米	明清
7	朱吾墩	一般	朱吾山顶	125米	明清
8	溪云山烽燧	一般	溪云山顶	165米	明清
9	巨平烽燧	一般	猴嘴山	207米	明清
10	大村墩	一般	牛岭山顶	209米	明清
11	西山烽燧	一般	西山顶	89米	明清
12	东墩	一般	丹霞东窑山	48米	明清
13	九岭烽燧	一般	九岭山	54米	明清
14	宋口墩	一般	赣榆区青口镇宋口村北	2米	明清
15	兴庄墩	较好	赣榆区海头镇兴后村北	1米	明清
16	韩口墩	较好	赣榆区石桥镇大沙村东	2米	明清

四、石刻

(一)刘志洲山石刻

发现于海州区锦屏镇岗嘴村和酒店村之间的刘志洲山、夹山、哑巴山一带。刻有船画石刻7处,刻船20艘,船长0.3—3米,另外在夹山、刘志洲山北坡还有当年士兵刻画的"招信军""招信前部""苏总管""安淮军""金人""金国"及人物、动物、建筑、钟形画像等众多石刻。[①] 从刘志洲山船画的形制、夹山戍守城垣以及石刻等大量宋金遗迹来看,刘志洲山即为宋金对峙时期双方交战的战场,船画石刻可能与《宋史》记载的南宋李宝舟师"锚泊东海"与魏胜共抗金兵的事件有关。[②]

船画一:位于夹山口原小姐洞东南方向约100米处的岩面上,用阴线刻手法描绘一条张开帆的行船,船身上下刻画多条线纹,线条古拙。船长0.8米,高0.08米,帆高0.27米、宽0.14米。船画二:位于船画一东南方向约25米处,用阴线刻手法刻画5条船只,1条大船,4条小船。大船位于整个画面的中部,描绘抛出缆绳即将靠岸的场景,船上刻一人物,船长2.53米,高0.33米。4条小船位于大船的上侧,其中一条船长0.26米,高0.16米,帆高0.40米、宽0.13米,类似宋代用于海战的海鳅船,其余的小船均模糊不清。船画三:位于船画二西南方向58米处,用阴线刻手法刻画4条船只,该组船画最西侧表现一条抛锚停泊的船只,船上有双桅杆,船下刻有直线条纹饰。船画四:位于刘志洲山主峰东北坡,用阴线刻手法刻画抛锚垂帆停泊岸边的大小2条船只。大船底部弧度较大,应为尖底船,船的前部抛有3只锚。船上刻画两根桅杆和一根旗杆,旗杆上刻旗帜,旗帜上纵刻2字,上面一字破坏较严重,隐约可辨为"招",下面一字较清晰为"信"。小船刻于大船后部,用绳索与大船相连,应为登陆用船。船画五:位于刘志洲山主峰偏东北的山腰处,用阴线刻手法刻画1条船的船身,船底弧度较大。船画六:位于刘志洲山主峰正北方向的山腰处,用阴线刻手法刻画1条船的船身,船底有一定的弧度。船画七:位于刘志洲山主峰正北小平山北坡的一块岩石上,用阴线刻手法刻画6条船只,用弧线和直线简单地刻画出船体、桅杆,有的还刻有船舵,有的只用3条弧线表现船板。

---

① 连云港市重点文物保护研究所编著:《连云港石刻调查与研究》,上海古籍出版社,2015年,第206页。
② 高伟:《刘志洲山岩画迷踪》,百家出版社,2007年。

表二　连云港市现存宋金元时期与战争相关石刻一览表

石刻名称	所处位置	年代	题刻者
张叔夜题名	白虎山山腰	宋宣和二年（1120 年）	张叔夜等
刘志洲山官吏人物岩画	刘志洲山西坡	宋代	不详
大伊山船型岩画之一	大伊山半坡	宋代	不详
大伊山船型岩画之二	大伊山白鸽涧北坡	宋代	不详
大伊山船型岩画之三	大伊山大山圩一陡壁	宋代	不详
大伊山船型岩画之四	大伊山金鸡岭北坡	宋代	不详
大伊山船型岩画之五	大伊山"阅古亭"西北	宋代	不详
"招信前部"题刻	刘志洲山西部	南宋咸淳七年（1271 年）	招信军、安淮军
"招信后部"题刻	刘志洲山东南坡	宋代	招信军
"招信军"题刻之一	刘志洲山西北坡	宋代	招信军
"招信军"题刻之二	刘志洲山南坡	宋代	招信军
"招信军"题刻之三	哑巴山	宋代	招信军
"右军周□家"题刻	刘志洲山东北坡	宋代	不详
"武督统"题刻	刘志洲山东北坡	宋代	不详
"此石有金人者出日"题刻	刘志洲山西南坡	宋代	不详
"金国"题刻	刘志洲山南坡	宋代	不详
"泗州都东"题刻	刘志洲山西坡	宋代	不详
"泗州"题刻	刘志洲山西南坡	宋代	不详
"苏总部"题刻	刘志洲山西北坡	宋代	不详
"禾凤堂"题刻	刘志洲山西北坡	宋代	不详
"天雄右、武锋两军"题刻	刘志洲山西北坡	宋代	天雄军武锋军
石匠题刻	刘志洲山主峰	元至元五年（1339 年）	元军石匠
"制诸军"题刻	哑巴山东麓	元泰定二年（1325 年）	元军
"国开府"题刻	南城街道东山鸽岛	金天兴二年（1233 年）	国用安
朱麻"招信军"题刻	师姑岩	宋宝祐二年（1254 年）	拓信军石匠
"招信石匠"题刻	南城西山西半坡	宋代	皇甫□
"新设山路记"题刻	塔山古道北侧	金明昌二年（1191 年）	蒲察、福通等

（二）国用安题名石刻

国用安题名石刻位于海州区南城街道东凤凰山顶鸽岛一独立崖石上，为金国的兖王国用安所题。其内容为："时岁次癸巳丙辰月初五日，因领大军收复东海，创立修筑城池，与郡王萧银青、国公刘荣禄同游至此。兖王国开府记。"

国用安，先名安用，本名咬儿，金国淄州人。早年参加杨妙真、李全领导的红袄军，主要活动在徐州、海州一带。后随着形势起伏，先后降宋、蒙古。金天兴元年（1232 年）率万人攻占海州，随后降金，获封兖王，赐姓完颜，改名用安。天兴二年（1233 年）三月乙丑，时金哀帝完颜守绪在归德，完颜官努私下与国用安商议，邀请金哀帝至海州，金帝不从。天兴三年（1234 年）二月，国用安在徐州败于蒙古军，投水而死，被南宋朝廷追赠为顺昌军节度使。此石刻内容反映了金亡前期发生在海州地区的一次重大历史事件，填补了正史记载的不足。

图九　国用安题名石刻

（三）《题复云台山青峰顶屏记》碑

《题复云台山青峰顶屏记》碑位于连云港市花果山景区三元宫大殿前东碑亭内，碑身已断成数块。碑头、碑身饰龙云纹。碑额篆文，碑身文字是小楷。碑宽

1.13 米、高 2.45 米、厚 0.3 米。刻于康熙十九年（1680 年）。清初由于裁海，云台山辟为海外。康熙十六年（1677 年）复海后，漕运总督帅颜保在云台大兴土木，建造庙宇，历时数年。该碑是帅颜保重建三元宫时所留。碑文中包括哲尔肯、帅颜保等人复海的历次奏折[1]，对研究海州近代海防有极其重要之价值。

五、 结语

连云港地处中国黄海的脐部，与日本、朝鲜、韩国隔海相望，自古便是中国重要的海防要地，素有"海防要塞，中原门户"之称。由于特殊的地理位置，连云港地区古代战争频发，主要以南北朝、南宋、明清这三个阶段历时最久，战争最为激烈，如北宋时期张叔夜擒宋江之战，南宋时期宋、金、蒙之间的战争，明代的防倭斗争等，这些战斗充分体现了连云港海防之禁要、兵家必争之地的军事地位。

本次调查的南宋时期刘志洲山船画石刻遗存、孔望山古城遗址以及明清时期的烟墩遗址等都是重要的海防遗存，而南北朝时期的遗存至今尚未发现。究其原因，可能有两种：一是年代太久，或因后世战争、建设等遭到破坏；二是海防遗迹为后世的战争遗迹所覆盖。不可否认，目前所调查的遗存与连云港的海防都有密切联系，是连云港市重要的文化遗产资源和宝贵的物质财富。

虽历经千百年的风雨沧桑，大部分海防设施已遭到严重损坏，难成体系，但是这些海防遗存对研究军事设施的修建方法、形制特征，以及研究连云港的海防史、军事史都具有重要价值。随着考古手段的不断发展和新技术的日渐成熟，相信连云港地区海防遗存的相关发现和研究将会有更多的收获。

本文作者系南京师范大学文博系 2002 级本科生，现工作于连云港市文物保护和考古研究所

---

[1] 连云港市重点文物保护研究所编：《连云港碑铭大观》，中国文史出版社，2015 年。

价值链视角下江苏文物古迹
保护与利用效率研究

翟森森　黄文浩

　　党的十八大以来,习近平总书记发表一系列重要论述、作出一系列重要指示批示,为统筹好文物保护与经济社会发展,努力走出一条符合国情的文物保护利用之路,指明了前进方向,擘画了发展蓝图。2022 年 1 月 27 日,习近平总书记考察调研世界文物古迹山西平遥古城,就保护历史文物古迹、传承弘扬中华优秀传统文化发表重要讲话,特别指出:"历史文化遗产承载着中华民族的基因和血脉,不仅属于我们这一代人,也属于子孙万代。要敬畏历史、敬畏文化、敬畏生态,全面保护好历史文化遗产,统筹好旅游发展、特色经营、古城保护,筑牢文物安全底线,守护好前人留给我们的宝贵财富。"[①]2022 年 7 月 22 日,全国文物工作会议在北京召开,提出"保护第一、加强管理、挖掘价值、有效利用、让文物活起来"的新时代文物工作方针,明确了新时代文物工作的目标任务。

　　以文物古迹为核心组成的历史文化遗产,是一个地区乃至一个国家极为重要的文化资源和文化竞争力构成要素。文物古迹既是珍贵的文化资源,也是重要的经济资源,文物保护利用工作做得好,可以赋能经济社会发展。江苏省地处黄海之滨,拥长江之利,享淮河之便,物华天宝,人杰地灵,文物古迹数量多、类型复杂、空间分布广泛、文化价值显著。据第三次全国文物普查统计数据,江苏省共登记各类不可移动文物达 20 007 处,以古建筑为大宗,共计 10 445 处,占不可

---

① 《习近平春节前夕赴山西看望慰问基层干部群众 向全国各族人民致以美好的新春祝福 祝各族人民幸福安康祝伟大祖国繁荣富强》,《人民日报》,2022 年 1 月 28 日,第 1 版。

移动文物总数的45％；其次是近现代重要史迹及代表性建筑，共计6 144处，占总数的27％；古遗址、古墓葬两种类型紧随其后，分别有2 762处和2 439处，占总数的12％和11％；石窟寺及石刻有888处，占总数的4％；其他类最少，仅82处。从分布地域上看，全省13个设区市中拥有不可移动文物数量最多的是苏州市，占江苏省不可移动文物数量的19％，然后依次是南京、扬州、无锡、常州（见表一）。

表一　第三次全国文物普查江苏各市登记的不可移动文物数量统计表

城市	数量	全省排名
南京	2 879处	2
苏州	3 801处	1
无锡	1 707处	4
镇江	1 425处	8
常州	1 670处	5
南通	738处	11
泰州	763处	10
扬州	2 171处	3
盐城	573处	12
淮安	1 600处	6
宿迁	419处	13
连云港	777处	9
徐州	1 484处	7

价值链是一个管理经济学词汇，最早由哈佛商学院教授迈克尔·波特于1985年在其著作《竞争优势》中提出。他认为任何企业的价值链都是由一系列相互联系的创造价值的活动构成，这些活动分布于从供应商的原材料获取到最终产品消费的每一个环节，包括原材料采购、设计、生产、销售、售后服务等，这些环节相互关联并相互影响。随着价值链理论研究的不断深化，波特的价值链被后来的学者认为是传统的价值链。彼特·海尼斯、雷波特、斯维尔克拉、宣国良和迟晓英等学者对价值链理论做了进一步研究，将其扩展到科学技术与价值链的相互影响上。事实上，无论价值链的形式发生怎样的变化，其本质从未改变，

都是由一系列能够创造价值并且能够满足消费者需求的活动组成,而这些价值活动之间通过物流、资金和信息形成紧密联系。目前国内从价值链的角度对文物古迹进行研究的较少。但在与之密切相关的领域,如文化产业、旅游业、文化创意产业和城市文化等方面,不少学者都从价值链角度做了许多有益的探讨。

如何在"强富美高"新江苏建设中保护与利用好现有的文物古迹资源,从价值链视角对江苏文物古迹保护与利用工作进行效率评估分析及综合研究是一个值得尝试的途径。

一、 江苏文物古迹保护与利用效率分析

数据包络分析(Data Envelopmet Analysis,简称 DEA)是美国运筹学学者查恩斯(A. Charnes)[1]和库柏(W. W. Cooper)[2]在 1986 年共同创建的一种效率评价方法。该方法具有能够同时对多种投入或产出当中的多个决策单元进行效率评价的优点,因此被广泛应用到科技进步率、规模收益、资金配置和成本收益优化等研究中。

在基于 DEA 模式对江苏文物古迹保护与利用效率进行评价之前,首先需要确定在保护与利用过程中的相关投入和产出指标,并在此基础上,构建江苏文物古迹保护与利用投入/产出效率指标体系。基于价值链的视角,文物古迹保护与利用过程中的增值活动,并不是发生在某个单一环节之中,而是贯穿整个流程的各个环节,并且每个环节之间都存在着相互的影响和关联。

图一描述了文物古迹保护与利用价值链构成情况,整个过程大致可以分为生产投入、产品产出和价值产出三个主要阶段。其中生产投入阶段主要表现在图一的上半部分,不同于一般的社会产品产出,文物古迹保护与利用在资金来源方面,绝大部分来自各级政府的财政拨款。在生产投入的分类方面,主要包括基

---

① A. Charners, W. Cooper, L. M. Seiford, *Theory, merthodology and application* (Boston and London: Kluwer Academic, Dordrecht, Data envelopment analysis, 1994).

② W. W. Cooper, L. M. Seiford, K. Tone, *Data envelopment analysis: a comprehensive text with models, applications, references and DEA-solver software* (2nd), Springer, 2006.

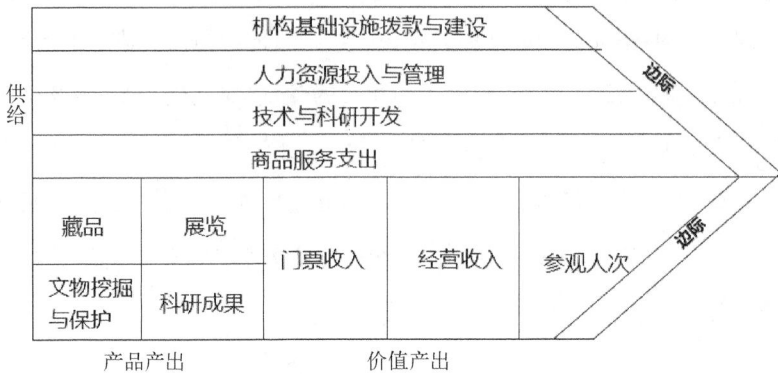

图一　文物古迹保护与利用价值链构成

建投入、劳动雇佣与人力资源管理投入、技术与科研利用投入以及购买商品服务投入等方面内容。

　　根据所生产的产品或服务是否变现为依据，文物古迹保护与利用的产出阶段又可以具体细分为产品产出阶段和价值产出阶段。产品产出成果主要以文物藏品、科研成果等一些非变现的形式存在，还属于产出的早期阶段，具体位于图一的左下方；而在价值产出阶段，前期的产品早已通过销售产品或提供各项服务等形式转变成为相关单位的收入，位于图一的右下方位置。在此需要提及的是，由于文物古迹所具有的公共产品特性，所以在对该类产品的收入情况进行衡量时，不仅要考虑它的现实经济效益，还要考虑它所带来的综合社会效益。比如大多数的公共博物馆是向全社会免费开放的，它们提供的该项服务能够给社会文化知识的普及和文明程度的提升起到积极的推动作用。

　　根据上述关于江苏文物古迹保护与利用价值链的分析，结合江苏文物古迹保护与利用实际工作情况，可以进一步构建江苏文物古迹保护与利用投入/产出指标体系。本研究在对各项指标进行选取的过程中，遵循全面性、科学性、客观性原则，既充分借鉴了其他学者在相关评价指标体系设计中的特点，又充分考虑了实际情况和数据的可获取性，力求保证评价指标体系的合理性、评价过程的可行性和评价结果的客观性。

表二　江苏文物古迹保护与利用投入/产出指标体系

所处阶段	一级指标名称	二级指标名称
投入阶段(I)	基本支出(I1)	基建拨款(I11)
	项目支出(I2)	文物征集支出(I21)
		馆藏品保护支出(I22)
		陈列展览支出(I23)
		教育与科研支出(I24)
	经营支出(I3)	经营支出(I31)
	工资福利支出(I4)	技术人员工资福利支出(I41)
		普通职工工资福利支出(I42)
	其他服务支出(I5)	差旅、劳务等服务支出(I51)
	硬件设施投入(I6)	展览、库房、办公等建筑面积(I61)
产品产出(P)	馆藏规模(P1)	新增藏品数量(一级、二级、三级)(P11)
		修复藏品数量(一级、二级、三级)(P12)
	展览规模(P2)	展区面积(P21)
		临展次数(P22)
	文物利用(P3)	文物保护与利用规划和设计数目(P31)
		文物保护单位保护维修面积(P32)
		考古发掘面积(P33)
	科研成果(P4)	省级以上科研课题数量(P41)
		著作或图目数量(P42)
		论文数量(P43)
		古建维修和考古发掘报告数量(P44)
		获国家级奖数量(P45)
		获省部级奖数量(P46)
		专利数量(P47)
价值产出(V)	经济收入(V1)	门票收入(V11)
		经营收入(V12)
	非经济收入(V2)	参观人次(V21)

本表共包括12个一级指标27个二级指标。其中在投入阶段共涉及6个一级指标10个二级指标;产品产出阶段有4个一级指标14个二级指标;价值产出

阶段有 2 个一级指标 3 个二级指标。研究使用的数据,如无特殊说明,均来自《中国文物年鉴》《中国文化文物统计年鉴》《江苏文化年鉴》,时间跨度为 2006—2015 年。

(一)产品产出阶段效率测算

这里首先以南京市为例,利用 DEA 分析方法对南京市 2006—2015 年 10 年间文物古迹保护与利用产品产出阶段效率的变化情况进行了分析,结果如表三所示。

表三　2006—2015 年南京市文物古迹保护与利用产品产出阶段效率统计表

	综合技术效率	纯技术效率	规模效率
2006 年	0.564	0.620	0.910
2007 年	1.000	1.000	1.000
2008 年	0.518	0.750	0.690
2009 年	1.000	1.000	1.000
2010 年	0.694	0.730	0.950
2011 年	0.415	0.500	0.830
2012 年	0.494	0.810	0.610
2013 年	0.431	0.560	0.770
2014 年	1.000	1.000	1.000
2015 年	0.870	1.000	0.870
均值	0.699	0.797	0.863

综合技术效率=纯技术效率×规模效率。综合技术效率是对决策单元的资源配置能力、资源使用效率等多方面能力的综合衡量与评价。纯技术效率是企业由于管理和技术等因素影响的生产效率。规模效率是由于企业规模因素影响的生产效率。

从输出结果来看,在 10 年间,南京市只有 2007 年、2009 年和 2014 年这三个评价单元内,文物古迹保护与利用产品产出阶段的综合技术效率值为 1,也就是说只有在这三年,南京文物古迹保护与利用的投入实现了产品产出的最大化。

参照南京市文物古迹保护与利用产品产出阶段效率分析的方法,我们对江苏省其余 12 个设区市的相关情况进行逐一分析。2006—2015 年间江苏省 13 个设区市在文物古迹保护与利用产品产出阶段的效率均值和全省位次情况如表四所示。

表四　2006—2015 年江苏省各设区市文物古迹保护与利用产品产出阶段效率均值及排序表

地市	综合技术效率		纯技术效率		规模效率	
	数值	位次	数值	位次	数值	位次
南京市	0.699	2	0.797	5	0.863	1
无锡市	0.562	8	0.740	7	0.760	7
常州市	0.346	12	0.660	11	0.660	9
苏州市	0.640	4	0.820	4	0.780	6
镇江市	0.727	1	0.920	2	0.790	5
泰州市	0.655	3	0.780	6	0.840	3
南通市	0.636	5	0.740	7	0.860	2
扬州市	0.422	11	0.680	10	0.620	10
徐州市	0.488	9	0.920	2	0.530	12
连云港市	0.306	13	0.600	13	0.510	13
淮安市	0.577	7	0.930	1	0.620	10
盐城市	0.613	6	0.730	9	0.840	3
宿迁市	0.488	9	0.650	12	0.750	8

虽然江苏省在文物古迹保护与利用产品产出阶段的生产效率并没有呈现出与区域经济发展水平的完全拟合,但大致可以看出综合技术效率相对较高的设区市主要分布在苏南和苏中地区,特别是排在前 3 位的设区市(南京市、镇江市、泰州市)全部位于苏南和苏中地区。而综合技术效率相对较低的设区市主要分布在苏北地区。这基本可以表明,文物古迹保护与利用产品产出的综合技术效率与区域经济社会的发展水平存在着一定的正向关系。

(二)价值产出阶段效率测算

在对江苏文物古迹保护与利用价值产出阶段各有关效率进行测算时,我们仍旧采用 DEA 模型来进行分析。由于价值产出阶段仅涉及 3 项产出指标,相对精简且完全包含文物古迹保护与利用价值产出的全部信息,无需做进一步的指标降维处理。

与产品产出阶段效率的测算方式相同,我们先对江苏省 13 个设区市每年文物古迹保护与利用价值产出阶段的综合技术效率、纯技术效率和规模效率进行了测算,时间跨度为 2006—2015 年。然后再分别计算各设区市在这 10 年时间内价值产出阶段综合技术效率、纯技术效率和规模效率的均值,并进行排序,具体输出情况如表五所示。

表五　2006—2015 年江苏省各设区市文物古迹保护与利用价值产出阶段效率均值及排序表

地市	综合技术效率		纯技术效率		规模效率	
	数值	位次	数值	位次	数值	位次
南京市	0.860	1	0.860	3	1.000	1
无锡市	0.798	3	0.840	5	0.950	3
常州市	0.679	5	0.970	1	0.700	8
苏州市	0.851	2	0.860	3	0.990	2
镇江市	0.599	8	0.740	9	0.810	6
泰州市	0.611	6	0.710	10	0.861	5
南通市	0.600	7	0.760	7	0.790	7
扬州市	0.790	4	0.840	5	0.940	4
徐州市	0.376	11	0.710	10	0.530	11
连云港市	0.470	10	0.940	2	0.500	13
淮安市	0.321	12	0.550	12	0.620	10
盐城市	0.260	13	0.510	13	0.510	12
宿迁市	0.510	9	0.756	8	0.675	9

2006—2015 年 10 年中,江苏省各设区市文物古迹保护与利用价值产出综合技术效率均值排名前 5 位的依次为南京市、苏州市、无锡市、扬州市和常州市,说明在这 10 年内,与其他设区市相比,这 5 个设区市在进行文物古迹保护与利用过程中,通过采用合理的资源配置方式,能够使文物古迹的价值得到较大程度的增值。排名后 5 位的则依次为盐城市、淮安市、徐州市、连云港市和宿迁市,说明这些设区市在文物

古迹价值增值活动中的资源配置效率和综合利用水平还存在着较为明显的不足。

在文物古迹保护与利用价值产出阶段,江苏省各设区市的综合技术效率高低与所处地区的经济社会发展水平之间表现出更强的相关性。经济社会发展水平相对较高的苏南和苏中地区的综合技术效率明显高于苏北地区,苏南地区又整体要优于苏中地区。

(三)效率的影响因素

对江苏省文物古迹保护与利用价值创造影响最大的是基础产业因素,这是因为在文物古迹保护与利用的过程中,一方面大量的资源投入必须以良好的交通、仓储和信息技术条件为基础;另一方面,文物古迹的保护与利用离不开餐饮服务等有关消费性服务业的支持,只有二者之间紧密结合,才能更好地为参观者、消费者提供综合性服务,从而获得收益。

影响排在第二位的是经营条件因素,毋庸置疑,文物古迹经济价值的实现,离不开商业化的经营模式,只有建立起完善的价值链商业模式,才能充分实现由文物古迹保护与利用产品和服务向产值收益的转变。

排在影响第三位的是创新环境因素,从价值链的角度来看,文物古迹附加值的提升,关键要靠在产品设计理念和创意、生产和服务组织结构、产品和服务形式以及经营模式等一系列方面的创新。

作为文物古迹保护与利用的基础,资源禀赋因素仅排在影响的第四位,这说明推动文物古迹保护与利用的价值增值,不仅仅是需要拥有大量的文物古迹资源,还需要与其他要素的结合。

二、 江苏文物古迹保护与利用价值链优化路径探究

如何有效提高文物古迹保护与利用的产出效率,不断增强文物古迹保护与利用的价值创造能力,充分发挥文物古迹保护与利用对经济增长和社会发展的拉动作用,是当前江苏省在文物古迹保护与利用方面面临的一项紧迫任务。

（一）江苏文物古迹保护与利用价值增值的难点

一系列实证研究结果说明，江苏省在文物古迹保护与利用的价值创造方面，还存在着一定的难点，这主要表现在文物古迹产品和价值的生产效率同文物古迹保护与利用的经济收益水平两个方面。

在生产效率方面，突出表现为区域发展的不协调、不平衡和不可持续。总的来看，无论是在产品产出阶段，还是在价值产出阶段，苏南地区的效率水平整体要高于苏中和苏北地区，而苏中地区又要好于苏北地区。特别是在价值增值阶段，这一差异更为明显。分地区来看，虽然苏北地区的一些设区市，与苏南、苏中地区相比，在产品产出阶段还不算差距太大，但是到了价值产出阶段，明显落后于苏南和苏中地区。这说明在江苏省文物古迹保护与利用的价值链中，苏北地区在价值创造和价值增值方面还存在着相对较大的劣势。

江苏省不同地区在产品和价值生产阶段中的效率差异，与各地区之间社会经济发展水平的差异密切相关，由于受地理和历史等的影响，江苏省各地区之间的社会经济发展水平存在着很大的差异，无论是在经济总量、人均收入水平，还是在服务业发展水平和创新研发能力等方面，苏北地区都明显落后于苏中和苏南地区，而苏中地区也要落后于苏南地区。社会经济发展水平的差异，使得苏北、苏中地区在文物古迹保护与利用过程中的产品设计、模式创新、产品更新等方面都要落后于苏南地区，造成其在价值生产效率和产品与服务的附加值创造等方面都要比苏南地区低，从而制约了这些地区文物古迹保护与利用工作对当地经济增长拉动作用的发挥。

从江苏省文物古迹保护与利用的经济收益水平来看，虽然在间接经济收益方面对经济增长的拉动作用较为明显；但在直接经济收益方面，还存在着较大的改进空间。从全国范围内来看，江苏省在文物古迹保护与利用活动中所创造的直接经济收益，基本稳定在全国中上等水平，但与排在首位的省份相比，还存在着较大的差距。从长三角"三省一市"范围来看，江苏省面临着严峻的竞争形势，加快调整文物古迹保护与利用战略、改善文物古迹保护与利用市场环境，努力实现文物古迹保护与利用价值链的优化，刻不容缓。

（二）江苏文物古迹保护与利用价值链优化路径探究

积极对接国家和地方在文化产业方面的重大发展战略，加快创新，不断转变文物古迹保护与利用的观念和模式，鼓励文物古迹保护与利用活动的产业化发展模式，延长产业链条，拓展经营领域，是有效提升江苏省文物古迹保护与利用价值链增值能力的重要途径。

要充分认识江苏各地在文物古迹保护与利用价值链各个环节上的比较优势，科学谋划，制定差异化地区文物古迹保护与利用战略，结合各地区的文物古迹资源禀赋状况和经济地理区位优势，协调分工，对文物古迹保护与利用价值链的各个环节实行专业化分工生产，从而实现江苏省文物古迹保护与利用整体价值创造能力的有效提升。

要与时俱进，开拓创新，对接创新驱动发展战略，不断提升江苏省文物古迹保护与利用活动的价值空间。在文物古迹的发现与认知方面，不断加深对历史文化资源的挖掘与认知。与此同时，还要紧紧结合国家文化公园建设（五大国家文化公园建设中大运河国家文化公园和长江国家文化公园都与江苏有关，黄河故道也在争取列入黄河国家文化公园建设中）和"一带一路"倡议，打造一批有影响的文化遗产旅游目的地。

合理布局，突出核心，加快形成价值链网，推动江苏省文物古迹保护与利用活动的协同发展。以一定行政区域为载体，以文化的统一性为标志，对文化资源进行横向和纵向的普查、筛选和调配。加强各地各部门间的协作，整合资源，联合发展，建立全省统一、协调文旅经济合作企业、组织，以实现最大程度地发挥区域文化资源联动效应。

集聚优势，发挥合力，积极实施跨域合作战略，实现文物古迹资源在各个领域中的高度共享。要通过一系列的产业政策优势，合理引导现有文物古迹资源优势单位更强发展在省内的充分流动，深化文物古迹保护与利用价值链各个环节之间的交流合作，不断拓展价值链的广度和深度。

以人为本，集英纳贤，积极实施引才引智计划，以人才创新带动文物古迹保护与利用活动的创新。科学制定符合江苏特色的文物古迹保护与利用人才引进和培养政策。与此同时,还要坚持文物古迹保护与利用人才的本土化发展战略,努力打造和培养一批能够提升江苏省文物古迹保护与利用整体价值创造能力的高水平人才队伍。

　　附记:本文为江苏高校哲学社会科学研究重点项目"价值链视角下江苏历史文化古迹保护与利用研究"成果之一,项目批准号:2015ZDIXM002。

　　本文作者瞿森森系南京师范大学文博系 2006 级硕士研究生,现工作于南京大学文化与自然遗产研究所;黄文浩系南京师范大学文博系 2001 级本科生、2005 级硕士研究生,现工作于《大众考古》编辑部

刍议文物在历史信息传播中的价值体现

孟诚磊

一、 文物材料与历史信息传播方式的多样性

走进博物馆,可以看到材料种类丰富的各种文物,它们都是祖先留下来的珍贵的物质财富。仔细研究文物背后蕴藏的信息可以发现,历史上物质载体的丰富性,决定了今天的文物研究者可以通过对各种文物材料进行的研究解读,获知广阔浩瀚的历史信息。

(一)古代文字信息传播方式

文字信息是最直接的信息,是用文字符号记录的语言。

其实古人最初并没有把文字传递给后世的意图。最初的文字往往是那些刻在甲骨上的有关重大宗教占卜活动,或者祈求平安健康的内容。学者统计出来祭祀活动的名字就有二百多条。而这样没有任何"留名青史"的传播目的,反而能准确地反映出信息发布者最真实的心愿和面临的情况。要准确掌握这时期的文字信息,最大的难点在于通过字形破译文字的真实意思。古文字学家们无一例外地在过去语境下对文字的内容进行释读。某种程度上说,他们脑海中那些被有意营造出来的语境和场景,就是利用信息搭建出来的简化版"元宇宙"。

文字在不断演变发展,但其承载信息的原始功能没有发生改变。反而是那些阻碍文字发展的功能,例如古人对文字的过度装饰(以春秋战国时期越国的鸟

虫篆为代表），在书写或篆刻的实践中被逐渐简化甚至抛弃。

流传到今天的，只剩下六种造字的方法，我们称之为"六书"。这六种方法，恰好也是信息传播的常用方法。

造字的过程，其实也是古人为了交换信息而用心设计传播方式和内容的过程。这些被称为文字的信息，最早是人期望与神明沟通所用的，本身就带有很强的主观性，既是人通过主观意识对世界的理解和认识，也是人主观认为可以与神明沟通的一种信息传播方式。当时的人相信神明的回答会反映在龟甲的裂纹，或者是一些奇特的自然现象上。当时的人们对于这些现象的解读，使得他们自认为获得了与神明进行信息交换的能力。在不断的信息交换下，古人对世界的认识开始系统化，逐渐为我们拼接出了古人脑海中的"元宇宙"。

随着人们对文字的驾驭能力越来越强，对文字使用的想象力也在与日俱增。从单体字到词语、句子，再到诗文词曲，乃至文章。将成篇的内容通过一定的逻辑关系编辑合并起来，便成了书。书是世界上最早的数据库，丛书是最早的信息存储矩阵。古人最早称书为"册"，而"册"就是一个象形字，从今天的角度看，它像极了一个 RAID，中文叫磁盘阵列。

今天在研究大量信息的存储介质的时候，往往会采用图书馆学的专业术语，比如"目录"。翻开"目"字的"单元格"会发现目字有名称的意思，比如用作题目的"目"。"录"字，更多人认为最初是指刻字的声音，会意成记录行为。[①] 目录的发明显然提高了古人翻阅竹木材质书籍的效率，也提高了今天我们通过计算机查阅信息的速度。而检索一词中，检字最早指的是书匣上的标签，索的本义是绳子。两个都是作名词用的字，被扩展成顺藤摸瓜式的高效查找信息的行为，也是从古代图书信息查找演变成现代的词意。

通过目录与检索二词，不难看出我们曾经经历过把信息记录在以竹木和麻绳为主要材质的书籍中，再加上更早期使用过的动物骨甲和青铜器，我们的祖先采用了当时能获取或创造的各种实用材质来作为记录和保存信息的物质载体。文字载体的丰富程度和信息对载体的依赖程度其实是超过今天的。在没有云存

---

① 张治东：《释"录"》，《宁夏大学学报（人文社会科学版）》2013 年第 4 期。

储和区块链技术的上古时期,载体一旦损坏丢失,信息也会立刻随之消失。

通过挖掘信息实物载体寻找古代信息的工作,被我们今天的人称为"考古"。考字本是形声字,下半部表音,上半部是个"老"字,墓碑上"先考"一词就是指代已经故世的父亲,这是"考"的本义。而考古的"考"字其实是个假借字。"考"常常被假借为"攷"字,慢慢地取代了"攷",成为敲击、考察之义的正式主人。"攷"从文,说明考古不是单纯寻找古老的物件,而是要探索物件背后的文化与信息。

"考"字的正意也是中国古代文字的使用者们几千年来留给我们的信息。

（二）古代图像信息传播方式

岩画是产生年代最早的绘画作品。与其说它是艺术作品,不如说它是信息的图像化表达更为贴切。在文字广泛通行之前,岩画是人们能想到的最简便直接的记录方式。

国之大事,在祀与戎。早期岩画大多刻画于露天岩体表面,也许在当时属于简易居所的地面。这类岩画所记录的内容中,绝大多数都是动物和人物。其中对动物的记录做得类似图像百科,强调单种动物的外观特性和动作特点。比如猴子强调尾巴,鸟类强调羽毛翅膀,猛兽强调尖牙利爪。岩画中的人物形象也着重表现他们的肢体动作和服装饰物,反而很多人物的面部特征是空白的。[①]

图一　中国宁夏贺兰山岩画

---

① 关祎:《艺术人类学视野中的岩画艺术》,《内蒙古艺术学院学报》2019 年第 3 期。

图二　西班牙阿尔塔米拉岩画之一

图三　西班牙阿尔塔米拉岩画之二

　　这样直白的记录背后体现的是岩画创作者对世界想象的不断升级。为什么说岩画反映的是对世界的想象而不是如实的记录？因为不少岩画中，猛兽和猎人的形象被刻意放大了，这是情绪受到干扰后的信息传达。在对猛兽的害怕和对猎人的崇敬中，作者也许是因为情绪受到感染，自然而然就选出了画面的主角。而主角以外的画面内容，就回归到较小的尺寸。画面中主次关系的信息就以尺寸大小的方式直观地传达出来了。这样的绘画方法其实一直沿袭至今。在很多反映宗教或者政治题材的画作中，仍能发现位于正中间的主角形象比例是偏大的，无论现实中他的体格是不是真的最为伟岸。[1]

---

[1] 谢宏雯：《原始岩画艺术精神的启示》，武汉理工大学，硕士学位论文，2005年，第22—24页。

图四 云南沧源岩画
(可以看到特殊人物的头饰和巨大体格)

岩画创作者对于内容的主观改变,使得他的画作无法客观反映他想描述的事实。一定会有"读画人"发现图像信息上的差别。这时创作者出于传播信息的本能自然会去解释。在科学尚未诞生的时代,能想到用神明解释一些超自然现象的已经是人群中的高智商者。随着解释行为的不断深入和持续,一套原始的信仰系统渐渐在岩画前诞生。而岩画中的形象,也慢慢成了人们膜拜的对象。绘有岩画的地方,成了最早的神庙。

显然有人为神明赋加了信息交流的功能。在几次偶然事件后,向神明祈祷、许愿后会有"灵验"的消息在聚落里传开。人们纷纷开始定期前往"神庙",对岩画中的神明诉说自己的遭遇,祈求得到庇佑。而神明的信息也在人们的"脑补"中逐渐丰富起来,神明会有祂的"档案资料",这中间与时间有关的信息给了人们定期聚集活动的契机。而这样的聚会场景也成了岩画发展到后期时常会出现的题材。

随着史前人类生活空间的改变,绘画的载体空间从山洞岩体转变成了早期建筑。因为建筑所具有的独特场所感,所以壁画的仪式性、神圣性一下子超越了岩画。目前我们还能看到的建筑壁画类文物与社会阶级的分化有着明显的关联,毕竟能在富丽的宫殿、恢宏的寺观、奢华的墓室墙壁上绘制的,肯定不是一般内容。

图五　中国广西花山岩画之一
（引自花山岩画景区）

同时,由于所处场景的不同,壁画透露出来的信息也不尽相同。截至元代末期,占据主流地位的建筑壁画的题材都集中在宗教上。道教的神仙系统虽然经受了佛教内容的冲击,但依然普遍存在于贵族墓葬中。而宫观寺院的内壁上绘制的都是大幅面的宗教主题壁画。随着宗教内容的发展和绘画技艺的提升,这类壁画终于具备了直接反映当时人类对虚幻世界想象力的极限,只不过这样的想象依然是来源于现实生活的。

元曲和明清小说的发展兴盛,使得民间文人营造出的艺术空间占据了民众的精神世界。这个时期的很多公共或私人场景的壁画开始出现经过文学化处理的人物形象。比如八仙过海、三国演义、隋唐演义的内容都有大量出现,画面从隆重的宗教场景、神圣性浓郁的宗教故事,转变成了更有叙事性的传说故事。这些图像无不透露出房屋主人对于社会主流价值观的认同与恪守,以及对于俗世中幸福生活的期许。发展到晚期的建筑壁画俨然成为文学作品的视觉化反映。

如果说岩画到壁画是图像信息从山野到殿堂的一次迁跃,是第一次艺术高峰的话,那么从壁画到书画应该是图像信息从殿堂到人间的一次普及,同时也是实现视觉信息完成世俗化转变的第二次艺术高峰。

我们兼谈绘画的艺术性,也是出于信息传播方面的考虑。在岩画阶段,图像信息更忠实地反映了现实生活的场景。到了壁画阶段,现实生活的场景成为绘画内容的逻辑基础和信息要素——壁画的构思者在现实基础上,展开了宗教逻辑内合理的想象,比如来自印度、拥有梵文名字的佛祖端坐在中式建筑的中央。而到了书画阶段,有纸笔者皆可作画,图像艺术进入了它的"自媒体时代";随着文人画的流行,绘画终于回到人间。

因为政治等原因,书画作品中的信息是被深藏起来的,宋代以后为甚。这时的艺术品鉴行为中,除研究技法外,书画的"阅读者们"还会关注到花的姿态、鸟的神情、山水的形态。因为画中的内容,往往隐藏着作者内心的情绪,而这些情绪的背后,是他对当时世界的认识和态度。比如文征明和徐渭,从画作中就能看出不少他们的情绪与性格,再结合二人的生平信息,其实就能获得他们在不同人生阶段中表露出来的处世态度,以及很难被改变的人生观、艺术观等信息。

透过传递给我们的信息,可以利用画家们的主观情趣、笔情墨韵组建起明清文人"元宇宙"。而这样存在于文人脑海中的、带有乌托邦色彩的信息空间,显然是有别于史籍等文字资料堆砌而成的历史空间的。这样的信息空间,能给后人带来最具沉浸感的"第一视角"。

因为差异化的不断发展,信息开始出现分类的需求,研究者开始归纳总结。艺术流派由此产生。不同流派对于艺术作品蕴含信息的态度不尽相同。有继续坚持直接表现的,也有深藏甚至扭曲后展示的,还有完全摒弃信息内容本身只展现某种意识流的。进入现代艺术领域后,艺术作品里的信息传达开始猛烈地浮浮沉沉。

(三)古代信息多变的传播方式

除了文字与图像,在古代,信息还会以更多方式进行传播。

好奇心贯穿人类文明的始终,几乎没有人可以抵抗大自然神秘暗语的吸引。谶语就属于源自人类想象的、未来泄露出的神秘暗语。信息传播在人类文明的萌芽阶段就具有浓郁的神秘色彩。很难被征服的野兽会成为岩画中尺寸巨大的图形,那么时间的神秘力量呢?应当是神明力量的体现了。作为这种沧海桑田力量的拥有者,吸引无数信众的神明自然需要与外界进行信息交换的媒介。在信息交换的过程中,获知自己未来的命运肯定是信众最主要的需求之一。在用自然规律来比喻个人命运的信息活动中,谶纬系统开始被建立。

谶纬的信息传播系统被营造得神秘而意味深长,除了吸引粉丝,这样的设定更能自圆其说,且容错率更高。比如《史记·周本纪》中记载了"月将升,日将浸,檿弧箕服,实亡周国"的谶语。周宣王以为是贩卖檿弧箕服(装箭的袋子)的人要造反,于是开始大肆捕杀。正是在躲避追杀时,一对贩卖檿弧箕服的夫妇意外收留了一个女婴。女婴长大后就是褒姒,迷惑了宣王儿子周幽王,使得周亡了国。这个意味深长的故事带有浓重的宿命论思想,而且试图让人感受到谶语强大到不可改变的力量。

这类信息传播活动从幼稚走向成熟,逐渐包罗万象,逐渐衍生出变化万千的各种方法。个人或集团的命运与神明、与自然规律之间建立的关联,孕育了宗教、信仰中各种体系化的说法。人们不仅发现寻找到的规律可以控制人心,还意识到多变的信息传播方式,本身也能改变世界。

将信息隐藏在信息里,是一种相对比较安全的做法。如何隐藏一支笔?把它丢进笔筒里去;如何隐藏一名革命者?把它丢进群众里去。

前文提到过,汉字独特的造字方式,使得偏旁部首都可以拆解出来,根据其中的意思编出谜语。猜谜就是信息解码的过程,而一个设计精妙的谜语往往可以让猜谜者自己就能感受到解码过程是否正确。

字谜中朗朗上口的语句,还会被编成童谣。加上旋律和节奏,被孩子吟唱出来,却会让信息隐藏得更深。但是遇到了对某些信息特别敏感的受众,就会突然实现信息解码,获取到真实完整的内容。因此历史上,利用童谣传递的信息,往往是希望被大众接收到未解封的信息,但无法即刻完成解码;到了某个特定时刻(比如起义打响的时候),解码的算法一经发布,所有记得未解封信息的人都会立即同步解码,实现隐蔽信息广播的传递效果。

比如陈胜吴广起义时,就在鱼腹中藏了"大楚兴,陈胜王"的谶语。简短直白的内容很快以童谣的方式传播开去,只有一个谜题并未解开:这个要称王的陈胜是谁?直到揭竿之日,大家见到了起义军领袖陈胜,谶语的信息解码工作也宣告结束。利用信息的广泛传播,农民起义有了一定的舆论基础。这样利用信息进行起义活动宣传的方式在中国历史上持续不断。

早期的谶语主要以谜语、童谣的形式传播扩散,到了文人阶层站上历史舞台中心后,围绕着信息传播的"文字"游戏开始更多地普及开来。最简单的要算藏头诗,与之类似的图像版本还有藏宝图。这类将信息隐藏在诗画中的做法往往带有很强的游戏性,但有时也是特定政治环境下的无奈之举。

谶语更多的是在预言未来时发挥巨大的能量,而当信息内容发生预料之外的变化时,也会带来意想不到的结果。同样是《史记》中褒姒的故事。为逗褒姒一笑,周幽王在军事信息的约定上开了玩笑。当一次次上当白跑后,诸侯再也不采信烽火点燃意味着有紧急情况的信息。这个中国版的"狼来了"的故事其实破坏了信息传播的规律,事实证明其结果一点也不值得发笑。

但这样的故事毕竟极具戏剧性,因此得到了小说家们的青睐。《三国演义》中,孙刘联盟曾经多次利用信息战戏耍曹操。比如利用气象信息的草船借箭和借东风;利用信息传递过程中的认知偏差来制造战局优势的苦肉计,蒋干在周瑜、黄盖的一系列表演中得到了完全错误的结论。真假信息的转变与传播贯穿了《三国演义》这部小说的全部,在尔虞我诈的历史上、勾心斗角的故事里,信息多变的利用方式扮演着非常重要的作用。

我们试图用信息传播理论来破解文学与艺术常用的表现手段。小说或戏曲在叙事的时候喜欢对信息的输入和调取进行特别的设计。戏剧《锁麟囊》中,一个布囊成为前段表演中最主要的道具。而到了演出中端,道具不见,却在台词中被频频提及,观众的信息堆积达到了高峰。而表演进入后段时,主角突然拿出了锁麟囊,所有之前不知不觉间被输入的信息积累和情绪堆叠被突然调取,戏曲气氛瞬间达到最高潮。

戏曲表演有时长的限制,篇幅不能过长。到了长篇小说中,这样的埋伏和引爆就可以变出恢宏的气势,在小说家笔下效果更加淋漓尽致。最经典的案例当然是曹雪芹撰写的《红楼梦》。草蛇灰线,伏脉千里。在构思的过程中,作者会不断地设计一些内容,不显山不露水地把信息输入读者脑海。一旦到了预定位置,就会立刻调取出信息,与当下的内容进行交互,读者意外地发现许多内容早有预报,那种意想不到的惊喜与类似谶语言中的信服感会加倍收获作品的艺术效果。

除了文学和戏曲作品,我们还能在很多文艺类型中找到利用信息来呈现艺术效果的方式。比如相声小品中的抖包袱,又比如脱口秀中的 call back,中文叫做首尾呼应,都是利用信息传播的节奏和顺序关系来营造意外感,并制造笑料。我们探讨文学与艺术,是因为它们同样是历史的沃土上绽放的鲜花,而将文博信息组织转化成数字信息的过程也不是冰冷的机器行为,沉浸感的营造中除信息传播的技巧外,情感共鸣的实现也是构建文博元宇宙时必须完成的工作。

二、 史料在历史信息传播中的风险

毋庸置疑,历史文献中海量的信息为人们了解过去、构建世界提供了重要的内容支撑,居功至伟。但只要是信息,就一定会存在谬误的风险,这是由信息的普遍性和依附性决定的。而在信息传递的某些时候,信息的谬误也是真实反映人类认知水平的重要依据,更是体现人类文明进步的标尺。

历史学中有信史的概念,是否为信是对史书信息真伪的一次初筛。在文字没有普及和成熟的先秦时期,没有早期唯物论甚至唯心论的约束和领导,历史信息透过语言和图像来传递会存在更多的不稳定因素。那时候流传下来的信息远未达到详实和真实的要求,虽不是信史,但依然有它独特的研究价值,毕竟这是当时唯一能拿出来与实物进行比对的语言文字信息了。

当然不能否认人类文明进步的成绩。当更加合理的解释出现后,应该积极去拥抱科学。少了很多神怪的纱衣,科学终于露出真实的面容。

(一)官方档案里的传播风险

冲破传说的迷雾,我国从商代开始进入信史时代,依据是甲骨文与史书记载。在此之前考古学家在国内各地发现的图像符号并没有得到学界认可而成为真正意义上的文字。进入信史时代,时间的长河开始鲜明而有规律地留下它的社会印迹。

随之而来的是阶层分化、生产资料私有制,以及封建制度的逐步形成。秦实现统一后,文字信息的传播方式得到了规范化,同时落实的还有学术思想的一致化。自此以后,编写历史成为一项职业,从业者除了必备的学识储备,还要有秉笔直书的职业操守。连君王都不被允许随意查阅当代历史记录,更不能动笔修改,这是中国古代历史传统优秀的一面。

不妨把记录当朝历史看作运营一组数据服务器。在最初的设想中,记录历史的官员都是拥有最高权限的管理员,记录下的都是原始数据,谁都没有修改的权限,皇帝甚至都无法获得访问原始数据的资格。史官只需要定期汇报自己的工作进度,也就是展示元数据的变量部分即可交差。但在封建君主制的背景下,这样的理想状态显然无法得到永久贯彻施行,皇权迟早要凌驾于规定的权限之上。

或许关于篡改历史信息的元数据都曾遭到多次的篡改!唐太宗李世民曾经访问过《唐实录》,访问记录的信息被留存了下来。但他到底有没有篡改过"玄武门之变"甚至更多"李元吉"词条的内容?没有确凿的证据,有的只是后世的推测。试想一下,他访问并要求修改了内容,把记录改得更有利于自己,然后把篡改信息删去,只保留自己访问的记录,是不是一种用犯小错来掩饰犯大错的高明手段呢?这和刑侦过程中,犯罪嫌疑人常用的避重就轻的把戏如出一辙。

无论如何,从后世的口碑看,唐太宗的运作信息传播效果的手法终究还是高明的。这与李世民早就提前布设好与史官的良好关系密不可分。所以他可以自信地说:"昔周公诛管、蔡以安周,季友鸩叔牙以存鲁。朕之所以,亦类是耳,史官何讳焉!"[1]把自己比作周公和季友,便是给自己弑兄的行为找了历史依据,还能做出一副坦荡的姿态。

同样在王朝初期夺权的明成祖朱棣就没有那么好运了。他起事太晚,因为父亲朱元璋早年的精心布局,文官集团已经团结在朱元璋、朱标和朱允炆三代统治核心周围,由此产生的大量政治信息已很难被强行抹去。但毕竟夺取政权的过程是血腥残忍、有悖人伦的,所以营造出争权夺利时的合理性就尤为重要。

朱棣起兵时号称"清君侧""靖难",引用的是其父朱元璋定下的"如朝无正

---

[1] (北宋)司马光等:《资治通鉴》,中华书局,1973 年,第 6193 页。

臣,内有奸恶,则亲王训兵待命,天子密诏诸王,统领镇兵讨平之"①。这是朱元璋设定制度时留下的漏洞,而在施行嫡亲藩王分封制的明朝,这样的漏洞本身就是以补丁的姿态出现的,不想却被朱棣把握住了。可惜建文帝在战火中消失,不然朱棣也许会以扶持傀儡皇帝的形式"挟天子以号令天下",然后择机将朱允炆暗害,自己在舆论基础已经充实的情况下以周公之姿继位。

现实是朱棣虽然稳定住了局势,却没有办法迅速收拢人心,具体体现在他的登基诏书都找不到合适的执笔人。方孝孺不愿意写,宁被诛杀十族;楼琏不愿意写,自己偷偷悬梁。再看诏书上所写"今文武大臣百司众庶合辞劝进,尊朕为皇帝,以主黔黎。勉循众请……"②,结合当时的时局,这样的字眼传递出信息的真伪,都无须赘述。

(二)史学研究中的传播风险

在中国历史的发展过程中,两宋时期的程朱理学和明代中期的阳明心学两大思想的传播是非常重要的事件。这两大思想,对于古人梳理研究历史信息也产生了巨大的影响。本节就以理学和心学展开讨论,试图解释中国古代思想是如何影响历史信息的真实传播的。

两宋继承了唐人作风,善以史为鉴。宋代的理学家们试图以历史上盛衰兴替过程的总结,找到治理国家的规律与方法。这是在人文学科中寻找科学的过程,也是历史从量化到标准化,再到信息化、数字化的必经之路。

理学家热衷于关注治乱兴亡的关键点、触发点,从细微之处探讨历史的发展,表现出深邃的历史洞察力。参考普赖斯定律可以发现,大多数历史信息都是由重大历史事件或重要历史典籍所提供的。比如统计理学重要作品《近思录》,语录中引用"四书五经"有 550 处,其中引用《周易》经传 204 处、《论语》121 处、《孟子》82 处,三部书加起来占了全部引用的 80%,而三部书的引用比例关系,又恰好符合齐夫定律。只是宋代理学依然难逃历史唯心主义的窠臼,把历史的变

---

① (清)张廷玉等:《明史》,中华书局,1974 年,第 70 页。
② "中央研究院"语言研究所据国立北平图书馆:《明太宗录》,1967 年,第 143 页。

化归结为由个人主观随意活动所造成的偶然事件的堆积。

理学"以史明理"的思想,使得历史信息更容易随着史学家的主观意志而翩翩起舞,客观性降低。宋代史学依然坚持历史是被王侯将相主宰的,历史不过是英雄人物实现其思想、意志的过程。

理学强硬地将贯通天地的自然规律和朝代兴替的人文规律杂糅在一起,认为历史运动的秩序是神的有目的的安排或某种神秘理念的逻辑规定。事实上,历史本身并不具有主观规律;从信息研究的角度看,理学家们的探索是缘木求鱼的行为。

中国古代的唯心思想在宋代理学高峰后的第二个高峰便是心学。心学为异端思想提供了理论依据,文人开始用个人滤镜来解读历史。最典型的案例就是道德与能力的视角转变。理学家看历史,爱从道德准则的角度去评价人物的好坏。异端思想的史学家评价历史人物,会从事功角度去作判断,而非伦理道德。中国历史上,早期的人才选拔标准只看重人的德行,品行端正的人比能力突出的更容易成为国家的治理者。虽然后来诞生了科举,但门阀存在,位高权重者的几句美言往往胜过寒窗十年。到了明代中期以后,豪门世家基本不复存在,道德上的巨人、行动上的侏儒显然无法支撑起社稷的大厦。

这也暗合了数字时代的价值观。我们可以和品行端正、志趣相投的人成为生活中的好友,但工作中的同事,往往只要求他具备足够的能力就行。至于私德部分,我们要相信每个人都会越来越重视自己的道德建设,只要不触犯法律、不影响工作,无须过度关心。更甚者,等到数字人取代真人 IP,人工智能取代人脑后,只要赋予计算机完整完美的逻辑规范,它们会一丝不苟地遵守人类制定的道德准则且永不违背。

当然也应该警觉地认识到,这样弱化道德的评价标准,会使得对人的评价失去稳定的标准,更容易出现两极分化的情况,以至于留下来的有关信息的统一性大幅下降。对于使用这些历史信息的后人来说,信息的不统一会产生矢量化信息的暴增,额外产生的选择或统计会增加很大的工作量。历史的善变使得信息处理工作变得复杂。

从以史为鉴到知行合一,心学使得历史对行为的指导作用转化得更快了。

早期的人面对历史，是照镜子，至于是否会借此频正衣冠，却并不一定。心学推崇格物致知，格物就要求人们第一时间主动获取信息，然后马上把信息转存到自己的数据库中，并且尽快指导实践。

知为行之始，行为知之成。悟到了就要马上行动，才算完成了悟的行为。检验信息价值的标准就是实践它。比如立即验证真伪，比如直接使用信息，比如即刻传递内容。在算力飞速发展、人工智能不断进行自我提升的今天，要实现知行合一，真的太简单也太有必要了。

以知为行，知决定行。获取信息是信息转化的第一步，和信息指导行动是一体的。这个思想一改朱熹提出知先行后的行为节奏，不仅符合明代中晚期的时代特点，也恰好成了信息化时代的行为指南。在信息化时代要做出一个重大决策，足够量的信息支撑是必不可少的前提。在古代，信息传递缓慢，获取后慢慢琢磨，靠人脑思考研判后再执行效率尚可；到了信息传输飞快的今天，人为的决策速度必须加快，决策本身就已经是信息传递的一个环节，更遑论计算机已经可以根据大数据取代人来做出决策了。

当然辩证地看知行合一高效推行的背后，是群体决策行为的缺失，也一定会带来信息错误导致的个人决策错误，错误导致需要返工重做，甚至直接造成无法挽回的损失。因此即便心学对当时乃至后世产生过巨大而深远的影响，但是它依然没有逃脱唯心主义史学观的围囿，在它影响下的史学，依然难逃任人打扮的命运。

心学还推动了撰写思想史的风气，这鼓励了每个人把自己对世界的认知、对世事的评判都系统地记录下来，也为明代文人思想实现信息化提供了大量素材。

三、 文物在历史信息传播中的价值表现

在没有文字信息的史前文明阶段，文物是独一无二的例证，进入历史时期后，文物不仅可以补充史料所无法覆及的内容，也能纠正历史记载中的错误。这样伟大的价值使得文物研究成为研究古代人类文明不可或缺的物质资料。

（一）史前文明中的文物是唯一的物证

人类已经获取的知识和信息其实只是客观世界的"冰山一角"。在信史时代以前，我们只能凭借考古遗址和出土文物的信息来刻画过去世界的样子。同时也应该清楚地认识到，目前找到的遗址和出土物，只是整个史前世界的"冰山一角"。

我们暂且根据规模和出土物丰富精美程度，大致将遗址分成三类：普通、优秀和杰出。不能只关注杰出遗址，就像不能只关注王侯将相的历史一样。一个固定时期的文明程度，其实是那些普通案例决定的，偶尔有些优秀的，并不具有普遍意义，而杰出案例更是颇具偶然性。除非未来在未发现的物理空间找到大量与杰出案例水平相当的遗址，杰出成了普通，也就有了代表性。

文物信息加上我们的合理推测信息，即当时人类因为欲望、动机、本能、信仰、念头引发的行为所产生的信息，一点一点组成了我们认知中的前信史时代。

以史前考古为例，根据聚落的特点，可以用场地、人群、时间、意识的四要素来分析聚落全部活动背后的逻辑关系。据此可以分析出各种出土文物在史前聚落中曾经扮演过的角色。

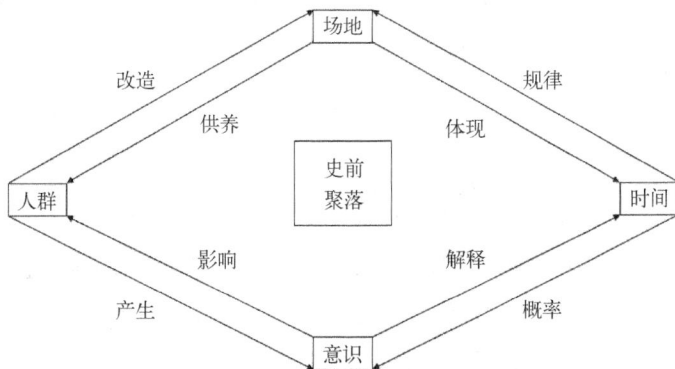

图六　史前聚落要素关系图

由这个案例可以明确地认识到，文物考古是文字时代以前了解历史唯一的渠道。只有通过这样的方法对一处处考古遗址的科学研究和合理推断，才能逐步建立起对区域文明的认识,而多个地理区域文明的积累与联系,又逐渐构建起了中华文明宏伟历史篇章的前半部。

再合理的推测信息,毕竟只是推测,错误必然会存在。但不推测就不完整,必要的推测也是为认知的进步所作的铺垫。

错误是通向正确的必经之路。过去人们一直认为,原始社会通常先经历母系氏族、再经历父系氏族,是具备清晰的前后继承关系的。但是大量的考古发现证实,母系、父系氏族社会是同时存在的,大多数社会,包括处在狩猎采集阶段的社会,都是父系的。即便按照母亲的血缘关系来埋葬逝者,也不能证明当时的社会就是按照母系氏族的方式开展的。

类型学的方法放到今天就会闹出笑话。如果我们现代人凭借用同一种型号的马克杯,或者穿同一种款式的夹克衫来对人群进行分类,看起来是荒谬至极的。但是为什么在史前文明时期,可以用出土文物来对目标人群进行分类研究?那是由人类文明进展到不同生产力水平和不同生产关系决定的。在史前文明阶段,制作一件陶罐不是易事,如果没有交换到等价产品的机会,那一定会成为制作者最珍视的物件。为了区别于其他同类陶罐或增加它的价值,陶罐的制作者还会增加一些装饰。今天我们用马克杯来跟古人的陶罐比较是有失公允的。如果你购置了价值上百万的高档跑车,也会根据个人喜好挑选颜色并额外对车身内外进行改装,以彰显自己的经济实力和审美趣味。也许几千年后的跑车也会和几千年前的陶罐一样成为文物,而文物作为唯一能够证明过去的物证,最可贵的地方就是它的信息忠实地印证了研究者一次又一次伟大的推断。

(二)历史时期的文物能补史更能纠错

文物以数量的方式决定了规律是否存在。历史常偏爱偶然,社会学又聚焦于普遍现象,文物的好处是既反映偶然,又照顾到普遍。现代人已经可以理解,不是所有的文物信息都是古人有意为之的,相反,在文物诞生的时候,存在着极大的随意性和不确定性。

究其原因,一是由于技术手段不够先进,手工制作的瓷器自然无法和机器加工的一样,达到稳定的出产率和产品质量;二是由于创作的不受限制,制作者可以根据自己的灵感任意发挥,因为生产的是自己的用具。即便生产的是商品,过去也没有 ISO 体系来进行质量标准化管理。

有趣的是,不同的产品能反映出来的,却是历史无法详细描述的和那些偶然。制作陶器时恰好瞥见的植物图案,绘制岩画时的恐惧情绪,类似这样的信息很难被历史记载下来,却意外地通过文物图像的方式得到了保存。情境、氛围,这些会影响文物制作者的环境因素,也会意外地得到通过文物传递下来的机会。

事实上,情境是很容易被忽略的信息。历史学家熟稔于描绘重大历史事件发生的场面,如同自己亲临现场一般;考古学家往往保持了客观的态度,以数据和图表的方式展示田野考古成果,最多在文末附上一小段收敛的推断。事实上,因为情境的不断改变,人们的动机、一瞬间的念头都会使得事情朝着相反或者各种不同的结果去发展。为了防盗设置的安全措施,在火灾或洪水来临之时,反而成了失去脱困机会的牢笼。

我们当然明白世界不是一成不变的道理,也知道万事万物的发展变化都离不开环境。但在面对考古资料的时候,我们仍然常常犯下刻舟求剑或缘木求鱼式的错误。既不能脱离过去、用现在的情境统一代入,也不能对情境避而不谈。

文物研究者常用"让文物说话"这样的语句,试图表现出绝对的客观立场以及对客观规律的绝对尊重。但其实脱离情境的文物,是没有"话"可说的。那些器物的尺寸、材质、制作工艺和烧成温度,是需要大量统计后才能得到一些"类似规律"的结论。而且这样的结论在当时也不是通行的律法,制作者依然可以凭借着经验自行决定要如何制作器物。直到工匠技术开始口耳相传了,很多信息才开始以相对固定的方式传承下去。所以可以这么认为,文物本身不会说话,那些话都是科学的臆断,其真实性并不高——只有回到原生环境中,文物说的才是它自己的话,补充的历史才值得采信。

前文提到的不确定和意外,会带来判断和总结上的困难。何为真,何为假,多少数量级以上才能算作规律?因为意外因素或材质耐久度低而减少了出土文物数量,那么它们本该呈现出的规律该如何被推导出来?虽然尚不能给这些问题全部满意的回答,但是我们正试图通过借用其他专业领域的一些方法,尝试着通过文物信息找出规律,进而补充文字书写的历史。

事实上,物质文化并不是人类行为简单或直接的映像。这是文物研究与历史研究最大的差别,也是文物研究最具有优势的地方。

有历史学家认为,人群之间交流越频繁,生产的器物风格相似性越大。事实上,考古学家通过在东非肯尼亚巴林戈地区的调查却发现,在不同族群的边界地区,人们因为交流频繁,器物风格的相似程度反而越低。产品差异使得交流存在意义,而族群之间的互相排斥和竞争也是差异化存在的原因之一。文物信息又一次纠正了人们那些想当然的认识。

再举一例。宾福德认为墓葬越复杂,社会组织就越复杂。但事实上,在欧洲很早就有平等埋葬的做法。而我国在汉六朝时期风行厚葬制度后,尤其是到了宋代,墓葬普遍简朴,但很难看出在社会组织上宋代会逊色于汉六朝时期。

综上所述,可以认为,文物信息不仅能补史,更能纠错。

四、 总结与展望

解码文物信息,就是解读完整的古代文明。在前期的传播研究中我们认识到,将数据量化是解码文物信息最为高效的方法,本工作将以此为阶段性目标,以"模型—公式—案例验证"的方式继续人类文明信息传播的研究。

本文作者系南京师范大学文博系教师

大众传媒与考古学的互动

王雅坤

一、公众考古与大众传媒的关系

一般认为,美国学者麦克吉米西(McGimsey)所著《公众考古学》(*Public Archaeology*)的出版标志着公众考古这一学科的诞生,美国《纽约太阳报》(*The New York Sun*)和《纽约先驱报》(*The Herald*)的创刊则标志着报刊成为大众传媒,是近代大众传播的起点。美国在考古与媒体的合作中,也走在先驱的位置。美国考古学会分别于 1885 年和 1948 年创办了《美国考古学杂志》(*American Journal of Archaeology*)与《考古》(*Archaeology*)两本刊物,可以视作现代考古学第一次通过杂志的方式与公众建立联系。两本杂志目前都具有相当的国际影响力,拥有庞大而稳定的读者群。2001 年,美国泰勒-弗朗西斯斯出版集团(Taylor & Francis Group)开始出版国际考古学季刊《公共考古学》(*Public Archaeology*),旨在探索考古学与世界政治、伦理、政府、社会问题、教育、管理、经济、传媒、哲学等的关系。[①]

在电视与考古结合方面,则是由电视的诞生地英国最先跨出了一步——1952 年,BBC 推出了一档名为《动物、植物、矿物?》的竞猜游戏类节目,由考古学家格林·丹尼尔(Glyn Daniel)担任主持,该节目也使莫蒂默·惠勒(Mortimer

---

① 曹兵武:《考古学:追寻人类遗失的过去》,学苑出版社,2004 年,第 139 页。

Wheeler)成了英国考古学界第一位电视明星,并且获得了英国人民的广泛好评,至今仍是英国最具影响力的电视考古节目之一。[1]

中国公众考古学虽然学科成型较晚,但实践工作的开端可追溯到20世纪60年代,苏秉琦提出"考古是人民的事业"[2],并身体力行地指导了《中国文明曙光》等考古科教影片的拍摄。其著作《中国文明起源新探》以及贾兰坡所著《中国猿人》《山顶洞人》等书籍具有一定的科普性,高蒙河的《考古好玩》和李伯谦的《感悟考古》则成为考古学入门型的书籍。此外,创办报刊也是一条重要途径。除《考古学报》等学术期刊外,还有以普及知识为主要内容的《中国文物报》《中国文化遗产》等,在《中国国家地理》和《我们爱科学》之类的综合性科普杂志上也常有考古学相关内容出现。而随着电视在中国开始普及,考古也开始以新的途径出现在公众面前。纪录片《考古新发现——长沙马王堆一号汉墓》于1972年播出,此后考古纪录片的数量不断增加。直至目前,我国的电视直播考古这一模式已基本完善,电视成为传统媒介中与考古关系最为密切的一个。

随着网络与新媒体技术发展对传统媒体造成强烈冲击,各国考古学界也开始了通过新媒体进行公众考古实践的探索。欧美以官方网站形式为主,许多博物馆和考古类杂志还拥有自己的播客和YouTube账号,发布相关的音视频作品。此外,为世界上大多数国家提供网络视频点播服务的Netflix还推出了《不朽的庞贝》《萨加拉墓的秘密》等考古纪录片,以及《发掘》《国家宝藏》等考古题材的影视作品。

国内省级及以上博物馆也大多拥有自己的官方网站,并且提供数字博物馆线上展览服务。同时伴随着博客服务的发展,"公众考古"型博客开始出现。在智能手机即社交媒体占据主流的今天,微博、微信等平台成了公众考古新的舞台,作为"官方"的传统媒体与考古文博相关机构纷纷开设账号,利用新媒体平台传递信息并与公众交流;高蒙河、许宏等考古学者也通过社交媒体积极地宣传考古。2017年后,随着短视频的爆火,各大平台上开始有考古类博主出现,既有许

---

[1] 苞佳翎:《英国早期的"电视考古"》,《大众考古》2013年第4期。
[2] 苏秉琦:《苏秉琦考古学论述选集》,文物出版社,1984年,第277页。

多博物馆官方和学者入驻,也有大量爱好者个人运营。短视频的拍摄门槛低,简单易学,无论是考古文博方面的专家、学者、教育工作者还是普通的学生、游客、考古文博爱好者,人人皆可参与文化内容的创作中来,扩大了公众考古的内容和边界。

总体而言,公众考古与新媒体的合作已经进入了以考古工作者和公众为双向导向的互动式传播阶段,考古与公众的交流呈现出良好态势。我国基于网络传播开展的公众考古活动也向着互动性更强,同时更具个性化和人性化的方向发展。

二、"曹操墓事件"的反思

长久以来,公众对于考古学和考古学家都存在误解。考古学家并不经常进入大众的视野,公众的认知主要基于刻板印象,而盗墓题材文艺作品的爆火加剧了错误的认知,"考古等同于挖宝""考古等同于盗墓"的印象在很长一段时间内都没有得到纠正,甚至直到今天仍有不少人这样认为。

2009 年 12 月 27 日,"安阳西高穴大墓考古发现"新闻发布会于北京举行,认定这座多次被盗的大墓为曹操高陵,并公布了六大主要依据。这一消息的公布在社会上引起了强烈反响,伴随而来的是铺天盖地的质疑之声,而且在考古学术圈内也有专家对"西高穴大墓"认定为"曹操墓"提出了反对。曾任中国考古学会理事长的徐苹芳认为,西高穴 2 号墓的形制与曹休墓是同一级别,而非王陵;作为核心证据的"魏武王常所用挌虎大戟"石牌证明力也不足,"常所用"是最高统治者作为纪念赠给大臣或者亲属的,应被解释为墓主人得到曹操的馈赠后,非常珍惜乃至将其随葬;最重要的是,考古发掘必须是在排除了盗墓等干扰情况下才能得出有说服力的结论,而"西高穴大墓"曾多次被盗,证据的真实性难以保障。① 徐光冀也曾发表文章质疑"曹操墓"的真实性,他提出"试想作为随葬品只

---

① 顾维华:《中国考古学会原理事长徐苹芳:绝不可能是曹操墓》,《东方早报》,2010 年 6 月 13 日,第 A13 版。

需刻名称、数量、埋入墓中,还需特别刻上墓主人的名字吗? 曹丕怎会将标明其父谥号的刻铭放置于其父的墓中? 如要放置刻铭,也应如六边形铭刻一样,标明物品名即可,何必要标明'魏武王',这恰好说明该墓非魏武王之墓"①。另外,许宏和卫奇等专家也曾通过博客等方式发文质疑,认为曹操墓的认定程序存在瑕疵,现有证据不足以证明"曹操墓"的推定。另一面,潘伟斌、刘庆柱等考古专家则认为"曹操墓"的认定不存在问题。2010 年 4 月中国秦汉史研究会、中国魏晋南北朝史学会举行会长联席会议,会上刘庆柱就"七十二疑冢"说、"石牌"造假说、曹操高陵"'薄葬'不薄"说等问题进行了释疑,中国社会科学院历史研究所汉魏室主任梁满仓也认为安阳发现的曹操高陵确凿无误。② 社科院考古所研究员唐际根也表示考古学的证据链已基本完整,足以判断安阳"西高穴大墓"就是"曹操墓",并提醒公众并非所有的质疑都是靠谱的,要鉴别出错误的质疑和不相干的质疑。③

公众考古学应关注考古与公众的关系。在开展公众考古的实践中,应注意适度地引导,使考古与公众形成良性的互动。回到"曹操墓"事件,出于名人效应的作用,可以预见曹操墓能够为当地带来巨大的旅游效益,当地政府对发掘工作的大量资金投入,以及在发掘未完成时就召开新闻发布会这一不符合规定的行为,本身已经埋下了一定隐患。在舆论发酵、开始形成论战的情况下,考古学界的态度显得并不积极。学者李梅田表示"非考古学者质疑基本没价值"④,刘庆柱也提出:"安阳曹操墓的证据已经足够,如果是'业内人士'提出异议,就不能说外行话,应在考古学学科内讨论问题,要说业内的话,符合学术规范的话。"⑤与这种消极态度形成鲜明对比的,是"冒牌考古学家"甚嚣尘上的炒作。他们在媒体、网络中频频露脸,不断发表见解,而且言之凿凿,用明显倾向性的言辞引导大众

① 徐光冀:《"曹操高陵"的几个问题》,《中国考古学会第十四次年会论文集》,文物出版社,2012 年。
② 李凭编:《曹操高陵——中国秦汉史研究会、中国魏晋南北朝史学会会长联席会议》,浙江文艺出版社,2010 年,第 66—74 页。
③ 贺云翱、单卫华编:《曹操墓事件全记录》,山东画报出版社,2010 年,第 310 页。
④ 中国新闻网:《专家:非考古学者质疑基本没价值 造假不太可能》,https://www.chinanews.com.cn/cul/news/2010/01-01/2050052.shtml,2010 年 1 月 1 日。
⑤ 新华网:《社科院专家回应曹操墓质疑:业内人士不能说外行话》,https://www.chinanews.com.cn/cul/news/2010/01-01/2050432.shtml,2010 年 1 月 1 日。

对曹操墓真伪事件的思考。① 其中最著名的莫过于"学者闫沛东"的闹剧，此人声称握有曹操墓造假的铁证，借助媒体进行大肆炒作，并因此受到各方关注、蹿红网络。戏剧性的是，此人的真实身份为一名逃犯，并于 2011 年因诈骗罪被捕入狱，学历仅为小学辍学。这些"冒牌考古学家"在事件中兴风作浪，其目的显然与学术无关，而在于个人名利的炒作，其编造的故事不见得高明，却将公众耍得团团转。

考古学界在曹操墓论战中一再失势，并不能完全归咎于当时的考古学界对公众考古工作和意识的欠缺，许多媒体也在事件中起到了极坏的作用。虽然有《人民日报》等主流媒体不断呼吁让"曹操墓"的争论停留在学术范围，但同时，也有不少媒体对信息不加以辨别，刊发来自非考古专业人士的言论。仍以闫沛东为例，事实上其编造的资历和言论漏洞百出，但部分媒体在报道时并未对其身份进行核查，为追求轰动效应一再刊发其言论，还有部分媒体以《墓被曹操：反正死人不说话》《谁是曹操墓蓄意造假的"裸泳者"》等耸动的标题吸引眼球，刻意着重渲染曹操墓造假，但内容并非官方来源，也无法给出造假的确凿证据。这些显然违反了新闻的真实性原则，也暴露出媒体"把关人"作用的弱化。真实性是新闻的生命，而许多网络媒体一方面缺乏相关专业人员对稿件进行编辑和审核，另一方面追求更高的关注度与其带来的经济效益，不惜以过度娱乐化的方式进行炒作，使曹操墓考古的相关消息鱼龙混杂，真假难辨。

考古是一门严谨的学科，媒体对考古新闻的报道必然会有使其通俗化的过程，适当地进行娱乐化处理使公众更乐于接受固然可取，但新闻的生产过程本身应当秉持严谨认真的态度，无论是否是有意为之，新闻媒体和记者对假新闻的产生都难辞其咎，所以应当摒弃浮夸炒作的心态，将客观真实的新闻传递给观众，才能避免"曹操墓"闹剧的重演。

总体来说，在当时的考古学界较为缺乏公众考古工作意识、公众对考古学缺乏了解、非专业人士的非专业质疑、媒体为追求流量不惜牺牲真实性等种种因素的联合作用之下，曹操墓事件几乎不可避免地发展为一场闹剧。如此全民热议的浪潮，也显示出了公众考古工作的必要和迫切。民众对于考古知识的需求，随

---

① 张羽：《"曹操墓"现象的研究》，南京师范大学，硕士学位论文，2014 年。

着社会经济的不断发展,还将持续升温。民众需要了解考古学知识,从考古学自身的发展来看,也需要在公众中得到普及。① 由此看来,主动利用好大众传媒,尽可能地辐射更大的范围,让公众拥有便捷的渠道去了解考古,无疑是一种双赢的局面。

三、 海昏侯墓——一次成功的公众考古实践

若将苏秉琦在 20 世纪 50 年代提出的"考古是人民的事业"作为我国公众考古发展的开端,到 2011 年海昏侯墓开始进行发掘工作时,中国的公众考古已经经过了 60 余年的发展,其间经历了一系列成功或不成功的实践,也经历了西方"公众考古学"作为理论的传入。通过几十年的积累与中国考古学人在该领域的探索,公众考古工作已逐渐形成体系,并向着更加完善的方向发展。海昏侯墓算是一次比较典型的、成功的公众考古实践,通过对传统媒体和新媒体不同方式的应用,直到今天都拥有着相当的活力。

传统的新闻媒体由于具有专业的信息渠道以及完善的工作团队,在真实性与客观性方面更有保障,所以主流新闻媒体长久以来都是公众获取新闻的主要途径。自海昏侯墓的考古发掘工作开始以来,首先由江西本地的报纸、广播、电视台等陆续对外披露相关消息,其后国家级媒体也开始跟进报道,全盛期间,央视新闻频道基本每天都把黄金时间留给了南昌海昏侯墓发掘工作的报道。② 中央电视台于海昏侯墓主椁室吊装当日与发掘现场进行的连线直播也引起了强烈反响,考古直播作为一种新兴的形式,在后来的多次重大考古发掘工作当中也得到了应用。

从时效性来说,直播无疑是最快捷、最直接地向公众传播考古成果和知识的方式,其有效性已经得到了证实。为使考古与直播更为有效地结合,直播的内容与方式还可以更进一步探讨。首先考古直播展现的往往并不是完整的考古研究过程,而是更多地集中在发掘甚至是发掘阶段的某个步骤,并且更注重于有没有

① 胡洪琼:《从曹操高陵之争谈考古学公众化》,《兰台世界》2012 年第 15 期。
② 付泉:《公众考古新闻的发掘——以南昌海昏侯墓的新闻报道为例》,《新闻前哨》2017 年第 4 期。

"宝贝",镜头往往集中于精美、好看的出土文物,常以"最大""首次""最重要"之类的名头作为卖点。从媒体方的角度考虑,珍贵、罕见的文物更容易吸引公众的关注,但从考古学者的角度来说,这无疑会强化"考古就是挖宝"的刻板印象。另外,目前我国的考古直播基本是电视直播模式,这意味着会有大量直播设备进入发掘现场,为保证播出效果可能还会使用大型灯具,最直接的问题就是这些仪器可能会对一些较为脆弱的文物产生不利影响,所以在直播过程当中,应当保证考古工作者占据主导地位,直播的拍摄应以不干扰发掘工作为原则。

除新闻报道外,拍摄纪录片和出版书籍也是公众考古工作可取的途径。

海昏侯墓发掘至今,一共推出了四部电视纪录片(表一),目前都可以在央视官网、哔哩哔哩、爱奇艺等视频网站进行观看,其中三集纪录片《海昏侯》在哔哩哔哩的播放量已达到216.3万。

表一 海昏侯墓发掘工作相关纪录片

序号	片名	首播时间	播出频道及栏目名称
1	《探索发现:海昏侯大墓考古发掘现场》	2015年(最新一集首播时间为2020年)	CCTV - 10科教频道/探索发现:考古进行时
2	《大汉海昏侯》	2019年	CCTV - 4中文国际频道/国宝·发现
3	《海昏侯》	2019年	CCTV - 9纪录频道/特别呈现
4	《海昏侯》	2020年	CCTV - 4中文国际频道/国家记忆

在考古工作的整个过程当中,对考古器物的解析比发掘所得的器物本身更重要,而发掘之后的研究工作,是难以在考古直播和新闻中得到体现的,这一部分的缺失通过纪录片的模式可以得到一定的补充。通过有选择性地拍摄和后期剪辑,搭配旁白解说,可以用较短的时间向公众解释后续清理与研究工作的内容,与直接将整个过程用实时直播的方式进行展现,既避免了长时间枯燥工作的部分使公众感到不耐烦,也使考古工作人员免受被摄像机全程跟踪而带来的心理压力。

海昏侯墓的发掘同样吸引了诸多学者、作家的目光。从2015年至今一直陆续有相关书籍出版。长期以来,出版书籍都是公众考古工作的一项重要途径,单就影响的广泛程度而言,图书作为纸质媒体确实难以与电视相比较,但其优势也非常显著,一方面依托图书已经成型的较为完善的分类,面向不同的受众群体可以推出不同类型的图书,针对性更强,另一方面文字不受时间限制,相较于电视新闻,图书可以呈现更多更完整的内容。对于海昏侯墓的发掘来说,这些书籍一方面为新闻和展览等提供了补充,另一方面也起到了进一步解读和宣传的作用。

在传统媒体之外,对新媒体的应用也在海昏侯墓的公众考古工作中发挥了巨大作用。20世纪末,人类社会进入了"高度信息化"时代,伴随着网络信息技术的发展,互联网也加入了大众传播的行列,并以近乎"全能"的姿态推动了大众传播的转型。依托于互联网技术而兴起的各种新媒体,强势改写了传统媒体构建的传播版图。

南昌汉代海昏侯国遗址博物馆于2019年落成,并于2020年随海昏侯遗址公园向公众开放。而早在2016年,南昌汉代海昏侯国遗址博物馆网站就已经上线,以网上博物馆的形式,呈现了当时正在首都博物馆热展的《五色炫曜——南昌汉代海昏侯国考古成果展》。实体博物馆的不可移动性决定了不能保证人人都能有机会欣赏到博物馆中的藏品,实体博物馆的空间有限性保证不了我们能欣赏到曾经展陈过的每一件物品[1],线上博物馆的模式则可以直接打破时间与空间的束缚,公众通过客户端随时随地就可以观看展览,感受海昏侯墓遗址及出土文物的魅力。

另一方面,在基于移动平台与社交媒体的活动中,最突出的是"海昏侯"官方微博。账号开通于2016年9月,粉丝140.1万,并且四次入围微博年度文博新媒体创新活动,在2021年收获10 524票位列第四,可见影响力不俗。

一般来说,随着发掘工作的结束,人们的关注度也会随着曝光量的减少而下降,"海昏侯"能够一直保持着较为成功的运营,有着多方面的因素。除了长期以幽默的风格积极与网友互动,在2021年还曾迎来一次意外"翻红"——"海昏侯"微博在东京奥运会期间,发布多条祝贺运动员夺金的微博并配发金饼图片,在东京奥运会金牌因质量问题受到议论的同时,"海昏侯在家数金牌"也引起了网友们的关注。另外,在2021年末网络主播薇娅因偷税漏税面临巨额罚款时,"海昏侯"发布一条13.41亿人民币与海昏侯国遗址出土的五铢钱总重量的对比,也收

---

① 李梅:《浅谈博物馆网站建设——以安徽博物院为例》,《文物鉴定与鉴赏》2019年第16期。

获了大量互动。几番操作虽然有蹭热度之嫌,但仍是合理利用及宣传自身文物资源的手段,并且博文日常更新考古与文物的相关知识,总体来说切实地提升了海昏侯墓的影响力,在公众考古方面的工作中取得了成效。

四、 三星堆"上新"中媒体互动的辩思

三星堆此次的发掘工作获得了相当高的关注度,央视以 17 期《三星堆新发现》直播特别节目为考古人提供了一个长时段的直播宣传平台,让考古人能够有机会在较长的时段中去呈现更多的相关信息,获得更加深刻的宣传效果。[①] 考古专家在接受采访时则尽量以通俗易懂的语言对三星堆遗址及出土文物进行介绍和阐释,在保证科学严谨的同时,也消弭了考古与公众之间的距离感。2022 年 1 月 31 日,央视春晚展出三星堆青铜大面具的环节更是被许多观众称为"春晚最佳时刻"。

从专题直播到登上春晚,三星堆的热度几乎贯穿了过去一整年,这体现出了大众传媒的"议程设置"的功能——传媒的新闻报道和信息传达活动以赋予各种"议题"不同程度的显著性的方式,影响着人们对周围世界的"大事"及其重要性的判断。[②] 正是因为主流媒体在较长时间跨度中进行了一系列的相关报道,人们对于三星堆的重要性认知随之上升,最终形成"全民讨论"的态势。因此,主动地参与大众传播,有准备、有计划地推出公众考古传播内容,就可以在一定程度上为公众"设置议题",促进更多人了解考古。

而在网络传播方面,非考古学相关自媒体博主对三星堆话题的参与构成了重要一环,其中知名度最高的便是哔哩哔哩手工 up 主"才疏学浅的才浅"制作的复原三星堆黄金面具与金杖的两个视频。同时,也有许多考古工作者作为"博主"参与讨论,向公众展示最真实直接的考古,这是考古学主动走出象牙塔,与公众共享考古学知识的一个重要表现,而网络传媒"人人都是创作者"的特性也为他们提供了舞台。另一方面,网络媒体具有传受双方身份能够快速转化的特性

[①] 秦昱:《考古与大众传媒互动辩思 ——以央视三星堆新发现播出首日为例》,《文物鉴定与鉴赏》2021 年第 14 期。

[②] 郭庆光:《传播学教程第 2 版》,中国人民大学出版社,2011 年,第 194 页。

和优秀的反馈机制,科普博主安森垚就曾发布视频《三星堆闹剧的收尾》,批判了其在短视频平台上见到的诸多神秘学博主关于三星堆的错误理论。网络传播强大的互动性,可以让公众考古工作人员更好地把握受众的脉搏,并可以此为依据对传播的内容和策略进行调整,受众的高能动性则为受众更多地参与信息传播提供了可能,也为公众参与考古、参与历史提供了一个途径。

从海昏侯墓的发掘到三星堆遗址的再次发掘,中国考古界一直在探寻更新、更有效的宣传方式。除了媒介手段的更新迭代,传播内容的构建也在逐渐向着年轻化、趣味化的方向发展。三星堆出土的陶猪被认为和《愤怒的小鸟》游戏中的猪如出一辙,青铜小立人又"撞脸奥特曼",吸引了许多年轻人对三星堆产生兴趣,继而走进博物馆去了解三星堆和三星堆背后的古蜀文明。

在泛娱乐化的大背景下,如何把握公众考古娱乐化的底线就成了一个需要思考的问题。《盗墓笔记秦岭神树》动画在四川广汉三星堆博物馆组织进行动画首映,央视三星堆报道连线南派三叔等事件在网络上曾引起激烈争论。有观点认为,既然要打破考古界的"话语圈",让公众参与考古学的阐释中来,南派三叔就应当拥有参与讨论的权利,考古博主激烈地抗议这件事实际上仍然是拒绝公众参与的表现。这种观点显然忽略了南派三叔作为国内盗墓题材文学作品代表人物之一的符号意义。盗墓是非考古学家进行的非法发掘,其目的并不在于发现或解读过去的信息,而往往是出于利益。将南派三叔及其作品与三星堆考古发掘联系起来,其初衷大体是希望借此类文学作品的"流量"吸引更多年轻受众,追求热度却忽略了考古与盗墓间巨大的矛盾,甚至会助长"考古就是持证盗墓"这一错误认知,在未来的公众考古工作中是需要避免的。

考古界对盗墓题材的作品普遍比较反感,有较极端的观点甚至认为应当全面禁止盗墓题材的作品。但必须认识到的一点是,盗墓文学并没有根本上导致盗墓行为。盗墓行动之所以如此猖獗,是因为人们贪婪地追求具有商业价值的古代遗物。只要收藏者认为某些文物有艺术收藏价值,供求关系的经济规律就会引导盗墓人去搜寻这些有商业价值的物品。[①] 所以笔者认为,与要求全面禁

---

① W. Ashmore and R. J. Sharer. ,*Discovering Our Past*(Mayfield Pub,2000).

止盗墓题材相比,加强普法宣传,使人们深刻地认识到盗墓行为的危害性与严重后果,让读者分清小说和现实或许更加可行。

三星堆事件在一定程度上反映出了公众考古工作中的一个难点,即专业性和趣味性之间的平衡。相比起刻板严肃的说教,较为轻松愉快的风格更容易被大众接受,但公众考古必须基于严谨的考古工作,如果将娱乐性放在第一位,完全以受众的喜好为导向,大众传媒作为负面功能的"麻醉作用"就会被放大,与公众考古"让公众了解考古、参与考古、阐释考古"的本意背道而驰。

五、 走好考古事业与大众传媒的合作之路

一般而言,公共事件若想获得关注,往往是既具有人人皆可"指点江山"的通俗性,又具有难以盖棺论定的波动性,而考古发掘工作可以说是完全具备了被媒体炒热、让公众参与的条件,因此才得以活跃在大众视野之中。[1] 公众考古工作从一开始就存在考古学的专业性与大众传媒的通俗性之间的碰撞,而媒体出于自身的新闻效益和经济效益考虑,往往还是会追求"最早""最大"之类的噱头,甚至不惜以片面、夸大的内容来吸引关注,面对这种情况,就需要考古学者提前做好应对措施,有选择性地向媒体传递考古信息。另一方面,在网络时代信息爆炸的大环境下,考古工作者不能仅仅被动地等待媒体采访,而应该主动地走近公众,使自身成为信息的发布者和操控者。

2017—2022 年,考古文博行业的热度空前高涨。除前文提到的三星堆引起的巨大讨论外,陕西省西安市白鹿原江村大墓被确定为汉文帝霸陵的消息也引发了公众的高度关注,河南博物院借此推出数字考古活动,吸引了 3 000 万人次"在线考古";《国家宝藏》等一系列文博类节目也开始"火出圈"。"考古热"背后更深层次的原因,在于公众对考古事业关注度的上升,在温饱、安全等方面的需求得到满足后,人便会产生身份认同和情感归属等更高层次的需求,于是公众对历史和考古产生兴趣,并在其中寻找自我、定位自我。而从国家的层面来看,习

---

① 秦存誉:《考古发掘报道的公共关系之路》,《历史与社会(文摘)》2017 年第 1 期。

近平主席提出要"铸牢中华民族共同体意识",要不断增强各族人民对中华民族的认同和对中华文化的认同。对考古文博工作给予高度重视,推动行业高质量发展,有助于提升公民的历史认同感,对于文化性国家认同的构建也有着重要意义。这些现象促使公众考古的工作人员在保证内容输出严谨且具有专业性的前提下,更加积极地寻找传统文化与现代生活的结合点,以更加开放的思路,增强人们对考古的亲近感。

在目前的传媒环境中,利用大众媒体尤其是互联网进行的公众考古活动,其受众构成以青年人和少年儿童为主,他们对于了解中华文明起源和发展的强烈需求,促成了"考古热"的持续。考古学不仅关乎过去,更面向未来,因此,通过更加多元化的手段将考古专业内容通过有趣的形式进行分享,是未来公众考古工作的大趋势。河南博物院、湖南省博物馆、三星堆博物馆先后推出的考古盲盒,就抓住了人类的赌博心理和收藏欲,巧妙地激发了年轻人的好奇心和惊喜感。河南卫视 2021 年元宵节的特别节目"河南博物院元宵奇妙夜"、四川省文物考古研究院院长高大伦牵头创建的全国首家虚拟考古体验馆等,则是通过最先进的技术,还原活化历史场景,让考古和文物以鲜活的姿态进入公众的日常生活,做到了既有趣味又有深度。

总体来说,开展公众考古工作的目的之一,是协调国家、公众与考古学者三者之间的关系。近年来,我国考古事业迅速发展,考古成果丰硕,经费投入逐渐增加,相关法律法规不断完善,考古学科建设在广度和深度上都发生了前所未有的变化,考古工作成绩喜人。但在认知方面,考古学家和公众之间还是存在着一定差异。大众传媒作为沟通这两者的桥梁,对于消除这种认知差异能够起到非常重要的作用,将真实的考古学展现给公众,使其能够从考古学中受益,并对文化遗产的价值产生认同感,同时也能够满足公众的精神文化需求。对于考古学来说,公众的参与使考古资源的保护和传承有了更多元化的发展方向,各种类型媒体的参与也使得传播方式更加丰富,传播范围更加广泛,让"小众"的学科成为"大众",将考古发现的精髓最大限度地传达给公众,才能将公众考古工作的作用最大限度地发挥出来。

本文作者系南京师范大学文博系 2020 级硕士研究生

新媒体时代文博考古的教与学

韩　茗

自 2020 年起,笔者在《中国工艺美术史》《文物学概论》《中国古代陶瓷》和《考古学通论》本科生课程中,着意增加新媒体素材在教学中的使用,并以此为契机关注和思考如何在文博专业教学中适应新媒体环境,发挥好新媒体辅助教学功能。笔者注意到,近两年新媒体在公众考古和博物馆宣教中发挥出显著作用,成为文博专硕学位论文的热门选题,但尚未见到关于新媒体对于文博专业教学的专论。专业教学与公众考古、博物馆宣教在传播形式和信息内容上有相通之处,但受众、目标和手段截然不同。专业教学中新媒体主要作为窗口和辅助工具,其中娱乐性和商业性的部分都不予强调。本文既是笔者在教学过程中的观察、思考和实践总结,也是携手参与教学的本科生同学共同完成的教学成果,以期能够对文博考古专业师生的教与学提供启发和帮助。

一、 新媒体与本科教学

"新媒体"(New Media)是一个传播学概念,是美国在 20 世纪 60 年代提出的。1998 年联合国新闻委员会正式提出将互联网称为继报纸、广播、电视之后出现的"第四媒体"。互联网时代,"新媒体"成为网络媒体的代称,而以智能手机为代表的移动媒体兴起后,其内涵又发生变化。尽管人们尚难以对"新媒体"做出终极性定义,但不妨对其核心特征进行概括:以数字信息技术为基础,以新的技术体系为支撑,降低传播成本,使信息传播即时、易得,使信息接收移动化和个性化;以互动传播为特点,提升受众参与的广度和深度,消解传统媒体间的边界,消解权威并以此为内在驱动;在所有人对所有人的传播中,构筑起需求无限、传播无限和生产无限。[①] 新媒体潜移默化地影响着人们的思维方式和行为方式,如今已是"足不出户而知天下"的新媒体时代,"00后"大学生正是在这样的时代氛围下成长起来,疫情以来更成了"网课一代"。

本科阶段大学生学习的要求更加全面,不仅要识记和理解知识,还要在分析和综合知识的基础上加以评价和利用;不仅要具备专业技能,还要注重德行与素质的全面发展。并且,大学生学习的自主性更强,随着学习内容范围的扩大、专业发展方向的变化和自我支配的时间增多,要求他们能动地选择适合自己的学习内容、方法和策略,更有针对性地计划、实施、调节和评价学习。[②] 相应地,学习方法也更加灵活和个性化,新媒体为此提供了更多选择。发展初期的知名"电子公告板"(BBS),大多诞生并发展于各大高校,风靡一时,成为校园文化。这不仅因为高校率先拥有稀缺的计算机设备和上网环境,还因为高校集聚了大量渴求计算机应用、热衷于探索新生事物、渴望交流的大学生人群。如今,电脑、平板和智能手机在教师教学、科研、评价、管理以及学生课堂(如听课和做笔记)、课后学习(如做作业和自主学习)各个环节都是不可或缺的"生产工具"。教师备课也不能固守于原本的知识储备和个人的科研领域,对于教学技巧性、内容系统性、讲述细节性、认知前沿性等方面的提升,新媒体能够给予诸多助益。总而言之,新媒体使师生双方都站在一个更高的基准线上看得更远。

二、 文博教学中的新媒体类型及其特征

从传媒学的角度,可以按照传播终端、媒体技术、信息形式、媒体功能等进行

[①] 关于传播学领域对于新媒体的定义和论述,本文参考以下专业教材,不在后文中一一注出。林刚:《新媒体概论》,中国传媒大学出版社,2014年;刘行芳主编:《新媒体概论》,中国传媒大学出版社,2015年;曾来海主编:《新媒体概论》,南京师范大学出版社,2015年;匡文波:《新媒体概论(第三版)》,中国人民大学出版社,2019年。

[②] 谭顶良主编:《高等教育心理学》,南京师范大学出版社,2017年,第103—105页。

分类(表一)。分类是通过分析和比较将研究对象秩序化的过程。诚然,对新媒体这样一个开放性事物,类别之间互有关涉,即便穷尽其类也难以保证毫无遗漏,然而分类仍有助于把握事物全貌。

表一 新媒体的分类

分类标准	类别
传播终端	移动媒体(如手机)、非移动媒体(如电视)
媒体技术	网络新媒体、数字新媒体、移动新媒体
	有线媒体、无线媒体、商品类媒体(如录像带、光碟等)
信息形式	图文类(包括对印刷媒体的数字化)、音视频类(包括对广电媒体的迭代)、直播类等
媒体功能	自媒体、工具型、知识型、移动型、互动型、社交型、社群型、公共型等

从文博专业教学实际出发,选取其中带有专业色彩、科学取向和宣教意义的新媒体,根据传播终端及渠道的不同,可分为数字电视、网站、自媒体、移动端工具型应用程序(App)四类。资讯、资料(图文音视频)和虚拟工具等通过这些新媒体均可实现传播,并可涵盖户外线下、传统纸媒、广电媒体传播功能,消解了新旧媒体及媒体之间的界限,各有其侧重和优势。

第一,数字电视。电视节目或栏目提供了丰富的文博教学资源,主要可以分为考古文博类科教节目、相关专业科教节目及其他。

核心圈为考古文博类科教节目,以纪录片和新形态"纪录片＋"为主。考古文博类纪录片是以考古遗址、古代遗迹、文物器具、遗产景观、保藏机构、考古学者等为对象,利用影像形式对考古学理论方法、遗存发现过程、专业研究成果、文物保护理念、遗产利用方式等所做的文化记录与艺术表现。1957 年由中央新闻纪录电影制片厂拍摄的《地下宫殿》是我国最早的考古纪录片,记录了考古界首次对皇陵明定陵的主动发掘过程。① 改革开放以来,我国考古纪录片在数量和

---

① 历史题材纪录片在 21 世纪初就已形成一定规模,其中考古纪录片近年来受到公众考古学界和传媒界的关注,就其发展脉络、分类特征、创作手法等方面展开专论。本文主要参考王沛、高蒙河:《中国考古纪录片的发展过程》,《东南文化》2016 年第 1 期;《考古纪录片的类别和特性》,《南方文物》2017 年第 2 期。

形式上都显示出长足发展,央视网纪录片分类下"考古发现"专题纪录片多达259部,迈入科教片、人文片多元化发展阶段。进入21世纪,央视相继推出《探索发现》《国宝档案》等栏目,《百家讲坛》推出了《马未都说陶瓷》(2008年)系列讲座,《大家》栏目专访邹衡、宿白、严文明等考古学家。这些科教栏目以日常性、周期性的方式进入大众视野,普及文博知识、集聚品牌效应、塑造受众习惯。新形态"纪录片+"仍以科学性(知识性)和纪实性(非虚构叙事性)为主导,在呈现形式和叙述方式上多元化创新,适当增添故事性和娱乐性,因其深入浅出、轻松活泼而又着意调动受众情绪感知。"纪录片+"目前主要有四种形式:"纪录片+直播",1998年中央电视台最早直播陕西法门寺地宫开启过程,2021年央视三星堆遗址发掘的直播掀起热潮;"纪录片+电影",以2016年推出的《我在故宫修文物》为代表;"纪录片+综艺",以2017年推出的《国家宝藏》为代表;"纪录片+短视频",以2018年推出的《如果国宝会说话》为代表。

第二层是相关专业科教节目,仍以纪录片及其衍生形式为主。如历史类(如《中国历史》)、文化类(如《典籍里的中国》)、地理类(如《航拍中国》)、科技类(如《解码科技史》)、工艺美术类(如《了不起的匠人》)等。这些纪录片在提高人文素养、拓宽知识边界、增强创新意识方面颇具优势。在强调建设多学科合作式新文科的今天,在学科细化、知识爆炸的当下,这不失为一个缀合知识版图、引发触类旁通的有效途径。

最外围是涉及考古文博行业、但专业知识含量不高的部分,如新闻类、社会观察类、文化类(收藏鉴宝类)节目等。新闻类、社会观察类节目是了解行业现实的绝佳途径,如文物保护违法犯罪案例可作为反面教材,又如文化遗产保护往往涉及多个主体,要在复杂的历史纠葛、现实需求和局限之间找到平衡(如《新闻调查》20150801《智珠寺风云》)。这些实际案例更能激发学生自主探究的热情,推动深度思考并付诸实践。

第二,网站。20世纪90年代,互联网在中国兴起,新闻网站和门户网站随之发展起来。"考古发现"栏目出现在了新华网、人民网上,搜索引擎也成为人们获取考古资讯的重要途径。时移世易,"百度一下,你就知道",如今人们能够快速检索到准确信息,一定程度上得益于专业机构门户网站以及知识资源信息化数据库的建设。90 年代末开始,考古文博机构相继建成门户网站,设置宣传概述、考古咨询、教育服务、公众参与等板块,国家文物局政府网站也于 1998 年开通,成为面向公众的窗口和沟通交流的途径。1999 年,知网(CNKI)建立,这是以实现全社会知识资源传播共享与增值利用为目标的信息化建设项目。专业学习中利用率较高的主要是政府网站、机构网站和数据库网站,可以获取各种即时资讯及大量数字资源,也为之后兴起的自媒体和移动端媒体打下了内容和形式基础。

第三,自媒体。自媒体是利用新媒体的技术手段和传播平台进行生产、发布讯息给订阅人群或不特定的潜在用户使其阅读和传播的一种途径。① 自媒体的优势在于信息的即时更新和传播,人人即媒体、受众变用户,不仅做到"点到面"全覆盖,更实现了"点对点"精准传播。自媒体可分为论坛、博客、微博、播客、维客和微信等类型,各类型包括若干差异化平台,能够满足不同需求。

20 世纪末,"西祠胡同"允许任何用户自由开版,以"综合人气自由竞争"的规则来促进繁荣;"天涯社区"更是走出了人文思想、文学创作及社会热点三足并进的良性发展之路。2004 年在天涯开通注册的"理想的小茅屋"是代表,也是最早在自媒体发文的考古人。博客(Blog),原意为网络日志,即个人主页(社区)或微型门户,内容均为用户个性化创作、包罗万象,从 BBS 开始获得发言权到追求更大的话语权。2005 年博客在中国生根,博客文化现象迅速形成,众多门户网站皆开通博客。考古学者也开始涉足,高蒙河教授开通的搜狐博客"公众考古试验田",博文短小精悍、平实风趣,向公众普及"考古那些事儿"。21 世纪第一个十年,公众考古的主阵地仍在线下和纸媒。2009 年微博兴起后,考古文博机构、主管部门、专家学者、文博师生及爱好者陆续进驻。不到一年时间,故宫博物院、国家博物馆等先后开放官方微博。截至 2011 年底,已有超过 200 家文博机构通过新浪微博认证,这一年也被媒体称为"博物馆微博元年"。博物馆从业者利用自媒体平台开展活动、普及知识、满足公众需求的潜力和尺度,积累了丰富经验

---

① 杨朴、张文利:《自媒体与我国博物馆发展的现状与未来》,《洛阳考古》2021 年第 2 期。

并还在持续探索。① 微博是一个基于用户关系进行信息分享、传播以及获取的平台,组建个人社区,类似的还有豆瓣、知乎等。播客是指在互联网上发布音频、视频文件,且允许用户选择订阅平台,以 B 站、抖音、喜马拉雅 FM 为代表,形式上有音频、短视频、长视频、直播等,内容既有原创、也有搬运,可进行互动讨论。维客即维基(Wiki),是利用互联网超文本特性,支持面向社群的协作式写作工具,以维基百科、百度百科为代表。2011 年推出的微信主打即时通信工具,如今已能够快速传输多媒体文件、支持多人语音视频通话,2012 年上线的"微信公众平台"更是能够满足碎片化信息需求并实现公共服务,成为当下唯一一个全面覆盖真实个人及虚拟网络的社交媒体。这四类自媒体也是社交媒体,用户可以自由、即时发表并获取信息,并以此为平台分享各类资源,如资讯类、知识类、资料类、工具类、定向联系与舆论观察(如表二所示),并伴随建立社群的过程。近年来三星堆考古颇受瞩目并迅速"出圈",除却石破天惊的发现和考古直播的创举,一定程度上也得益于自媒体的快速反应和"梦幻联动"。

表二 自媒体提供资源分类

类别	举例
资讯类	展览/活动预告、业界/学术动态、出版物推介、考学/求职资讯、个人观点、知识产品信息、政策解读
知识类	工具书知识、开放性知识、互动答疑、互联网记忆
资料类	文章、图片、纸媒数字化、音频、视频、数据库
工具类	软件工具(文字编辑、数据分析等)、使用教程
定向联系	陌生人社交(双向或单向匿名)、熟人社交
舆论观察	评论、问卷、投票

第四,移动端工具型应用程序(App)。以智能手机和个人电脑等为平台的 App,为人们进入各种媒体内容设立了统一的入口,实现了在不同平台上的内容对接。除自媒体客户端 App 以外,还有不少使用频率较高的移动端工具型

---

① 贺靖婷:《浅谈自媒体在博物馆教育中的应用——以湖南省博物馆为例》,《湖南省博物馆馆刊》,2016 年,第 637—644 页。杨朴、张文利:《自媒体与我国博物馆发展的现状与未来》,《洛阳考古》2021 年第 2 期。

App,如存储类(网盘类)、笔记类(文字编辑类)、互动类(即视讯工具类)、数字资源类(微信读书、数据库等)、知识服务类等。此外,还有考古文博类 App,如数字博物馆 App,将场馆的各项资讯、信息、工具、平台等整合起来方便用户直达和互动,集门户网站、社交平台于一体。

三、 文博教学中的新媒体优势及局限

新媒体在辅助专业教学方面已经发挥出显著优势,可以概括为多元化工具的便利以及多媒体素材的丰富两个方面。结合教学实践,这里谈几点新媒体的优势及其局限。

第一,即时学习,反复记忆。使用移动端工具可以随时随地学习,极大拓展了学习空间,增加了学习时间弹性,有问题就立刻解决,利用好碎片化时间提升学习效率。等车、排队的时候,在视频网站看会儿纪录片;运动间隙、散步的时候看看微信推送,浏览下最近出了什么新书;去考试的路上看看备忘录,再巩固一下难记背的知识点;下课后点开搜索引擎,查一查课堂上提到的新概念是什么意思……日积月累,能够有效拓宽知识面并提升识记的准确度。

第二,天涯咫尺,尽在掌握。以往查找专业书籍或论文,都得泡在图书馆里,只有使用图书馆计算机才能下载数据库学术资源,如今通过 vpn 可以在任何地方轻松下载。各地博物馆都逐步完善了藏品数据库,并引入虚拟技术举办线上云展览,宅家就能逛博物馆。制作精良的纪录片所带来的观影体验甚至超过实地旅行,使人有一种代入感,足不出户便可近距离领略世界各地的遗迹遗物。还有贴心的文博圈"up 主"们边走边拍边讲,将线下展览搬运至网络,精心制作的 Vlog 不输专业团队,饱含诚意、彰显个性。新媒体使得随时随地、积极有效的学习成为可能。

第三,海量信息,成本降低。自媒体发布的纪录片、公开课、访谈、讲座等大多是免费的,微信读书上也有不少免费的专业书籍,其中不乏近期新作。通过公众号新书推介、各类平台打分评论、"微信读书"提供试读,人们可以较低成本精准选购专业书籍。博物馆藏品数字化的普及和升级也为专业学习提供了极大便

利。比如古代瓷器,常用参考书彩图较少或略有色差,优质图录价格昂贵只能在图书馆查阅,而故宫博物院等馆藏瓷器丰富的博物馆向公众开放藏品高清图片及详细信息,能够为教学提供确切参考。

第四,直观生动,深入浅出。视频资源能够调动多种感官,带给人美的享受或身临其境的感觉,有助于激发和保持学习兴趣。从信息论的角度来说,文字尽管包含较大的信息量,但抗噪能力不强,传播信息的效率不高。即便都是文字,白话文虽然啰唆,但比文言文易懂,传播效率更佳。在古代科学技术史的教学中,视频资源能够有效弥补文字和图片的不足。比如想要弄明白古代丝织品中不同品种经纬组织的差异,以及腰织机、斜织机、提花机、花楼机的工作原理,通过阅读需要花费较长时间,对理解力和想象力有较高要求,而通过纪录片能够非常直观、精准地抓住问题的答案,再阅读相关研究著作,便会事半功倍。文科生想要涉猎诸如自然科学等的跨学科知识,也可从视频入手,在短时间内了解概况,而后有针对性地深入学习。

第五,直击心灵,情感共鸣。这里以纪录片为例。透过镜头,我们看到一代代中国考古人"上穷碧落下黄泉,动手动脚找东西"的身影,日复一日、灰头土脸、挥汗如雨、甘之如饴。透过讲述,我们听到每一件流散海外的中国文物背后都有曲折传奇的经历、前赴后继的努力和五味杂陈的心绪。笔者曾在课堂上播放过《考古公开课》栏目(20210912 期)良渚文化片段。浙江省文物考古研究所王宁远研究员深情朗诵了良渚文化发现者、时年 27 岁的施昕更先生在 1938 年紧张氛围中为《良渚》报告所作序。① 这本历经困苦的报告,终于在烽火岁月中付梓,次年五月,施昕更在瑞安病逝。王宁远语带哽咽,说道"他(施昕更)再也没有回到良渚"。后辈考古学人追述往事,将故事的张力拉满,将"良渚考古从它诞生的那一天起,就是有情怀,有温度,与家国命运息息相关"这一点传达到听众内心深

---

① 谨以此书纪念我的故乡。这份报告,跟随作者同样的命运,经历了许多困苦的历程,不过科学工作人员必须以最后一刻的精神,在烽火连天中继续我们的工作。中国绝对不是其他民族可以征服的,历史明明告诉我们,正因为有了渊源悠久,博大坚强的文化,所以我们在这个艰巨伟大的时代,更要以最大的努力来维护,来保存我国固有的文化,不使毁损毫厘,才可使每一个人都有了一个坚定不拔的信心。

处。这种情感上的震荡加深了记忆,增强了文博专业学生的职业认同感和责任使命感。

第六,互动学习,更有动力。通过自媒体平台,师生可以自主选择感兴趣的内容,并随手分享给他人,营造学习氛围,激发交流碰撞。带有科普性、艺术性或娱乐性的文博类资源,比如云展览、科教节目等,老少咸宜,和亲友一起观看,增加了许多学以致用的机会。参与新媒体制作,比如微信公众号内容创作和平台运营,不仅能够提升综合能力和学习兴趣,同时也有助于打开思路,找到适合自己的发展方向。即便是专业出身者,日后也未必都选择或适合从事田野考古、策展设计、学术研究等"对口"工作,这些传统出路的影响力主要限于行业内、难以"破圈",从这个意义上来说,公众考古、知识服务、运营管理不失为很好的选择。

然而,新媒体也有其局限。需要明确的是,新媒体不可替代专业教学及学术训练。首先,教学要求循序、系统、连贯地进行,专业知识本身具备内在逻辑,学习本身也是一个由已知到未知逐步推进的过程。而新媒体是大众传媒,信息的发布和接收都有很强的自主性,自媒体信息内容更是有碎片化倾向。学科底层逻辑和专业知识体系如同根茎,若不假以时日有计划、有步骤地浇灌,树苗便无法茁壮生长,知识碎片零落无依。第二,学科思维和专业技术必须有一定强度的针对性训练才能真正掌握。就文科专业而言,批判性思维是学术训练的核心,且必须使用学术语言准确表达,因而大量的学术阅读和写作必不可少。过度依赖新媒体,容易使人沉浸在接收信息和情绪起伏的快感中被动学习,产生"看过即掌握"的错觉,实则是浮光掠影。笔者曾在课堂上播放犀皮漆器的制作视频后进行提问,学生尽管说"看懂了",但复述时往往词不达意。第三,新媒体传播内容的质量良莠不齐。自媒体内容出自不同专业背景的人之手,出于不同的传播目的,专业水平和制作水平参差不齐,且缺乏对内容真实性、准确性和严谨性的审查监管,需要留心识别。纪录片及其各种衍生形式,目标是向大众普及知识或价值,受限于时长和形式,不可避免地带有艺术加工内容、留有意犹未尽之处,对专业学习者来说内容含量和深度都有所不足。

四、 文博教学中如何更好地使用新媒体

近年来,公共资源整体向着云端发展,在线教学的普及让师生切实感受到科技带来的便利高效,每个人都在积极尝试探索新媒体、学习新工具、发掘新资源。尽管新媒体有诸多优势,但任何事物都有两面性,适度使用才能将新媒体在专业教学中的优势最大化。教师应在清晰、准确地把握课程体系和教学目标的基础上,对教学内容进行合理安排,提升教学容量的弹性。新媒体时代,课堂教学应更侧重知识谱系和脉络的呈现,每条脉络上都会有多个知识点,而每个知识点也都从属于多条知识脉络,有助于形成网罗式的、生长式的知识体系。教师应注意选取优质资源,安排好使用场景,针对课堂或课后,整块或碎片学习时间等。我们可以尝试从长期的、对照的视角出发,对新媒体应用实际效果进行评估,探索更加自主、高效、可持续的教学模式。教师在引导学生正确、适度使用新媒体的同时,也应鼓励并参与交流讨论中,形成学习心得,实践输出式学习。

不可忽视的是,教师综合素养和个人魅力对于教学质量至关重要,教师所展现出的知识储备、表达能力、专业技能和个性风采最能够打动人心并发挥出深入持久的榜样力量。并且,线下活动亦有其不可替代性。实体图书和线下讲座、论坛、展览、研学等形式对于"融合当下,共享过去"已积淀了丰富经验和成熟范式,有助于激发由日常体验的批判和直觉出发所带来的、更深层次的科学体验和崇高体验。因而在倡导和探索新媒体对专业教学带来助益的同时,不可忽视教师素养的提升和线下活动的参与。

附记:2020年春季学期开始,因疫情,三年来教学工作线上、线下频繁切换,师生互动探索了很多新事物,由此开始思考在专业教学中如何用好新媒体这一问题。2022年暑假,笔者指导三位2020级本科生分别就考古文博类纪录片、微博和B站、微信公众号开展研究。暑假过后,大家讨论了初步研究成果,都颇有收获,各自找到了深入研究的空间。笔者先从教学角度撰文,以此抛砖引玉。谨以此文献给我的母校和老师们!

附表：考古文博新媒体一览

近五年纪录片及科教节目	
片名（开播年份）	内容
国家宝藏（2017年）	利用综艺形式，讲述国宝故事
大云山汉墓发掘记（2017年）	大云山汉墓发掘故事
如果国宝会说话（2018—2020年）	短片形式介绍文物及故事
揭秘西夏陵（2018年）	明代、20世纪70年代和21世纪三个视角下的西夏陵故事
考古公开课（2019年）	介绍考古知识，讲述历史故事
发掘记（2021年）	考古发掘日常
足迹（2021年）	中国旧石器时代考古遗址探访资料、国内知名专家采访
仰韶故事（2022年）	仰韶文化的发现与研究，中国百年考古历程及考古学家
又见三星堆（2022年）	伴随式记录、全景式展现三星堆新一轮考古发掘
不止考古·我与三星堆（2022年）	全方位展现三星堆考古人工作

微博和B站		
账号名称	平台及关注度	内容
故宫博物院	微博（1 030万）、B站（71.3万）	微博：日常活动资讯、文物知识、文化普及、美景分享 B站：故宫日常、馆藏介绍和讲座视频，云看展
国家博物馆	微博（516.2万）、B站（54.2万）	微博：国博展览、藏品、记录片 B站：考古文博资讯、国宝珍藏、展览等
河南博物院	微博（34.4万）、B站（7.9万）	微博：考古文博资讯、博物院活动、百科 B站：馆藏文物、考古文博资料、讲座
考古人许宏	微博（111万）、B站（3.9万）	微博：转发考古文博资讯、交流解答问题 B站：考古文博专业的知识
考古冯小波	B站（71.3万）	考古发现、考古学知识
孟凡人教授	B站（8.1万）	新疆考古发现与观点、自身经历
古猫丨陪你去看博物馆	B站（37.5万）	博物馆文物介绍为主
—高阁临渊—	B站（2.7万）	考古遗址、文物、考古文博知识
考古小队长	微博（110.5万）	考古文博相关资讯、知识，讨论考古热点
文物医院	微博（404.4万）	文物修复、考古文博信息、资讯、考古文博类知识

续表

微信公众号		
公众号名称	创办者	内容
社科院考古所中国考古网	社科院考古所	学术文章推送、考古文博资讯、新书介绍
博物馆|看展览		展览资讯、展览介绍
文博中国	中国文物报社	学术研究、考古前沿动态
北朝考古		学术研究、讲座资讯、科普文章
器晤	考古学家王仁湘	学术论文、从业心得分享
艺术与考古		以瓷器为主的文物研究
星球研究所		人文地理图解、文化遗产科普文章
南京博物院	南京博物院	博物馆公告、展览资讯、进馆预约
大众考古		考古文博资讯、学术文章和讲座纪要推送
南师文博	南师大文博系	讲座纪要、田野考古资讯

本文作者系南京师范大学文博系 2008 级本科生,现为文博系教师

后 记

　　2022 年是南京师范大学 120 周年华诞及社会发展学院建院 40 周年,同时文博系也一路风雨走过了 22 个春秋。文博系创建伊始,可谓筚路蓝缕,一路走来,在坎坷中发展壮大,未来更是充满了挑战与希望。九月金秋,社会发展学院举行了建院 40 周年庆典,文博系也举办了"考古学的'南师梦'——文博系成立二十二周年系友座谈会"。为展现文博系师生 20 多年辛勤耕坛的成果与风采,座谈会上有多位系友提议出版一部纪念文集。其后,虽有"新冠"疫情带来的影响,但文集的征稿工作有条不紊,得到了众多系友及历任老师的大力支持,最终定稿为 35 篇,根据内容分两大部分:一是回忆类文章,计 8 篇,为上编,取名"朝花夕拾";二是研究类论文,为下编,取名"芳林硕果",计 27 篇,其研究方向涉及四个领域,其中先秦考古 7 篇,历史时期文物考古 8 篇,地域历史文化 5 篇,博物馆、文化遗产与公众考古 7 篇。

　　经过近一年的筹备,本文集即将付梓。从内容看,8 篇回忆类文章中,既有创系主任张进老师对文博系创办及早期工作的回顾,也有陈声波、徐峰、周保华、石超等老师及已毕业系友对当年在文博系教学、学习与生活的珍贵回忆,其细微之处见真情。研究类论文是文博系老师及系友研究成果的一次集中展示,这些论文的作者,既有王仁湘、汤惠生、裴安平、王志高、曲枫、黄洋、韩茗等历任及在任老师,更多则是在各地考古文博机构崭露头角的已毕业系友。通过这些论文,我们不仅可以感受不同作者的研究趣味,还可以领略南师求真务实的学术风格。

"滋兰九畹，树蕙百亩。"20多年来，文博系培养的考古、文博专业毕业生（含本科生、硕士生及博士生）累计800人左右，其分布，既有国家文物局、中国社科院考古研究所、国家博物馆考古院、山东省文物考古研究院、浙江省文物考古研究所、湖北省文物考古研究院、上海博物馆、南京博物院、浙江省博物馆、山东省博物馆、安徽省博物院、江西省博物馆、甘肃省博物馆等省级以上专业机构及高等院校，更多则是分布在地市、区县等基层考古所（院）、博物馆，不少已成长为考古、文博业界骨干，为所在地区考古文博事业的发展贡献了自己的力量。今日文博系所属的社会发展学院在随园的办公楼有400号与600号，以百为号，寓意十年树木，百年树人。20多年的历史无疑很短暂，我们希望在以后的30年、40年庆典时，回顾现在的文博系，正是一个扬帆起航的新起点。

本文集的编辑、出版，得到了南京师范大学社会发展学院罗秀山书记、王剑院长的关心支持，文博系在任教师全力以赴，王志高、陈声波、徐峰负责组稿，王志高、陈声波、徐峰、祁海宁、刘可维、彭辉、韩茗、郭卉、白莉担任责任编辑，负责统稿、校勘等工作。部分在读研究生承担了一定的编务工作，他们是马健涛、陆倩雯、霍晓颖、季怡婷、唐嘉遥、杨童、李红玲，尤其是马健涛同学，在校勘之外还承担了不少的组织协调工作。在此一并致谢。

最后祝南京师范大学文博系越办越好，聚名师，育英才，百尺竿头，更进一步。

本书编委会

2023年10月